관상학과 얼굴형상

관상학과 얼굴형상

오서연 지음

學古房

머리말

　관상학 분야의 전문 서적은 독자의 관심만큼이나 꾸준히 발간되고 있다. 학계에서 관상학자들이 많이 배출되고 있다는 뜻이다. 그동안 흔히 보아왔던 잡지형식의 저술에서 탈출, 이제 한 단계 격조 있는 관상학 서적들이 증가하고 있기 때문이다.

　오늘날 명리와 풍수에 이어서 관상학이 체계화되는 과정은 명운(命運)을 전공으로 하는 대학원 박사과정을 세운 후부터이다. 예를 들면 원광대 대학원에서 관상학 분야로 2024년 현재까지 모두 9명의 박사가 배출된 것이 같은 맥락에서 이해된다.

　서양 관상학의 저술은 고대의 아리스토텔레스에 이어 근대의 라바터(1741~1801)와 같은 석학들이 출현하면서 가능한 일이었다. 라바터의 『관상학』은 18세기부터 지금까지 지속적으로 발간되어 서양 관상학의 흥미를 이끌어 왔다. 그는 당시의 과학적 지식을 총동원하여 관상학을 집대성했는데, 생리학, 해부학, 동물학, 인류학 등과 같은 학문 분야를 망라하였다.

　동양 관상학의 정립에도 다양한 분야에서 학제 간 연구가 시도될 필요가 있다. 그리하여 동·서 관상학에 대한 수준 있는 저술은 관상학자들의 제반 학문에의 관심과 인재 양성에의 사명감에서 이루어지는 것이다. 필자는 2017년 『인상과 오행론』이라는 저서를 발간한 적이 있다. 그 후속 작업으로 상당 부분 보완하여 『관상학과 얼굴형상』을 세상에 선보이게 된 것이다.

본 저술의 편재에 있어서 새롭게 보완한 것으로 눈여겨볼 것은 「총설」의 심상(心相)과 「서편」의 '이목구비가 답이다.'라는 9항목에 이어서, 오행 형상의 그림 사진을 김정임 화가의 도움으로 교체했다. 내면의 성정(性情) 수양과 외모의 관리가 필요함을 강조했다. 심상과 체상의 균형적 관리가 중요하다는 것으로, 본 「총설」과 「서편」, 오행 그림이 관심을 유도 할만한 이유이다.

　　우리 인간은 수려한 체상(體相)의 외모를 갖출 뿐만 아니라 마음 사용법의 심상(心相)을 조화롭게 지향하면서 고양된 삶의 가치를 펼쳐가는 만물의 영장이다. 여기에서 내외 양면을 강조함으로써 미래의 명운 개척과 관련한 관상학을 출간한 의도가 드러난다. 독자로서 상학(相學)에 대한 관심은 이미지 관리와 추길피흉(追吉避凶)으로서 행복한 삶을 실현하는 지혜를 얻고자 하는 것이며, 이것이 지니는 의의는 관상학에 대한 매력이다.

　　본 저서의 발간은 몇 년 전 『관상철학』(2021)의 발간으로 인해 고갈된 심신을 다시 추스르는 계기가 되었다. 『인상과 오행론』(2017), 『관상학네비게이션』(2020), 『관상철학』(2021)에 이어서 『관상학과 얼굴형상』(2024)의 신간을 통해 독자 및 선지식(善知識)의 사랑을 받기를 기대한다.

　　그리하여 내면의 성정 수양과 외면의 세련미가 겸비되어 경쟁 시대를 살아가는 현대인들에게 희망의 빛을 발할 수 있으리라는 기대감이 크다. 본 저서가 발간되도록까지 합심(合心)한 가족, 관상학도들, 그리고 학고방 출판사 사장께 고마움을 전한다.

2024년 9월 진천 서재에서
靑뭉 오서연 배상

목 차

제2편
관상학의 철학 이론

제3편
오행의 원류와 의미

제4편
관상학에서의 오행인

제5편
오행인의 성정 분석

부편
원광대 관상학 박사학위논문

결국은 심상(心相)이다.

마음 인문학으로서 관상학이 뜨고 있다.

관상학이 요즈음 새로운 학문으로 뜨고 있다. 과거엔 관상쟁이에서 이젠 관상학자, 관상학 박사들이 대학원의 정규과정에서 배출되고 있으며, 그로 인해 과거의 신비주의적 관상론에서 오늘날 신비성에 더하여 합리적인 분석이 수요자를 설득시키고 있기 때문이다. 신비주의적 관상학의 개념은 구시대의 사고였다면 합리적 관상학의 전개가 눈앞에 다가온 현실이다. 그것은 학계에서 관상학의 영역을 과거의 것으로 남겨두지 않고 현실 속의 사회적 수요 차원에서 접근하기 시작했다는 뜻이다.

이에 관상학의 전반을 살펴봄으로써 관상학의 제도권에서의 커리큘럼이 등장하고 있는 점을 눈여겨보려는 것이다. 이미 르네상스 프랑스 철학자 몽테뉴(1533~1592)는 영혼과 육체 두 가지가 따로 분리해서는 안 된다고 하며, 넓은 의미에서 관상 커리큘럼의 중요성을 말하였다.

"학습도 우리의 모든 행동과 결부시키면서 그때그때 행해진다면 우리가 알지 못하는 사이에 발전해 나갈 것이다. … 나는 그의 외적인 품위, 사교적인 품행, 육체적인 동작 등도 그의 영혼과 동시에 형성되기를 바란다."라고 했는데, 설혜심은 관상학이 침투했던 영역은 바로 '외적인 품위, 사교적인 품행, 육체적인 동작'이라며 르네상스 관상학은 이제 교육의 영역으로 파고들었다[1]고 하였다.

이러한 관상의 학문적 수용에 더하여 '심상(心相)'으로의 연결이 중요하다는 것을 밝히고자 한다. 심상과 관련된 연륜을 외형적 얼굴과 연결함으로써 관상학의 영역을 두 차원으로 인정하고, 외형적 관상에서 내면적 심상으로까지 연결되는 고리를 모색해 보려는 것이다. 관상은 외형적 판단에 치우쳐 운명을 바라보는 성향임에 반하여 심상은 내면의 마음 작용을 통하여 운명을 개척하는 영역을 포괄하고 있다는 점에서 상호 가교가 성립되는 셈이다.

오늘날 관상학에 대한 관심이 높아지고 있는 상황에서 마음의 상(相)을 볼 수 있는 심상의 중요성이 언급되고 있는 현실을 고려할 필요가 있다. 실제 무속이나 사주 점쟁이들의 영역은 돌이켜 보면 과거 종교의 영역이었다는 점을 고려하면, 오늘날 각 종교는 '심상'의 중요성을 강조함으로써 마음공부 내지 마음인문학 연구의 영역까지 이어지고 있다는 점에서 관상이 심상으로 연결된다는 점을 간과할 수 없는 일이다.

학문적 접근법에 따라 관상의 합리적 영역이 넓어진 만큼 앞으로 인품이 뒤따르는 심상의 영역이 확대될 것이며, 그것은 종교가 추구하는 '마음공부'의 영역 차원과도 관련된다. 특히 원광대 대학원 한국문

---

1) 설혜심, 『서양의 관상학, 그 긴 그림자』, 한길사, 2003, pp.173-174.

화학과의 동양문화전공 분야에서 명리, 풍수, 인상(관상)[2]이 균형 있게 설강되어 전문 석학들이 배출되고 있음은 또한 개교(開校) 정신에 의한 마음공부와 심상의 연결고리가 분명하다.

관상학에는 성립조건이 있다.

여기에서 관상학이란 무엇인가에 대해 말한다면, 얼굴에 나타난 모든 정보를 분석하여 닥칠 액운을 미리 막고 밝은 미래를 예측하는 학문이다. 즉 관상(觀相)을 본다는 것은 인간의 운명을 미리 알아내어 재앙을 피하고 복을 추구하는데 널리 활용하는 것을 말한다. 『신상수경집』에서는 "예전의 현인들이 모두 사람들에게 방향을 잡을 수 없는 길을 가르쳐주어, 재앙을 피해 길한 곳으로 가게 하였다."[3]라고 하였다. 쉽게 말해서 얼굴에 나타난 형상을 보고 그 속에서 희로애락과 빈부귀천을 알아냄으로써 인생의 정로(正路)를 지향하는 것이 관상을 보는 일이다. '얼굴은 제 인생을 그려놓은 게시판'[4]이라는 최형규의 언급은 얼굴에 나타난 정보를 통해서 인생을 행복하게 살아가는 방법을 알게 된다는 뜻이다.

그러면 관상학의 성립에는 어떠한 조건이 필요한가? 우선 서양 관상

---

2) 2019학년도 원광대 일반대학원 한국문화학과 '동양문화전공 박사과정'의 인상학 관련 커리큘럼으로 「체상학연구」, 「고전상학연구」, 「관상의 심상론」 등이 개설되어 있다. 그리고 원광대 동양학대학원 '동양철학전공 석사과정'의 인상학 관련 커리큘럼으로 「관상학개론」, 「상학사연구」, 「체상학연구」, 「체상과 심상론」, 「체상고전연구」가 개설되어 있다.
3) 오서연, 『五行에 따른 人相 연구』, 원광대 박사논문, 2016, p.11참조.
4) 최형규, 『꼴값하네』, FACEinfo, 2008, pp.4-5.

학의 성립에 대한 대표적 견해를 소개해 보면, 서양의 관상학의 시원자는 아리스토텔레스(BC 384~BC 322)라고 볼 수 있다. 그는 『관상학』의 저자로 널리 알려져 있는데, "신체와 영혼이 동시적으로 변화한다."5)라는 조건 아래서 관상이 성립한다고 했다. 그의 언급처럼 우리들의 관상은 시간이 흐르며 변화할 수 있다는 것을 알아야 한다. 관상을 통해서 인생의 어느 한 시점에 고정된 운명을 읽는 것이 일생을 좌우하지 않는다고 본다. 이런 측면을 상기하여 언제나 밝고 맑게 살아가는 지혜가 필요하다.

좀 더 구체적으로 관상학의 일반적 성립조건을 언급해 본다.

첫째, 관상의 대상은 반드시 외형의 꼴이 있어야 한다. 모든 사물에 꼴이 있듯이 사람의 얼굴도 다양한 꼴을 가지고 있다. '꼴'이란 쉽게 말하면 외형적으로 나타난 모양을 말한다. 사람의 다양한 꼴은 사람의 다양한 얼굴 모양을 드러내기 때문이다. 곧 얼굴의 꼴(모양)이란 입의 꼴, 코의 꼴, 눈의 꼴, 귀의 꼴, 눈썹의 꼴, 인당의 꼴 등을 말하는 것으로, 관상이란 얼굴의 다양한 꼴을 통해서 현재 운을 살피며 미래 운을 가늠하는 행위와 직결된다. 그리고 얼굴의 형상을 오행으로 분류하면 목형, 화형, 토형, 금형, 수형의 얼굴이 있으며6) 이 오행의 꼴을 통해서 사람들의 관상을 파악한다.

---

5) 아리스토텔레스의 『분석론 전서』에 따르면 관상학이 학문으로 성립하기 위해서는 "신체와 영혼이 서로에 대하여 동시적으로 상호 작용한다."는 가정이 전제되어야만 한다(「아리스토텔레스와 관상학-서양 관상학의 역사적 연원」 해설 : 이 책은 19세기 이마누엘 벡커가 편집한 '아리스토텔레스의 저작 모음집'에 실린 『관상학』을 번역하고 주해한 것이다. 아리스토텔레스, 김재홍 옮김, 『관상학』, 도서출판 길, 2014, p.22).
6) 오행인의 인상에 대한 연구는 오서연의 『인상과 오행론』(학고방, 2017)의 '오행인의 성정분석'(pp.169-246)에 구체적으로 밝혀져 있다.

둘째, 인간의 운명에 대해 알고 싶은 '심리'에 따라서 사람의 상(相)을 읽어가는 것에서 관상학이 성립된다. 2014년 1월 『토정비결』과 사주와 관상 등을 통해 상담을 받아 본 경험이 있는가라는 질문에 "있다."라고 답한 비율이 전체 응답자의 38.3%였다. 그런데 한국갤럽조사연구소에서 1991년 조사한 결과에는 19.6%, 1995년에는 16.5%, 1996년에는 18%로 이전에 비하면 두 배 이상 높은 수치라고 김석근은 『한국문화대탐사』에서 언급하고 있다.7) 관상에 대한 호기심의 정도가 한국인의 심리에 적지 않게 나타나 있음을 증명하고 있다.

셋째, 외형의 관상만이 아니라 사람의 심상(心相)을 고려해야 실다운 관상학이 성립된다. 관상은 일반적으로 외형을 대상으로 하여 관찰하는 것이라 하면, 심상이란 인간 내면의 마음작용을 관찰함으로써 운명을 가늠하는 것이다. 따라서 심상학(心相學)에서는 비물질인 마음을 중심으로 하여 자신의 운명을 읽어낸다. 육신 건강의 정도는 마음을 어떻게 잘 사용하느냐에 달려 있다는 점을 인지한다면 외형의 육신 못지않게 내면의 마음을 잘 살펴 액운을 막는 방법이 필요하다.

인간의 뇌는 마음에서 심신 작용하는 생각이라는 상념체(想念體)를 받아들여 그것을 우리 몸을 통해 행동하게 한다. 그리고 오장육부의 건강도 마음의 작용이 온전히 전개될 때 유지된다는 점에서 심상의 상(相)이란 육신의 상처럼 소중한 것이다. 심기(心氣)가 편해야 육신이 편하듯이 액운을 없애는 심기와 관련된 심상의 상이 관상 성립의 한 요건이다.

넷째, 관상의 성립에 있어서 관상의 대상으로서 얼굴만이 아니라

---

7) 김석근 외, 『한국문화대탐사』, 아산서원, 2015, p.116.; 김정혜, 『토정비결의 숨결과 지혜』, 학술정보(주), 2018, pp.13-14.

체상(體相)도 관련된다.[8] 얼굴이 관상의 주요 대상이라는 것은 부인할 수 없다. 그러나 넓은 의미의 관상에 있어서 체상을 간과한다면 진정한 관상은 엉뚱한 방향으로 해석될 수밖에 없다. 나의 몸 형상, 곧 체상 없는 얼굴은 진정한 나의 관상이 될 수 없기 때문이다.

우리가 운동하며 몸 관리를 하는 것도 자신의 건강과 행복을 위해서이다. 몸이 허약하고 부실한데 얼굴이 지속적으로 밝게 빛날 수 없는 일이다. 건강한 몸이어야 맑은 얼굴이 나타나기 때문이다. 길흉화복의 기본은 우리 신체적 오장육부의 건강과 직결되어 있다는 점을 고려한다면, 관상은 얼굴만이 아니라 체상과 관련되어 있음을 알아서 체상 관리에 노력하지 않으면 안 된다. 이에 관상을 제대로 볼 줄 아는 관상가는 얼굴의 관상에 더하여 신체의 체상을 놓치지 않는 지혜가 있어야 한다.

다섯째, 관상학의 성립조건에 있어서 세부적으로 다섯 가지가 거론된다. 이것은 '오부상법(五部相法)'이라고 하는데, 관상술에서는 이 상법을 매우 중요시한다. 오부상법에 있어서 다섯 가지 부위란 머리, 얼굴, 몸체, 손, 발을 의미하며 이 다섯 가지의 부위 가운데 어느 하나라도 소홀히 할 수 없다.

오부상법에서는 머리의 꼴을 매우 중요하게 여기며 두상이 잘생긴 상이라면 길상 가운데 길상이라 한다. 오현리의 『정통오행상법보감』에도 언급되고 있듯이 두상의 경우 전산(前山) 38골이 있으며, 후산 34골이 있다. 이를테면 전산 38골 가운데 '용각골(龍角骨)'의 경우 중

---

8) 흔히 우리는 관상을 주로 얼굴을 읽는 것으로 생각하지만, 관상은 수상, 족상을 포함하여 골격, 색 등 몸 전체의 외모, 나아가 몸짓까지를 보는 포괄적인 개념이다(설혜심, 『서양의 관상학, 그 긴 그림자』, 한길사, 2003, p.29).

정 양쪽의 뼈가 좌우로 뻗어 후뇌로 들어간 것을 말한다. 용각골의 관상은 국가의 중요 요직에 오를 상으로, 이를테면 국무총리가 될 상이라 할 수 있다. 이러한 관점에서 전후의 두상 하나하나 상을 보는 것은 쉽지 않다고 해도 두상이 관상에 있어서 중요한 부위임은 사실이다.

근래 관상학의 성립은 일종의 점술만이 아니라 학문으로 정착되었음을 알게 해준다. 그것은 관상학의 바람직한 성립요건으로 꼴의 분석을 합리적으로 다가선다는 의미이다. 하지만 일부 무지한 사람들의 경우 관상법을 합리적이고 과학적인 분석과 동떨어진 것으로 알고 신비한 점술에 불과하다는 그릇된 시각을 가지고 있는 경우가 적지 않다.

오늘날 관상학의 학술적 발전은 고전 상서(相書)의 접근과 관련되어 있다. 상서에 의하면 중국 관상학의 석학으로 숙복, 고포자경, 당거는 잘 알려진 인물들이다.9) 본 저서의 부록에 밝혀져 있듯이 관상과 관련한 박사 논문들(2024년까지 원광대)에 더하여, 일반 학술논문이나 관련 저술에 있어서 『마의상법』과 『유장상법』의 고전을 참조하지 않을 수 없다. 상법은 금기의 학문이 아니라 이제 개방의 학문으로 상법 고전을 중시하면서 이와 관련한 논저들이 활발하게 발간되고 있다.

---

9) '숙복'은 觀相하는데 굳이 어려운 간지법이나 팔괘이론을 도입하지 않더라도 마치 하늘의 별을 쳐다보듯 사람의 얼굴만 보아도 그 사람의 행불행을 알 수 있다고 주장했다. 숙복의 뒤를 이은 사람이 '姑布子卿'이라는 사람이다. 이 사람의 내력은 기록에 남은 것이 없으나, 卿자가 붙는 것으로 보아 한 나라의 고관이었음에는 틀림없을 것 같다. 이 고포자경이 공자를 발견한 사람이다(최형규, 『꼴값하네』, FACEinfo, 2008, pp.368-369).

관상학에도 접근법이 있다.

아울러 관상학의 접근법은 다음 몇 가지 측면에서 거론할 수 있다.

첫째, 인간의 행동거지, 곧 걸음걸이와 같은 보디랭귀지(Body Language)의 접근법이 있다. 두터운 가슴을 가진 경우 행동력이 좋고, 둥글고 탄력이 있는 큰 배는 체력에 더하여 활동성이 풍부하다. 걸음걸이의 관상학에서 볼 때 어깨를 펴고 걷는 사람의 경우 마음의 중심이 잘 잡혀 있으며, 총총걸음으로 걷는 경우 바쁘게 사는 사람이다. 머리를 흔들며 걷는 경우 가볍게도 숨겨진 음모가 있으며, 엉덩이를 빼고 걷는 경우 허둥지둥 몸이 바쁜 경우이다.

이처럼 걸음걸이가 중요한 것은 보행(步行)할 때 허리를 곧게 펴고 걷고, 가슴을 활짝 열고 걸으며, 다리는 경쾌하게 내뻗듯 보폭을 넓게 하는 경우가 길상이라 보기 때문이다. 스위스의 소설가이자 시인으로서 헤르만 헤세(1877~1962)는 인도여행을 할 때 자바섬 출신의 미녀 걸음걸이를 보고 넋을 빼앗을 만큼 우아하고 품위가 있었다[10]고 한다. 다소 비유적인 예이지만 참새처럼 촐랑촐랑 걷는다기보다는 학처럼 우아하게 걷는 걸음걸이의 길상을 가히 상상해 볼 일이다.

둘째, 관상은 간지(干支)나 팔괘(八卦)만이 아니라 별자리를 살펴보듯 얼굴을 섬세하게 보아 접근한다. 『주역』의 괘상(卦象)으로 인간의 운명을 점치는 방법 또한 오래전부터 전해져 온 일임은 잘 아는 사실이다. 또 서양의 점성술 역시 고래로 이어져 왔다. 과거 점성술사들은 별자리와 일월, 행성, 혜성과 같은 유성을 보아 점을 쳤는데, 고대에

---

10) 헤르만 헤세(이인웅 외 옮김), 『헤르만 헤세의 인도 여행』, 푸른숲, 2000, p.59.

점성술에 의해 주요 정사(政事)를 결정해 온 경우가 적지 않았다.

이른바 점성술은 인간이 별과 어떤 관계를 지닌다는 생각 속에 인간의 운명을 점쳐보려는 술법인데, 일월성신이 지구를 거의 일정한 주기를 가지고 돈다는 사실, 달의 운행과 달이 차고 기우는 것들이 현저한 일이다.[11] 그러나 네이처의 한 연구에 의하면, 점성술사가 운명이나 심리를 정확하게 맞출 확률은 3분의 1밖에 안 되었고, 점성술 자체는 겨우 10%밖에 맞추지 못한다고 하였다. 고대에 점성술로 정사를 결정하는 나라들로는 헬레니즘 시대의 이집트, 그리스, 로마가 손꼽힐 정도였다.

셋째, 관상 행위는 전적으로 시각(視覺) 등에 의존하는 작업이다. 식물인 나무는 촉각만 느끼지만, 동물은 시각과 촉각을 동시에 느낀다. 그리고 인간의 감관 작용으로서 안·이·비·설·신·의에 의한 오감(五感)이 있는데, 오감의 활동으로서 시각과 촉각 그리고 후각, 청각 등을 느끼게 되는 것이다.

여기에서 관상 행위는 주로 시각에 의해 이루어진다는 점을 새겨볼 일이다. 눈을 통해 얼굴이 어떻게 생겼는지, 귀는 어떻게 생겼는지를 느낀다는 것이다. 그리고 코와 입을 통해서도 그의 관상 행위가 이루어진다. 인간에게 시력이 중요한 이유가 이것이며, 상대방과 대화를 하거나 상대방의 눈을 하나하나 관찰하는 것을 주시(注視)한다. 얼굴의 생김새를 주시하면서 마침내 관상 행위가 이루어짐을 알 수 있다.

넷째, 관상 행위는 시각을 기본으로 할 때 기색(氣色)을 통하여 접근한다. 얼굴의 기색이 밝게 빛날 때와 얼굴의 기색이 어두울 때를 가정해 보자. 두개골 전산(前山) 38골 가운데 '선색골'이 있다. 선색골이란

---

11) 權寧大 外4人, 『宇宙·物質·生命』, 電波科學社, 1979, p.44.

연수(年數)가 우뚝 솟아 위로 산근을 관통한 것으로, 풍성하고 둥근 준두이면 그의 운세는 사업의 성공을 거둔다는 말이 있다.[12) 선색골이 풍요로우면 중년의 운세에 있어서 순조롭기 때문이다.

이 선색골에 있어서 코 기색의 경우 반드시 누렇고 윤기가 흐를 때 그의 사업 운이 번창해진다고 볼 수 있다. 관상을 볼 때 기색을 보는 것은 이 때문이다. 더구나 초나라 당거(唐擧)라는 사람이 '기색론'을 발표하면서 숙복의 「골육상편」에 「기색편」을 첨가하여[13) 비로소 관상학의 체계화와 심대함을 더하였다.

다섯째, 관상 행위는 얼굴과 관련한 오행의 시각화가 가능해야 한다. 인간의 얼굴은 오행의 형상으로 보아 이를 관찰하는 경우가 보통이다. 수형, 화형, 목형, 금형, 토형의 얼굴이 바로 오행의 형상으로서 본 얼굴의 다섯 가지 형상이다. 얼굴을 다섯 가지로 특징화하여 본다면 수형은 어떠한 관상을 이루고 있는지를 알 수 있으며, 화형과 토형의 경우도 마찬가지이다. 오행마다 개성이 있어 그에 맞는 꼴을 이루어 수형은 둥글고 원만하며 지혜롭고 친화력이 좋아서 잘 베풀기 때문에 유통업, 세일즈, 여행사, 음식업, 무역업과 관계가 깊다. 그리고 목형은 전체적으로 몸이 여위고 곧고 날씬하며 지식에 대한 욕구가 강해서 학자적 기질이 있다.

이어서 금형의 성격은 정의감과 의리가 강하고 결백해서 검찰, 경찰, 군인, 재판관, 운동선수, 변호사 계통의 직업인이 많으며, 불의와 타협하지 않고 결단을 잘 내린다고 한다. 또 화형은 성격이 예민하며 정열적이고 화술이 좋아서 예능과 문학계통의 기질을, 토형은 비대하고

---

12) 오현리 편, 『정통오행상법 보감』, 동학사, 2001, p.24.
13) 최형규, 『꼴값하네』, FACEinfo, 2008, p.369-370.

두텁고 후중하여 인내심이 강하고 생각이 깊어 중개인, 부동산, 컨설팅 계통에 종사하면 상호 화합하는 성격으로 적성이 맞는다는 점에서, 이러한 형상의 개성을 감지하여 관상 행위가 이루어진다.

여섯째, 얼굴의 균형 여부를 통해서 관상 행위가 이루어진다. 두상과 체상의 관계라든가, 체상과 심상의 관계에 있어서 어느 한 부분만을 길상이라고 할 수 없을 정도로 상호 조화적 균형 관계가 있어야 그것이 진정한 길상이기 때문이다. 관상학의 이론 기반으로서 천인상응론, 음양오행론, 시공합일론, 유비추리론 '균형과 조화론'이 거론되는 것[14]도 이러한 관상철학의 가치에 더하여 균형이 중요한 것으로 판단되는 데서 기인한다.

유사한 맥락에서 『주역』 절괘(節卦)의 단전에서도 균형과 조화를 이루지 못하면 흉한 괘상이라 언급한 것을 상기해 보자. 인간사는 물론 모든 일에 있어서 균형과 조화가 깨질 때 패가망신한다는 것을 모르는 이가 없으므로 흉상과 길상의 차이가 이러한 균형과 조화라는 양면성에서 나타난다.

일곱째, 관상의 접근법으로 수상, 족상, 골상이라는 큰 틀을 고려할 필요가 있다. 수상을 살펴볼 때 오로지 인간만이 엄지를 사용할 수 있다. 인간이 유일하게 도구를 사용하여 한 손으로 물건을 들 수 있다는 것이다. 인간은 만물의 영장이기 때문이다. 수상의 경우 손의 형상을 통해 관상을 보고, 족상의 경우라든가 골상의 경우도 관상에 있어서 주요한 소제의 하나이다. 수상론의 일반이론에 의하면 손가락 사이가 벌어져 있으면 재물을 모으지 못한다[15]고 한다.

---

14) 오서연, 『인상과 오행론』, 학고방, 2017, pp.83-104.
15) 오현리 편, 『정통오행상법 보감』, 동학사, 2001, p.6.

이처럼 손금을 보고 얼마든지 관상을 읽어낼 수 있는 것이다. 그리고 족상에 있어서 발은 우리의 몸을 지탱해주는 것으로 균형이 잡혀 있느냐에 따라 귀천의 정도를 알 수 있다. 발목이 굵은 민둥 다리는 진취적이지 못하다는 것도 족상의 관상법에서 거론된다.

그 외에도 관상은 성형수술을 통한 얼굴 변화도 무시할 수 없다. 청춘남녀가 일반적으로 쌍꺼풀 수술을 하는 경우가 있는데, 이는 관상학적으로 또는 생리학적으로, 해부학적으로 큰 의미를 두지 않았다. 그것이 건강과 수명, 재물에 큰 영향을 미치지 않기 때문이라는 것이다. 그러나 이는 '얼굴 이미지'라는 점에서 굳이 나쁠 것은 없다고 본다. 수술을 통하여 자신감의 회복에 의한 자신의 이미지 관리에 있어서 쌍꺼풀 수술은 도움이 되는 경우가 적지 않기 때문이다.

코를 높이는 것도 자신의 자존감을 키우는 점에서, 설사 과학적 근거가 없다고 해도 수술을 통해 자존감을 키워가는 계기가 된다는 점에서도 유의미한 것이다. 성형이 외모의 미(美)만을 추구한다는 가치를 거론하기에 앞서 자신감을 얻는 미인 수술이야말로 자신의 이미지를 한층 개선할 수 있다는 점에서 앞으로 관상술에서 배제할 수 없는 일이다.

관상에는 연륜이 중요하다.

관상에는 연륜과 얼굴이라는 용어가 자주 등장하지만 두 가지는 다른 의미를 지니고 있다. 첫째, '연륜'이라는 용어는 그가 일생 살아온 삶에 나타난 경륜으로서의 인격을 의미하는 것이다. 둘째, '얼굴'이라는 용어는 일반적으로 관상에서 외형적으로 중시되는 두상을 뜻한다. 정신적 범주에서 심상(心相)의 연륜이 자주 거론된다면 육신적 범주에서 관상(觀相)의 얼굴이 자주 거론되기 때문이다.

우선 연륜의 의미에서 음미할 경우, 머리에 서리가 내렸다고 하는 것은 나이가 들었다는 뜻이며, 나이가 들면 정신세계로서 감성이 풍부해지고 지나온 추억으로 인해 삶의 무게가 더해졌다는 뜻이다. 머리에 서리가 내린 것을 비유적으로 '백설(白雪)'이라고 하는데, 젊은 시절의 검은 머리가 중년을 지나 흰머리가 하나둘 늘어나 백발이 되어간다는 것이다.

이와 관련하여 향엄선사의 시를 음미해본다.

> 많은 땀과 수많은 생각이 다만 제 한 몸을 위한 것인데, 이 몸이라는 것이 무덤 속의 티끌이라는 것을 모르는구나. 백발이 한마디 말도 하지 않는다고 하지를 말게. 이는 황천의 소식을 우리에게 전하는 것일세.[16]

백발은 곧 열반의 세계에 이른다는 것으로, 나이가 들어 흰머리가 늘어나면 곧 세상을 하직하게 되므로 삶의 무상함을 전하는 감성의 시가 이것이다. 무상함의 소식을 전하는 것으로, 나이가 들면 또한 얼굴에 저승꽃이 핀다고 한다. 정확히 말해서 얼굴 측면에 거무스름한 반점이 생기는 데 이를 저승꽃이라 한다.

관상학에서 얼굴의 측면을 그 사람의 '안방'이라고 한다. 구체적으로 관상학의 용어를 빌리면 얼굴 측면은 위로 천이궁에서 아래로 간문(奸門) 및 이문(耳門) 언저리, 그리고 관골과 볼(嗓), 시골(腮骨)로 이어지는 곳인데, 여기에 나이가 들면서 검은 흔적들이 나타난다. 당연히 연륜이 쌓이고 정신이 성숙해지면서 나이가 들어 저승꽃(반점)이 얼굴 옆면에 피어난다. 신체적으로 저승꽃이 피기 시작하면 신진대사가 느

---

16) 百汗千謀只爲身, 不知身是塚中塵, 莫言白髮無語言, 此是黃泉傳語人(원불교사상연구원 편, 『숭산논집』, 원광대학교 출판국, 1996, p.82).

려지고 생명의 무기력함을 느끼게 된다. 건강과 피부 관리에 관심을 가지고 노년기의 외로움을 극복하는 정신적 지혜를 쌓아야 할 것이다.

하지만 하얀 머리가 나고 저승꽃이 피게 되면 인간으로서 나이가 들어 어쩔 수 없이 허무함이 밀려오는 것이다. 그래서 나이가 든 중년이나 노년들이 가장 듣고 싶은 말이 있다. "동안(童顔)이네요."라는 것이다. 나이는 들었지만, 나이에 비해 상대적으로 젊어 보이려는 심리의 표출이다.

『장자』「대종사」편에서 어느 날 남백자규가 여우(女偶)에게 물었다.

> "당신은 나이가 많은데 얼굴빛은 마치 어린애 같은 것은 어째서입니까?" 여우가 대답하기를 "나는 도(道)를 들었기 때문이오." 남백자규가 물었다. "도란 배울 수가 있는 것입니까?" 여우가 대답하기를 "아, 안되오. 당신은 그런 사람이 못되오."

그에게는 성인의 도가 없으니 성인의 재능을 지녀야 동안이 될 수 있다고 했다. 그러면서 과연 그가 성인이 될 수 있을지 모른다고 했다. 이는 『장자』에 나오는 우화이다.[17) 나이가 들었지만, 얼굴빛은 과연 어린애의 얼굴, 즉 동안이 될 수 있을 것인가에 대한 답변은 심상의 관리, 곧 마음의 성자가 되어야 얼굴이 동안으로 될 수 있다는 증거라고 볼 수 있다.

하지만 아이러니하게 어린 학생들은 빨리 나이 들기를 원하고, 노인

---

17) 『莊子』「大宗師」, 南伯子葵問乎女偶曰, 子之年長矣, 而色若孺子, 何也, 曰吾聞道矣, 南伯子葵曰, 道可得學邪, 曰, 惡, 惡可, 子非其人也, 夫卜梁倚有聖人之才而无聖人之道, 我有聖人之道而无聖人之才, 吾欲以敎之, 庶幾其果爲聖人乎.

들은 젊어지기를 원한다. 그것은 심리적인 요인일까? 아니면 무슨 이유일까? 젊은이들이 즐겨 부르는 노래 가사가 우리의 시선을 끈다. 백창우의 글·곡으로 「나이 서른에 우린」이란 노래를 소개해 본다.

나이 서른에 우린 어디에 있을까? 어느 곳에 어떤 얼굴로 서 있을까? 나이 서른에 우린 무엇을 사랑하게 될까? 젊은 날의 높은 꿈이 부끄럽진 않을까? 우리들의 노래와 우리들의 숨결이, 거친 들녘에 피어난 고운 나리꽃의 향기를. 나이 서른에 우린 기억할 수 있을까?

젊은이들은 현실의 삶에 고단함을 느꼈는지, 희망에 부푼 나머지 중년기의 삶을 동경한다. 심리적으로 어렸을 때는 시간이 잘 가지 않고, 나이가 들면 시간이 빨리 간다. 인지상정으로 청소년은 빨리 나이 들어 중년을 꿈꾸고, 나이 든 사람들은 젊은 시절을 추억으로 삼아 아련히 동안(童顔)을 꿈꾸는 경우가 많다.

동안을 꿈꾸는 나이를 반추해보면, 더욱이 나이가 들었다고 해서 좋은 것만은 아니다. 삶의 무게만큼이나 육신이 무기력해지다 보면 초심(初心)의 희망이 사라지기 때문이다. 삶의 세파를 견디어내며 나이가 한 살 두 살 들면서 사회적 경험을 축적하며 직장생활에서 업무추진 능력을 자타에 의해 요구받는 상황이 되면, 생존경쟁에 내몰리는 상황이므로 인생 후반에는 자연스럽게 심신이 지치기 마련이다.

지친 몸은 점점 쇠약해가는 상황으로 나가는데, 관상학에서 '옥탁골'18)이 있어 만년에 처량하게 되는 것을 인지하지 않을 수 없다. 곧 옥탁골이란 정수리에 베틀 북과 같은 형상의 뼈가 퉁겨져 나와 있는

---

18) 옥탁골이란 전산 38개의 뼈 중에 유일한 惡骨이다(오현리 편, 『정통오행상법 보감』, 동학사, 2001, p.25).

것으로, 인생 만년에 쇠약해져서 처량함을 느끼며 가난함으로 인해 인생길이 더욱 외로워지는 것이다.

실제 인생의 외로움에 더하여 연륜이 쌓이는 시기에는 얼굴에 책임져야 하는 시기에 진입했음을 의미한다. 얼굴에 책임을 져야 한다는 것은 청소년기를 벗어났음을 말하며, 우리에게 선배보다는 후배가 많아졌다는 뜻이기도 하다.

그러면 내가 얼굴에 책임져야 한다는 것은 무슨 뜻인가? "나이가 들면 자신의 얼굴에 책임을 져야 한다."[19]는 말은 나이가 든 만큼 나의 언행을 삼가 살피고, 삶의 무게를 가볍게 느껴서는 안 된다는 것이다. 만족스러운 삶에서 나타나는 밝은 미소의 얼굴은 실제의 삶에서 주변에 덕(德)을 베푼 결과와도 같으니, 연륜만큼이나 훌륭한 인품을 길러 나잇값을 하라는 뜻이기도 하다. 지나온 삶을 돌이켜보아 앞으로의 삶을 의미 있게, 그리고 책임을 갖고 가치 있게 살라는 것으로 이해된다.

나이 40이 넘으면 얼굴에 책임을 져라.

그렇다면 실제 책임을 져야 할 나이는 어느 때인가? 대체로 나이 40이 되면 얼굴에 책임을 져야 한다고 했는데, 'NPL 마음 면역의 정동문 코치도 미국 대통령 링컨의 말을 인용하였다(m.cafe.daum.net). 즉 링컨 대통령이 첫 내각 구성을 위해 인물을 선별할 때 비서관으로부터 추천받았는데, 링컨은 그 사람 이름을 듣고 거절했는데 그 이유가 그 사람 얼굴이 마음에 들지 않는다는 것이었다.

깜짝 놀란 비서관은 묻기를, "그 사람은 자신의 얼굴 생김새에는

---

19) 오현리 편, 『정통오행상법 보감』, 동학사, 2001, p.6.

책임이 없다면서 얼굴은 부모가 만들어준 것인데 어쩔 수 없지 않습니까?"라고 했다. 링컨이 바로 답하기를, "뱃속에서 나올 때는 부모가 얼굴을 만든 것이지만, 다음부터는 자신이 얼굴을 만드는 것이다."라고 했다. 나이 40이 넘으면 모든 사람은 얼굴에 책임을 져야 한다는 것이다.

나이 40이 넘으면 중년기로서 정신의 안정감으로 연륜이 쌓일 때이다. 그리고 그가 살아온 삶의 절반이 지났다는 뜻이다. 40세가 넘어서면 그의 얼굴에도 변화가 있을 것이다. 행복한 삶을 살았다면 밝은 미소의 얼굴로 변했을 것이며, 불행한 삶을 살았다면 슬픔의 얼굴 형상이 되었을 것이다.

나이 40이 지나면 남은 반평생의 삶은 아름답게 죽어가는 공부를 해야 할 것이다. 절반은 삶의 사업성취 등 의식주 마련의 생활을 위해 살아왔고, 앞으로 절반의 삶은 여유를 갖고 살아가되 아름답게 죽음을 준비하는 자세가 필요할 것이다. 소태산 박중빈(1891~1916)도 이미 밝혔듯이, 나이가 40이 넘으면 죽어가는 보따리를 챙기기 시작하여야 죽어갈 때 바쁜 걸음을 치지 않는다. '40'이라는 나이는 분명 스스로 책임지는 때로서 의식주의 풍요로운 생활과 더불어 육신에 얽매이지 말고 마음 해탈에 관심을 가지고 인생 끝자락을 준비해야 할 것이다.

마음의 해탈을 생각하며 심상(心相)에 관심을 기울인다면, 얼굴은 나이에 따라 변하고 마음 작용과 직결된다는 점을 인지할 것이다. 얼굴이 변하게 되면 이마와 코, 눈 모양 등이 노숙하게 된다.

이에 대해 관상에서 볼 때 특히 귀 모양은 변하지 않는다고 한다. 그러므로 아동을 대상으로 관상을 볼 때는 귀 모양을 참작할 뿐 관상의 대상에 두지 않는 편이며, 그것은 미완성의 상태이기 때문이다. 물론 관상학자에 따라 귀가 변한다고 하는 경우가 있는데 귓밥인 수주(垂

珠)의 변화가 이것이다.

귀에 대해 좀 더 말하면 귀가 낮거나 귀의 윗부분이 눈꼬리 선에 미치지 못한다면, 탄생도 늦고 세상에서 출세할 시기도 그만큼 늦게 찾아온다고 한다. 어떻든 얼굴이 나이에 따라 변하는 점을 고려하면 우리가 곱게 변하도록 하는 얼굴 관리가 필요하다. 주변에서 곱게 늙은 분들을 자주 접한다. 얼굴의 관리를 상기한다면 나이 들면서 덕을 베풀고 자비의 마음으로 살아가는 심상에 관심을 가진다면 최고의 얼굴 관리가 되는 셈이다.

초년기부터 목표를 설정하여 집념으로 살아간다면 나이가 들면서 인생의 행복을 느끼게 해주며, 그때 얼굴의 표정도 한층 여유로울 것이다. 인생의 목표를 이미 초년부터 정하였기 때문에 학업에도 충실할 것이며, 사회에 진출하여 직장생활도 성실하게 임할 것이기 때문이다.

여기에서 관상에서 동자형(同字形)의 얼굴이 있는데, 이러한 사람이 초년부터 목표를 정하여 학업에 충실하게 임하며 주변 사람들로부터 신뢰를 받는 편이다.[20] 동자형의 얼굴은 인화를 중시하고 처세를 잘한다. 이 동자형의 얼굴은 60세가 되면서 연륜이 쌓이면 밝은 기운과 마음이 안정되어 평화로운 삶을 맞이할 것이다. 환갑이 지나면서 연륜이 쌓임과 더불어 지혜가 더해져 모든 일에 성취를 이루고 오장육부의 균형을 이루도록 건강관리를 잘하였기 때문에 건강 운도 따른다. 집념의 동자형은 관상에 더하여 연륜의 심상으로 전개되면서 바람직한 형으로 정착되는 것도 이 때문이다.

한편 얼굴에 주름살이 생기는 때는 나이가 들었다는 뜻이다. 주름살은 특히 노인에게 인생의 연륜이며[21], 한 세월 살아온 인생의 행적도

---

20) 이정욱, 『심상 관상학』, 천리안, 2006, p.276 참조.

(行蹟圖)와 같다. 연륜이 짧은 젊은이의 얼굴에 새겨진 주름살은 그 어떤 것도 이로운 내용이 없는데 이마를 가로지른 천문(天紋), 인문, 지문이 그러하며, 입가를 스쳐 내려간 법령선도 마찬가지이다.

주름에 있어서 잔주름이 문제인데 초년운이 안 좋은 것은 이마가 어지럽혀진 탓이다. 또 입 주변이나 턱에 나타난 잔주름 역시 말년에 좋지 않다. 잔주름은 운세에 있어서 별로 좋지 않은 것이며, 어쩔 수 없이 생기는 얼굴의 주름은 연륜이 쌓였다는 것으로 이해하면 좋을 것이다.

그러나 주름살이 느는 것은 마냥 좋은 것만은 아니다. 노인은 소화기 계통이 약하고 고독하며, 신체적으로 노쇠해지다 보니 느는 것은 주름 살이다. 세파에 시달려 온갖 걱정에 주름살이 더한다고 하는데 관상학 에서 볼 때 노년의 고독할 조짐은 얼마든지 있다고 본다. 그리고 관상 학에서 볼 때 콧대 중앙의 세로 주름은 연륜이 쌓이면서 부부가 이별할 운이니 조심할 일이다.[22] 얼굴은 신경계통에 있어서 민감한 부위이므 로 얼굴에 짜증이 나거나 예민할 경우 인상을 찌푸리는 경우가 적지 않다.

무엇보다 심상에 관심을 가지고 더욱 고운 인상을 만들도록 노력해 야 한다. 가장 좋은 인상은 웃는 얼굴이며, 설사 주름이 지더라도 미소 로 인해 나타나는 주름살은 인자하기까지 하다. 나이가 들수록 얼굴에

---

21) 노인에게는 연륜이 가져다준 여유가 보인다(설혜심, 『서양의 관상학, 그 긴 그림자』, 한길사, 2003, p.169).

22) 옆 이마의 세로 주름은 부부가 이별한다. 눈썹 위에서 이마의 가장자리로 비스듬히 나 있는 여러 가닥 주름 : 혈육과의 불화가 잦다. 부모덕이 없다. 머리카락 속에 있는 점 : 좋은 점이다. 그것이 정수리에 가까울수록 귀하다 (이남희, 『하루만에 배우는 실전관상』, 도서출판 담디, 2008, pp.72-73).

늘어나는 주름살은 반가울 리 없지만, 그 주름살마저 반가이 맞이하는 해탈의 심법이 필요하다.

나이가 들면 물론 매사 무감각해지는 현상은 어쩔 수 없는 일이다. 삶에 있어서 무기력해지면서 귀찮은 탓에 모르는 것도 알지 않으려 하고 인상 관리의 관상학에 무관심해진다. 중국 송대의 장횡거(1020~1077)는 이에 말하기를, 사람들은 대부분 나이 들면서(老成) 아랫사람에게 물으려 하지 않으므로 종신토록 알지 못한다고 했다. 또 나이가 들면 아랫사람에게 물으려 하지 않기 때문에 마침내 남과 나를 속이게 되어 종신토록 알지 못한다[23]고 『근사록』에서 말하고 있다. 나이가 들면서 매사 무기력해지므로 감각기관 작용의 퇴보, 즉 앎의 무지에 떨어지는 것도 방심하면 막지 못한다.

여기에서 연륜이 쌓이면 심상(心相)으로 돌아가 마음 관리 즉 품격 관리가 필요하다는 것을 인지하게 된다. 사람마다 품격이 있는데 성자(聖者)는 부모 같기도 하고, 이웃의 노인 같기도 하여 무엇이라고 표현할 수 없는 자비 품격의 소유자이다. 자녀를 키운 부모는 연륜이 있고, 이웃 노인도 연륜이 있는 것이다. 이들은 품격관리를 그만큼 잘해왔으므로 부모로서 존경받게 되고 연장자로서 존중받게 된다.

르네상스의 인문주의자 미란 돌라(1463~1494)는 인간은 신에 의하여 특징지어진 것도 아니고, 제한된 것도 아니라고 했다. 곧 그는 연륜이 쌓일 정도의 인품을 지닌 자로서 "자신의 수준을 높이기 위해 노력하며, 자신의 운명을 창조하는데 자유롭다."[24]라고 하였다. 나이가 들

---

23) 『近思錄』「爲學」98章, 人多以老成則不肯下問, 故終身不知. 又爲人以道義
先覺處之, 不可複謂有所不知, 故亦不肯下問. 從不肯問, 遂生百端欺妄人我,
寧終身不知.

24) *The New Encyclopedic Britanica*, Vol. 20, 667.

수록 인간의 존엄성을 지니며 살아가는 심상 관리로서 품격의 관리가 필요한 것이다.

품격의 관리는 관상과 관련하여 말하면 심상과도 같은 것으로, 인간의 얼굴을 단정하게 하는 것으로 관상학에서 참고할 일이다. 불타에 의하면 중생 얼굴이 단정한 보(端正報)를 받는 것은 열 가지 선업이 있다(『업보차별경』 7장)고 했다.

첫째 화를 내지 말 것, 둘째 의복을 많이 혜시할 것, 셋째 부모와 존장에게 공경심을 가질 것, 넷째 성인과 현인의 도덕을 존중히 알 것, 다섯째 항상 부처님의 탑이나 정사(精舍)를 잘 수리할 것, 여섯째 집안을 청정히 할 것, 일곱째 수도실 터나 수도실에 드나드는 길을 평평하게 골라줄 것, 여덟째 부처의 탑묘를 지성으로 쓸고 닦을 것, 아홉째 추루(醜陋)한 이를 보고 가볍고 천하게 여기지 않고 공경심을 낼 것, 열째 단정한 이를 보면 곧 전생의 선업으로서 그리된 줄을 알아 그에 감탄할 것[25]이라 했다.

불법의 진리에서 언급되고 있듯이 얼굴을 단정히 하는 자세야말로 관상 가운데 심상(心相)이다. 그것은 인품관리의 단면임을 성자의 예화를 통해서 알 수 있기 때문이다. 연륜과 얼굴은 이처럼 심상과 관상이 병행하는 것임을 알아야 한다.

일반적으로 상학(相學)에서 사람을 관찰하는 열 가지 방법 가운데

---

25) 『業報差別經』 7章, 復有十業하야 能令衆生이 得端正報하나니, 一者는 不瞋이요, 二者는 施依요, 三者는 愛敬父母尊長이요, 四者는 尊重賢聖道德이요, 五者는 恒常塗飾佛塔이요 六者는 淸淨泥塗堂宇요, 七者는 平治僧地伽藍이요, 八者는 掃灑佛塔이요, 九者는 見醜陋者하고 不生輕賤하며 起恭敬心이요, 十者는 見端正者하고 曉悟宿因하야 知福德感이라. 以是十業으로 得端正報니라.

『신상전편(神相全編)』이 많이 언급된다. 본 「관인십법(觀人十法)」의 십관(十觀) 중 ①~③은 사람의 정신상태를, ④~⑧은 형체와 외모를, ⑨는 음성과 마음을, ⑩은 앞의 9법(九法)을 총결하여 실제적 대상을 파악하는 방법을 논하였다.[26] ①~③에 더하여 ⑨조항에서도 마음을 중요시했음을 잘 알 수 있다. 이는 관상에 더하여 심상이 중요함을 알게 해주는 것이다.

심상이란 무엇인가?

과연 심상학(心相學)이란 무엇인가? 심상학은 물질을 대상으로 하는 것이 아니라 마음을 대상으로 하는 학문이다.[27] 구체적으로 말해서 마음의 상(相)을 대상으로 하는 학문으로 넓은 의미에서 관상학에 속한다. 관상학에 속하는 만큼 심상학은 비 물질인 마음을 주제로 하여 상대를 알아보는 학문이다. 물질을 대상으로 한다면 육체를 주제로 하는 학문이라면 신상학(身相學)이 될 것이며, 이에 대하여 마음을 주제로 하는 것이므로 심상학(心相學)이 되는 것이다.

심신(心身)을 이분법으로 하면 신상학과 심상학으로 구분이 되며, 전문적으로 접근할수록 육체를 중심으로 한 학문과 정신을 중심으로 한 학문이라는 이분법적 사고가 가능하다. 사실 '심신 이원론'이란 마음과 몸체가 서로 분리되어 있음을 알고, 이분법적으로 접근하는 것을 말한다. 동양학문의 경우 심신 일원론적 성향을 지닌다면, 서양학문의

---

26) 김연희, 『劉昭 '人物志'의 人材論에 관한 상학적 연구』, 원광대 박사논문, 2008, pp.99-122참조.
27) 설혜심, 『서양의 관상학, 그 긴 그림자』, 한길사, 2003, p.260.

경우 심신 이원론적 성향을 지닌다. 이를테면 데카르트는 마음(정신)과 육체(물질)를 분리해서 생각하는 경향이며[28], 헤겔은 정신을 더 중요시한 철학자로 알려져 있다.

심신에 대한 동서의 시각차에도 불구하고 마음과 육체를 이분법으로 할 경우, 육체의 연구는 형이하학이라 하며 정신의 연구는 형이상학이라 할 수 있다. 그렇다고 심상학을 형이상학이나 관념의 학문으로 치부해버리는 것도 잘못된 견해이다. 그것은 육체와 정신을 완전히 분리할 수 없다는 점 때문이다.

이론적으로 육체와 정신을 분리하여 연구할 수 있으나, 특히 인문학적 시각에서 인간이란 전체의 시각에서 볼 때 육체 없는 정신이라든가, 정신없는 육체는 상상하기 어렵다. 이것은 육체와 정신을 이원론으로 다가서느냐, 일원론으로 다가서느냐 하는 문제이므로 논란의 여지가 있으며, 마음과 육체의 경우 형이상학 내지 형이하학 어느 하나에만 의존할 경우 심상 관상학의 접근은 쉽지 않으리라 본다. 심상이라는 용어와 관상이라는 용어가 두 가지로 접근하더라도 육체만을 관상학의 영역으로 두고 마음을 관상학의 영역 밖으로 분리하는 우를 범하지 말아야 한다는 뜻이다.

동양의 심상(心相)에 관심을 가진 자는 마의(麻衣)였다. 마의는 마음이 형상보다 우선하며 형상은 마음 뒤에 존재한다고 하였고, '미관형모 선상심전(美觀形貌 先相心田)'이라 하여 나타나는 형상에 혼돈하지 말

---

28) 화이트헤드는 뉴턴의 자연 개념을 생명을 결여한 죽은 자연이라고 비판하였으며, 데카르트의 物心이원론을 '잘못 놓여진 구체성의 오류'라고 비판했다. 주관과 객관, 개체와 전체의 대립은 구체적인 하나의 자연을 추상하여 양분하기 때문에 오류라는 것이다.(박재주, 『주역의 생성논리와 과정철학』, 청계, 1999, p.20).

고 먼저 마음을 보라 하였다.[29] 마의는 이에 다음과 같이 언급하였다.

> 신체의 상(相)으로 여래를 알 수 있지 않은가? 상에 있는 것은 모두 허망한 것이니 모든 중생에게 보인다 한들 나의 상을 타인의 상으로 되돌릴 수가 없다. 부귀상, 장수상, 무법상 역시 상법에 없는 것이 없음을 여러 중생에게 드러내 보이니 마음으로 상을 취하여 모든 것을 갖추면 여래를 아는 것이다.[30]

궁극적으로 관상보다는 심상으로 귀결되는 것임을 마의는 밝히고 있다. 부처를 봄에 있어서 외형의 관상보다는 특히 심상으로 보라는 것이다.

마음을 주로 다루는 형이상학도 엄밀하게 말하여 우주가 오행(五行)이듯 우리의 마음도 오행이라는 점에서 우주에서 복점을 찾는 인간의 심성에서 볼 때 관상학으로 귀결된다. 쉽게 말해서 우주를 음양오행의 기운이라 한다면, 우리의 마음도 음양오행의 기운으로 볼 수 있기 때문이다. 『심상 관상학』의 저자인 이정욱은 말하기를, 동양의 형이상학이야말로 인류가 추구하고 가치를 두어야 할 학문인 것을 일깨우는 데 우리는 전력하여야 한다.[31]라 하고 있음을 참조할 일이다. 동양의 형이상학적 가치를 유난히 강조하고 있는 것은 상호 조화 곧 심상과 관상이 밀접하게 연결되어 있음을 인지하자는 뜻이다.

더욱이 심상학에서 볼 때 사람 마음은 음양오행에서 한 걸음 나아가

---

29) 오서연, 『五行에 따른 人相 연구』, 원광대 박사논문, 2016, p.117.
30) 『麻衣相法』 身相可以見如來否. 凡所有相皆是虛妄 示諸衆生 無復我相人相. 富貴相, 壽者相, 無法相亦無非法相 示諸衆生 若心取相 方備諸相 卽見如來.
31) 이정욱, 『심상 관상학』, 천리안, 2006, p.86.

오장육부에 있으므로, 우주의 기운과 심기가 통한다. 우주의 기운과 인간 오장육부 기운이 결합한 형이상학적인 형태인 심기(心氣)를 고려해 보자는 것이다. 우주의 기운을 보아 우리 인간의 심기를 연계하여 미래를 가늠하는 사고력은 그 사람의 운명에 지대한 영향을 주기 때문이다.

이를테면 다음을 상기해 본다. 곧 오장(五臟)이 본래의 위치보다 위쪽으로 몰려 있으면 자부심이 많으나 이와 달리 오장이 본래의 위치보다 낮으면 남에게 순종하는 성격으로 남의 의견에 합류한다.[32] 당연히 오장이 본래 위치에 있으면 사람의 본래 마음도 중용이 되어 편안하고 성격도 원만하다. 우주적 기운을 감지함으로써 오장의 위치가 인간 육체의 균형이 있게 있을 때 그 사람의 건강도 좋으며 화를 내거나, 슬퍼하지 않고 감정의 조절이 잘 되어 미래 운명도 밝게 다가온다.

사실 인간은 육체와 마음으로 연결되어 있다는 것을 인지한다면 마음은 누구에게나 있는 것으로, 마음 작용은 우리가 살아가는 현실의 문제이다. 나의 현재 마음 상태가 어떠한 감정의 상태인가를 살펴보는 지혜가 필요하다는 것이다.[33] 나의 현재 굴곡이 심한 감정 상태에 매달려 살다 보면 우리의 신체도 영향을 받아 바람직하지 않은 방향으로 행동하게 된다.

따라서 우리의 현재 마음이라는 것은 누구나 직면하게 되는 현실적

---

32) 이정욱, 『심상 관상학』, 천리안, 2006, pp.52-53.
33) 관상은 그 사람의 운명을 보는 것이 아니라 인간관계에서 필요한 코드를 보는 것이다. … 또한 이런 현상은 지극히 현재적인 것이다. 그 사람의 과거나 미래는 중요하지 않다. 현재의 보이는 모습 자체가 목적론적·존재론적 당위성을 획득하는 것이다(설혜심, 『서양의 관상학, 그 긴 그림자』, 한길사, 2003, pp.189-190).

인 문제라는 것을 직시할 필요가 있다. 현재 여기에서 우리가 희로애락으로 인해 느껴지는 마음 작용은 곧 나의 육체로 전달되어 기쁨과 노함, 슬픔과 즐거움이라는 현상을 낳게 되므로 우리의 마음 작용은 우리가 살아가는 현실의 문제인 셈이다. 이것은 마음 작용을 잘하자는 것으로 여기에서 '마음공부'가 필요하다.

맹자는 사람의 눈동자란 마음의 투영이라 했다.

밝은 미래를 향도하는 관상학에서 심상이 중요함은 동양 고전을 통하여 그 정신을 찾아볼 수 있다. 맹자는 사람을 관찰할 때 눈동자를 잘 살펴보라고 했다. 그것이 마음과 직결되기 때문이다. 그는 이에 다음과 같이 말한다.

> 사람을 관찰할 때는 눈동자를 살피는 것보다 좋은 것이 없다. 눈동자는 그 사람의 악한 마음을 감출 수 없기 때문이다. 마음이 바르면 눈동자는 밝으며, 마음이 바르지 않으면 눈동자도 어둡다. 그 사람의 말을 들을 때 그 눈동자를 관찰한다면 사람이 어찌 (선악을) 감출 수 있겠는가?[34]

눈동자가 흐리다면 그 사람의 마음도 흐리다는 것이다. 마음이 흐리다는 것을 아는 심상(心相)의 중요성은 고금을 통하여 잘 아는 사실이다.

심상학이 중요한 것은 온전한 '인간' 성립에 있어서 육체와 마음이라는 1/2의 비중을 차지하는 것으로, 이에 마음을 학문화하는 것은 일

---

34) 『孟子』「離婁」上, "存乎人者, 莫良於眸子. 眸子不能掩其惡. 胸中正, 則眸子瞭焉, 胸中不正, 則眸子眊焉. 聽其言也, 觀其眸子, 人焉廋哉?"

종의 인간적인 삶을 지향하는 인간학인 셈이다. 육체와 마음 이분법적 사유도 가능하지만, 여기에서 심상학으로서 마음공부와 연계한다면 마음의 이분법적 사유도 가능하다고 본다. 즉 마음에는 두 마음이 있는데, 하나는 행복을 지향하는 마음이라면 다른 하나는 불행으로 치닫는 마음이다.

전자의 경우 정신을 가다듬듯이 마음을 잡는다는 것이다. 그리고 후자는 마음을 놓아버리는 것으로 방심한다는 것이다. 마음에 든다는 것과 마음에 들지 않는다는 식의 분류로서 이것이 마음 하나를 두고 이분법적으로 접근하는 방식이다. 온전한 인간의 삶을 지향하는 인간학으로서 심상학은 외형적인 상(相)을 대상으로 하는 관상학에 대해, 내면적 상 즉 마음을 대상으로 귀의하는 점에서 마음을 가다듬고 마음에 드는 방식의 심법(心法)을 갖는 것과 관련된다.

심법과 직결된 심상학을 넓은 의미의 관상학과 관련지으면 '심상 관상학'이 된다. 그것은 마음을 대상으로 연구하는 것이 심상학이며, 관상 역시 마음을 대상으로 연구하는 이상 심상 관상학이 된다는 의미이다. 마음을 관상학의 한 대상으로 학문화한다는 것은 각자 길흉을 미리 판단하여 길을 지향하되 흉을 극복하는 마음을 갖자는 것으로, 이것은 온전한 인간적인 삶을 누리려는 심리의 발동이다.

『주역』「계사 상전」11장에서 말하기를, 성인은 역(易)으로써 마음을 씻어내고 천도의 은밀한 곳에 자신을 감추며 길과 흉에 백성과 더불어 근심한다.[35]고 하였다. 탁해진 마음을 깨끗하게 씻어내고 우주 자연의 도에 합일하여 길을 지향하되 흉을 극복하는 자세를 가지라는 의미

---

35) 『周易』「繫辭傳」上 11章, 聖人則之. 易有四象, 所以示也, 繫辭焉, 所以告也, 定之以吉凶, 所以斷也 참조.

이다. 마음을 씻어내는 것에서 심상 관상학이 비롯되며, 거기에서 길흉을 가늠하도록 하는 『역경』의 심오한 가르침을 새겨볼 일이다.

운명은 마음 사용에 달려 있다.

돌이켜 보면 인간의 운명은 주로 마음을 어떻게 사용하느냐에 달려 있다. 어떠한 마음을 갖느냐에 따라 그 사람의 운명이 달라지기 때문이다. 이에 우리의 행동은 마음의 작용에 의해 전개되며, 어떠한 마음으로 행동하느냐에 따라 그것이 습(習)이 되고, 그 습이 성격으로 변화하게 되어 자신의 운명이 결정된다는 사실을 알아야 할 것이다.

인간의 운명은 우리의 심층(心層)에서 일어난 생각이 발하여 그것이 행동으로 이어지기 때문에 운명은 마음에 달려 있다는 것은 틀린 말이 아니다. 여기에서 마음에 달려 있다는 것은 마음이 외부의 상황에 의해 감정 작용이 발생한다는 것으로, 이를테면 순수마음이 칠정(七情)이라는 감정에 의해 희로애락애오욕이라는 것으로 표출된다. 순수마음은 외부적 작용으로 칠정이 발함으로써 행동이 나타나며, 감정조절을 하지 못하면 좋지 않은 결과가 되므로[36] 그것은 곧 앞으로 다가올 인생

---

36) 다음 정이천의 언급을 참조할 필요가 있다. "형체가 이미 생기면 外物이 형체를 감촉하여 마음을 동하게 하니, 마음이 동하여 七情이 나오는 바, 이것을 희·노·애·락·애·오·욕이라 한다. 情이 이미 치성하여 더욱 방탕해지면 性이 깎이게 된다. 그러므로 밝게 깨달은 자는 情을 절제하여 中道에 합하게 해서 그 마음을 바루고 그 性을 기르며, 어리석은 자는 情을 절제할 줄 말로 정을 풀어놓아 사벽함에 이르러서 性을 질곡하여 잃는 것이다."(『近思錄』「爲學」3章, 形既生矣, 外物觸其形而動其中矣. 其中動而七情出焉, 曰喜怒哀樂愛惡欲. 情既熾而益蕩, 其性鑿矣. 是故覺者約其情, 使合於中, 正其心 , 養其性. 愚者則不知制之, 縱其情而至於邪僻, 梏其性而

운명과 직결된다.

여기에서 얼굴 외형적 얼굴 관상학과 마음 내면적 심상 관상학의 연관성을 살펴보고자 한다. 곧 우리의 얼굴에 나타난 15개의 변화 궁은 모두 마음작용과 관련되어 있다는 것을 모르는 경우가 있다. 이정욱의 『심상 관상학』에 의하면, 얼굴에 있는 어느 한 부분이라도 마음과 연관되지 않는 곳이 없고 얼굴에 있는 어느 한 부분이라도 운명적인 의미가 없는 곳이 없으며, 얼굴에 있는 어느 한 부분이라도 마음에 반하여 생겨나지 않는다는 것이다. 마음의 작용에 따라 얼굴의 각 부위에 변화의 표정이 나타난다는 사실을 직시하라고 한다.

각자의 운명을 얼굴과 관련지어 보되 그 바탕에는 마음의 작용이 기반하고 있다는 것을 인지한다면, 후천적 운명의 흐름은 모두 마음과 관련되어 있음을 알고 이 마음작용을 순수하게 하는 것이 요구된다. 그것은 심상 관상학이 지니는 가치이며, 마음을 순수하게 작용하여 어떠한 욕망에 흔들리지 않는 노력이 운명을 순연하게 흐르도록 하는 데 도움이 된다.

운명의 순연함을 직시하면서 얼굴의 형상 가운데, 뇌와 마음의 관련성에 대하여 살펴본다. 인간의 뇌는 마음에서 발하는 상념(想念)을 인지함으로써 신경조직을 통해 육신에 하달하는 중간자의 역할을 한다. 두뇌의 활발한 활동이 육신의 신경세포에 전달됨으로써 우리는 그것을 사유하고 행동에 옮기는 일을 하게 된다.

그리하여 이마의 상부에 흠집이 없는 사람은 뇌 기능이 좋고 나아가 신경 기능도 활발하며, 사고력과 이해력, 나아가 학구열을 지니게 된다.[37) 이 모두가 마음의 사고력, 마음의 이해력, 마음의 학구열과 관련

亡之).

되므로 뇌와 마음의 작용은 서로 밀접한 관련성을 지닌다. 과학적 사유에 따르면 마음이라는 실체는 존재하지 않으며 마음은 단지 몸이나 뇌의 기능에 불과하다고 하는데, 마음은 뇌의 기능과 밀접한 관련성을 말하고 있다는 점을 고려하지 않을 수 없다. 『뇌내 혁명』이란 책으로 유명해진 하루야마 시게오는 긍정적이고 즐거운 상상은 모두 명상이라고 하여 뇌내 혁명과 마음의 관련성38)을 언급하였다.

코의 경우도 마음작용과 연결된다. 쉽게 생각하여 코와 마음작용이 전혀 관련이 없다고 할 수 있을지도 모른다. 코는 나의 주체로서 마음의 강약과 활동성을 잘 나타내준다. 나의 주체가 코라는 것은 내 마음에 나타나는 자존심의 일종으로서 마음에서 나오는 기(氣) 에너지는 코를 중심으로 하여 안면에 상을 이루는 것이다. 이에 더하여 마음의 정직성도 코와 관련이 있다. 코가 똑바르면 마음이 바로 서 있어 정직하다는 뜻이므로, 마음이 정직하지 못하면 자존심도 사라지는 관계로 "코가 납작해진다."는 설이 그것이다.

사람의 마음이 성실하다는 것도 코가 길어 수려하고 깨끗하며 준두가 풍성할 때 나타난다. 나의 마음이 성실하게 작용함으로써 맡겨진 일에 충실하다는 것은 코의 형상과 연결할 수 있다는 것이다. 마음으로 성실하게 임하는 사람은 코의 형상도 길고 수려하게 된다는 뜻이다.

---

37) 이에 더하여 이마의 중간 부위에 흠집이 없는 사람은 천성적으로 기억력이 아주 뛰어나며 지식이 풍부하다. 그래서 귀인의 눈에 들어 등용된다. 이마의 하부에 흠집이 없는 사람은 직관력과 실행능력을 타고났으며, 이로 인해 30세 이전에 사업에서 크게 성공한다(오현리 편, 『정통오행상법 보감』, 동학사, 2001, p.68).

38) 전현수, 『정신과의사가 붓다에게 배운 마음치료 이야기』, 불광출판사, 2010, pp.99-105 참조.

그러나 나의 마음에 탐욕심이 많으면 이 또한 코와의 관련성을 고려해 볼 수 있다. 즉 코가 지나치게 클 경우, 마음의 탐욕심이 작용한다는 점에서 관상과 심상의 관련성은 적지 않다.

다음으로 얼굴 관상학에서 중시되는 눈과 눈썹도 심상 관상학의 마음작용과 관련된다. 일반적으로 눈은 마음 감성의 형태를 대표적으로 밖으로 드러내는 부위이자 얼굴의 주요 모습으로서 눈은 마음의 창이자, 마음을 담는 그릇으로 알려져 있다. 마음이 정화되고 기화(氣化)하면 눈도 맑아진다는 것으로 맑은 눈의 모습과 밝은 눈동자에서 마음의 안정된 상태가 잘 드러나는 것이다.

마음이 안정되어 있다면 그의 운명 또한 안정된 방향으로 간다는 면에서 얼굴 관상학이 곧 심상 관상학과 밀접한 관련성을 지니고 있다. 눈의 방패가 되는 눈썹 역시 마음작용과 관련된다. 눈썹은 눈을 보호하는 곳으로 순수마음의 상태이므로 눈썹이 고우면 마음도 곱고 눈썹이 탁하면 현재의 마음도 탁하게 된다. 눈썹이 산란하면 현재의 마음도 산란해지기 때문이다. 눈썹이 거칠면 마음도 거칠어지므로 눈이나 눈썹이나 모두 마음작용과 관련되어 있음을 알아둘 일이다.

마음 관리가 중요한 이유는 분명하다.

그러면 심상 관상학이 중요한 이유는 무엇인가? 이는 한마디로 말해서 관상 및 인상을 개선하려면 마음부터 바르게 가져야 한다는 것이다. 온전한 마음을 갖지 않으면 얼굴의 형상도 온전하지 못할 수가 있다. 일반적으로 "정신을 차려라."라는 말이 있는데, 이것은 육체의 방심을 벗어나야 한다는 뜻으로 이해된다. 마음을 바르게 가다듬으면 인상도 좋아진다.

심상 관상학에서 만상(萬相)이 불여심상(不如心相)이라고 자주 언급하는 것은 마음의 상이 바르게 될 때 주변의 모든 것이 바르게 보인다는 사실 때문이다. 다시 말해서 "만상이 불여심상이다."[39]라는 말은 만 가지 상(相)이 마음의 상만 같지 못하다는 뜻으로, 이 말은 토정의 유언으로 전해진다. 토정이 어느 겨울 산에서 길을 잃고 지쳐 쓰러졌다. 정신을 차리고 눈을 떠보니 가난한 오막살이 주인집이었다. 하지만 주인이 사람들을 구해주곤 하자 이웃 대감이 집을 사주어 나중에 부자가 되자, 토정이 깨달은 것이 만상(萬相)이 불여심상(不如心相)이었다. 자신이 겪은 이 일을 계기로 제자들에게 마음의 상(相)을 보는 사람이 되라고 유언한 것이다.

그러나 오늘날 마음의 상보다는 얼굴의 상에 의존하는 성형수술의 만능주의적 사고를 지닌 사람이 적지 않다. 세계 1위 성형 대국이 한국이라는 사실을 잘 알고 있는지도 궁금하다. 영국 이코노미스트지는 국제미용성형학회가 각국의 회원들을 대상으로 실시한 조사를 바탕으로 2011년 기준으로 인구 1천명 당 성형수술이 가장 많았던 나라가 한국이었다[40]고 했다.

---

39) 최형규, 『꼴값하네』, FACEinfo, 2008, pp.229-231.
40) 여타 한국에선 인구 1000명당 13.5건 정도의 성형수술이 이뤄졌던 것으로 나타났다. 여기엔 한 명이 여러 번 시술을 받은 경우도 포함돼 있다. 2위는 그리스로 12.5건이었다. 뒤이어 이탈리아(11.6건) · 미국(9.9건) · 콜롬비아(7.9건) · 대만(7.8건) 등이 상위권에 올랐다. 대한성형외과학회 이사인 김우섭 중앙대 주임교수는 "국내에서 시술받는 외국인이 포함돼 순수하게 한국인만 집계된 게 아닌 듯하다"며 "어쨌든 한국은 인간관계가 너무나 조밀해 다른 사람의 시선을 의식할 수밖에 없어 성형이 많은 건 사실"이라고 말했다(강남규 · 주정완, 「세계 1위 '성형 대국'은 한국이었다」, 《중앙일보》, 2013.2.1. 2면).

물론 한국은 각박한 경쟁 사회에서 살아가므로 다른 사람의 시선을 의식할 수밖에 없어 성형수술이 많기 때문이라고 볼 수도 있다. 성형수술을 통해 콧대를 올리고 볼륨을 키우며, 쌍꺼풀 수술을 하며, 주름과 반점 수술이 유행하고 있다. 성형 만능의 시대가 도래한 것을 탓할 수만은 없을 것이다. 이는 성형을 통해서라도 자신감을 회복하여 자신을 남에게 잘 보이려는 본능을 뭐라 할 수 없기 때문이다. 그러나 외형의 성형을 한다고 해서 내면의 심상을 올곧게 하지 않는다면 그것은 성형미인은 될지언정 진정한 마음 미인은 될 수 없으며, 그로 인해 온전한 운명의 운전자가 되지 못할 것이다.

따라서 성형을 넘어서는 심상이 중요하다. 성형수술을 통해 쌍꺼풀을 함으로써 미인의 대열에 선다고 해도 운명 개선에는 별로 도움이 되지 않는다면 어떻게 할 것인가? 예컨대 전택궁(눈두덩)은 넓을수록 내림복(상속운)이 많다[41]고 하는데, 여기에 주름살(쌍꺼풀)을 수술하면 기존의 전택궁은 좁혀지기 마련이다. 전택궁이 좁아지면 상속 운은 물론이고 주어진 주택 운도 없어지는 것이다.

인위적 수술만으로 운명을 개척하기에는 한계가 있다. 성형을 통해서 자신감을 회복하거나 다소의 미모를 뽐낸다고 할 수 있어도 운명개선에 도움이 되지 못하는 경우가 적지 않으므로 마음의 성형 곧 심상 관상학에 관심을 가질 필요가 있다. 예로부터 관상(觀相)보다는 수상(手相)이고, 수상보다는 족상(足相)이며, 족상보다는 심상(心相)이라고 했다.[42] 진정한 관상학의 귀결처는 심상에서 찾아보는 지혜가 요구

---

41) 최형규, 『꼴값하네』, FACEinfo, 2008, pp.93-94 참조.
42) 다시 말해서 얼굴을 보면 관상보다는 손금을 보는 수상이 더 정확하고, 족상을 보면 더욱 많은 것을 알 수 있으며, 그보다 심상 즉 마음에 가장 많은 것이 나타난다는 말이다(오현리 편, 『정통오행상법 보감』, 동학사,

된다.

관상과 심상은 현실과 미래를 개척하는 지혜이다.

세상을 살아가는 지혜는 다양한 분야에서 실험될 것이다. 과거 재야의 사주팔자에서 거론되던 것이 오늘날 학계의 영역에서 다루어지는 관상학 분야에 대한 관심이 점증하고 있음은 고무적인 일이다. 직업선택의 분야, 배우자 선택, 사업운세 등은 과거에는 사주 영역에서만 거론되던 것이 이제 관상학 영역에서 깊게 다루고 있는 현실을 직시할 필요가 있다.

특히 관상학 분야의 저서를 통해서 과거의 구두로 전개되던 '관상보기'에서 오늘날 학계의 '심상 연구'로의 관심이 점증하고 있는 점은 바람직하다고 본다. 오늘날 수요와 공급에 있어서 과거와 달리 학문적 수준이 높아진 관계로 '관상'이 재야에서 학계로의 이동이라는 점을 인지하지 않을 수 없다. 이러한 점에서 원광대, 경기대, 대구한의대, 공주대, 동방대학원대에 더하여 한양대에서까지 명리 분야의 학생모집이 진행되고 있음은 수요에 따른 공급의 균형이라고 보아도 무방하다.

또한, 관상학 분야를 이젠 관상쟁이에게 넘길 일만은 아니라 본다. 과거로부터 지속적으로 관심을 가져왔던 만큼 수요가 많아진 현실을 간과할 수 없다는 점에서 학문영역에서 이들에 대한 합리적 설득력을 가져다주고 연구를 통해 대응 방안도 합리적이고 이성적 영역에서 만족시켜 주어야 할 상황에 직면한 것이다.

위에서 관상학의 성립을 거론한 것은 고금을 통하여 지속되어온 관

2001, pp.4-5).

상학의 위상을 점검하려는 시도였음을 밝힌다. 그리고 관상학 영역에서 연륜과 얼굴 분야는 마음의 심상과 체상의 얼굴이라는 양면적 가교를 설정하는 점에서 의미 있는 일이다. 결국, 심상으로의 귀결이라는 점은 앞으로 관상의 영역이 외형적 운명 판단에 그치지 않고 그에 걸맞게 인격 함양이라는 것이 뒷받침되는 심상으로의 귀결일 것이다.

이목구비가 답이다.

1. 얼굴은 기색이다.

"나이가 들면 자신의 얼굴에 책임을 져야 한다."라는 말이 있다. 미국 역대 대통령 중 위대한 인물로 손꼽히는 워싱턴, 제퍼슨, 링컨, 루스벨트의 인물상을 1941년 새긴 사우스타코타주의 러시모어산의 '큰 바위 얼굴'에 수백만 명의 관광객들이 몰리는 세계적 명소가 된 지 오래다. 이 존경받는 인물상은 한 사람의 높이가 18m나 되는 초대형 조각이다. 또한, 너새니얼 호손의 단편소설 중에 '큰 바위 얼굴'이란 작품이 있는데, 마을 앞 절벽 위에 인자하고 현명한 형상을 한 바위가 있다. 이 바위의 얼굴을 닮은 큰 인물이 나타날 것이라는 전설이 그 마을에 전해오고 있다. 바위에 새겨진 사람의 얼굴을 닮으려는 것은 큰 바위에 새겨진 인물들이 훌륭하기 때문이다.

얼굴을 닮고 싶은 마음에는 그 사람의 인품에 관련되며, 이에 더하여 관상학에서는 맑은 얼굴의 피부색을 닮고 싶은 마음을 가져다준다.

여기에서 얼굴의 기색론이 등장한다. 아리스토텔레스(BC 384~ BC 322)가 본 관상학의 징표에는 기색으로서 피부의 색깔, 피부의 부드러움, 살집 등이 거론된다. "지금은 관상학적 징표들이 어떤 부류로부터 이끌려 나오는지 말하겠다."라며, 그 원천에 대해서 신체의 형태, 피부 색깔, 얼굴에 나타난 특징적 모습이나 인상, 머리카락, 피부의 부드러움, 살집의 상태 등을 열거하였다.[1] 피부의 색깔이나 피부의 부드러움과 살집 등이 관상의 기색과 관련된다는 것이다.

관상학이 크게 발달하기 이전에 고대에는 외형의 모습으로서 얼굴의 기색을 주로 살폈다. 동주(東周) 시대 내사(內史)의 벼슬을 한 숙복 이후 춘추전국시대 진나라인으로서 관상에 밝았던 인물은 고포자경((姑布子卿)과 위나라의 당거((唐擧)가 있다. 『순자』에는 옛사람으로 고포자경이 있었고, 지금은 당거가 있어 사람의 형상과 안색을 살펴 그 사람의 길흉화복을 알았으므로 세상 사람들이 이를 칭찬했다고 한다. 고포자경이 귀족 계급이었으므로 당시 관상학이 귀족에서부터 일반 지식인에까지 널리 퍼져 있었고, 이 시기의 관상학은 골상과 면상 위주의 상법에서 기색까지 살피는 상법으로까지 확장되었음을 알 수 있다.[2] 얼굴의 기색을 통해서 그 사람의 길흉을 판단하는 상학적 기법이 고대로부터 이어져 온 것이다.

그러면 얼굴 색상으로서 기색이란 무엇을 말하는가? 기색의 기(氣)는 피부의 안쪽에 흐르는 색을 뜻한다. 피부의 겉에 나타난 기는 오장육부의 사이에 흐르는 기로서 희·로·애·락·애·오·욕의 칠정(七情)이 피부의 외부에 나타나는데 기색은 안색의 변화이다.[3] 인간은 감정

---

1) 아리스토텔레스, 김재홍 옮김, 『관상학』, 도서출판 길, 2014, p.169.
2) 地平 編著, 李成天 監修, 『관상 해석의 정석』, 도서 출판 문원북, 2019, p.16.

의 동물이므로 마음 작용이 얼굴에 나타나는 안색이 있다. 마음이 편안하면 안색이 밝은 색상이라면 마음이 불편하면 어두운 색상으로 나타나서 심적 고통을 겪는다. 피부가 하얀 기색을 지닌 자는 지적 능력이 뛰어나며, 얼굴에 붉은색이 나타나면 성격이 다혈질이기 십상이다.

다음으로 얼굴 기색의 종류로서 오색(五色)과 그 반응에 대하여 『유장상법』에서 언급한 내용을 살펴본다.

> 청색이 피부 밖에 있으면 갑을일(甲乙日)에 응하게 되고, 청색이 피부 안에 있으면 인묘일에 응한다. 백색이 윤택하면 임계해자일에 응하게 되며, 황명색이 띄면 신유일에 응하게 된다. 흑색은 7일 안에 응하게 되고, 흑기(黑氣)는 한 달 안에 응하게 된다. 황색은 무기일에 응하게 되고, 체색을 띄면 진술축미일에 응하게 된다. 홍색은 병정일에 응하게 되고, 자색은 사오일 화기가 왕성한 날에 응하게 된다. 적색이 옅으면 화기가 왕성한 날에 응하게 되고 적색이 짙으면 수기가 왕성한 날에 응하게 된다.[4]

얼굴의 기색 가운데 밝은색은 좋지만, 어두운 흑색은 좋지 않다. 얼굴 명암의 기(氣)가 신체의 건강에 관련되며, 나아가 좋지 않은 얼굴의 기색은 매사 흉살로 이어질 수 있음을 간파해야 하는 이유이다.

얼굴 기색은 또한 오장육부로서 6색을 구분할 수 있다. 이를테면 청색·황색·흑색·자색·적색·백색이 그것이다. 여기에서 얼굴에 나타나는 청색에 대하여 고전 상법을 중심으로 살펴보고자 한다.

---

3) 엄원섭, 『관상보고 사람 아는 법』, 백만문화사, 2007, pp.15-18.
4) 『柳莊相法』 下篇, 「氣色分解-五色所應」, 青色在外, 應甲乙, 在內應寅卯○白色潤, 應壬癸亥子, 帶黃明, 應申酉○黑色應七月內, 黑氣應一月間○黃色應戊已,, 帶滯應辰戌丑未○紅色應丙丁, 紫色應巳午火旺之日, 赤色輕, 感火旺之日, 赤色, 重應水旺之日.

청색은 간경(肝經)에서 발생하며 삼양(눈)·와잠·어미에 많이 띄게 되고, 여러 곳에 청색의 궁(宮)이 있게 된다. 만일 봄에 청색이 발생하면 오히려 작은 이득을 얻게 된다. 만일 청색이 천정(이마 상부)과 인당에 띄면 7일 이내에 죽게 된다. 준두에 청색이 발생하면 1년 안에 죽게 된다. 연상과 수상에 청색이 발생하면 무서운 질병에 걸리게 된다. 두 귀에 청색이 발생하면 곤고(困苦)하거나 가정이 깨지게 된다.

또한, 상학적으로 구각과 지각에 청색이 발생하면 한 달 만에 수명을 마치고 변지(邊地)에 청색이 발생하면 관송(官訟)으로 감옥에 갇히게 된다는 것이다. 기색으로서 청색은 근심이 뒤따르며, 다만 맑고 밝은 기색은 부귀하다. 이 기색으로서 주의해야 할 것은 암색과 체색(滯色)이며, 이때 개인적으로 재액을 당하게 될 수 있으므로 매사를 조심해야 한다.

따라서 개인의 길상과 흉상은 얼굴 기색과 밀접한 관계가 있으므로 아침에 일어나면 얼굴색을 관찰하는 습관을 지녀야 할 것이다. "색에서는 여린 것을 두려워하고, 아리따운 것을 두려워한다. 기색이 아리땁고 신이 여리면 넉넉한 상이 아니고, 노년에 색이 여리면 고생을 부르며, 소년이 색이 여리면 단단하지 않고 쉽게 부서진다."라는 『마의상법』을 새겨볼 필요가 있다.5) 얼굴의 기색은 피부 색깔과도 같은 것으로 색의 선명 정도를 판단할 줄 알아야 하며, 길상이라 여겨지는 기색이라 하더라도 흐릿하거나 암울한 색감이라면 흉한 조짐이므로 매사 조심하는 마음으로 처리해야 할 것이다.

무엇보다 얼굴의 기색이 창백한 것은 별로 좋지 않다. 우리가 차가운

---

5) 地平 編著, 李成天 監修, 『관상 해석의 정석』, 도서출판 문원북, 2019, pp.210-211.

곳에 노출되면 입술이 새파래지는 것도 건강에 문제가 생겼다는 징조이다. 피부색이 창백하고 당황한 사람들은 겁이 많은데 공포로부터 생겨난 감정 상태로 되돌려서 확인할 수 있으며, 피부가 붉은 사람들은 재빠르며 모든 신체적인 것이 운동함으로써 뜨거워지고 붉게 되기 때문이다.6) 기색이 붉게 물드는 것은 그 사람의 성격이 격정적일 때 나타난다. 특히 화를 내는 사람들에게는 얼굴이 붉어지고 기색이 창백하게 질리는 현상이 발생한다. 눈의 기색 역시 쉽게 붉어지는 사람들은 분노에 휩싸이기 때문에 나타나는 것이다.

이처럼 얼굴 기색의 잦은 변동은 바람직하지 않다. 『유장상법』에서는 이에 대하여 다음과 같이 말한다.

> 기색이 한 번 밝다가 다시 어두워지고, 다시 밝게 열리면 길조가 아니다. 해왈(解曰), 기색은 다만 한 가지 색이라야 하는데 밝게 빛나는 것은 마땅치 않으며, 변화하는 것은 마땅치 않다. 비록 새롭게 밝아져도 또한 복리(福利)가 아니며 다만 재화가 두려운 것이니, 이로써 암색이 열리면 어찌 복리를 취할 수 있겠는가?7)

얼굴 기색에 변동이 심하면 그것은 흉상에 가깝다. 좋은 기색이란 온전하고도 화사한 색상이 그대로 지속되기 때문이다. 특히 암흑색으로 변하는 얼굴 기색은 말할 나위 없이 흉한 상이다.

대체로 기색은 얼굴의 혈색으로도 볼 수 있으며 혈색이 좋아야 복록이 온다. 혈색이 좋다는 것은 보통 건강하다는 것이며, 마음이 평화로

---

6) 아리스토텔레스, 김재홍 옮김, 『관상학』, 도서출판 길, 2014, p.136.
7) 『柳莊相法』 下篇, 「氣色分解-一明一暗」, 氣色一明一暗, 一亮一開, 非為吉兆○解曰, 凡氣色, 只宜一色, 不宜明亮, 不宜變更, 雖得新明, 亦非福利, 恐還是禍, 所以暗色方開, 豈可就為福利耶.

움을 상징한다. 관상 고전에서도 이에 관심을 표명하였다.

> 피부 안의 혈색이 관통하여 피부 밖으로 풍만하면 한 해의 복록을 지
> 킨다. 해왈(解曰), 이는 내기(內氣)가 비록 풍족해도 외기(外氣)가 열리지
> 않으면 일 년 후에 혈이 충족되고, 기가 굳세기를 기다려야 색이 열리게
> 된다는 뜻이다. 피부의 표리가 환히 밝고, 색이 윤택하며, 빛이 선명하면
> 자연 복록이 모두 이르게 된다.[8]

따라서 얼굴의 기색은 음식물 섭취와도 관련이 있다. 혈색을 보면
운이 보인다는 말은 건강이 좋으면 매사 길한 운이 따르는 것은 사실이
다. 기(氣)가 열릴 때는 운도 따라 열리기 때문에 운기(運氣)라고 하는
것이다. 그러나 음식을 과식할 때는 위장이 나빠지고 기가 스스로 무거
워지며, 기가 무거워지면 기색이 침체되어 혈색이 밝지 않고 어두워지
게 되며, 혈색이 밝지 않으면 운이 열릴 리 없다.[9] 얼굴의 기색은 이와
같이 음식물 섭취와 관련된다는 것을 알아둘 필요가 있다.

다음으로 얼굴이 잘생기고 못생겼다는 것보다는 밝은 기색이 그 사
람의 운명을 밝게 한다. 얼굴 외형의 형상만으로 그 사람을 평가하는
것보다는 외형을 뒷받침하는 혈기(血氣)가 중요하다는 것이다. 얼굴
전체에서 견주어 보면 인당은 보잘것없이 작은 존재이나 거기에서 명
멸하는 기색(氣色)은 한 사람의 사활을 갈라놓는 가공할만한 힘을 지
니고 있으며, 단지 넓다 좁다는 규모만 두고 평가하기에 앞서, 반드시

---

8) 『柳莊相法』 下篇, 「氣色分解-內色血貫」, 內色血貫外如勝, 還守一春 O解曰,
   此論內氣雖足, 外氣不開, 待一載後血足氣壯, 色必開矣, 表裏通明, 色潤光
   明, 自然福祿騈臻.
9) 미즈노 남보쿠, 화성네트웍스 역, 『마음 습관이 운명이다』, 유아이북스,
   2017, pp.172-173.

찰색 과정을 예의 주시해야 한다.[10] 얼굴형상은 다소 열악한 생김새라 해도 거기에 붉은 듯 누른 듯한 기색이 일어나면 그 사람은 운명이 길상으로 변한다는 것이다. 음식조절에 더하여 얼굴에 미소를 머금고 환한 기색을 보이도록 노력해야 할 것이며 여기에 성공 보장의 요인이 된다.

혈색이 좋고 성공하는 사람은 결국 관록이 뒤따르며 장수하게 되는 것이다. 이와 반대되는 기색이라면 부부운도 좋지 않아서 인생이 빈한(貧寒)하며 불운하게도 요절하고 만다.

> 얼굴 털색이 가늘고 부드럽고 혼탁하면서 마르며 바람이 없어도 먼지
> 가 있는 듯하면 주로 가난하여 요절하여 죽는다. 얼굴색이 분노로 청람색
> 으로 변화하면 독으로 피해 주는 사람이다. 얼굴에 3권(이마, 양 관골)이
> 생기면 남자는 주로 자식을 극하면서 가난하며, 여인은 주로 남편을 극하
> 면서 천하게 된다. 얼굴이 보름달과 같고 맑고 빼어나면서 정신의 광채가
> 다른 사람을 쏘아보면 그것을 아침노을의 얼굴이라고 하니 남자는 주로
> 3공 9경과 장군, 재상이며, 여자는 주로 후비와 부인이 된다. 얼굴 피부가
> 두꺼우면 성질이 순하면서 효성스럽다. 얼굴 피부가 엷으면 성질이 민첩
> 하면서 가난하다.[11]

한편 『유장상법』에서는 기색(氣色)에 더하여 '신(神)'을 언급하고 있다. 인간의 신체작용에는 세 가지가 필요하며 신(神)과 기(氣)와 색

---

10) 최형규, 『꼴값하네』, FACEinfo, 2008, pp.188-189.
11) 『麻衣相法』第2篇 各論, 第5章 「論面」, 毛色茸茸, 混濁枯燥, 無風 似有塵埃, 主貧夭死. 面色變變青藍者, 毒害之人. 面作三峯者, 男主剋子而貧, 女主剋夫而賤. 面如滿月, 清秀, 而神采射人者, 謂之朝霞之面 男主公侯卿相, 女主后妃夫人. 面皮厚者, 性純而孝. 面皮薄者, 性敏而貧.

(色)이 그것으로 상호작용을 한다는 것이다. 관상 철학의 이론에 의하면 정(精)과 기(氣)와 신(神)의 원리가 있는데 기·색·신(氣色神) 같은 맥락에서 접근이 가능하다. 길상은 기와 색과 신의 세 원리가 풍족할 때 길한 운명이 된다.

> 기(氣)가 충족하고 색(色)이 풍족한데, 신(神)이 부족하면 복록을 말하기 어렵다. 해왈, 기색은 신의 싹이니 신이 만약 굳세지 않으면 비록 기색이 있어도 또한 발달하지 못하게 된다. 비록 발달한다고 해도 장수하기 어렵게 된다. 젊어서 발달하는 것은 신과 기가 굳건해서이며, 노년에 흥왕하는 것은 혈기와 피부가 윤택하기 때문이다. 신·기·색의 세 가지가 온전하면 유용하게 된다.[12]

다음으로 기색은 얼굴의 삼정에서 상정, 중정, 하정으로 분류해서 보는데 다음과 같이 거론할 수가 있다.

상정은 천중에서 인당까지를 말한다. 옆 부위로는 일각, 월각, 복당, 양쪽 눈썹이 포함된 관록궁 부위인데 귀함과 천함을 본다. 측면부위로는 변지, 역마, 산림, 교외가 있는 곳을 천이궁이라 하는데 출입 관계의 유무를 보는 곳이다. 중정은 인당, 부부궁, 와잠부위, 눈머리, 콧등, 관골, 콧구멍 부위까지를 말한다. 이어서 하정은 인중, 입술, 법령, 턱을 지칭한다.

이 삼정부 전체가 의미하는 기색이 밝은 황백색, 자줏빛, 홍황색, 보라색이 은은하게 비추면 길하다고 보면 된다. 반면에 적색, 푸른색,

---

12) 『柳莊相法』 下篇, 「氣色分解-氣足色足」, 氣足色足神不足, 難言福祿. ○解曰, 凡氣色乃神之苗裔, 神若不壯, 雖有氣色亦不發, 雖發達難許長壽. 少年發達神氣壯, 老年興旺血皮潤, 神氣色三者全, 方爲有用.

백색, 검은색은 흉하다. 특히 여성 이마의 백색의 기운은 남편의 죽음을 예고한다. 남성 이마의 백색 기운은 부모의 죽음을 가리킨다. 그리고 부인의 이마가 어두우면 남편의 신상에 문제가 생긴다. 남성 이마의 어두운 기운은 직장의 문제로 보면 된다. 미혼인 여성의 이마가 어두우면 결혼을 하기 어렵다는 의미이다.

상·중·하정의 기색에 있어서 나이가 들면 신과 기와 색이 부족하게 되어 건강이 악화된다. 노인이 될수록 건강관리에 철저히 해야 하며 기색이 윤택하도록 영양 관리가 필요하다고 본다. 따라서 누구나 영양 섭취와 운동을 통한 밝은 얼굴의 기색을 가꾸도록 노력해야 할 것이다.

그리고 얼굴을 담아내는 마음[心] 관리도 중요하다. 마음의 안정 여부에 따라 기색도 달라지기 때문이다. 마음은 눈에 보이지 않는 법으로, 심상(心相)의 대부분은 결국 면상에도 나타나므로 마음 관리가 가장 중요하고, 마음의 사용은 대개 얼굴에 나타나므로 관상 중에서도 면상을 중시하는 것이다.[13) 아무리 체상이 빈천하다고 해도 교양을 쌓고 바른 마음가짐을 하면 인상이 좋아진다는 점을 고려할 필요가 있다.

결과적으로 관상에 있어서 미모의 얼굴만 살피는 것은 안 된다는 것이다. 특히 기색이 피부 안에서 온전하게 드러나지 못해 윤택하지 못하고, 연기나 먼지가 낀 듯 탁한 기운을 '체한 기색(滯色)'이라고 하는데 이 체기가 발생하면 좋은 운의 흐름이 막히고, 얼굴 전체에 체기가 만연하면 평생 빈한하고 근심이 많다.[14) 기가 만일 체하게 되면

---

13) 오현리 편, 『정통오행상법 보감』, 동학사, 2001, p.5.
14) 地平 編著, 李成天 監修, 『관상해석의 정석』, 도서출판 문원북, 2019,
    pp.207-208.

자욱한 안개가 끼는 것과 같고 구름이 앞을 가린 것과 같다. 체색은 개인이 본래 있는 기색을 안개나 구름처럼 가려버리므로 운세가 흉상으로 변하게 된다. 체기가 발생하면 9년 동안 운이 막힌다고 하므로 몸을 건강하게 하고, 마음을 건강하게 가꾸는 관리가 필요하다. 기색은 지극정성으로 관리해야 하며 여기에는 마음 안정으로서 심신을 수양하며 살아가는 지혜가 요구된다.

2. 체상은 균형이다.

중세는 신체의 외형을 보고 그 사람은 어떠한 사람일 것이라고 쉽게 판단했다. 이러한 판단의 출발은 체상을 통하여 접근하는 관상학이다. 중세의 인물들을 묘사할 때 '보이는 신체' 가운데 특기할만한 부분은 종종 그 사람을 특징짓는 별칭이 되는데 예를 들어 '난쟁이 피핀', 영국의 '다리 긴 왕 에드워드' 등이 대표적이다.[15] 역사학자 월러스 하드릴역시 메로빙거 왕조의 왕들이 왕가의 상징적 표지로 머리를 길게 길러서 '긴 머리 왕들'이라고 하였다. 설혜심에 의하면 13세기 이노센트 3세의 생김새는 그런 경향을 전형적으로 보여준다고 하였다. 즉 그는 작달막한 키에 거의 사각형으로 보이는 체구를 갖고 있었지만 완강한 특징은 결단력을 나타내고 있었다는 것이다. 중세에는 이처럼 외모의 체상에서 그 모양이 함축하고 있는 관상에 초점을 두었다.

대체로 인간의 명운(命運)을 관찰할 때 관상·수상·체상 등을 통해서 그 특징을 파악한다. 인간의 운명과 타고난 자질을 예지하기 위해 연구된 학문으로 관상·수상·체상 등은 개인별로 타고난 인체의 특징

---

15) 설혜심, 『서양의 관상학, 그 긴 그림자』, 한길사, 2003, pp.147-148.

을 연구하여 운명을 알아내는 학문으로 발달했다.16) 여기에서 말하는 체상을 기반으로 해서 외형적으로 보이는 물상론(物象論)은 그 사람의 본성대로 형상을 이룬다는 것이다. 외형에 나타난 체상은 결국 타고난 대로 살아가고 생긴 대로 쓰인다는 사실과 관련되어 있다.

관상의 영역에서 수상·체상·족상도 어떻게 보면 물상으로 접근되는 공통점이 있다. 이를 크게 말하면 몸집 즉 '체상'이라는 것으로 대표한다. 체상 속에서 수상이 있고, 체상 속에서 족상도 있기 때문이다. 흔히 우리는 관상을 주로 얼굴을 읽는 것으로 생각하지만, 관상은 수상·족상을 포함하여 골격, 색 등 몸 전체의 외모, 나아가 몸짓까지를 보는 포괄적인 개념이라는 점17)에서 이는 한 마디로 체상이라 부르는 것이다.

이러한 시각에서 관상에 대한 체상이 넓은 의미로 접근되며, 물론 이를 좁혀서 살펴볼 수도 있다. 체상의 구체성을 판단해 보자는 뜻이다. 체상의 실제를 파악할 때 관상은 더욱 설득력을 지닌다. 체상의 실제를 간파하지 못하면 관상은 끝내 잘 맞지 않더라는 비난을 피할 수가 없을 것이며, 몸집 없는 얼굴은 없기 때문이다.18) 체상은 관상학에서 조금도 소홀히 해서는 안 되는 이유가 빈부귀천의 요람은 오관육부에 있다고 해도 길흉화복의 절대 근원자는 체상 곧 몸집에 있다는 점을 환기해야 하기 때문이다.

그러면 체상이란 무엇인가? 관상에서 체상을 소홀히 하지 않기 위한 개념 파악이 필요하다. 이미 밝힌 것처럼 체상(體相)이란 몸집을 말한

---

16) 최전권, 『체형관상학』, 좋은글, 2003, p.153.
17) 설혜심, 『서양의 관상학, 그 긴 그림자』, 한길사, 2003, p.29.
18) 최형규, 『꼴값하네』, FACEinfo, 2008, p.17.

다. 관상을 볼 때 자칫 가볍게 넘기기 쉬운 체상은 관상에 임한 초기에 두상과의 관계에서 균형 여부를 필히 읽어 두어야 한다.[19] 체상에서 균형을 중시하는 관계로 체상이 크고 작은 것이 그다지 중요하지 않다. 아무리 몸집이 크다고 해도 뼈대가 약하거나, 아무리 몸집이 작다 해도 마음이 허(虛)할 경우를 생각해 보자는 것이다. 몸집의 대소를 떠나서 체상을 뒷받침해 줄 부분들이 어울리는 균형성을 새겨둘 필요가 있다.

그런데 대부분의 사람은 인간의 외형을 중심으로 평가하고 있다. 곧 '몸집'만을 보고 그 사람의 인간 됨을 보는 성향이 강하다는 것이다. 1970년대에 들어서면서 그동안 엘리트, 남성, 미모가 중시되었던 외모 지상주의가 그것이다. 이러한 외모 지상주의는 한편으로 '정신'에 밀려 도외시되었던 몸에 대해 역사가들의 관심이 높아진 영향 때문이다.[20] 그러나 자아(自我)를 강조하는 철학이 발달하고, 합리적 판단을 지향하는 지성인의 증가로 인하여 인간을 외형만이 아니라 내면의 정신세계를 중시하는 성향이 있으며, 이것이 영과 육의 균형성으로 끌어당긴 것이다. 체상의 관상학이 외모만이 아니라 내면까지 보는 지혜를 요구한 셈이다.

그렇지만 여성들에 대해 여전히 외형을 보고 그 사람을 평가하는 성향이 있는데 그것이 오늘날도 지속되는 것으로서 바로 여성 체형 관상학이다. '여성 체형 관상학'이란 여성의 얼굴, 목, 가슴, 허리, 배, 어깨, 다리 등을 관찰하여 신체 각 부위의 특징으로써 운세(이성운, 재운, 애정운, 성생활 등) 전반을 판단해 내는 것이다.[21] 사실 신체가

---

19) 최형규, 『꼴값하네』, FACEinfo, 2008, p.17.
20) 설혜심, 『서양의 관상학, 그 긴 그림자』, 한길사, 2003, p.31.
21) 최전권, 『신 체형관상학 입문』, 좋은 글, 2003, p.19.

있기에 생명이 있는 것처럼 여기에 상학적 시각의 운명론이 뒤따른다. 그것은 여성의 체형에 더하여 남성의 체형을 관찰하면 대략 길상과 흉상이 짐작되는 것이다. 외모의 체상은 남녀 각각의 성격을 파악하는 데 유리한 면이 적지 않다. 이성 간의 사귐에 있어 체상이 중시되는 점을 간과할 수 없기 때문이다.

구체적으로 체상을 성격별로 분류해 보고자 한다. 목체상(木體相)은 몸집에서 어깨 폭과 가슴팍이 넓고 허리는 가늘고 엉덩이 폭이 좁은 역삼각형 꼴이며, 화체상(火體相)은 어깨 폭과 가슴 폭은 좁고, 가슴 앞뒤 두께는 두꺼우며 몸집 전체에서 하단부가 유별나게 굵은 체상이다.22) 관상학자 최형규에 의하면 토체상(土體相)은 옆구리가 유별나게 벌어져 상대적으로 어깨 폭과 엉덩이 폭이 좁은 편으로, 성격은 토형상과 같다고 했다. 그리고 금체상(金體相)은 어깨, 옆구리, 엉덩이 등의 골육이 고루 발달해 건강미가 넘치며, 수체상(水體相)은 몸집이 둥글다. 어깨, 가슴팍, 옆구리, 엉덩이 모두가 둥글게 생겼다고 보는 것이다. 이것은 체상을 오행 형상 별로 판별한 것이다.

또한, 체상은 남녀를 불문하고 크게 두 가지의 측면으로 접근된다. 이를테면 체상은 낮의 모습이라면 수상(睡相)은 밤의 모습으로 비추어지기도 한다. 사람은 하루 중 1/3은 수면으로 보내는데, 가령 한 사람이 75세까지 살았다면 그 가운데 25년은 수면(睡眠)으로 허비하는 셈이므로 체상(體相)을 '낮의 모습'이라고 보며 수상(睡相)은 '밤의 모습'이라 할 수 있다.23) 체상이 드러나는 것은 밖에서 활동할 때라면, 수상은 노출되지 않고 단지 부부만의 휴식시간인 것이다.

---

22) 최형규, 『꼴값하네』, FACEinfo, 2008, pp.26-27.
23) 최전권, 『체형관상학』, 좋은글, 2003, pp.58-59.

한편 관상학의 학문에서 두 가지 체상으로서의 정체상(正體相)은 어떠한가? 정체상이란 위아래 즉 두상과 체상이 동질형상으로 결합한 경우를 말한다. 여기서는 두상에 '국(局)'자를 붙여 목국토체(木局土體), 화국금체(火局金體) 등으로 말하며, 상하가 똑같은 꼴 즉 목국목체상(木局木體相)이면 이는 정체상이다.[24] 정체상은 두상에 있는 성격과 체상이 갖는 성격이 동일하기 때문에 비교적 판별하기가 쉽다. 따라서 정체상은 둘의 관계가 상생 관계이면 정체상으로서 길상으로 평가하는 편이다. 이와는 반대라면 흉상으로 치부되는 것이다.

이어서 잡체상(雜體相)은 어떠한가? 정체상과 달리 위아래가 상이한 꼴로서 이질적 형상이다. 두상과 체상이 다른 꼴로 결합한 잡체상은 타고난 성격이나 운명이 그만큼 복잡하다고 본다. 곧 잡체상의 운명풀이는 다소 복잡하지만 그 풀이 방법은 우선 두상을 주관부위로 정하고 체상을 보조부위로 정한 다음, 주관부위 두상을 어떠한 꼴의 체상이 보조하고 있느냐에 따라 길흉 여부를 판단한다.[25] 위아래가 상생 관계를 이루었다면 길상이라 하며, 상하 양자가 상극관계의 만남이면 두상과 체상은 각자 흉상이라 할 수 있다.

정체상이든, 잡체상이든 간에 좋은 체질의 체상은 어떠한가? 적당히 살이 있고, 목과 두상에는 군살이 없고, 외양이 떡 벌어지고 잘 배치되어 있어야 하며, 또 얼굴이 훤하고 이목구비가 잘 배치되어 있어야 한다.[26] 좋은 체상은 여기에 머물지 않고 갈비뼈가 제대로 붙어 있고, 등[背]의 적당한 살집과 부드러운 피부가 있어야 하며, 그 외에도 부드

---

24) 최형규, 『꼴값하네』, FACEinfo, 2008, p.28.
25) 최형규, 『꼴값하네』, FACEinfo, 2008, pp.40-41.
26) 설혜심, 『서양의 관상학, 그 긴 그림자』, 한길사, 2003, p.99.

러운 머리카락이나 밝은 눈동자가 좋은 체질의 표상이 되는 것이다.

정체상이나 잡체상 여부를 떠나서 체상이 좋다고 해도 무릎과 넓적다리가 맞지 않으면 좋지 않다. 즉 넓적다리와 무릎은 하정(下停)이므로 현명함과 우매함이 결정될 수 있으며, 무릎은 크고 넓적다리는 가늘고 마르면 학의 무릎으로서 주로 비천하며, 무릎이 작아 뼈가 없는 것처럼 보이면 단명한다.27) 그리고 체상에서 볼 때 넓적다리에 가는 털이 나면 형벌을 받지 않는다고 보며, 몸의 상이 모두 좋다고 하더라도 무릎이 크고 넓적다리가 마르고 작으면 역시 우둔하니 가져다 쓰지 않는 상이라고 관상학자 지평(地平)은 언급하고 있다.

비슷한 맥락에서 아리스토텔레스는 관상학에서 균형 잡힌 체상을 지향하고 있다. "전체 신체는 잘 짜여 있고, 근육질이며, 너무 뻣뻣하게 굳어 있지도 않고, 너무 축축하지도 않다. … 이와 같은 것이 사자의 신체적 특징에 대한 것이다. 영혼에 관련해서는 관대하며 자유롭고, 고결하며(위엄이 있으며), 승리만을 원하고, 온화하고 정의롭고, 그의 동료들에 대해서는 애정을 나타낸다."28) 그는 이것을 중용(中庸) 상태의 체상이라 하고 있다. 여기에서 말하는 중용이란 체상의 균형성에 근거하는 것이다.

고전 상서인 『마의상법』에서도 아리스토텔레스가 지적한 것처럼 균형의 중요성을 밝히고 있다.

형체가 유여함은 머리와 정수리가 둥글고 두터우며 허리와 등이 풍성하고 솟으며 이마가 사방이 넓고, 입술이 홍색이며 치아가 백색이며, 귀가

---

27) 地平 編著, 李成天 監修, 『관상해석의 정석』, 도서출판 문원북, 2019, p.50.
28) 아리스토텔레스, 김재홍 옮김, 『관상학』, 도서출판 길, 2014, p.181.

둥글고 이륜(耳輪)이 완성되며 코는 쓸개처럼 곧고, 눈은 흑백(검은자, 흰자)이 분명하며, 눈썹은 빼어나서 성글고 길며, 어깨는 넓고 배꼽은 두툼하며, 가슴 앞이 평평하고 넓고 배가 둥글고 아래로 드리워지며 가고 앉음이 단정하고 오악(五嶽)이 조응하여 일어나며, 3정이 서로 균형이 맞고 살이 기름지고 뼈가 가늘며 손이 길고 발이 방정하다.[29]

그리하여 『마의상법』의 언급은 체상의 형체가 유여함을 말한다. 형체가 유여하면 마음이 넓고 몸이 건강하며 활달하며 크게 방정하므로 사람이 무병장수하며 보배처럼 부귀와 영화를 누린다고 본 『마의상법』에서 밝히고 있다. 체상의 균형이 동서를 막론하고 강조되고 있는 셈이다.

궁극적으로 체상은 어느 한 부분을 도드라지게 보기보다는 상호 조화를 이루는 균형성이 단연 중요하다는 것이다. 뼈와 살은 보기 좋게 균형 잡히고 어깨와 가슴팍, 옆구리와 엉덩이 등이 상호 균형을 이루었다면 최상의 체상으로, 그 자체만 해도 부귀한 상이며, 수명장수의 요건도 함께 갖추었다.[30] 독자들은 자신의 얼굴이 수려하다 해서, 코가 잘생겼다 해서, 눈빛이 빛난다 해서 거기에 만족할 수 없다. 얼굴이 수려하지만 체상이 뒷받침되지 못한 경우라든가, 코는 오똑하지만 신체적으로 나약하다든가, 눈동자가 빛난다고 해도 이목구비가 조화를 이루지 못한다면 어찌 길상이라고 하겠는가?

---

29) 『麻衣相法』第7章 形神聲氣,「論形有餘」, 形之有餘者, 頭頂圓厚, 腰背豐隆, 額滿四方, 肩紅齒白, 耳圓成輪, 鼻直如膽, 眼分黑白, 眉秀疏長, 肩寬臍厚, 胸前平廣, 腹圓垂下, 行坐端正, 五嶽朝起, 三停相稱, 內膩骨細, 手長足方.
30) 최형규, 『꼴값하네』, FACEinfo, 2008, p.17.

3. 두상은 골격이다.

두상이 앞으로 나오면 흔히 '짱구'라고 한다. 이 짱구는 머리가 좋거나 고집이 세다는 선입견이 있다. 이마나 뒷머리가 튀어나온 사람을 짱구라고 놀리는데, 앞이마가 나오면 앞짱구라 하고 뒤통수가 나오면 뒤짱구라 하며, 옛 관상서에서는 울퉁불퉁 발달한 뒷머리뼈는 나쁜 곳이 없다고 전해져 온다.[31] 두상의 형상이 이처럼 앞짱구와 뒷짱구가 있는데, 대체로 이마가 크면 머리가 좋다고 하지만, 두상의 형상으로 인해 머리가 좋다는 말도 선입견이다. 여기에서 중요한 것은 울퉁불퉁 발달한 머리뼈는 길상이라고 하는데 두상은 골격과 관련되어 있음을 말한다.

두상에서 골격이 중요한 이유는 무엇인가? 명나라 후기 사람으로 상법의 거장 마의선사는 "머리는 백 가지 뼈의 주인이요, 얼굴은 모든 부위의 영혼이다."라고 했는데, 이 말은 관상에서 머리와 얼굴의 골격이 얼마나 중요한가를 잘 나타내 준다.[32] 두개골이 뇌 조직을 감싸고 있기 때문에 껍질이 큰 달걀은 그 안의 내용물도 크고 많다고 생각하여 이를 감싸는 골격이 중요하게 여겨진다. 대개 머리가 큰 사람은 천재의 뇌로 간주된다. 그러한 뇌는 잘 갖추어진 하드웨어로서 보통 사람에 비해 훨씬 더 무겁게 여겨지기 때문이다.

그런데 두상이 골상학의 진화와 연결 짓는 경우가 있으며 진화론에서 이에 대해 관심을 표명하고 있다. 영국의 의사이며 철학자인 다윈(1731~1802)은 진화론의 입장에서 관상학을 발표했으며, 뇌수를 포함

---

31) 이남희, 『하루만에 배우는 실전관상』, 도서출판 담디, 2008, p.130.
32) 오현리 편, 『정통오행상법 보감』, 동학사, 2001, p.17.

한 두개골의 정신 활동을 살피는 골상학이 탄생되면서 연구가 진행되거나 발표되었다.[33] 골상학은 이처럼 두상의 골상과 직결되어 있다. 특히 유럽에서는 형체적 접근에 의한 인간의 골상이 연구되었다. 플라톤은 동물의 골상과 비교하여 관상학을 설명하고 있는데, 예를 들면 인간의 두상이 크면 사자와 비교되었으며, 사자 모양의 인간은 도량이 크고 용감하다는 식이다.

그러나 두상의 상법은 터득하기 어렵게 여겨지는 것도 사실이다. 두개골에 관한 상법은 비전(秘傳)으로 전해지는 편이므로 관상학의 이치에 접근하기가 쉽지 않다. 두개골의 상을 보는 것은 면상이나 수상을 보는 것에 비해 배우기가 쉽지 않고, 더욱이 머리와 얼굴 부위에 기골(奇骨)이 있는 사람은 전체의 1천분의 1도 되지 않기 때문에 실례를 구하기가 매우 힘들다.[34] 그로 인하여 두개골의 골격 상법은 쇠퇴해 왔다. 두상의 기골이 있는 사람은 뇌수의 양이 많은 경우 지혜가 뛰어나다는 정도로 언급되고 있을 뿐이다.

두상의 골격을 해부학적으로 접근해 보는 것도 상학적으로 필요한 일이다. 생리학과 해부학의 설명에 의하면, 인간의 머리와 얼굴에는 모두 29개의 뼈가 있는데, 두개골 8개, 면골(面骨) 14개, 설골(舌骨) 1개, 청골(聽骨) 6개로 구성되어 있다.[35] 해부학상으로 관상학의 경우 머리에는 기골(奇骨)과 악골(惡骨)이 있다고 하는데 기골이란 두개골, 면골, 총골 위에 별도로 튀어나온 부분이며, 악골이란 과분수와 같은 경우라든가 울퉁불퉁한 경우처럼 괴이한 두상의 다른 표현일 것이다.

---

33) 이영달, 『얼굴을 보면 사람을 알 수가 있다』, 행복을 만드는 세상, 2008, pp.14-15.
34) 오현리 편, 『정통오행상법 보감』, 동학사, 2001, p.20.
35) 오현리 편, 『정통오행상법 보감』, 동학사, 2001, pp.20-21.

한편 중세의 관상학에서 볼 때 두상에서 뇌의 작용 정도를 가늠하였다. 1791년 길이라는 저명한 의사가 뇌와 성격이 직접적인 관계가 있다는 개념에 기초한 골상학을 제창하였다. 이를테면 첫째 뇌는 정신을 담고 있는 기관이며, 둘째 뇌는 단일한 개체가 아니라 정신적 기관들의 집합이고, 셋째 이 정신적 기관과 신체적 능력은 구체적인 기능을 맡고 있다는 것이다. 넷째 다른 요건이 동일한 경우, 정신적 기관들 가운데 어느 하나의 상대적 크기는 그 기관의 힘의 정도를 나타내며, 다섯째 유아 발달기에 뇌를 덮고 있는 두개골이 경화되므로 표면적인 두개골 측정은 두뇌의 능력이라는 내적 상태를 알아보는 데 이용될 수 있다고 본다.[36] 이러한 이론은 19세기 초반 유럽과 미국, 심지어 오스트레일리아 등 서구사회에 큰 반향을 불러일으켰다.

어리석게도 외형의 두상을 보고서 기골 내지 악골이라는 방식의 인종차별을 시도한 경우도 있다. 유대주의에 대한 게르만 민족의 경우가 이와 관련된다. 인류학에 관상학이 흠뻑 녹아들었던 19세기에서 20세기로 넘어가는 기간 동안 과학을 동원한 근대적인 인종차별이 나타나서 과학적 반유대주의는 종족 간의 우열이 존재하였다.[37] 독일 나치의 인종차별주의는 금발, 두개골, 솟은 턱, 뾰족한 코, 연분홍 피부 등이 거론되었으며, 이것이 두상과 관련한 포괄적 인종차별주의로 나타났다.

다행히 19세기를 전후하여 그 같은 골상학은 급속히 쇠퇴하였는데 이는 과학적 발전으로 비합리적 판단들이 고개를 들지 못하게 되는 분위기와 관련된다. 1867년에 브로카는 언어능력을 담당하는 두뇌 부분이 눈의 뒤가 아니라 두뇌의 다른 부분, 즉 왼쪽 귀 뒤에 자리 잡고

---

36) 설혜심, 『서양의 관상학, 그 긴 그림자』, 한길사, 2003, pp.279-280.
37) 설혜심, 『서양의 관상학, 그 긴 그림자』, 한길사, 2003, p.316.

있다는 사실을 증명하였는데, 이것은 길을 비롯한 골상학자들의 주장을 정면으로 반박하는 것이었다.[38] 두뇌 모양이나 크기가 그 사람의 지적 역량이나 지혜의 능력에 아무런 관계가 없다는 것을 과학적으로 증명해낸 것이다. 하지만 20세기에 다시 두개골의 형상을 통해 인간의 두뇌를 우열감정으로 접근한 것은 과학적 가치보다는 관상을 바라보는 오류의 상황들이 그 영향을 미치게 되었다.

관상학에서 볼 때 두상에서도 지능 낮은 사람이 있다. 두뇌는 저지능이 있는데 그것은 상식적으로 뇌 조직의 부위별 발육 상태가 고르지 못하기 때문이다. 하여튼 관상학에서 머리가 크기는 하지만 둥글지 않은 사람, 이마가 넓지만 각지지 않은 사람, 뒤통수는 아주 큰데 앞이마가 좁거나 앞이마는 높고 크지만 뒤통수가 납작한 사람, 혹은 머리는 커도 목이 짧고 체구가 유난히 작은 사람의 경우[39] 머리가 좋지 않다거나 길상이 아니라고 할 수 있다. 두상도 체상과 연결하여 균형이 있어야 한다는 사실에서 이러한 판단이 가능하다.

이목구비 가운데 어느 것이든 균형이 없으면 흉상으로 보는 것이다. 특히 두상의 경우는 체상 가운데 가장 중요한 부위이다. 머리의 왼편과 오른쪽의 기울기가 다른 사람에 있어서 부모와의 인연이 좋지 못하고, 좌우 옆머리가 발달하고 턱이 좁은 사람은 솔직하지 못하고 거짓말을 잘한다.[40] 눈도 양쪽 눈이 다르면 거짓말을 잘하며 비양심적이라는 말이 있듯이 두상도 마찬가지로 체상의 전반과 대칭을 이루지 못하거나 불균형이면 당연히 흉상으로 여겨지는 것이다.

---

38) 설혜심, 『서양의 관상학, 그 긴 그림자』, 한길사, 2003, p.299.
39) 오현리 편, 『정통오행상법 보감』, 동학사, 2001, p.18.
40) 이남희, 『하루만에 배우는 실전관상』, 도서출판 담디, 2008, p.114.

이러한 맥락에서 두상은 육양(六陽) 중 가장 중요한 것으로 본다. 그리하여 두상은 나의 주인이 되며 당연히 상처나 흠집이 없어야 한다. 이에 『유장상법』에서는 다음과 같이 말한다.

> 두상은 육양(六陽) 중에 으뜸으로 삼고, 두상의 형상은 하늘과 부합한다. … 고로 두상은 일신(一身)의 주인이 되며 흠결이 없어야 한다. 두상이 치우치고 꺼지며, 삐뚤고 기울며, 얇고 깎인 두상은 이러한 여러 가지 중 한 가지라도 있으면 파격의 상이 된다. 가장 좋은 두상은 평평한 듯 둥글고, 육양골(六陽骨)이 풍릉하게 일어나고, 육양골이 뿔처럼 잘 갖춰져야 하고, 이마가 모난 듯하면 유용한 사람이 된다. 육양 중에 하나의 양기라도 잘 갖추어지지 않으면 역시 좋은 상이 아니다.[41]

여기에서 말하는 육양으로서 정수리는 경양(景陽), 천창은 태양(太陽), 뒷머리는 후양(後陽), 천령(天靈)은 영양(靈陽)이다. 여자의 경우 천령골(天靈骨)이 없으며 좌우의 일월각은 화양(華陽)이 되니 이를 육양(六陽)이라 하는 것이다.

그러면 두상으로서의 길상과 흉상에 대하여 큰 틀에서 살펴보고자 한다. 먼저 두상의 길상을 언급해 본다. 고관대작치고 삐뚤어지거나 울퉁불퉁한 머리는 없으며, 또한 대장부치고 소두상은 없고, 축구공과 같이 굴곡 없이 둥글며 야무진 꼴의 두상이면 명예와 재물은 물론, 수명장수를 기대할 수 있다.[42] 이처럼 두상은 골고루 원만해야 하며, 어느 한 부분이라도 부족하다면 길상과 거리가 멀어진다. 더욱이 골격

---

41) 『柳莊相法』「頭」, 頭為六陽魁首, 像合於天 … 故頭為一身之主, 不可欠缺偏陷, 歪斜薄削, 此數者, 有一件, 乃破相也, 最要平國, 骨骨起, 角角有成, 方為有用, 六陽之中, 如一陽不成, 亦不取用

42) 최형규, 『꼴값하네』, FACEinfo, 2008, p.16.

의 부분이 전반적으로 발달해 있다면 그야말로 길상으로서 두상임은 부인할 수 없다.

무엇보다도 두상의 길상은 골격이 야무진 길상이다. 머리 부분은 다양한 조직이 있으며, 이를 둘러싸고 있는 골격이 뒷받침되지 못한다면 심각한 생명의 손상을 입고 말기 때문이다. 우리가 높은 곳에서 떨어지더라도 머리 부분을 감싸야 한다는 말이 있다. 손발이 부러지는 사고를 입더라도 두뇌 부분만 다치지 않으면 생명에는 큰 지장이 없기 때문이다. 따라서 이상적인 머리 형태는 머리의 골격은 야무지고 단단한 느낌이 들면서 둥글게 솟아야 하고 그것을 피부가 두텁게 감싸야 좋다.[43] 골격이 단단하게 받쳐줄 때 외부의 충격에도 감당해 낼 수 있는 것이므로 외형적 미모보다 더 중요한 것은 생명의 보존인 것이다. 두상에서 골격이 중요한 이유가 여기에 있다.

다만 두상으로서의 흉상이 있음을 알아둘 필요가 있다. 달리 말해서 두상의 길상과 상대적으로 다른 양상이라는 것이다. 이에 대하여 『마의상법』에서는 다음과 같이 구체적으로 나열하고 있다.

> 두피가 없으면 주로 빈천하며 머리에 상투처럼 살 뿔이 있으면 크게 귀하다. 머리 우측이 함몰하면 어머니를 손상하며 좌측이 함몰하면 아버지를 잃는다. 귀 뒤에 뼈가 있음을 수골(壽骨)이라고 이름하니, 수골이 일어나면 수명이 연장되며 결(缺)하면 요절한다. 태양혈에 뼈가 있으면 부상골(扶桑骨)이라고 이름한다. 양쪽 귀 위에 뼈가 있음을 옥루골이라고 하니 주로 부와 귀가 함께 한다. 다님에 머리를 흔들지 말고, 앉음에 머리를 숙이지 말아야 하니 모두 빈천한 상이다.[44]

---

43) 이남희, 『하루만에 배우는 실전관상』, 도서출판 담디, 2008, p.113.
44) 『麻衣相法』第2篇 各論, 第3章 「相頭並髮」, 皮薄者, 主貧賤, 頭有肉角者,

사실 길상과 흉상은 상대적인 측면이 없지 않다. 외모의 측면에서 두상이 잘 생기면 미모가 뒷받침되지만, 그것이 반드시 길상은 아니다. 비록 두상이 수려하지 못하지만 성실하게 살아가는 사람은 그것이 길상으로 이어진다는 것이다. 다만 상학적으로 두상의 형상을 판별한다면 외면적으로 두상은 둘레의 표면이 둥그스름한 꼴이 길상이며, 표면이 울퉁불퉁하거나 좌우 한편으로 기울어지거나 삐뚤어진 꼴이면 귀격도 부상(富相)도 아닐 뿐만 아니라 수명장수도 기대할 수 없다.[45] 두상의 형상에 정도 차이는 있겠으나, 삐뚤어진 두상의 경우 대다수 어린 시절부터 부모와 인연이 없거나 질병으로 인하여 고통을 겪는 경우가 많다. 그러나 이 몸의 주인은 나 자신이기 때문에 두상의 외모에 지나치게 집착할 필요는 없다고 본다.

집착 없는 유연한 자아 성실성의 사고는 종교성으로 연결될 수 있다. 종교성은 두상이 방원(方圓)하고 높으면 하늘을 우러르는 발심이 많아 종교성이 강하다고 본다. 그리고 눈 위의 눈두덩인 전택궁이 발달하여 풍만하면 마음의 안식처를 찾고 조상과 우상을 숭배하는 무의식적인 기대성이 많아 종교에 심취한다.[46] 겉으로 드러난 두상은 반드시 길과 흉을 가늠한다는 것에 집착한다면 그것은 스스로 운명을 개척하는 체험의 장이 사라져버린다. 설사 부족한 두상이라고 해도 종교성에 기대며 성실하게 살아간다면 그의 인생은 밝은 미래가 보장된다는 사유를 가질 필요가 있다.

大貴. 右陷者損母, 左陷者損父. 耳後有骨, 名曰壽骨, 起者長年, 缺陷者夭壽. 太陽穴有骨, 名曰扶桑骨. 又兩耳之上有骨, 名曰玉樓骨, 並主富貴. 行不欲搖頭, 坐不欲低首, 皆貧賤之相.

45) 최형규, 『꼴값하네』, FACEinfo, 2008, p.16.
46) 이정욱, 『심상 관상학』, 천리안, 2006, p.310.

4. 이마는 관록이다.

얼굴의 각 부위에서 볼 때 이마의 관상학적 점수는 얼마나 되는가? 눈이 50점이고 이마가 30점이며, 코가 10점이고 귀와 입이 각각 5점으로 100점 만점이 된다. 달마조사 「관상비결」 비밀전수 제4법은 사람 얼굴을 10분으로 나눈다. 『마의상법』에서 이마는 10의 3분이니 이마는 넓고 평평하며 주름이 없으면, 눈이 정(精)과 신(神)을 배로 도와준다고 했으며, 이마 너비는 가로(옆)를 말하며, 평평함은 곧음으로 말하며, 주름이 없으면 소년을 말한다[47]고 했다. 그리하여 만약 눈이 빼어난 신(神)이 없으면 이마는 평평하고 넓다 해도 얻음이 어찌 하겠는가라고 하며 이마의 주름이 없는 이마를 길상으로 본다.

우리는 보통 이마가 넓은 사람을 보면 도량이 크다고 말한다. 고대의 철학자들도 얼굴의 상 가운데 이마가 넓어야 한다고 했다. 노자 사상을 계승한 장자는 이에 다음과 같이 말한다.

> 진인은 그 마음이 모든 것을 잊고 그 모습이 호젓하며, 그 이마가 널찍
> 하다. 시원하기가 가을 같고, 아늑하기가 봄과 같다. 기쁨이나 노여움이
> 사시 변화와 같고 사물과 조화되어 그 끝을 알 수가 없다.[48]

그가 말하는 진인(眞人)은 여러 성철(聖哲) 가운데 한 사람이다. 그는 신인, 천인, 지인, 진인 등을 도(道)에 통달한 성현들로 부르고 있으며, 이 가운데 진인은 그 대표적 인물로서 이마가 널찍하다고 하였다.

---

47) 『麻衣相法』「達摩祖師相談秘傳」第4法 人面分十分, 額三分 額闊平無紋 助眼倍精神. 闊以橫言, 平以直言, 無紋以少年言.

48) 『莊子』,「養生主」, 若然者, 其心忘, 其容寂, 其顙頯, 凄然似秋, 煖然似春, 喜怒通四時, 與物有宜而莫知其極.

고대에도 이마가 넓은 사람은 매우 길한 관상으로 여겨졌음에 틀림이
없다.

그렇다고 이마가 무조건 넓어서만 좋은 것은 아니다. 이마를 뒷받침
해 주는 체상이 필요하다. 이를테면 이마가 넓은 대신 턱이 든든하게
받쳐줘야 제 역할을 하는데, 만일 턱이 뾰족하든가 짧든지 해서 넓은
이마와 조화를 이루지 못하면 약삭빠름이 지나쳐 사기성이 농후하
다.49) 또 성장한 후 어른이 되어서 이마에 솜털이 많이 난 경우도 좋은
관상은 아니다. 부부간의 갈등이 생기거나 부모 중 한쪽과 인연이 적을
경우가 이와 관련된다.

이마의 관상은 현대만이 아니라 고대 아리스토텔레스 역시 깊은 관
심을 가졌다. 그는 이에 대하여 말한다.

> 이마가 작은 사람들은 교양이 없다. 이 점은 돼지에게로 되돌려 확인할
> 수 있다. 이마가 지나치게 넓은 사람들은 굼뜨다. 이 점은 축우(畜牛)에게
> 로 되돌려 확인할 수 있다. 이마가 둥근 사람들은 무감각하다. 이 점은
> 당나귀에게로 되돌려 확인할 수 있다.50)

이마를 동물의 형상과 관련하여 언급하는 아리스토텔레스의 관상학
은 신기하며 비합리적으로 보인다. 또 그는 말하기를 이마가 어지간히
크고 평평한 사람들은 주의 깊으며, 이 점은 개에게로 되돌려 확인할
수 있다는 것이다. 그 외에도 이마를 사자나 황소 등과 연결하며 성정
이 괴팍하다거나, 아첨꾼이라고 비난한다.

관상학에서 이마는 대표적으로 관록운에 관련된다. 이마가 호젓하

---

49) 이남희, 『하루만에 배우는 실전관상』, 도서출판 담디, 2008, p.115.
50) 아리스토텔레스, 김재홍 옮김, 『관상학』, 도서출판 길, 2014, p.134.

고 넓으면 관운이 깃든다는 것이다. 『마의상법』에서 이러한 관록운에 대하여 다음과 같이 언급하고 있다.

　　이마가 앞이 융기하여 솟고 두터우면 관직과 작위의 녹봉이 올라가게 결정된다. 좌측과 우측이 치우쳐 꺼지면 진짜 천한 상이니 소년기에 부모가 주로 이별한다. 만약 발제(髮際)가 풍성하며 이마의 뼈가 높게 일어나면 말을 잘하면서 성품이 영웅호걸이다. 천창(이마 양쪽)의 좌우가 풍성하면 귀하며, 일각과 월각이 일어나면 주로 관리(官吏)가 된다. 중정골(中正骨)이 일어나면 2천 석을 받는 벼슬을 하며, 함몰할 때 자식이 주로 놀라고 두렵게 된다.[51]

　　고전 상학에 의하면 관록궁이란 이마 전체를 말하는 것으로, 천정(天停), 사공(四空), 중정(中正) 등을 주로 본다고 한다. 관록궁이 아름답고 뼈가 죽지 않아서 두둑하게 생긴 사람은 초년부터 관운이 좋아서 일찍 출세할 것이요, 높은 지위를 얻고 귀인의 천거함을 얻어 신분이 점점 향상되어 관록이 높아진다고 보았다.

　　이마는 또한 복덕궁과 관련시킨다. 이를테면 복덕궁은 눈썹 끄트머리 상단에 접한 이마 일원이다. 이마의 액면(額面)이 반반하고, 눈썹과 가지런히 얼굴 전면에서 바라볼 수 있는 위치에 드러나 있으면 복덕궁이 살아있는 얼굴인 반면, 이마가 지나치게 둥그러워 복덕궁이 이마 측면으로 빗겨난 꼴이면 내림복(받을 복)이 없는 얼굴이다.[52] 상서(相書)에서도 이마가 들어가고 흠결이 있고 더러운 사람은 초년고생이

---

51) 『麻衣相法』 第2篇 各論, 第4章 「相額」, 額前隆起聳而厚, 法定爲官爵祿升. 左右偏虧眞賤相이니, 少年父母主分離. 髮際豊隆骨起高, 能言能語性英豪. 天倉左右豊而貴, 日月角起主官曹. 中正骨起二千石, 陷時兒女主悽惶.
52) 최형규, 『꼴값하네』, FACEinfo, 2008, p.92.

많을 뿐만 아니라 평생 관운의 복록이 부족하다고 보아 이마와 인생의 복덕은 상관성이 있다고 한 것이다.

관록궁과 복덕궁을 언급하면서 이마와 그 나이에 대한 비교도 흥미롭다. 이마는 인체에서 가장 높은 자리에 위치하므로 하늘과도 같다. 하늘은 높고 넓으며 청명함을 제격이라 하듯, 인체의 하늘인 이마도 훤하게 넓은 꼴을 높이 본다는 것이다. 이마가 지배하는 나이는 15세에서 30세까지 정확히 15년간이다. 이마는 발제에서 천중, 천정, 사공, 중정, 인당까지 관운의 유무와 귀천을 판단하는데, 대운은 15~25세까지의 10년간을 지배하고, 소운은 15~30세까지 15년을 지배한다.[53] 세상을 지배할 관운의 기점으로 이마가 높이 솟고 넓으며 액골 전체가 정수리까지 뻗어 있으면 길상이지만, 얇고 좁으면 명운이 좋지 않다고 보는 것이다.

다음으로 이마의 형상으로는 몇 가지가 있다. 각액이마, 원만액이마, 여액이마, 난액이마가 그것이다. 각액이마는 이마와 머리카락의 경계가 일직선이고 양 끝이 모가 난 모양을 말한다. 이것을 일명 남액이라고도 하는데, 이런 사람은 사회의 실정에 통달해 일을 꼼꼼하게 처리하는 실무적인 인물이며 적당한 직업으로는 실업가, 과학자 등으로 중년이 지나야만 성공할 수가 있다.[54] 또 이마의 폭이 좁은 각액의 경우 사람은 신경질적이고 꼼꼼하고 마음이 좁고 스케일이 작아서 큰일과는 거리가 멀다고 본다. 난액이마는 이마와 머리카락의 경계가 고르지 않고 불규칙한 모양으로서 이런 사람은 도덕적인 사고방식이 박약하

---

53) 地平 編著, 李成天 監修, 『관상해석의 정석』, 도서출판 문원북, 2019, p.163.
54) 이영달, 『얼굴을 보면 사람을 알 수가 있다』, 행복을 만드는 세상, 2008, p.29.

며, 비겁해서 입만 살아있고 윗사람과의 반목이 있거나 반항하는 반역 악인의 상으로 본다.

같은 맥락에서 이마의 종류와 길흉의 관계에 대하여 살펴보고자 한다. 이마가 높기는 입벽(立壁) 같고, 넓기는 엎어 놓은 간과 같고, 밝고 윤택하고 길고 모지면 고귀하고 장수할 상이며, 왼쪽이 내려앉거나 왼쪽으로 비틀어져 있으면 부친이 먼저 사망하고, 오른쪽이 내려앉거나 오른쪽으로 비틀어져 있으면 모친이 먼저 사망한다.55) 그리고 발제가 풍후하고 높이 솟은 자는 웅변을 잘하고 호걸상이며, 일월각이 솟은 자는 관록이 있다. 이마가 죽은 사람은 남성의 경우 관록이 있더라도 오래가지 못하며, 이마가 좁은 사람은 여성의 경우 본 남편과 해로하지 못하고 두 번 시집갈 상이라고 한다.

또한 이마는 일생에서 길운과 흉사를 보는 법으로 삼정(三停) 가운데 상정에 해당한다. 얼굴을 상·중·하로 나누어 운수를 판단하는 방법이 그것이다. 즉 이마의 정점에서 눈썹까지를 상정, 눈썹 아래에서 코까지를 중정, 코밑부터 턱까지를 하정이라고 부르며, 이 구분법은 초년에서 노년까지의 운수를 나타낸다.56) 이와 같은 구분법을 통해 자기와 윗사람, 손아랫사람과의 관계 등을 판단하는 가장 간결하고 확실한 방법이다. 이마는 상정 부분에 해당하므로 발제(髮際)에서 인당(印堂)까지 초년운(15세~30세)을 관장하고, 코는 중정에 해당하므로 산근(山根)에서 준두(準頭)까지 중년운(35세~70세)을 관장한다. 턱은 하정에 관련되므로 인중(人中)에서 지각(地閣)까지 말년운(51세

55) 地平 編著, 李成天 監修, 『관상해석의 정석』, 도서출판 문원북, 2019, p.163.
56) 이영달, 『얼굴을 보면 사람을 알 수가 있다』, 행복을 만드는 세상, 2008, p.22.

~75세)을 관장한다.

그런데 팔학당 가운데 이마는 고광학당이다. 학당에는 4학당과 8학당이 있는데 팔학당과 관련하여 이마 부분을 중심으로 언급해 보고자 한다. 첫째 고명학당(高明學堂)은 머리로 둥글거나 이골(異骨)이 솟은 것이며, 둘째 고광학당(高廣學堂)은 액각(額角)으로 밝고 윤택하며 뼈가 모난 듯 솟아 있는 것이다.[57] 여기에서 말하는 액각이란 이마의 각도이다. 그리고 고광학당으로서 기색이 중시되는 관계로 인해 밝고 윤택함이 뒷받침될 때 길운이 뒤따른다. 이마가 넓고 솟아 있으면서 밝게 빛나면 그야말로 운세에 있어 서광이 빛난다고 볼 수 있다. 팔학당에서 고광학당이 이마에 속하며, 그 외에도 광대학당, 명수학당, 총명학당, 충신학당, 광덕학당 등이 있다.

이어서 이마와 오성(五星)의 관계를 살펴보면 화성(火星)이 이마에 해당한다. 이에 대하여 『마의상법』에서는 다음과 같이 말한다.

> 이마는 화성(火星)이 되며 천정, 천중, 사공의 지위로 모두 이마에 있으니 귀천(貴賤)의 창고가 된다. 이마뼈는 융성한 듯하나 일어나야 하며 우뚝 솟고 넓어야 한다. 5개 기둥(복서골, 일각, 월각, 2개 보골)이 정수리에 들어가면 귀함이 천자가 된다. 이마가 벽을 세운 듯이 높고, 간(肝)을 엎은 듯이 넓고 밝고 윤택하며 모나며 길면 귀하고 장수하는 관상이다. 이마 좌측이 꺼지면 아버지를 잃고, 우측이 꺼지면 어머니를 잃는다.[58]

---

57) 曾國蕃, 『氷鑑』, 八學堂 第一 高明部學堂, 頭圓或有異骨昂, 第二 高廣部學堂, 額角明潤骨起方.

58) 『麻衣相法』第2篇 各論, 第4章 「相額」, 額爲火星, 天庭天中司空之位, 俱在於額, 爲貴賤之府也. 其骨欲隆 然而起, 聳而闊. 五柱入頂, 貴爲天子. 其峻如立壁, 其廣如覆肝, 明而潤, 方而長者, 貴壽之相也. 左陷者損父, 右陷者損母也.

이처럼 이마와 귀천의 관계가 구체적으로 언급되어 있으며 귀함과 천함의 보관되는 창고라는 언급이 있다. 천자가 될 것인가, 천한 신분이 될 것인가는 이마의 형상을 보면 대략 알 수 있다는 것이다.

이마에 있어서 주름은 나이가 들면서 자연스럽게 형성되지만, 이마와 주름의 관계도 관상학에서 중시된다. 이마의 끊어지지 않은 두세 줄의 주름은 혈육이나 주변 사람들의 덕을 많이 받는 성실한 노력가이며, 장수한다거나 가느다란 주름이 여러 가닥인 이마는 친인척 등 주변에 늘 챙겨주고 도와줘야 할 사람들이 서로 꼬인다[59]고 한다. 또한, 깊지 않은 잔주름이 여러 가닥 그어진 이마는 남을 돕고 살아야 하고 신경 써야 할 사람들이 주변에 많이 있는 형상이며, 가로지르는 열십자의 세로 주름은 한곳에 정착하지 못하고 돌아다닐 상으로 보는 것이다. 이마 주위의 주름은 신경계로, 이마에는 대체로 3개의 주름이 있다. 윗 주름은 윗사람과의 관계를, 가운데 주름은 자신의 재산과 건강을, 아랫 주름은 아랫사람이나 자손과의 관계 등을 말한다.

한편 이마와 남자의 천한 상에 대해 언급해 본다. 남자 고독상 51가지를 보면 먼저 13번째로 화개(華蓋)살이 있는 이마를 가진 사람이다. 16번째로 머리는 뾰족하고 이마는 깎인 사람이며, 21번째로 이마에 주름이 3줄 있다.[60] 또 남자의 하급 18가지 귀한 상 가운데 하나로서 눈썹은 거칠고 이마는 높게 솟아 있는 사람은 식량의 출납을 담당하는 직책을 얻는다. 남자의 중급 18가지 귀한 상 가운데 두 가지를 보면 이마의 높이가 3촌이나 높고 두터운 사람은 권위를 가질 수 있고, 이마

---

59) 이남희, 『하루만에 배우는 실전관상』, 도서출판 담디, 2008, p.125.
60) 地平 編著, 李成天 監修, 『관상해석의 정석』, 도서출판 문원북, 2019, pp.230-232.

에 내천(川)자 주름이 있고 이주(귓불)가 입을 향해 있는 사람은 중년에 명성이 드러난다.

다음으로 여자의 이마와 상해를 입히는 상(相)에 대하여 살펴보고자 한다. 이마는 높고 얼굴은 움푹 들어가 있거나 이마에 주름과 흉터가 있는 경우 천한 여인의 관상이다. 이마는 그 사람의 능력과 손윗사람과의 관계를 알 수 있는 곳으로, 특히 여성은 이마에 흉터가 있거나 요철(凹凸)이 심하면 두 번 결혼할 상이거나 과부상이다.[61] 이를 극복하는 방법은 이마의 흉터를 제거하는 수술이 필요하며, 패인 이마를 도톰하고 풍만한 모양으로 성형수술을 한다면 부부운과 상하의 화합이 좋아질 것이다. 그리고 여자 72가지 천한 상으로서 이마는 뾰족하며 다리를 흔드는 경우라든가, 이마는 넓고 빈모는 깊고 짙으며 머리가 불균형적으로 기울고 이마는 좁은 경우이다.

그러면 남녀를 불문하고 과연 이상적인 이마는 어떠한 특징이 있는가? 먼저 이마의 뼈가 단단하고 점이나 흉터 등 흠이 없어야 한다. 넓고 살이 풍부하게 감싸서 그 모양이 마치 간을 엎어 놓은 듯한 모양이면 좋으며 사회성, 직관력이 뛰어나며, 인당까지 넓다면 지능과 기억력이 좋은 수재형 상[62]이라고 할 수 있다.

여성의 이마는 남편운과 관련되는 성향이 있다. 이마가 적당히 발달하면 훌륭한 남편을 두고 남편을 출세시키지만, 불균형적으로 이마만 지나치게 발달한 여자는 변덕이 심하고 남편을 극하는 상이다. 이마는 이처럼 관록운과 부부운과 재물운에 많은 영향을 미치며, 특히 넓고 단단하며 윤택한 이마일수록 그의 운세는 탄탄대로이다.

---

61) 최전권, 『체형관상학』, 좋은글, 2003, p.228.
62) 이남희, 『하루만에 배우는 실전관상』, 도서출판 담디, 2008, p.115.

5. 눈은 보배이다.

인간의 성형수술 부위 가운데 가장 선호하는 부분은 눈이다. 눈이 얼굴 다음의 미(美)를 판단하는 기준이기 때문이다. 미혼여성을 대상으로 관심 있는 성형수술 부위를 조사하면 눈이 단연 앞서고 코는 다음이다. 달마상법에서는 얼굴은 10점, 눈은 5점, 이마·코·광대뼈·턱은 각각 1점, 그리고 눈썹·귀·입·이를 합쳐서 1점이라고 했다. 또 "부귀한 사람이라고 해서 꼭 좋은 귀를 가지고 있는 것은 아니지만 반드시 좋은 눈은 가지고 있다. 반대로 빈천한 사람이라고 해서 꼭 나쁜 귀를 가지고 있지는 않지만 좋은 눈은 없다."라는 말도 있다.[63] 노환이 되면 기력이 쇠하여 어쩔 수 없지만 좋은 눈을 가지고 있다는 것은 신체적으로 건강하다는 뜻이다.

흔히 말하듯이 눈은 보배이면서도 마음의 창이라 볼 수 있다. 인간 내면의 감정이 눈으로 표출되기 때문이다. 눈은 마음의 통로이기 때문에 감정을 숨기기 쉽지 않다. 눈은 마음의 창이므로 희로애락이 그대로 표현되는 곳으로, 눈꼬리 부위는 올라가지도 내려가지도 않은 평행이어야 하며, 흉터가 없어야 한다.[64] 눈에 흉터가 있으면 부부의 관계가 원만하지 못하다. 더욱이 눈에 사마귀나 점이 있으면 유혹이 많아 혼외정사를 하거나, 또는 본인이나 배우자가 제3의 연인을 두어 부부생활을 하는데 애로가 있다. 그리고 눈꼬리가 올라간 여성과 눈꼬리가 축 처진 여성은 부부의 이별수가 있으며, 눈꼬리에 잔주름이 선명해도 부부운이 좋지 않게 보는 것이다.

---

63) 오현리 편, 『정통오행상법 보감』, 동학사, 2001, p.163.
64) 최전권, 『체형관상학』, 좋은글, 2003, p.229.

다음으로 자신의 눈이 감성적으로 영향을 받는다는 점에서 자기감정을 솔직하게 화를 내는 경우가 있다. 철학자 데카르트는 우둔하더라도 눈을 보고 화가 났는지를 안다[65]고 하였다. 그리고 아리스토텔레스는 눈이 쉽게 붉어지는 경우, 그 사람은 분노에 의해 그러한 현상이 나타난다고 그의 저술 『관상학』에서 말하였다. 제정신이 아닐 때 얼굴이 붉어지고 눈이 빨갛게 되는 경우는 감정이 복받친 상황이라는 것이다. 또 눈의 동공이 열려 멍하니 눈동자의 초점이 없을 때는 감정의 기복이 깊어지면서 망연자실한 모습이다.

눈은 과거로부터 외형을 보는 데 사용되지만, 한편 내면의 자신 감정이 표출된다는 점에서 마음 상태를 가늠하는데 좋은 표징이 된다. 눈은 외부적 현상을 보는 데 사용되며 너무 외부로만 향하는 눈은 유혹되기 쉽다. 눈을 안으로 향하라는 미국 수필가 헨리 데이비드 서로(미국 수필가, 1817~1862)는 눈을 안으로 뜨라고 했는데, 자신이 찾는 것은 그 마음속에 있기 때문이라 했다. 그리고 자신의 마음속에서 얻는 것이 진정 자신의 것이라 했다. 회남자도 "오색(五色)은 눈을 어지럽게 하여 눈을 밝게 하지 못하고, 오성(五聲)은 귀를 어지럽혀 총명하지 못하게 하고, 오미(五味)는 입을 어지럽혀 입맛을 상하게 한다."[66]라고 하며 인위를 극복하라는 노자의 사상을 계승하고 있다.

인위에 치우쳐 눈이 이글거리도록 탐욕을 감추지 못하는 경우가 있다. 코가 크거나, 귀가 크거나, 준두가 위쪽으로 살짝 내려와도 끝없는 욕심이 있다. 입이 크고 입술이 두터워도 욕심이 많고, 턱이 풍만해도

---

65) 데카르트, 金炯孝 譯, 『情念論』-世界思想全集 11卷-, 三省出版社, 1983, p.242.
66) 『淮南子』, 「精神訓」, 五色亂目, 使目不明, 五聲鏵耳, 使耳不聰, 五味亂口, 使口爽傷.

욕심이 많고, 양 볼에 살이 늘어져도 욕심이 많다. 눈이 튀어나왔다는 점에서 돌안(突眼)이라고 하는데 탐욕의 눈이 그것이다. 또 눈이 쉽게 움직이는 사람들은 재빠르고 탐욕스러운데 이 점은 매에게로 되돌려 확인할 수 있다.[67] 그리고 눈을 깜박이는 사람들은 겁이 많은데 그 이유로 그는 먼저 눈 속에서 도망갈 생각을 하기 때문이다.

당연히 눈의 길상으로서 탐욕을 벗어난 지혜의 눈이 필요하다. 여래는 그 지혜와 여래의 눈을 가지고, 탐욕, 화냄, 무지, 갈애나 무명에 바탕한 무량의 번뇌에 얽힌 모든 중생의 내부에 자신과 같은 지혜를 가지고, 같은 눈을 가진 여래가 좌선을 하고 부동하고 있음을 본다.[68] 불교에서 탐진치라 하듯이 지나친 욕심을 부리거나 화를 내고 무지 무명의 사람은 육체적 시각의 눈을 극복하여 지혜의 눈을 가져야 할 것이다. 지혜의 눈이란 윤회를 계속하는 중생 속에 있으면서 여래의 본성이 조금도 오염되지 않은 상태를 견지하는 것이다. 지혜의 눈으로서 자비심을 갖는 지비(智悲)가 성자의 눈인 셈이다.

다음으로 눈과 기색에 대하여 살펴보고자 한다. 눈이 지나치게 검은 사람은 겁이 많고 지나치게 검은 눈은 비겁하며, 눈이 지나치게 황갈색을 지닌 사람들은 대담하다. 눈이 회색이 아니라 검푸른 색을 가진 사람들은 대담한데 이 점은 사자와 독수리에게로 되돌려 확인할 수 있으며, 눈이 암홍색인 사람들은 탐욕스럽다. 이것은 검은 염소에게로 되돌려 확인할 수 있는 것이다.[69] 또 눈이 붉은 사람은 수치심이 없고,

---

67) 아리스토텔레스, 김재홍 옮김, 『관상학』, 도서출판 길, 2014, pp.140-141.
68) 田中典彦, 「불교적 영성의 일고찰-불성의 자각과 전개」, 제19회 국제불교 문화학술회의 《지식정보화사회에 있어서 불교-생명과 영성》, 원광대·일본불교대, 2005, p.47.
69) 아리스토텔레스, 김재홍 옮김, 『관상학』, 도서출판 길, 2014, p.136.

눈이 창백한 사람은 겁이 많다. 두려움을 느끼는 사람들은 마음의 평정을 지키지 못하기 때문이다. 눈이 지나치게 반짝이는 사람들은 음탕하며, 그것은 수탉과 까마귀에게로 되돌려 확인할 수 있다는 것이다.

눈 주위의 기색이 중요한 만큼 『유장상법』에서도 이에 관심을 표하고 있다. 맑고 깨끗한 눈의 기색이 중요하다며 다음과 같이 말하고 있다.

> 흑색이 눈 주변을 감싸면 명의를 구하지 못할까 걱정스러우며, 입꼬리에 청색이 덮으면 편작의 의술을 만나기가 어렵다. 이는 옛 상법으로 맑고 깨끗한 것을 살펴봐야 한다. 해왈(解曰), 태양(눈 주변)에 흑색이 감싸고 천창에서 흑색이 일어나니, 이와 같이 검푸른 색이 나타나면 죽게 된다. 만일 까마귀 깃털 색이 나타나서 점점이 이루어지면 죽게 된다. 색이 흩어지면 살 수 있다. 청색이 구각(口角)을 덮으면 봄과 여름에는 꺼리지만, 가을과 거울은 꺼리지 않는다.[70]

따라서 사람을 볼 때 눈동자 살펴야 함은 당연한 일이다. 상대방의 마음을 살펴보려면 눈빛과 그 기색을 잘 살펴보면 잘 알 수 있기 때문이다.

춘추전국 시대의 철학자 맹자는 사람을 관찰할 때 눈동자를 잘 보라고 했다. 그것이 마음과 직결되기 때문이다. 눈동자는 진실해서 속에 품은 악한 마음을 감출 수 없다. 마음이 바르지 못하면 눈동자는 밝지 못한 것은 뻔한 일이다. 어두운 눈동자로써 어떻게 마음을 밝힐 수

---

70) 『柳莊相法』下篇,「氣色分解-黑遶太陽」, 黑遶太陽, 盧醫難救, 青遮口角, 扁鵲難醫. 此乃古法, 要察明白○解曰, 黑遶太陽者乃天倉起黑色, 如靛墨者死, 如烏鴉翎者生, 成點者死, 色散者生. 青遮口角忌春夏, 不忌秋冬.

있겠는가? 그 사람의 말을 들을 때 그 눈동자를 관찰한다면 사람이 어찌 선악 미추를 감출 수 없는 것은 당연한 일이다.

맹자의 언급처럼 춘추전국 시대의 난국(亂國) 상황에서 상대방의 눈을 잘 살펴야 피해를 입지 않는 것으로, 눈동자가 어떻게 움직이는가의 관상학적 시각을 갖는 것이 당시 흉함을 피하는 길이었다.

이처럼 얼굴의 표정으로서 눈의 모습은 매우 중요한 판단이 된다. 에라스무스(1469~1536)는 얼굴에 나타나는 '표정'이란 순간적으로, 감정으로 인하여 야기되는 신체적 변화라는 것을 뚜렷이 인식하고 있었다. "눈이 번득이는 것은 마음이 산란한 증거이다. … 마음이 평온하면 당연히 좋은 혈색을 가져온다. 그러나 더 빨갛게 변하는 볼은 마음의 평정을 잃은 것을 나타내거나 그렇지 않다면 심각할 정도로 미친 것이다."[71] 얼굴 표정을 통해 특정한 감정을 표현하는 것은 에라스무스만이 아니라 15세기부터 많은 예술작품 속에 표출되었다는 점에서, 눈의 기색이나 눈동자의 움직임 등이 서양철학에서 관심을 가졌다고 볼 수 있다.

동양의 상서(相書)에서도 눈에 대하여 깊은 관심을 표명하고 있다. 『마의상법』의 언급을 보면 눈의 형상이나 기색을 잘 살펴볼 필요가 있다.

> 눈의 광채에는 3탈(三脫)이 있다. 근심이 없는 사람[건강인]은 깊이로 병과 죽음을 구분하며 근심이 없고 눈의 광채가 벗어나 보이면 병이 발생한다. 그러므로 벗어남의 깊이로 병들고 죽음을 구분한다. 병이 있으면 눈빛의 움직임과 안정으로 살고 죽음을 구별한다. 병이 든 후에 눈의 광

---

71) 설혜심, 『서양의 관상학, 그 긴 그림자』, 한길사, 2003, p.185.

채가 없어지면 눈동자는 일정하게 죽음의 징조로 삼게 된다. 일을 만남은 음양으로써 선과 악을 구분하니, 변고가 있으면서 눈 광채가 벗어나면 눈의 좌우를 구분하여야, 일의 길흉이 좌우에 있음을 징험하니 좌측이면 흉하며 우측이면 길하다.[72)]

눈에 광채가 있느냐 없느냐에 따라 그는 심각한 질병으로 인해 고통을 겪을 수 있다고 보았다. 이것이 곧 눈과 관련한 관상서의 길흉론이다.

길흉의 흥미를 유발하는 것으로, 눈빛에 매우 민감한 것은 인간이나 동물이나 통한다는 점이다. 어린이의 경우에는 감성만으로 느끼기 때문에 상대방이 자신에게 호감을 산 사람인지 자신을 해칠 사람인지 본능적으로 알아차리는 능력이 뛰어날 때가 있으며, 동물 역시 사람의 눈빛에 대해 매우 민감하여 애정이 깃든 눈과 살기가 어린 눈을 구별할 줄 안다.[73)] 땅꾼들의 눈은 살기가 있어서 뱀들이 땅꾼을 만나면 꼼짝 못 하는 경우가 있다. 인간의 얼굴에는 그 사람의 천성과 삶 전체가 담겨있기 때문이며, 동물도 생물학적으로 살아가는 존재이기 때문이다. 약육강식의 동물에 있어서 눈빛은 자신을 해하는 존재인지를 금방 알아차리는 것이다.

눈과 동물에 비유한 『마의상법』은 생물학적으로 인간과 동물의 감성이 유사하다는 것을 알게 해준다.

---

72) 『痲衣相法』第3篇「總結第三」, 日光有三脫 無憂者 以深淺 分病死, 無憂而 日光脫 ,病所發也. 故以脫之深淺 分病死. 有病者 以動定 別存亡. 有病而後 日光脫則以瞳子之定者 爲死兆. 遇事者, 以陰陽分善惡, 有變故而目光 脫則 分目之左右, 以驗其事之吉凶 左凶右吉.

73) 신기원, 『신기원의 꼴 관상학』, 위즈덤하우스, 2010, p.17.

눈 길이가 1촌이면 후작과 백작에 봉해지며 용의 눈썹과 봉황의 눈동자인 사람은 얻기 어려우니, 흑백이 분명하면 신의가 흐르니 닭의 눈동자에 쥐 눈이 모두 천하(도적)다. 양쪽 눈이 광명이 있으면 귀한 사람이며, 호랑이처럼 보고 사자처럼 보면 장군이며, 소 눈은 자비가 많고 거북 눈은 정체하며, 뱀 눈동자와 양의 눈은 이웃하지 말라. 훔쳐 사람을 보면 적병에 죽고, 쥐가 고양이를 바라보는 듯하면 또한 이와 같이 죽으니, 호랑이 같은 눈동자는 종래 자비스럽지 않다고 말하며 원숭이 같은 백색 눈은 미쳐 죽게 된다.[74)

봉황의 눈은 신의가 넘쳐 길한 상이라면, 호랑이와 사자, 소와 뱀의 눈은 동물의 성격에 따라 길과 흉이 나뉜다고 하였다. 동물의 눈을 절대적으로 그렇다고 단정할 수 없지만, 관상학에서 동물과 비유한 점은 중세에 이르기까지 흔한 일이었다.

이제 남녀 눈의 흉상에 대하여 살펴보고자 한다. 여인에게는 24개 항목의 고독한 상이 있으며, 만약 이 중에서 하나라도 해당한다면 남편과 자식을 말하기가 어렵다고 했다. 평생 고생을 하며 가난하게 지낸다고 했는데 양쪽 눈이 깊고 움푹 들어가 있는 경우이다. 또 여자 형벌, 상해를 입히는 36가지 상 가운데 눈동자가 적색이나 황색을 띠고 있는 경우이다. 그리고 여자 72가지 천한 상이 있으며, 그중에서 양쪽 눈의 눈빛이 희미하고 흐리멍덩하다.[75) 남자의 고독한 상으로 51개 항목이

74) 『麻衣相法』第2篇 各論, 第7章「相目」, 眼長一寸封侯伯, 龍眉鳳晴人難得, 黑白分明信義流, 雞晴鼠目總是賊. 兩眼光明是貴人, 虎觀獅視國將軍, 牛眼多慈龜目滯, 蛇晴羊目莫爲隣. 偸視觀人賊兵死, 鼠望猫窺亦如此, 虎晴從來道不慈, 猿候白眼顚狂死.

75) 地平 編著, 李成天 監修, 『관상해석의 정석』, 도서출판 문원북, 2019, pp.234-236.

있는데, 눈동자는 황색을 띠고 뱀의 피부와 뱀의 눈을 하고 있으며, 쥐의 눈에 꿩의 눈동자를 하는 경우가 이에 해당한다.

특히 여성의 눈 표정에 대한 아리스토텔레스의 관상학 원칙은 다음과 같은 것들이다. 길게 곁눈질하는 것은 멋쟁이처럼 뽐내는 것이며, 눈동자를 고정한 채 한쪽 눈만 반쯤 윙크하거나 눈동자를 위로 올려서 지그시 바라보거나, 그리고 일반적으로 부드럽고 촉촉하게 바라보는 것 모두가 멋쟁이인 척하는 것이다.[76] 눈빛이 촉촉하다는 것도 음란하다고 하며, 이는 남자만이 아니라 여자 모두에 관련된다고 보면 좋을 것이다. 사랑은 눈빛에서 비롯된다는 말이 있으며, 눈은 그만큼 애정의 통로와도 같다고 볼 수 있다.

궁극적으로 눈의 길상으로서 지도자의 눈과 사랑의 눈은 어떠한가? 사람을 영도하는데 나름대로 능력과 기술을 가지고 있는 지도자는 눈썹 모양에 위엄이 있고 눈에는 신(神)이 있다.[77] 또 사랑의 눈은 마음의 칠정(七情) 중에서 발하는 것으로 눈에 주로 표출되는 것으로, 눈이야말로 그 사람의 사랑에 대한 운복(運福)을 잘 드러내는 것이다.[78] 눈이 아름다우면 아름다운 사랑이 이루어지고, 눈이 슬프면 사랑이 자꾸 슬픈 방향으로 나아간다. 더욱이 눈이 우수에 차면 추억 또한 아련함으로 남는다. 눈은 지도자의 눈, 사랑의 눈을 간직하는 것이 길상으로 항상 미소를 머금고 눈빛을 밝게 비추는 노력이 필요하다.

---

76) 설혜심, 『서양의 관상학, 그 긴 그림자』, 한길사, 2003, p.93.
77) 오현리 편, 『정통오행상법 보감』, 동학사, 2001, p.367.
78) 이정욱, 『심상 관상학』, 천리안, 2006, pp.145-146.

6. 코는 자존심이다.

인간의 육체 가운데 코의 용도는 무엇인가를 알고자 한다면, 일상적으로 편하게 말해서 코는 안경 쓰기에 편하도록 만들어졌다고 할 것이다. 세계적 명성을 얻은 사람도 그렇게 생각하고 있으니, 관상학의 영역에서는 유감스럽게 보일지 모른다. 코는 안경 쓰기에 딱 맞도록 만들어졌다고 하는 프랑스 계몽주의자 볼테르(1694~1778)의 말도 들어보았을 것이다.[79] 사용 목적에서 안경 쓰는 경우 적당하겠지만, 냄새를 맡고 숨을 쉬기 위함이 이보다 우선일 것이다.

그런데 외형적으로 미(美)를 추구하는 관상학적 시각에서 보면 성형 가운데 눈 다음으로 코가 많이 시술되고 있다. 관심 있는 성형수술 부위로서 눈 27%, 코 20%, 피부 14.3%, 얼굴 윤곽 9.0%의 데이터를 결혼정보회사 (주) 듀오가 전에 밝힌 내용이다. 코는 안경 쓰고, 냄새 맡고, 호흡하는 데 유용하면서도 미적 감각에서 빠뜨릴 수 없는 부분이다.

따라서 성형을 통해서라도 아름다운 코를 갖고 싶은 심정을 모르는 것은 아니다. 코는 얼굴 중앙에 자리 잡고 우뚝하게 솟아 있어 얼굴의 근본을 이루며 '나' 자신을 상징하고 오악(五岳)의 주산인 중악(中岳)이자 사독(四瀆) 가운데 한 강줄기이며 중앙의 방위인 토(土)에 해당하는 부위로서, 만물이 의지하고 살아가는 터전[80]이 된다.

이에 더하여 코는 12궁 가운데 재백궁으로서 재물운에 해당한다. "귀 잘생긴 거지는 있어도, 코 잘생긴 거지는 없다."라는 말이 회자되

---

79) 버트런드 러셀, 송은경 譯, 『나는 왜 기독교인이 아닌가』, 사회평론, 1999, pp.27-28.
80) 地平 編著, 李成天 監修, 『관상해석의 정석』, 도서출판 문원북, 2019, p.149.

고 있다는 것이 재물 운세와 직결되어 있음을 알려준다. 그리고 코는 호흡기관과 직결되고 폐와 연결되어 있어서 인간의 뇌에 산소를 공급한다. 코가 막히지 않고 맑은 공기를 마시면 건강에도 좋을 것이다.

무엇보다 코는 '나'를 상징하는 것으로서 결국 나 자신의 자존심으로 이어진다. 전 세계 사람들의 사랑을 받는 스핑크스의 코가 한 치만 낮았더라면, 세계의 역사가 바뀌었으리라고 했던 서양인들에 의해서 여왕 클레오파트라 권력의 상징-스핑크스는 왕의 권력을 상징한다-이기도 했던 스핑크스의 코가 뭉개진 것은 참으로 역사의 아이러니다.[81] 스핑크스에는 물론 처음부터 코가 없었던 것은 아니다. 중세에 이집트를 점령한 기독교인들이 자신들보다 우월한 문명을 창조했던 타종교 우상들의 생명의 원천인 '호흡'을 끊어버리기 위해서 스핑크스는 물론 다른 석상들의 코를 없애버렸다는 일은 참으로 안타까운 일이다.

그렇다면 서양인들의 높은 코는 자존심이 강하고, 동양인들의 낮은 코는 자존심이 약하다는 식의 이분법적 접근이 가능하다는 것인가? 사실 관상학의 오랜 전통을 답습하면서 들창코를 가진 사람을 열등한 부류이며, 반면 이른바 로마인의 코라 불리는 길고 높고 좁은 코를 가진 사람을 귀족적인 사람으로 분류하였다.[82] 인종차별적 접근이 에드워드 사이드(Edward Wadie Said, 1935~2003)가 1978년에 발간한 『오리엔탈리즘(Orientalism)』의 선입견과 같은 착각하게 만든다. 같은 맥락에서 스토리는 1881년 유럽인의 코를 다음과 같이 다섯 종류로 분류하였다. 로마형 코는 공격적인 성격을, 그리스형 코는 예술가적 기질을, 유대형 코는 예민하고 의심이 많으며 연구하는 성향이 강하는

81) 리영희, 『스핑크스의 코』, 까치, 1998, p.93.
82) 설혜심, 『서양의 관상학, 그 긴 그림자』, 한길사, 2003, pp.314-315.

것이다.

코의 높이가 자존심과 관련되는데, 여기에서 주의할 사항으로 이목구비에 있어서 비대칭의 경우는 바람직하지 않다는 점이다. 광범위한 인체에서 길상과 흉상을 가려내는 기준으로서 개개 부위는 반드시 또 다른 부위와의 조화와 균형 여부를 따진 뒤에 비로소 길흉 여부를 판단한다는 것으로, 코는 큰데 눈은 작다는 등의 불균형 형상이면 결코 길상으로 치지 않는다.[83] 얼굴 각 부위로서 이목구비의 형상이 균형을 이루어야 좋은 형상이 되는 것이다. 관상학에서 육극상(六極相)은 얼굴 각 부위 간에 지나치게 균형을 깨뜨린 꼴을 말하며, 그 가운데 하나로 얼굴에 비해 지나치게 왜소한 코는 길상이 아니라는 것이다.

관심을 불러일으키듯이 코를 동물의 형성과 관련하여 관상학적 관찰을 시도한 고대의 철학자는 아리스토텔레스이다. 그는 이마로부터 휘어지면서 똑바로 솟아난 코를 가진 사람들은 부끄러움이 없는데 까마귀와 관련되고, 매부리코이면서 이마로부터 뚜렷하게 분리된 사람들은 원대한 마음을 가지는데 이 점은 독수리에게로 되돌려 확인할 수 있다[84]고 했다. 그에 의하면 움푹 파인 코와 이마의 앞 언저리가 둥글고 위로 솟은 둥근 부분을 가진 사람들은 음탕하여 수탉으로 비유하고, 코가 납작한 사람들도 음탕하여 사슴에 비유되고 있다. 비합리적인 비교일 수도 있겠지만 동물형상과 관련하여 인간의 관상을 시도한 것은 고대에 흔했던 일이다.

그렇다면 상학 고전으로서『유장상법』에서 보는 코의 운세는 어떠한가를 살펴보도록 한다. 코는 중년 운세라면서 다음과 같이 언급하고

---

83) 최형규,『꼴값하네』, FACEinfo, 2008, p.15.
84) 아리스토텔레스, 김재홍 옮김,『관상학』, 도서출판 길, 2014, pp.131-133.

있다.

> 오악이 서로 마주 보고, 삼정이 균등하며, 행주좌와가 위엄이 당당하면 존중받는 위인이다. 이러한 사람은 부귀와 영화를 모두 누리게 된다. 만약 오악이 기울고 삐뚤어지고, 삼정이 균등하지 않으면 평생 가난하고 고생스럽다. 이마는 주로 초년을 보고, 코는 주로 중년을 맡고, 입과 지각은 말년을 보는데, 한 곳이라도 좋지 않으면 흉악한 상이라 판단된다.[85]

코가 삼정 가운데 중정에 해당하므로 중년운이 되는 것이다. 오악과 삼정의 관계를 흥미롭게 비유하면서 상호관계를 설명하고 있다. 그리고 코는 상정의 이마와 하정의 턱 가운데 있으므로 인생 중반기의 운세에 해당한다는 것을 본 상서(相書)에서 자세하게 밝히고 있다.

코는 중년운이라고 가정하면 정확하게 이를 나이로써 가늠한다. 인생에 있어서 나이에 따라 코의 영향력이 큰 시기는 41세에서 50세까지 10년간으로 보면 좋을 것이다. 이때가 사업을 하는 시기이며, 자녀를 기르고, 건강을 지키는 중요한 인생의 황금기이다. 그리고 코는 중악(中岳)에 해당하여 간지법상으로는 무기(戊己)의 자리, 오행으로는 상궁(土宮)의 자리로서 비상(鼻相)이 잘생긴 사람은 비위(脾胃) 또한 건강하다.[86] 이처럼 관상학적 길흉에 있어서 코가 중요한 부분이다. 코는 얼굴의 기둥으로서 그 사람의 기둥은 그의 의지력이나 절제력, 그리고 비분강개의 성격을 띠는 것이다.

---

85) 『柳莊相法』「相貌宮」十二相貌宮, 若五嶽朝歸, 三停平等, 行坐威嚴, 為人尊重, 此人富貴多榮, 如五嶽歪斜, 三停不正, 一世貧苦, 額主初限, 鼻主中限, 水星地閣, 主末限, 有一不好, 斷為凶惡.
86) 최형규, 『꼴값하네』, FACEinfo, 2008, p.252.

다음으로 오성(五星)으로서의 코와 기색을 살펴본다. 오성이 본래의 색을 얻으면 부귀하고 현달하다며, 『유장상법』에서는 토성(土星)과 관련된 코와 오성 각각에 대하여 설명하고 있다.

귀는 금성과 목성이니 옥처럼 밝고 하얗게 윤택해야 하고, 이마는 화성이니 홍색으로 윤택해야 마땅하다. 입은 수성이니 하얗게 밝아야 마땅하며, 입술은 홍색으로 밝아야 한다. 코는 토성이니 황색으로 밝고 윤택하게 밝아야 한다. 이는 오성의 본색을 얻었다고 한 것이니, 이와 같이 기색이 위아래로 있으면 공명이 왕성하지 않을까 어찌 근심하며, 상인(商人)은 자연히 이익을 획득하게 된다.[87]

위의 언급에 나타나듯이 코는 토성에 관련되는 것으로 흙의 색깔로서 황색이라는 것이다.

또 코의 기색은 밝고 윤택해야 한다고 밝히고 있는데 그것은 재력(財力)으로 보면 재산이 늘어날 형상과 관련되는 것으로 금고지기의 역할을 하기 때문이다. 재백궁으로서 코끝 준두(準頭)와 좌우 콧방울이 풍요로울 경우 재산을 모을 상이다. 재백궁은 지갑이나 금고에 비유해 튼튼하고 두둑한 꼴이면 금전(재물) 비축운이 좋으며, 전래의 관상서에는 다양한 코에 관한 명칭이 있으나 그중에서도 현담비(懸膽鼻)가 으뜸가는 복코이며 돈코라 했다.[88] 현담비란 소의 쓸개를 치켜들었을 때 축 늘어져 코끝 일원에 무게가 실린 코 모양으로, 코 모양이 현담비이거나 그와 유사한 코 모양은 일생을 통해 금전운이 따른다고 한다.

---

87) 『柳莊相法』 下篇, 「氣色分解-五星本色」, 耳為金木二星, 宜明白潤如玉, 額為火星, 宜紅潤, 口為水星, 宜白亮, 脣要紅明, 鼻為土星, 宜黃明瑩潤, 此謂五星得本色, 如此氣色上下, 何愁不旺功名, 商賈自然獲利也.

88) 최형규, 『꼴값하네』, FACEinfo, 2008, p.95.

그러나 코 모양이 홀쭉하게 생겼거나 콧구멍이 환하게 드러난 꼴이면 경제적 여력이 부족할 상이다.

이에 대하여 구체적으로 『마의상법』에서 코의 길흉에 대하여 소개하고 있다.

> 코가 빠지고 깨짐이 있고 고독하며 기아에 시달리고 종신토록 괴롭다. 시(詩)에서 말하길 코에 쓸개가 매달린 듯하면 몸이 반드시 귀하며, 土(코)가 광채 나면 탄생할 땅을 얻는다. 만약 산근이 이마까지 연결되어 일어남을 보면 바로 영화와 귀함이 삼공에 이름을 알 수 있다. 코의 준두가 뾰족하면 소인으로 천박하며, 콧구멍이 들리면 집에 하루 지날 식량도 없다. 또 매부리코 모양처럼 굽음이 두려우니 일생 간계가 말을 감당치 못한다. 준두가 뾰족하며 엷으면 가장 빈궁한 파도를 맞으니 코 위에 가로무늬가 있으면 재액이 많다. 콧구멍이 드러나면 주로 가난하며 짧으면 장수하지 못하며 코가 길면 장수하고 100년을 산다.[89]

코가 재산운에 더하여 수명운과 관련되어 있음을 알 수 있다. 코의 상학적 측면에서 볼 때 코는 자신의 부귀영화에 영향을 미치고 있다.

부귀에 더하여 수명운에 코가 영향을 미치면서 자식운 내지 관직의 선비상과도 연결되고 있음을 고전 상학에서는 말하고 있다. 곧 코가 수축한 주머니 같으면 늙어서 길하고 창성하다거나, 코가 사자와 같으면 총명하고 통달한 선비이며, 코가 높고 들리면 어진 관리에 영화롭고 창성하다[90]라고 한 것이다.

---

89) 『麻衣相法』 第2篇 各論, 第8章 「相鼻」, 鼻有缺破, 孤獨饑餓, 終身難過. 詩曰: 鼻如懸膽身須貴, 土耀當生得地來. 若見山根連額起, 定知榮貴至三台. 鼻頭尖小人貧賤, 孔仰家無隔宿錢. 又怕曲如鷹嘴樣, 一生奸計不堪言. 準頭尖薄最窮波, 鼻上橫紋災厄多. 露穴主貧短無壽, 鼻長有壽百年過.

코가 자신의 의지력과 관련된다는 것은 이미 밝혔다. 코 준두가 짧고 작으면 의지가 얕고 적다는 것이며, 콧대가 넓고 길면 반드시 기량이 많고, 코가 곧고 두터우면 주로 제후를 아들로 둔다는 것이다. 이처럼 코는 관상학적으로 여러 측면에서 영향을 미치고 있음을 알 수 있으며, 그것은 자신의 자존심과 직결되기 때문이다.

한편 코의 길흉에 있어서 흉한 상으로서 코의 형상은 어떠한가를 구체적으로 살펴본다. 이를테면 준두가 뾰족한 사람은 간사하고, 코에 검은 점이 많은 사람은 모든 일에 막힘이 많으며, 콧등에 가로금이 많은 사람은 교통사고로 몸을 다칠 상이다.[91] 그리고 코가 여러 번 굽은 사람은 고독하고, 코가 삼요(三凹)한 사람은 육친의 덕이 없다고 보는 것이다. 코의 흉상이란 인간의 성정(性情)이 간사하고 고독하며 덕이 없는 사람으로 치부된다.

이처럼 코와 성정의 문제를 『마의상법』에서도 거론하고 있다. 즉 코가 위험하게 뼈가 노출되면 일생에 골몰하며, 준두에 살이 드리워지면 탐욕스럽고 음란하며, 코에 검은 점이 생기면 거슬러 막히고, 코가 매부리코와 같으면 다른 사람의 뇌수를 취하며, 코에 3굽이 있으면 고독하여 집을 무너뜨리게 된다[92]는 것이다. 코의 흉상이 유난히 많이 거론되고 있는 이유는 무엇인가? 그것은 코가 자신의 자존감에 밀접하

---

90) 『麻衣相法』第2篇 各論, 第8章 「相鼻」, 鼻如縮囊, 到老吉昌. 鼻如獅子, 聰明達士. 鼻高而昂, 仕宦榮昌.

91) 地平 編著, 李成天 監修, 『관상해석의 정석』, 도서출판 문원북, 2019, p.154.

92) 『麻衣相法』第2篇 各論, 第8章 「相鼻」, 生黑子者, 迍蹇. 多生橫紋者, 主車馬傷. 有縱理紋者, 主養他人子. 鼻梁圓而貫印堂者, 此人主美貌之妻. 鼻如截筒, 衣食豊隆. 孔仰露出, 夭折寒素. 鼻如鷹嘴, 取人腦髓. 鼻有三曲, 孤獨破屋.

다는 것이며, 삼정의 중정으로서 중앙에 위치한 코의 노출 부분이 다른 부위에 비해 크다는 뜻이다. 코의 성형을 많이 하려는 의도가 이러한 코의 흉상 부분을 극복하려는 의지일 것이다.

남녀의 코에 대한 관상학적 측면도 흥미를 끌고 있다. 여자 고독한 상 24가지 가운데 다섯 번째로서 코가 움푹 들어가 있고 콧대는 낮다는 것이다. 또 여자 72가지 천한 상이 있는데 얼굴은 크고 코는 작다고 한다. 이어서 남자 고독상 51가지로서 아라비아인의 코와 같이 매우 크다거나, 코의 모양이 사자의 코와 같다거나, 얼굴이 평평하고 코만 높아 유독 코만 보인다[93]는 것이다. 그 외에도 남자 하급 18가지 귀한 상이 있고 남자의 중급 18가지 귀한 상이 있다. 용의 코와 같고 아래턱이 넓고 큰 사람은 장군이나 승상이 되는 상이다.

다음으로 코와 사업 성패에 대하여 살펴보고자 한다. 오현리에 의하면 여러 측면에서 코를 사업운과 관련짓는다.[94] 사업 성패 및 시기에서 볼 때 코는 곧고 통을 자른 듯하며, 넉넉하게 솟아오르고 난대(왼쪽 콧방울)와 정위(오른쪽 콧방울)는 서로 보좌하고 웅대해야 한다.

이러한 부류의 사람은 사업에 성공이 뒤따른다. 그리고 콧대로서 비량(鼻梁)이 풍부하고 위까지 연결된 사람으로서 31~50세 사이에 운이 계속해서 따른다. 하지만 사업을 할 때 코는 좋은데 광대뼈가 좋지 않거나, 광대뼈에 흠집이나 사마귀가 있는 사람과는 사업상 동업하는 것은 바람직하지 않다. 그리고 코가 곧고 살이 없어 뼈가 드러난 것을 '검비(劍鼻)'라고 하는데 이런 사람은 평생 바쁘게 뛰어다니고 고생하

93) 地平 編著, 李成天 監修, 『관상해석의 정석』, 도서출판 문원북, 2019, p.230-231.
94) 오현리 편, 『정통오행상법 보감』, 동학사, 2001, p.279-284.

지만, 복이 없고 사업을 해서 성공하기도 어렵다.

　과연 이상형의 코는 어떠한 형상을 지니고 있는가? 교양 면에 있어서 코가 길고 반듯하면 인격이 높아 스스로 위치를 지키고, 지적 욕구의 지성력은 이마 전체에 있어 이마가 반듯하면 배움에 적극적이다.[95] 어떻든 코를 볼 때는 콧대와 코끝 일원을 분리해 균형을 이루고 있는가를 살펴봐야 한다. 코끝과 콧방울은 균등하게 발달하고, 서로 조화를 이룰 때 길상의 코라 할 수 있다. 코만 오똑하고 풍륭하다고 해서 그것이 길상은 아니라는 의미이다. 얼굴의 균형을 살피고, 기색도 살펴보아야 하는 이유가 여기에 있다.

7. 귀는 수명이다.

　귀의 어원을 한자를 통해서 해석해 보면 들을 '청(聽)'에 귀 '이(耳)'가 조합되어 있으므로 듣는 기관에 있어서 귀가 중심이라는 뜻이다. 따뜻한 음성은 사람의 마음을 밝게 해주는 것으로 들리고, 해로운 음성은 귀를 멀리하게 한다는 뜻으로 새겨보면 좋을 것이다. 한자의 운을 새긴다면 듣는 것을 의미하는 한자어 청(聽)에는 듣는 기관인 귀(耳)와 그 내용을 좋게 실천하라는 뜻으로 '덕(德)'의 기본자가 들어 있다. 나의 귀에 드나드는 음성이 곧 덕을 베푸느냐, 아니면 해를 입히느냐에 있어서 아름다운 음성 공양의 덕이 요구된다.

　관상학에서 일반적으로 귀는 수명과 관련되어 있으며, 또한 부모궁에서의 귀가 부모와의 인연의 정도를 판단하게 한다. 크고 두터운 귀는 수(壽)귀이며 복귀임에 틀림없지만, 고막을 통해 들려오는 소리가 아

---

95) 이정욱, 『심상 관상학』, 천리안, 2006, pp.295-300 참조.

닌 마음으로 새겨듣는 소리, 즉 심청(心聽) 기능은 귀 모양과 밀접한 관계가 있어서 크고 두터운 귀일수록 심청 기능이 뛰어나다.[96] 귀 못생긴 미녀 탤런트는 있어도 귀 못생긴 가수는 흔하지 않다는 말이 이와 관련된다. 그리고 부모궁이 잘 생겼으면서도 귀 모양이 빈약하면 부모 가운데 한 분은 14세를 전후하여 인연이 맺어지지 못하는 운명이다. 그러한 귀는 쪼그라졌거나 뒤집힌 귀의 형상을 지니고 있다.

여기에서 귀의 생김새에 따라 그 사람의 자태와 풍채의 여부를 알 수 있다. 귀는 넉넉한, 잘 가다듬어진 풍채로서 얼굴의 위엄 있는 자태에 일조한다. 귀는 낮게 아래로 늘어지거나 뒤집히거나 또는 엷어서도 안 되며, 야위거나 깎여져 비스듬하거나 기울어져 있어서도 안 된다는 점에서 귀의 관상은 자신의 고상한 체상을 견지하는 데 영향을 미친다.

상서(相書)에는 금과 목(양쪽 귀)이 완전히 형성되어 있지 않으면 공을 세우기가 어렵다고 했다. 따라서 귀는 평평하고 열려 있으며, 살점이 달라붙어 있어야 좋은 상이라거나, 금(金)과 목(木)이 꽃이 피듯 하여 이륜(귀 겉바퀴)과 이곽(귀안 바퀴)이 없으면, 평생 명예를 얻고 이로움을 가지려는 것은 헛일이라고 한다.[97] 귀가 빛나고 밝으며 희면 복과 장수를 다 갖게 되고 하는 일마다 성공한다.

귀의 형상과 풍채의 연관성에 있어서 기색과 귀는 중요하다는 것이 관상학의 주된 포인트이다. 『유장상법』에서는 다음과 같이 말한다.

> 귀의 윤곽이 흑색이고, 준두에 적색이 봄에 나타나는 것이 두렵다. 해 왈, 귀가 흑색으로 메마른 것은 기혈이 부족한 것이고, 준두가 진흙처럼

---

96) 최형규, 『꼴값하네』, FACEinfo, 2008, p.144.
97) 地平 編著, 李成天 監修, 『관상해석의 정석』, 도서출판 문원북, 2019, p.55.

붉은색은 혈이 윤택하지 않기 때문이다. 만약 봄에 이러한 기색이 보이면
반드시 죽게 된다.[98]

　　얼굴에서만 기색이 중요한 것이 아니라 귀에 있어서도 기색이 중요
하며 그것은 미래 운명의 명암이 갈리기 때문이다. 『마의상법』에서
"상을 잘 보는 사람은 먼저 색을 보고 뒤에 형체를 봄이 가능하다(善相
者, 先相其色, 後相其形)"라고 하였음을 참조할 일이다.
　　오성(五星)과 귀의 기색 관계도 상학에서 주목을 받고 있다. 관상학
에서 오성이란 금, 목, 수, 화, 토를 말하며, 일반적으로 하늘에는 오성
이 있고 땅에는 오행이 있다. 사람은 소천지이므로 오성이 이와 관련된
다. 남녀의 오성 위치가 각기 다른데 남성은 오른쪽 귀를 금성이라
하고, 왼쪽 귀를 목성이라 한다. 여성은 반대로 오른쪽 귀를 목성, 왼쪽
귀를 금성이라 하며, 그 외의 위치는 남성과 같이 칭한다. 『유장상법』
에서는 다음과 같이 말한다.

　　오성이 본래의 색을 얻으면 부귀하며 현달하게 된다. 해왈, 귀는 금성
과 목성이니 옥처럼 밝고 하얗게 윤택해야 하고, 이마는 화성이니 홍색으
로 윤택해야 마땅하다. 입은 수성이니 하얗게 밝아야 마땅하며, 입술은
홍색으로 밝아야 한다. 코는 토성이니 황색으로 밝고 윤택하게 밝아야
한다.[99]

---

98) 『柳莊相法』 下篇, 「氣色分解-耳黑準赤, 耳輪黑, 準頭赤, 怕逢春季. ○解曰,
　　耳黑枯, 氣血不足, 準赤如泥, 血不潤, 若是春天見此氣色, 必死.
99) 『柳莊相法』 下篇, 「氣色分解-五星本色」, 五星得本色, 顯達雲程. ○解曰, 耳
　　為金木二星, 宜明白潤如玉, 額為火星, 宜紅潤, 口為水星, 宜白亮, 唇要紅明,
　　鼻為土星, 宜黃明瑩潤

위의 오성은 남녀의 차이에 따라 금성과 목성이 다르게 불린다. 오성에서 귀는 기색과 연결되며, 그것이 길과 흉으로 나뉘므로 윤택하고 하얀 색상이어야 한다는 것이다.

상학 고전의 기색은 매우 중요시하므로 『마의상법』에서도 귀와 형상에 대하여 기색을 다음과 같이 밝히고 있다.

> 양쪽 귀가 어깨까지 늘어뜨리면 귀함을 다 말하지 못한다. 귀의 백색이 얼굴보다 지나치면 명성이 천하에 가득 찬다. 바둑알 모양의 귀는 자수성가로 집을 완성하며 계책을 세운다. 귀가 검고 바람에 떨어지는 꽃잎과 같으면 조상을 떠나며 집을 깬다. … 이륜과 이곽이 복숭아처럼 홍색이면 성질이 가장 영롱하다.[100]

오감(五感)에서의 귀는 오관(五官)으로 연결된다. 오감이란 청각·시각·후각·촉각 등을 말하며, 이 오감은 오관(五官)이 관장한다. 따라서 내부 사정에 해당하는 감각기능의 우열 여부는 오관 사정을 통해 간파할 수 있다. 관찰 기능은 눈 모양과 눈빛을 보고 우열을 가리고, 후각 기능은 콧구멍 넓이와 코끝 좌향을 보고 우열 여부를 판단하는데, 다만 귀는 이와 달리 청각 기능 여부를 귀 모양을 통해 판단할 수는 없다[101]는 점이 특이하다. 다만 『회남자』「정신훈」편에서 말하듯이 귀의 역할과 관련하기를, "오성(五聲)은 귀를 어지럽혀서 총명하지 못하게 한다(五聲鏵耳, 使耳不聰)"라고 하였다. 귀의 모양이 아니라 귀를

---

100) 『麻衣相法』第2篇 各論, 第14章 「相耳」, 兩耳垂肩, 貴不可言. 耳白過面, 名滿天下. 棋子之耳, 成家立計. 耳黑飛花, 離祖破家. … 輪廓桃紅, 性最玲瓏.
101) 최형규, 『꼴값하네』, FACEinfo, 2008, p.144.

유혹하는 언어들이 마음작용에 영향을 미친다는 것이다.

따라서 인격에 있어서 외형의 귀로만 듣는 것이 아니라 마음으로 듣는 것이 중요함은 이미 고대 철학자들이 언급하였다.

> 너는 잡념을 없애고 마음을 통일하라. 귀로 듣지 말고 마음으로 듣도록 하고, 마음으로 듣지 말고 기(氣)로 듣도록 하라. 귀는 소리를 들을 뿐이고 마음은 밖에서 들어온 것에 맞추어 깨달을 뿐이지만 기(氣)란 공허하여 무엇이나 다 받아들인다. 그리고 참된 도는 오직 공허 속에 모인다. 이 공허가 곧 심재(心齋)이다.[102]

장자가 밝힌 심재(心齋)의 실제적 방법은 귀의 감관 작용을 맑게 하는 마음이다. 사람은 자주 밖을 향해 외부 환경에 유혹되고, 그릇된 말을 들어 마음을 산란하게 하기 때문에 이목(耳目)을 안으로 향하도록 한 것이다.[103] 귀를 안으로 통하게 하고 밖으로 향하는 것을 절제하는 마음을 잘 간직하는 일이 요구된다.

귀의 마음작용에 근거하면서도 상학적 시각의 이상(耳相)도 중요하다. 여기에서 귀의 종류와 성격에 대해서 살펴보고자 한다. 큰 귀는 생명력의 힘을 나타내며, 폭이 넓은 귀와 귀 폭이 넓은 사람은 매우 상식적이고, 귀 위쪽이 넓고 부드러운 사람은 큰 이상을 지니고 있으며, 뒤로 뒤집힌 귀는 머리가 좋기 때문에 인간관계가 좋고 타인에게 친절하지만 계산적이다.[104] 또한, 귓불이 없는 경우 경제 관념이 약하

---

102) 『莊子』「人間世」, 若一志, 无聽之以耳而聽之以心, 无聽之以心而聽之以氣! 耳止於聽, 心止於符. 氣也者, 虛而待物者也. 唯道集虛. 虛者, 心齋也.
103) 柳聖泰, 『東陽의 修養論』, 서울학고방, 1996, p.443.
104) 地平 編著, 李成天 監修, 『관상해석의 정석』, 도서출판 문원북, 2019, p.117.

며, 내이(內耳)가 튀어나온 사람은 자기주장이 강하다. 귀의 형상은 상학적으로 다양한 길흉을 가늠하는 기준이 되는 셈이다.

이처럼 귀의 관상에 있어서 길상과 흉상이 있음을 잘 알 수 있다. 건강의 여부라든가, 신분의 문제, 남녀의 귀상에서 이를 파악할 수 있다. 귀가 단단한 사람은 건강하고 귀가 약한 사람은 건강하지 못하거나, 귀가 길고 높이 솟은 사람은 신분이 높고, 귀가 두텁고 둥근 사람은 의식이 풍족하다.105) 또 귀밑에 구슬처럼 살이 붙은 사람은 의식주를 풍요롭게 수용한다. 그리고 애증(愛憎)에 있어서 귀가 지나치게 앞으로 붙은 사람은 애정이 적으며, 귀가 지나치게 달라붙은 사람은 격정적이다. 물론 귀의 운세는 눈과 코에 비해 큰 영향을 못 미친다는 말은 있지만, 귀의 관상학적 시각은 여전히 중요하다.

이와 같은 맥락에서 상학서의 대표적 가르침인 『마의상법』에서 개인 일생의 고생 여부와 부귀영화와 관련된 귀의 상에 대하여 밝혔다.

> 노출되어 뒤집힌 귀가 얇고 건조하면 가난하며 고생하는 상이며, 털이 길게 귀를 나오면 장수하며 오래 청춘을 누린다. 귀가 얼굴보다 희면 높은 이름이 있고, 앞에서 봐서 귀가 보이지 않으면 귀하면서 영화롭다. 앞에서 봐서 귀가 보이면 많이 가난하고 고생하며, 귀 위에 검은 사마귀가 있으면 귀가 먹어서 듣지 못한다. 아래에 귓불이 있으면서 살색이 광채나면서 다시 입을 향하면 부귀영화가 밝다.106)

이에 더하여 위가 뾰족하면 이리의 귀로 마음이 살기(殺氣)가 많고

---

105) 이정욱, 『심상 관상학』, 천리안, 2006, p.203.
106) 『麻衣相法』第2篇 各論, 第14章 「相耳」, 露反薄乾貧苦相, 毛長出耳壽千春. 耳白過面有高名, 前看不見貴而榮. 前看見耳多貧苦, 耳上生醫醫聾不聆. 下有垂珠肉色光, 更來朝口富榮昌.

아래가 뾰족하며 색이 없으면 좋지 않다고 하였다. 또 상서(相書)에서 이륜과 이곽이 서로 완성되면 이익이 있고 명성이 있으며 귓불이 입을 향하면 부귀가 해마다 높아진다고 한다.

한편 귀의 관상을 학당(學堂)으로 접근해 보고자 한다. 사학당(四學堂)에서의 귀는 어떻게 거론되고 있는가? 귀 앞은 외학당(外學堂)이니 풍만하고 명운이 있으면 외교에 능하고, 어둡고 함(陷)하면 둔하다.[107] 무슨 말을 하면 못 알아듣는 귀의 소유자가 있고, 잘 알아듣는 사람이 있다. 말귀를 못 알아들을 때 우리는 왜 이렇게 아둔하냐고 꾸중을 하는 경우가 있으며, 한마디만 해도 잘 알아듣는 경우가 있다. 이에 사학당에서 외학당으로서 귀 앞은 명운이 있고 외교가 있으려면 풍만해야 하며, 그렇지 않으면 둔감할 뿐이라는 것이다.

다음으로 팔학당(八學堂)과 귀의 관계는 어떠한가? 팔학당에서 귀는 총명학당과 관련된다. 다섯째의 총명(聰明) 학당이 그것으로, 귓바퀴가 홍색, 백색, 황색을 띠어야 한다.[108] 총명학당은 귀의 기색과 연결되고 있으며 밝은 귀가 중요하다는 것이다. 이것은 어두운 귀 색상이면 총명학당과 거리가 있다는 뜻이다. 귀가 총명해야 한다는 것은 사학당의 경우와 소통하는 점이 있겠으나 사학당은 풍만의 여부, 팔학당은 기색과 연결되는 점에서 서로 차이가 있다. 사람이 총명하다고 할 경우, 귀의 관상에서 볼 때 기색이 중요하게 여겨진다.

귀와 사독(四瀆)의 관계는 어떠한가? 본래 사독이란 얼굴의 깊은 네 부분을 부르는 명칭이다. 눈을 하독(河瀆)이라 하고 콧구멍을 제독(濟瀆)이라 하며, 입을 회독(淮瀆)이라 한다. 귓구멍을 강독(江瀆)이라

---

107) 地平 編著, 李成天 監修, 『관상해석의 정석』, 도서출판 문원북, 2019, p.78.
108) 오현리 편, 『정통오행상법 보감』, 동학사, 2001, p.542.

하며 귓구멍은 드러나지 않는 것이 좋다. 오악(五岳)과 사독은 사람의 얼굴 부위를 각각 산과 강에 비유해 살피는 방법이다. 강에 해당하는 부분은 두 귀와 두 눈, 콧구멍, 입으로 음(陰)의 에너지와 관련되어 있으며, 정서나 감정 등을 나타낸다.[109] 귀를 거론할 때 귓구멍에 보다 가까운 용어가 강독(江瀆)으로 왼쪽 귀와 오른쪽 귀가 여기에 해당하며, 강물의 에너지와 같은 것으로 비유된다.

인간사를 귀와 관련하여 돌아볼 때 관상학에서 관심이 많은 것으로, 인생에 있어서 개인의 성공 여부로서 그것은 부귀영화이다. 과연 『마의상법』에서 본 귀의 형상과 명예 부귀는 어떻게 보는가?

> 귀가 광명하고 윤택하면 명성이 멀리 드날려진다. 귀가 두텁고 거칠고 타며 검으면 가난하고 엷고 우매하다. 귀가 얼음처럼 단단하면 늙어서도 곡(哭)하지 않는다. 귀가 길고 우뚝하면 녹봉의 지위가 있다. … 대개 귀한 사람은 귀한 눈이 있으나 귀한 귀는 없고, 천한 사람은 혹은 귀한 귀는 있으나 귀한 눈은 없다고 한다.[110]

명성이라든가 부귀의 경우에 있어 빈부의 신분과도 관련되어 있다는 것이다. 보석이 밝게 빛나야 하듯이, 그리고 뼈가 단단해야 하듯이 귀의 관상도 밝아야 하며 단단해야 사회에서 우러러보는 지위가 확보된다고 본다.

귀와 길흉의 관계는 이처럼 여러 측면에서 거론되고 있으며, 한편

---

109) 地平 編著, 李成天 監修, 『관상해석의 정석』, 도서출판 문원북, 2019, p.70.
110) 『麻衣相法』 第2篇 各論, 第14章 「相耳」, 光明潤澤, 聲名遠揚. 厚粗焦黑, 貧薄愚魯. 其堅如冰, 到老不哭. 長而聳者, 祿位. … 大抵貴人 有貴眼而無貴耳, 賤人或有貴耳, 而無貴眼.

귀와 관상학적 운명론은 '수명'이라 볼 수 있다. 귀는 수명을 관장하는데 귀가 얇은 사람은 세상과 일찍 이별하기 쉽다고 하며, 귓속에 긴 털이 난 사람은 장수하고, 귀가 뒤집힌 여성은 배우자와 해로하기 어렵다는 말이 그것이다.

상법에서도 "양쪽 귀가 토끼와 같으면 빈궁함을 호소할 수 없다. 귀가 쥐의 귀와 같으면 빈천하여 일찍 죽는다."[111]라고 했다. 양쪽 귀의 모양이 다르면 인간관계의 꾸준함보다는 앞뒤 양면의 변사가 많다고 본다. 고전에 밝혔듯이 귓속에 털이 나는 사람이 있고 나지 않는 사람이 있는데, 노인들의 귀에 털이 나 있다면 그는 장수할 상이라고 여긴다. 여기에서 귀는 여러 길흉 가운데 수명과 관련된다고 보며 그것이 귀의 관상학적 한 특징으로 나타난다.

8. 입은 운명의 통로이다.

르네상스의 화가 레오나르도 다 빈치(1452~1519)의 모나리자 그림을 보면 입가의 미소는 미모에 더하여 보는 이로 하여금 마음의 여유를 가져다준다. 르네상스 화풍에 있어서 인간의 육체는 인간미의 가치를 높여주기에 충분했다. 르네상스 시기의 그림들에서 인간의 몸은 중세의 무표정을 벗어나 미소를 띠고, 살아있는 몸짓으로 놀랄만한 생동감을 보여주는데[112] 이 가운데 레오나르도 다 빈치는 세계적 화가로 알려졌다. 프랑스 루브르 박물관의 회화작품 가운데 모나리자를 보기

---

111) 『麻衣相法』第2篇 各論, 第14章 「相耳」, 兩耳如兔, 貧窮無訴. 耳如鼠耳, 貧賤早死.
112) 설혜심, 『서양의 관상학, 그 긴 그림자』, 한길사, 2003, p.169.

위해 긴 줄을 서 있는 곳이 곧 입가의 미소를 머금은 모나리자가 위치한 자리이다.

모나리자가 사람의 마음을 사로잡는 이유가 누구라도 그녀의 미소 짓는 모습과 대화를 하는 분위기를 연상케 한다는 점 때문이다. 입의 그림이 살짝 올라간 '미소'가 무엇을 의미하는지에 대해 유심히 살펴보면, 입은 감상하는 이로 하여금 언어의 속삭임으로서 예술 이상 대화의 창으로 비추어진다.

입은 언어의 문이면서 마음 바탕의 바깥문으로 인격을 드러내는 곳으로 입의 크기는 순수마음의 크기와 같다.[113] 중세 회화에 더하여 중세 관상학에서는 '입'을 거론할 때 입술, 치아, 혀, 심지어 잇몸까지도 따로따로 고찰하곤 하였지만, 입은 움직임을 만들어내는 하나의 기관이다.[114] 입꼬리가 살짝 올라간 것과 달리 입을 너무 오므리면 다른 사람이 긴장하게 되며, 대화의 창을 두드리기에 두렵게 느껴진다. 입의 형상을 보아 그 사람의 언어가 어떻게 전개될 것인지를 관상학에서 주시하는데 입은 대화의 창이라고 부르기도 한다.

비유적으로 말할 때 대화의 창이지만 자칫 입[口]은 시비(是非)의 문으로 이용될 수 있으며 그것이 구설수(口舌數)로 이어진다. 『마의상법』에서는 다음과 같이 말한다.

> 입은 말의 문이며 음식을 갖추고 만물 조화의 관문이며, 또한 마음의 밖의 지게문이며 상벌이 나가는 곳이며, 시비가 모이는 곳이다. 입이 단정하고 두터워서 망언을 하지 않으면 그것을 입의 덕이라고 말한다. 비방하면서 말이 많으면 그것을 입이 천하다(도적이다]고 한다.[115]

---

113) 이정욱, 『심상 관상학』, 천리안, 2006, pp.186-187.
114) 설혜심, 『서양의 관상학, 그 긴 그림자』, 한길사, 2003, p.178.

시비의 눈에서 볼 때 입의 이모저모가 궁금해진다. 입이 무거워서 상대방을 배려하는 마음으로 다가서면 시비 문제가 적어지는데, 상대 방의 옳고 그르다는 판단을 쉽게 해버리는 입놀림은 주위를 당황하게 한다.

입이 무거운 사람은 입 언저리 일원이 두텁고 묵직하게 생겼다. 이와 달리 입이 가볍다는 사람은 입 언저리가 얇고 단정하지 못하여 결과적 으로 입놀림은 화복을 일으키며 상벌을 낳는다.[116] 칭찬의 말과 훼방 의 말은 그것이 구덕(口德)으로 향하느냐, 아니면 구적(口賊)으로 향하 느냐에 관련된다. 입이 단정하여 언어 구사를 할 때 시비에 휘말리지 않도록 하는 것이 입과 관련한 길흉판단의 관상학에 있어서 매우 중요 한 일로 여겨진다.

다음으로 입과 관련한 관상학의 길흉문제를 입의 대소(大小)와 관련 해서 언급해 보도록 한다. 『유장상법』에서는 다음과 같이 입의 대소를 인간의 길흉과 연결하고 있다.

> 입은 큰데, 이마가 뾰족하면 수극화(水剋火)가 되어서 15세의 나이가 되면 몸이 고달프게 된다. 입이 크고 눈동자가 맑으며 이마 또한 높으면 지위가 높은 현인이 되고, 대귀(大貴)를 누리는 호걸이 된다. 코는 큰데 입이 작으면 토극수(土克水)가 되어서 13~14세에 고향을 떠나 고생하게 된다. 오행 중에서 단 한 가지라도 극을 당하면 좋은 상이 될 수 없다.[117]

---

115) 『麻衣相法』第10章「相口」, 口爲言語之門, 飮食之具, 萬物造化所關, 又爲 心之戶, 賞罰所出, 是非之所會也. 端厚不妄誕, 謂之口德, 誹謗多言, 謂之 口賊.

116) 최형규, 『꼴값하네』, FACEinfo, 2008, p.305.

117) 『柳莊相法』「五行貴賤」, 口大額尖水剋火, 一交十五身受苦, 口大睛清額又 高, 定是高賢大貴豪, 鼻大口小土克水, 十三十四離鄉間, 五行但有一剋, 不

입과 길흉의 문제는 관상학적으로 다양하게 접근된다.[118] 이를테면 입이 모지고 넓으면 수를 누리고 부를 축적하며, 입이 모진 활과 같은 사람은 관록이 많다. 또 입이 옆으로 넓고 두터운 사람은 부자가 되며, 입이 바르고 틀어지지 않은 사람은 부자가 된다. 이와 달리 입이 뾰족하게 나온 사람은 빈천할 상이며, 말하지 않을 때 입을 움직이는 사람은 가난하여 굶기를 밥 먹듯 한다. 그리고 입이 불을 부는 것처럼 뾰족한 사람은 늙어서 자식 덕을 보지 못하고 가난하며, 입이 벌어져 이가 드러나는 사람은 손재(損財)를 당한다고 한다.

다음으로 입의 길한 측면을 드러내 보고자 한다. 입이 크면 통이 크므로 입은 또한 그 사람의 그릇이다. 옛말에 "사내 입이 크면 밥술이 크다."라고 했는데, 이 말은 곧 "통이 크다.", "포부가 크다."는 뜻이다.[119] 입의 크기를 가늠할 때 입을 다물었을 때는 빈틈이 없이 야무지고, 입을 쫙 벌렸을 때는 제 주먹이 들어갈 정도의 크기이면 그의 사람됨이 커서 국가와 사회에 큰 인물이 된다고 한다. 상식적으로 입이 크면 밥도 많이 먹고 목소리도 커서 에너지 넘침과 같아서 지도자로서 호령할 줄 아는 큰 인물이 된다는 것이다. 이에 더하여 입이 큰 여자는 가정과 남편을 먹여 살린다는 말이 있으므로 입이 큰 남녀는 관상학에서 대체로 길한 운세로 본다.

가족을 풍요롭게 먹여 살리는 입은 오관(五官) 중 가장 바쁘게 움직이는 '출납관'에 해당한다. 그것은 들이키는 기능과 내뱉는 만 생명의 조화 기능이 갖추어져 그 이름을 출납관이라 부르는 것이다. 『주역』에

為好相, 但得一生者大好.

118) 地平 編著, 李成天 監修, 『관상해석의 정석』, 도서출판 문원북, 2019, pp.147-148.
119) 최형규, 『꼴값하네』, FACEinfo, 2008, p.299.

서는 입을 만물의 조화를 일으키는 곳이라 표현한다. 그것은 귀, 눈, 코, 눈썹, 눈, 입 가운데 가장 많이 움직일 수 있는 것이며, 가장 많은 작용을 하는 것이므로 흐르는 강물처럼 길고 윤택해야 한다.[120] 출납관이자 생명수가 되므로 오행 가운데 입은 또한 수궁(水宮) 역할을 한다. 입은 음식이 드나드는 출납관으로 만물의 생명력을 조화롭게 움직이기 위해 이목구비 가운데 바쁘게 움직인다.

따라서 먹을 때 입의 모습이 관상학에서 주목된다. 음식을 먹을 때 입은 열면 크고 다물면 작아야 하며, 빠르게 먹는 것이 좋은 상이므로 원숭이처럼 먹고 쥐처럼 먹는 것은 말할 가치조차 없다는 것이다.[121] 이와 달리 음식을 너무 많이 섭취할 경우 목이 메면 체하여 소화 장애를 일으키고 만다. 비유컨대 돼지처럼 허겁지겁 먹으면 결국 흉하게 죽고 마는 것이다. 호랑이처럼 먹고 용처럼 먹으면 귀인상이라 하고, 돼지처럼 너무 욕심으로 먹으려 덤비면 건강을 상하게 되는 것이다. 어떻게 먹느냐에 따라 인간의 길흉이 갈린다.

다음으로 기색(氣色)으로 본 입의 관상에 대해 살펴보도록 한다. 입의 기색에 있어서 자색(紫色)에 대해 『마의상법』에서는 모든 자기(紫氣)는 귀한 기색이라고 했다. 즉 입이 자색을 띠는 사람은 황제를 만나거나 임금과 대면한다는 것이다. 『유장상법』에서는 다만 입이 아니라 입 주위에 자색이 나타나면 좋지 않다고 본다. 크게 놀라서 시비가 발생한다는 것이다. 그리고 자색에 더하여 홍색의 기색을 띨 경우, 자색과 함께 홍색이 너무 붉게 나타나면 좋지 않고, 은은하지 않고 너무

---

120) 地平 編著, 李成天 監修, 『관상해석의 정석』, 도서출판 문원북, 2019, p.141.
121) 地平 編著, 李成天 監修, 『관상해석의 정석』, 도서출판 문원북, 2019, p.63.

선명하게 나타나면 이 또한 귀하지 않다.[122) 입과 입 주위의 기색이 그 사람의 길흉에 연결되며, 적당한 정도의 기색을 벗어나 너무 강한 기색이면 결과적으로 흉한 상이라는 것이다.

인간의 성공 가도는 권력과 연결되는 수가 있는데, 이 역시 관상학적으로 볼 때 입의 모습을 살펴보면 알 수 있다. 12궁 가운데 여섯 번째는 노복궁을 보면, 노복궁은 수성(水星)의 입과 접해 있으며, 입이 사(四)자 모양이면 명령에 모이고 흩어지는 권력을 쥐게 된다.[123) 두둑한 입에 더하여 두터운 턱이 뒷받침된다면 많은 부하를 거느릴 수 있다. 비교적 뾰족한 턱은 하관이 상극할 상에 가깝지만 두둑한 입에 넓은 턱이 받쳐줄 때 그는 권력을 쥘 상이다. 입과 턱의 살집이 그의 귀한 신분을 나타내며 그것은 곧 권력과 관련된다고 볼 수 있다.

다음으로 입과 입술은 상관성이 매우 크다. 두 입술을 다물 때 그것이 입이요, 펼칠 때 양 입술이 열리기 때문이다. 따라서 입과 입술의 관계는 밀접하다. 『면상비급』에서는 다음과 같이 밝히고 있다.

입술 위에 주름이 있으면 늙도록 자식이 없으며, 콧수염이 제비 꼬리처럼 나누어져 있으면 장자를 늦게 두게 되며, 새의 부리처럼 생긴 입에서 천둥과 같은 소리를 낸다면 자식이 없으며, 불(火)을 부는 입으로 새의 부리처럼 생긴 사람은 젖먹이도 없으며, 인충(人沖) 위가 좁고 아래가 넓은 사람은 아이가 많다.[124)

---

122) 地平 編著, 李成天 監修, 『관상해석의 정석』, 도서출판 문원북, 2019, pp.203-204.

123) 『柳莊相法』「奴僕宮」, 口如四字, 主呼聚喝散之權.

124) 『面相秘笈』「六親訣」, 脣上褶老來無子, 髭分燕尾長子緩居, 雷公嘴者, 無子, 吹火嘴者, 無兒, 人沖上夾下濶者, 多兒.

이어서 입술이 베로 만든 포대 자루처럼 생기거나 새의 부리처럼 생긴 사람은 놀고먹는 무리로서 자식이 없다. 토끼 입술로 새의 부리처럼 뾰족한 사람은 아이에게 결함이 있기 때문이다. 입과 입술은 곧 음식을 먹는 것과 관련되어 있고, 그리하여 생명력으로서의 입과 입술은 자녀 운세와 직결되어 있다.

한편 육극상(六極相)으로서 입이 얼굴에 비해 지나치게 작을 경우는 어떠한가를 관상학적으로 접근해 보고자 한다. 육극상이란 얼굴 각 부위 간에 지나치게 균형을 깨뜨린 꼴이다. 육극상 가운데 입의 부분이 언급되는데 다섯째 얼굴에 비해 지나치게 작은 입의 형상은 일생을 통해 의식주에 여유가 없다.[125] 아무리 잘생긴 입이라든가, 또한 큰 입을 소유한 길상으로 보인다고 해도 그것이 얼굴과 불균형을 이룬다면 바람직하지 않다. 입은 큰데 턱이 좁다든가, 코가 낮을 경우에는 비대칭으로 이어져 흉상이라는 것이다.

이러한 맥락에서 이상적 입의 길상은 입의 어느 한 부분만 도드라지게 잘 생긴다 해도 바람직하지 않다는 것이다. 입과 얼굴의 균형이 맞아야 하기 때문이다. 관상에서 얼굴의 균형을 보는 이유가 여기에 있다. 얼굴이 크고 눈·코·입·귀 등이 균형이 맞아야 길하며, 균형이 좋으면 의지가 강하고 총명하며 상식도 풍부하다.[126] 눈이 특별히 크면 감수성이 강하고 애정적 성격이며 코가 특히 크고 높으면 프라이드가 높고 자기주장이 강하며, 입이 특히 크면 생활력이 있고 터프하다. 곧 눈과 코와 입이 상호 균형을 이룰 때 입의 길한 상임을 알게 해준다.

다음으로 입의 관상에 있어서 남녀의 흉상을 살펴본다. 우선 여자의

---

125) 최형규, 『꼴값하네』, FACEinfo, 2008, p.104.
126) 엄원섭, 『관상보고 사람 아는 법』, 백만문화사, 2007, pp.15-16.

형벌 상해를 입히는 36가지 상 가운데 열 번째 얼굴은 길고 입은 크다는 것이다. 또 여자 72가지 천한 상으로서 그중에서 하나라도 범하게 되면 반드시 사사로운 음탕함이 있다. 입술을 자주 꿈틀거리며 움직인다거나 입꼬리에 주름살이 있고, 입술이 두텁지 않은 것도 여기에 포함된다. 이어서 남자 고독상 51가지 가운데 43번째가 입이 뇌공(천둥번개의 신)과 같이 뾰족할 경우이다.[127] 입을 통해서 남녀의 길상과 흉상을 가늠하는 일은 이처럼 다양하게 거론된다.

무엇보다도 입은 말년운과 관련되어 있다. 12궁 가운데 열두 번째는 상모궁(相貌宮)으로서 용모를 총괄하는 것이다. 여기에서 초년운, 중년운, 말년운이 있는데 지각과 입이 이에 해당된다.

> 이마는 주로 초년을 보고, 코는 주로 중년을 맡고, 입과 지각은 말년을 보는데, 한 곳이라도 좋지 않으면 흉악한 상이라 판단된다. 시왈(詩曰) 상모는 상정·중정·하정이 서로 본받아야 하고, 삼정이 균등하여 상생해야 한다. 만약 삼정 가운데 한 곳이라도 균등하지 않으면 향화를 끊임없이 누리는 사람이 될 수 없다.[128]

이마의 초년 운세, 코의 중년 운세, 입의 말년 운세는 얼굴의 세 부분으로서 삼정의 분할을 가져다준다. 입이 말년의 운세인 점은 권력을

---

127) 地平 編著, 李成天 監修, 『관상해석의 정석』, 도서출판 문원북, 2019, p.228.

128) 『柳莊相法』「相貌宮」 十二相貌宮, 相貌者, 乃總論也, 先觀五截, 次察三停, 若五嶽朝歸, 三停平等, 行坐威嚴, 為人尊重, 此人富貴多榮, 如五嶽歪斜, 三停不正, 一世貧苦, 額主初限, 鼻主中限, 水星地閣, 主末限, 有一不好, 斷為凶惡. 詩曰, 相貌須敎上下停, 三停平等更相生, 若是一處無勻配, 不是滔滔享福人.

쥐고, 성찬을 줄기고, 자녀운이 연결되어 있기 때문이기도 하다. 입은 대화의 창이요, 언어작용의 기관이라는 점에서 더욱이 입의 말년 운세가 좋으려면 아무쪼록 상대방과 맑고 밝은 대화의 창으로 키워가야 한다. 입이야말로 언어기관으로서 대화의 창이며, 시비의 문이며, 말년의 운세이기 때문에 운명의 통로가 되는 셈이다. 결국, 입을 통한 구설(口舌)에 떨어지지 않고, 음식을 잘 섭취하여 건강을 지켜주고, 덕성(德性)을 가져다주는 만큼 따뜻한 마음을 전하는 통로가 되어야 한다.

9. 마음은 인격이다.

과거 관상학의 한계는 외모를 중심으로 그 사람의 길흉을 판단하는 성향이 적지 않았다는 점이다. 외모가 아무리 수려하다고 해도 내면의 세계가 있는 것이며, 그것은 바로 마음씨이다. 유행가 가사에 "얼굴만 예쁘다고 여자냐, 마음이 고와야 여자지."라는 말이 있듯이 외모 못지 않게 마음작용이 중요한 것이다.

인간은 사유하는 존재로서 어떠한 사유를 하느냐에 따라 행동도 달라진다. 아무리 감추고자 하여도 사람에게는 누구나 타고난 천성이 있으며, 이러한 자신의 마음과 생각, 그리고 지금까지 살아온 삶의 모습들이 얼굴을 통해 드러나게 마련이다.[129] 얼굴 자체만이 아니라 마음과 생각이 같이한다는 점을 눈여겨볼 일이다.

관상의 기본 원리는 그 사람의 마음을 우선 보는 것으로, 외모만 보는 것은 이미 죽은 관상학이라 보아도 좋을 것이다. 관상의 도(道)란 그 사람이 머무는 곳을 보고 마음이 움직이는 곳을 관찰하여 그 사람에

---

129) 신기원, 『신기원의 꼴 관상학』, 위즈덤하우스, 2010, p.17.

게 맞는 명덕(明德)을 설명하고 그것이 머무는 곳을 정하여 마음이 반석처럼 움직이지 않는 것을 스스로 얻게 하는 것이다.[130] 설사 외형이 좋지 않은 상이라 해도 마음작용을 잘하면 그의 운명은 개척되는 것이다. 악상을 좋게 변화시키는 길이야말로 살아있는 관상법이라는 뜻이다. 그것이 마음과 직결된다는 점에서 간과할 수 없는 일이다.

따라서 관상(觀相)은 외부로 나타난 물질계를 대상으로 보지만 심상(心相)은 외부로 쉽게 드러나지 않은 비물질적인 것으로 보는 것이다. 심상학은 비물질인 마음을 주제로 하여 상대를 알아보는 학문으로 이를 비현실적·비과학적인 것으로 넘겨짚거나 신비주의나 미신으로 도외시한다면 실로 큰 오해가 있다.[131] 마음을 관법으로 삼아서 체계적으로 학문화하여 인간의 심리 작용을 관찰할 수 있다면, 그것은 합리적인 방법으로서 외부에 지나치게 집착하는 미신적 요소를 극복하는 길이다.

석가, 공자, 예수와 같은 성현은 마음을 중시하여 인품을 양성하는 심학(心學)을 강조하였다. 불교 중관(中觀) 사상의 심(心)에 의하면, 이 세상 모든 것은 다 마음이 만든 바로서 부처도 이 심(心)을 떠나서는 구할 수 없는 것이며, 모든 무명 번뇌도 이 심(心)의 무상(無相)을 모르고 망집하기 때문에 일어난 것이라 했으며, "마음이 부처요 마음이 나이다.(心卽是佛 心卽我身)"라고 하였다.[132] 그래서 공자는 만상불여심상(萬相不如心相)이라 하였다. 석가도 『화엄경』에서 일체유심조(一切有心造)라고 하였던 것이다. 원수 같은 마음을 사랑하는 마음

130) 미즈노 남보쿠, 화성네트웍스 역, 『마음 습관이 운명이다』, 유아이북스, 2017, p.130.
131) 이정욱, 『심상 관상학』, 천리안, 2006, p.5.
132) 『대지도론』 25, 心卽是佛 心卽我身.

으로 돌리어 구원하라는 예수의 말씀도 같은 맥락이다.

마의선사는 "심재형선(心在形先)하고, 형재심후(形在心後)니 미관형모(未觀形貌)하고 선상심전〈先相心田)하라.”라고 하였듯이 유형의 상은 무형의 마음작용에 영향을 받는 것이다. 얼굴은 짐승 같아도 마음이 착할 수 있고 얼굴은 수려해도 마음이 악할 수 있다. 부귀 빈천을 정하는 요소는 상(相)에 의하지만 그 상을 형성하는 것은 마음이다. 그래서 “마음이 곧 부처요, 마음이 곧 내 자신이다.”[133]라고 할 수 있다. 나의 마음과 상대방의 마음을 살피면 선악을 알 수 있으며, 그리하여 그에게 닥칠 수 있는 화복(禍福)에 대해 잘 대응할 수가 있는 것이다.

고전 상학에서 마음이 없으면 곧 관상도 없는 것이라 했다. 마음이 관상의 출발이자 기본 원리라는 것이다.

> 여래는 육안이 있고, 천안이 있고, 혜안이 있고, 법안이 있고, 불안이 있으니 5안이 충족되면 여래를 보게 된다. … 귀, 눈, 입, 코의 여러 몸의 상이 모두 좋음은 마음이 좋음만 못하다고 하므로 만약 마음으로 상(相)을 취해야 바른 상이다. 마음이 없으면 상이 마음을 따라서 없어질 뿐이다.[134]

우리가 세상을 바라보는 가장 단순한 생각은 육안으로만 보는 것이다. 그러나 마음의 수양을 통해서 세상을 바라보면 그것이 혜안이 되고 부처의 눈이 된다. 마음으로 세상을 바라보는 지혜의 눈을 가진다면

---

133) 地平 編著, 李成天 監修, 『관상해석의 정석』, 도서출판 문원북, 2019, p.22.
134) 『麻衣相法』第3篇「總結第一」, 如來有肉眼, 有天眼, 有慧眼, 有法眼, 有佛眼, 五眼足 即見如來. … 言耳目口鼻諸身相 俱好, 不如心好, 故曰, 若心取相, 即是相. 無心 相隨心滅耳.

그것이 마음 관법의 최상이다.

눈의 작용도 마음과 관련된다는 것은 고금의 통하는 정설이다. 맹자는 사람을 관찰할 때 눈동자를 잘 보라 했는데, 그 이유로 마음이 바르면 눈동자가 밝기 때문이라는 것이다. 성인 군자의 언급대로 눈의 선악을 보면 그 사람의 맑고 탁함을 금방 알아차릴 수 있다.

그러면 선악을 내면세계에서 조절할 수 있는 마음 관법은 무엇을 말하는가? 그것은 신체의 어느 부분을 지나치게 관법으로 접근하여 거기에 매달리는 것을 극복해야 하는 것으로 마음으로 바라보는 지혜를 가지라는 것이다. 외형적 관상(觀相)이 아니라 내면적 심상(心相)에 의존하라는 뜻이다. 예로부터 관상보다는 수상(手相)이요, 더 좋은 것은 족상(足相)이며, 궁극적으로 심상(心相)이라고 했다.[135] 관상도 좋고 수상도 좋으며 족상도 좋다고 해도 심상이 더 좋다고 했으니, 생긴 것처럼 사는 것도 좋지만, 바람직한 마음 바라보기로 세상을 살면 매사 긍정적으로 바뀐다.

심법(心法)의 측면에서 본다면 그 사람의 목소리도 마음과 관련되어 있다. 목소리가 맑으면 마음이 편안한 상태이며, 그렇지 않으면 마음이 불안하다. 목소리는 마음을 근본으로 하여 발생하는 것으로, 마음의 바탕에서 차지하는 비중이 막중하여 그 사람 그릇의 대소와 성격과 본질을 알려주는 근본 바탕이 된다.[136] 목소리가 어떻게 들리느냐에 따라 그 사람의 인생길을 성공으로 가게 하느냐, 패배의 길로 가느냐가 달려 있다. 사람은 희망의 목소리에 따른 마음을 바탕으로 하여 결단이 생기고 그것이 행동으로 이어져 성공의 길을 개척하기 때문이다.

---

135) 오현리 편, 『정통오행상법 보감』, 동학사, 2001, p.4.
136) 이정욱, 『심상 관상학』, 천리안, 2006, p.286.

이처럼 성패의 여부를 가늠하는 점에서 관상이 좋아도 심상이 나쁘면 복이 없다. 자신의 모순을 발견할 줄 모르고 생긴 대로밖에 살 줄 모르면 정과는 천살(天殺)을, 기과는 인살(人殺)을, 신과는 아살(我殺)을, 혈과는 지살(地殺)을 피하지 못하므로 생긴 대로 살다가 생긴 대로 죽는 것이다.137) 사유할 줄 아는 인간과 달리 동물은 본능에 따라 살아가는 약육강식의 세계에 머문다. 그러나 인간은 이성적 사유에 따라 삶을 개척할 줄 아는 것이다. 여기에서 사주가 좋아도 관상이 나쁘면 복이 없고, 관상이 좋아도 심상이 나쁘면 복이 없다고 하는 근거가 있다.

결과적으로 관상을 보는 것에 있어서 마음이 중요하다. 마음이 나의 진정한 주인이다. 나를 바르게 이끌어가는 것이 나의 마음에 결부되어 있다. 그러므로 인상을 개선하자면 정신부터 가다듬어야 하며 무형의 정신력은 유형의 인상을 바꾸어놓는다.138) 내 마음의 진정한 주인은 내 마음에 있다는 주장이 보편진리이다. 나의 소명의식에 따라 미래를 개척하는 주인공이 나인 이상 그것은 밝은 서광이 기다리게 된다. 객이 되어 나를 바라보면 세상살이 입맛대로 살아가게 되어 결국 자아 상실로 이어지기 쉽다.

내가 객이 되어 살아가는 것은 바람직하지 않다. 먼저 신체는 그 집에 속하는 것이고 마음은 그 집의 주인에 속하는 것이다. 설사 부모로부터 신체라는 집으로 건전하게 출생했다 하더라도 자기 마음대로 살다가 양생을 잘못하면 병을 얻어 마침내 신체라는 집이 상하고 마는데, 이것은 마치 그 집안의 주인이 신중하지 못하여 조상 대대로 내려

---

137) 정창환, 『얼굴여행』, 도솔 오두막, 2006, p.17.
138) 최형규, 『꼴값하네』, FACEinfo, 2008, pp.229-231.

오는 집을 망하게 하는 것과 같은 이치이다.[139] 나의 신체는 곧 집이라면 집을 가꾸는 주체는 나의 마음이라는 점에서 심상이 얼마나 중요한가를 알아야 한다.

그럼에도 불구하고 마음을 잘 못 사용하면 그에게 재앙이 뒤따른다. 비리로 재산을 모은 자는 그 재산이 오래가지 못하며, 말을 이랬다저랬다 바꾸며 책임을 회피하는 자는 신용을 잃어 성공하기 어렵고, 고집이 세고 자기주장만 내세우는 자는 큰 재앙과 망신을 당할 것이다.[140] 마음작용이 불량하여 참을성이 없는 자는 단명할 상이며 또한 권력에 아첨하는 자는 관운이 없다. 재앙은 어디에나 있는 것이다. 어떠한 상황에서도 마음을 침착하게 가다듬고 바르게 극복해나간다면 재앙은 극복되는 것이다.

모든 것은 마음먹기에 따라 자신의 운세가 갈린다. 잘생긴 외모도 좋지만 고운 마음을 쓰는 사람이 더 지혜로운 삶을 살 수 있다는 것이다. 만족을 아는 자는 가난해도 부자보다 낫고 만족을 모르는 자는 부자라 해도 가난한 것과 같으며, 장담만 하는 사람은 백 가지에 한 가지도 이룸이 없고 말없이 실천하는 자는 마침내 성공하게 된다.[141] 따라서 고운 마음으로 지혜를 닦아나가야 할 것이며, 만족하며 행복을 추구하는 마음이 필요하다. 부자라도 힘들게 살며 가난해도 여유롭게 사는 이유가 어디에 있는가? 그것은 마음의 상(相)을 제대로 아는 자의 심법과도 관련되는 것이다.

마음의 상을 바르게 사용하는 심법은 성정(性情) 수양, 곧 인격 도야

139) 미즈노 남보쿠, 화성네트웍스 역, 『마음 습관이 운명이다』, 유아이북스, 2017, pp.170-171.
140) 地平 編著, 李成天 監修, 『관상해석의 정석』, 도서출판 문원북, 2019, p.23.
141) 地平 編著, 李成天 監修, 『관상해석의 정석』, 도서출판 문원북, 2019, p.24.

에 연결된다. 인품을 닦아나가는 부단한 노력이 필요하며 여기에서 여유를 찾는 혜안이 필요하다. 아무리 타고난 외형의 상이 탁월하더라도 무형의 상에 근거하여 마음을 보는 것, 즉 심상을 바로 보아 인격도야의 길을 모색해야 한다.[142] 내담자를 향도하는 상담지도자의 역할이 더욱 필요한 이유이다. 관상가로서 심법까지 갖춘 리더의 역할은 아무리 강조해도 지나치지 않다.

심법을 강조한 동양 관상학의 기원은 역사시대 이전부터 인재 등용 등에 관상법을 활용하였다고 한다. 관민(官民)의 도를 논하면서, 옛 임금들이 인재를 선발하는 데 있어 그 사람의 상(相)을 기준으로 발탁했다고 설명하는 기록을 보면, 옛날 요임금은 용모로써 사람을 취하였고, 순임금은 색으로써 사람을 취하였고, 우임금은 말하는 것으로써 사람을 취하였고, 탕임금은 목소리로써 사람을 취하였고, 문왕은 도량으로써 사람을 취하였다.[143] 이 사대의 다섯 왕이 사람을 취함에 있어, 천하를 이러한 원리에 의해 다스렸다. 성철(聖哲)의 가르침을 새겨본다면 외형의 관상에서 한 걸음 나아가 내면의 도량을 보는 것이 중요하다. 미래의 인재상이 여기에서 발견된다.

관상의 중요성은 고금을 통하여 잘 알려져 있다. 고대의 동양 철인으로서 장자는 얼굴과 관련한 의미 있는 언급을 하였다. 그는 우언(寓言)의 표현법으로 얼굴 형상을 말하며 바람직하지 않은 인상을 다음과 같이 거론하고 있다.

사성기는 노자의 뒤로 비스듬히 물러나 그의 그림자를 밟지 않도록

---

142) 오서연, 『인상과 오행론』, 학고방, 2017, p.170.
143) 地平 編著, 李成天 監修, 『관상해석의 정석』, 도서출판 문원북, 2019, pp.14-15.

조심했다. (당황한 나머지) 신을 신은 채 그대로 나아가 '몸을 닦으려면 어떻게 해야 합니까?' 하고 물었다. 노자는 대답했다. '당신의 얼굴은 긴장하여 근엄하고 당신의 눈빛은 상대방을 쏘는 듯하며 당신의 이마는 위압하듯 넓직하고 당신의 입은 크게 벌려져 있으며 당신의 모습은 오만하오. 말을 매어놓고 억지로 움직이지 못하게 함과 같소. 움직이고 싶은 것을 버티고 있지만 일단 퉁겨 나가면 쇠뇌같이 빠르고, 살피는 일은 이것저것 자상하며 교묘하게 지혜를 써서 교만한 태도를 보이오. 이 모두가 참된 것이 아니오. 변두리 국경에 당신 같은 사람이 있었지만, 그 이름이 도둑이었소.'(『장자』 천도편)

한 철인의 언급처럼 얼굴이 지나치게 긴장한 모습에 더하여 상대방을 화난 기색으로 바라본다면 그것은 교만함으로 이어지며, 사회적으로 바람직하지 못한 사람으로 간주된다는 것이다. 자신의 얼굴, 즉 인상이 차지하는 삶의 미래는 적지 않기 때문이다.

또한 『좌전』에서 말하기를 "사람의 마음은 그들의 얼굴처럼 같지 않다(人心之不同, 如其面焉)"라고 하였다. 이것은 순연한 얼굴빛을 지닌다고 해도 마음이 비뚤어져 있으면 가식에 불과하다는 것이다. 마음의 선하고 바른 작용이 뒤따르는 얼굴빛을 가지라는 뜻이기도 하다.

여기에서 단정한 얼굴과 바른 마음을 갖는 것이 중요함을 알게 된다. 이와 관련하여 성자의 법어를 소개해 보고자 한다.

중생이 얼굴이 단정한 보〔端正報〕를 받는 것은 열 가지 선업(善業)이 있어서 그리되니, 첫째는 진심을 내지 아니함이요, 둘째는 의복을 많이 혜시함이요, 셋째는 부모와 존장에게 공경심을 가짐이요, 넷째는 성인과 현인의 도덕을 존중히 앎이요, 다섯째는 항상 부처님의 탑이나 정사(精舍)를 잘 수리함이요, 여섯째는 집안을 청정히 함이요, 일곱째는 수도실 터나 수도실에 드나드는 길을 잘 평평하게 골라 줌이요, 여덟째는 부처님의 탑묘를 지성으로 쓸고 닦음이요, 아홉째는 추루한 이를 보고 가볍고 천하게 여기지 아니하며 공경심을 드러냄이요, 열째는 단정한 이를 보면 곧 전생의 선업으로써 그리된 줄을 알아 그에 감탄함을 마지아니함이니라.[144]

　　얼굴 인상은 본래 타고난 것이라 보지만 성장하면서 바뀐다. 이에 살아가면서 마음속에 미소를 짓고 바른 행동을 할 때 맑고 단정한 얼굴빛을 하는 것이요, 그것이 자신의 밝은 미래를 약속하게 된다. 얼굴 속에 우리의 인생이 있고 얼굴 속에 우리의 미래가 있다. 얼굴 경영의 차원에서 볼 때, 관상은 "생긴 데로 산다."면 인상은 "사는 데로 바뀐다."는 긍정 마인드에 희망 섞인 메시지를 심상(心相)을 통해 전하려는 것이다.

---

144) 『업보차별경』 7장.

관상학의 전개와 방법

1. 관상학과 오행의 논제

동서고금을 막론하고 사람들은 불확실한 미래에 대해 막연한 두려움을 가지고 있다. 이에 미래를 알고자 하는 다양한 방법이 고안되어왔고 거기에 관상학이 기여하고 있다. 여기서 논의하고자 하는 '관상'의 대상은 사람에 한정시켜야 할 것이다. 또 관상(觀相)과 인상(人相)은 엄격한 의미에서 구별해야 한다. 인상의 경우 얼굴을 보고 내면까지 사람을 판단하는 것이라 한다면, 관상은 인간의 외면을 통해 내면을 인식하는 것을 말한다. 따라서 인상은 관상에 포함되는 개념이라고 이해할 수 있으며, 이 모두가 상학(相學)의 차원에서 다뤄지고 있다.

중국철학에서 '관상'에 대한 관심의 기저에는 우주를 구성하는 기본 원소를 음양(陰陽)과 오행(五行)으로 설명하는 데 있다. 즉 인간을 소우주로 보고 남녀를 각각 양과 음에 배속시키며, 오행이라고 하는 원소를 통해 세밀한 분석을 시도하였다. 이미『주역』에서는 태극에서 양의

(兩儀), 양의에서 사상(四象), 사상에서 팔괘(八卦)로 가는 순환원리에서 음양오행의 생성과정을 잘 밝히고 있다. 양의라는 것은 음양을 뜻하는데 이 음양에서 바로 오행이 생겨났다.

동양철학은 음양오행에 더하여 천·지·인, 즉 하늘과 땅 그리고 인간을 연구의 주 대상으로 삼는다. 이 가운데 인간에 대한 영역은 주로 명리학계에서 다뤄왔다. 그러나 인간의 운명을 예측하는 학문이 비단 명리학에만 있는 것이 아니다. 여기에서 탐구의 대상으로 삼고자 하는 관상학 혹은 상학(인상학)은 인간의 신체 판별을 통해 그 인물의 과거와 미래를 설명하는 학문이다. 이러한 사유의 근간에는 인간의 신체를 자연의 일부로 보려는 의식이 있기 때문에 미래 예측이 가능하다는 것이다.

또한, 상학에서는 자연을 분석해온 과정과 같이 인간의 신체를 분석하여 유형화시켰다. 그것이 바로 '오행인(五行人)'이라 하겠다. 목·화·토·금·수의 다섯 가지 유형에 인간의 신체를 배속시켜 설명하려 했다. 여기에는 비과학적이라는 비판이 있을 수 있다. 최근 음양오행과 더불어 사주 명리를 학문으로 보지 않으려는 움직임이 이를 증거로 한다. 이들은 음양오행을 단순한 이분법이나 자의적 텍스트에 불과한 인문학으로 보는데, 이는 비과학적 주장(과학적 회의주의)이라는 비판을 제기한 바 있다.

음양설이 요즘 세상에는 통용되기 어려운 몹시 단순한 이분법에 해당한다고들 말한다. 그 근거로 45억 년 전에 만들어진 '태양-지구-달 시스템'이 음양설의 바탕이니, 138억 년 전 빅뱅으로 생성된 우주의 원리는 이 틀로 설명할 수 없으며, 따라서 음양은 아무리 그 의의를 인정해준다 해도 지구적 차원의 쇼를 넘어서지 못한다는 비판을 제기하였다. 오행 또한 118개 원소 주기율표 앞에서 이미 설 자리를 잃었다고 하였다. 그러나 상학은 오랜 역사와 상학자들의 서술과정에서 어느 정도 객관성을 확보하고 있다.

'관상학'의 영문식 표현인 'physiognomy'는 그리스어의 자연(physis) 법칙(nomos) 그리고 판단, 또는 해석(gnomon)의 조합에서 나온 것이다. 물론 사전적 의미로는 성격을 나타내는 지표로 여겨지는 얼굴, 생김새, 면상, 인상을 거론하며 인상학, 관상술이라고 정의한다. 관상학이란 일종의 경험과 통계에 근거한 것이라 할 수 있지만, 인상학에서는 타고난 외형 그 자체에 무게 중심을 두는 것이 아니라 외형을 만들어가는 작업을 중시하게 된다. 따라서 관상학의 어원을 종합한다면 관상학이란 '인간에게 주어진 자연성이나 자연적 질서를 나타내는 것'이라고 이해할 수 있다.

'관상학'을 문자 그대로 풀이한다면 마음을 실어 상(相)을 본다[觀]는 뜻이다. 상에는 유형의 상과 무형의 상이 있다. 유형의 상은 우리의 눈으로 볼 수 있는 여러 사물을 포함한 사람의 형상, 즉 면상이나 수상, 족상, 체상, 골상, 기색을 의미한다면, 무형의 상은 음성이나 심상과 같은 눈에 보이지 않는 상을 의미한다. 관상학은 여러 방면에서 사용되어왔는데 그 가운데 하나가 인재를 등용할 때이다. 상학에서는 속에 있는 마음 즉, 심상(心相)이 외형의 상에 드러난다고 보았고, 이러한 심상을 통해 성격, 재능, 덕의 유무를 알 수 있다고 판단했다.

심상의 유추를 통해 상학은 자기 자신을 들여다보는 거울로 삼을 때 그 빛을 발한다. 자기가 자신을 돕지 않으면 남의 도움도 받을 수 없으며, 자기를 가장 잘 들여다볼 수 있는 사람도 자신이다. 상학을 공부할수록 자기 수양이 되어 겸허한 자세를 가지게 되는데, 그것은 남들이 잘 알지 못하는 자신만의 기질과 특성이 상(相)을 통해 정확히 설명되어 있기 때문이다. 또 관상을 통해 자기 자신에 대해 잘 알게 됨으로써 분에 넘치는 허욕과 과욕을 부리지 않게 된다.

　관상학의 중요성을 돌이켜 볼 때, 인간과 인간의 관계에 대한 적극적 활용이 가능할 수 있다는 판단을 할 수 있다. 즉 사람을 처음 대면할 때 그 사람의 성정을 파악할 수 있다면 보다 원활한 인간관계가 가능할 수 있게 된다는 말이다. 사람은 자신에게 이익을 주는 사람과 친밀한 관계를 원하는 것이 인지상정이다. 자신에게 해를 주는 관계는 피하는 게 좋기 때문이다. 그러나 상대방을 정확히 알기란 쉽지 않다. 물론 오랫동안 만나온 사람이라 할지라도 자신을 배신하는 것을 종종 발견하는 것을 보면, 어쩌면 타인에 대한 파악은 거의 불가능할지도 모를 일이다.

　그러나 관상학에서는 타인의 성정 파악을 위한 객관적 기준을 제시하여 오차의 범위를 최소화하는 것을 돕는다. 여기에서는 이러한 실생활에서의 적용문제는 타 연구서나 관상학 교재의 역할로 미루고, 오행에 따른 인상(人相)의 특징을 밝히는 데 큰 의미를 두고자 한다.

2. 관상학의 전개

1) 동양 관상학의 전개

　동양에서 상학은 운명을 간파하여 사람들의 근심을 덜어주는 데 유용할 것이라는 인식에 의해 발전해 왔다. 인간의 운명을 미리 알아내어 재앙을 피하고 복을 추구하는데 널리 활용되었기 때문이다. 『신상수경집(神相水鏡集)』에서는 "예전의 현인들이 모두 사람들에게 방향을 잡을 수 없는 길을 가르쳐주어, 재앙을 피해 길한 곳으로 가게 하였다. 이는 소위 길흉을 함께 걱정하여 바꾼다는 것과 같은 뜻이니 사람을 구제하고 만물을 이롭게 하는 방법이다."[1]라고 하여 운명론과 관상론의 관계를 뒷받침해준다.

또 관상학은 인재를 기용하는 데 사용되었다. 상학을 통해 어떤 사람인지 알아보고 인재를 선택하고 기용한다. 사회활동을 하는데 사람을 평가하는 것은 중요하기 때문이다.

인재의 선택에서 볼 때, 조조의 인사참모였던 유소(劉邵)의 『인물지』에도 "무릇 성현이 아름답게 여기는 것 가운데 총명함보다 아름다운 것이 없으며, 총명함이 귀하다고 여겨지는 점 가운데 인물을 잘 식별하는 일보다 귀한 것이 없다."[2]라고 하였다. 인물을 선별하는 일에 지혜롭다면 많은 인재가 내면에 지닌 자질에 따라 적절한 자리를 얻게 되고 업적들이 성취될 것이기 때문이다.

국가로부터 민간의 회사에 이르기까지 사람을 기용함에 그 사람이 지닌 적성과 능력 등을 평가하기 위하여 이력서와 서류전형을 하고 시험이나 적성검사 면접 등을 시행한다. 이렇듯 사람의 적성이나 능력 등을 파악하는 것은 중요한 일이다. 관상법은 사람의 성격이나 능력, 적성, 건강 그리고 성패의 시기 등을 파악하여 사람을 선발하고 교제하는 데 활용한다.

역사적으로 동주시대 숙복(叔服)은 천문, 지리, 명리를 연구한 학자였으며 관상학에도 능통하였다. 『좌전』에 보면 그는 문공 원년에 내사(內史)라는 벼슬을 한 학자로서 그 당시 노나라 재상 공손오의 두 아들의 관상을 본 것이 다음 문헌에 나타나 있다.

---

1) "前賢皆指人迷路 趨吉避凶 乃易所謂吉凶同患之意 濟人利物之術也.", 右道人, 『神相水鏡集』, 臺北: 新文出版公司, 1989, p.5.
2) "夫聖賢之所美 莫美乎聰明 聰明之所貴 莫貴乎知人.", 『人物志』

주나라 천자가 내사인 숙복을 노나라의 사자로 파견하여 장례에 참가하게 하였다. 공손오는 숙복이 상(相)을 잘 본다는 말을 듣고 두 아들의 상을 보게 하였다. 숙복이 말하였다. "곡(穀)은 제사를 잘 받들 것이며, 난(難)은 장례를 잘 받들 것입니다. 곡은 풍하(豐下)가 있으니 반드시 노나라의 뒤를 이을 것입니다."[3]

이것이 관상학의 시초이며,『신상전편(神相全編)』「인상부(人相賦)」에서도 류장운(柳莊雲)의 "관상술을 합쳐 놓은 사람은 동주(東周)의 숙복이 처음이다."[4]라는 구절이 있다.『고금도서집성』「박물휘편·예술전」제647권, 「상술부·총론」과 제648권 「상술부·명류열전2」에는 시대별로 관상가의 이름과 어떤 사람의 상을 보았는지 기록된 서적의 이름을 기록하고 있다.[5] 이를 미루어 보면, 청대에까지 많은 관상서가 발행되었기 때문에 그에 따른 관상가들이 상당수 있었을 것으로 사료된다.

초나라 때에는 당거(唐舉)라는 관상가가 있었다. 그는『사기』의 「채택범수열전(蔡澤范睢列傳)」에 등장하는 인물이다. 당거는 채택(蔡澤)과 진장(秦將) 이태(李兌)와 제상(祭床) 이사의 상을 본 것으로 유

---

3) "王使內史叔服來會葬 公孫敖聞其能相人也 見其二子焉 叔服曰 穀也食子 難也收子 穀也豐下 必有後於魯國.",『左傳』
4) 진희이, 정민현 역,『神相全編』下, 삼원문화사, 1998, p.17.
5) 周: 姑布子卿, 吳市吏, 唐舉. 漢: 許負. 後漢: 朱建平. 宋: 韋叟. 北齊: 皇甫玉, 吳士. 隋: 韋鼎, 來和. 唐: 袁天綱, 張憬藏, 乙弗弘禮, 金梁鳳, 陳昭, 夏榮, 駱山人, 龍復本, 丁重. 後唐: 周元豹. 宋: 陳希夷, 麻衣道者, 僧妙應, 傅珏, 劉虛白, 布袍道者, 妙應方, 耿聽聲. 元: 李國用, 蔡槐. 明: 吳國才, 袁珙, 李槐, 馮鶴鹿, 僧如蘭, 張田, 王仁美, 劉鑑, 趙楷, 寇魯恭, 崔勉, 顧節, 唐古風, 吳從善, 毛童 등이 있었다. 陳夢雷 集成原編著, 楊家駱 類編主編著,『影印本 古今圖書集成·藝術典』第647卷, 臺北: 鼎文書局, 1980, pp.6686-6701. 참조.

명하다.

『순자』의 「비상편」에서 옛날에는 고포자경이 있었고, 지금에는 양나라에 당거가 있는데, 사람의 형상과 안색을 보고 그 사람의 길흉의 징조를 아는 것을 세상 사람들은 상인(相人)이라 칭한다[6]고 하였다. 순자는 사람의 기색을 살펴 길흉의 징조를 미리 알아차리는 것을 상인이라는 것이다. 「비상편」에 등장하는 당거는 당시 관상가로 이름을 떨쳤는데, 『사기』 「범휴채택열전(范雎蔡澤列傳)」에 채택의 수명을 예견하는 기록이 실려 있다.

> 채택은 연나라 사람이다. … 당거를 찾아가 관상을 보면서 말하기를, '제가 듣기로 이태(李兌)의 관상을 보면서 말하기를, 100일 이내에 나라의 정권을 잡을 것이라고 하였다는데 그런 적이 있습니까?'라고 묻자, 당거가 '그렇소.'라고 대답하였다. 이에 채택이 … '부귀는 내가 원래 지니는 것이지만 내가 알지 못하는 것은 수명입니다. 그것을 듣고 싶습니다.'라고 하였다. 당거가 말한다. '선생의 수명은 지금부터 43년을 더 살 수 있습니다.'[7]

재상의 자리에 있던 채택이 당거를 찾아가 자신의 관상을 보았다는 점에서 관직에 있던 이들도 이에 상당한 관심을 보였음을 알 수 있다.

하지만 고대의 운명론적 관상학에 대하여 다소 비판적 입장에 있는 철인은 순자였다. 『순자』에서는 마음과 행동을 더 중요한 것이라고 말

---

6) "相人 … 古者有故布子卿 今之世 梁有唐擧 相人之形狀顔色而知其吉凶妖祥 世俗稱之.", 『荀子』
7) "蔡澤者 燕人也 … 唐擧相 曰 吾聞先生相李兌 曰 百日之內持國秉 有之乎 曰 有之 曰 … 富貴吾所自有 吾所不知者壽也 願聞之唐擧曰 先生之壽 從今以往者四十三歲.", 『史記』卷79.

한다. 순자는 외형을 보고 인간의 운명을 맞추는 관상학을 비판한 대표적인 학자이다.

> 외형을 관찰하는 것은 마음을 논하는 것만 못하고, 마음을 논하는 것은 술(術)을 논하는 것만 못하다. 외형은 마음을 이기지 못하고, 마음은 술을 이기지 못한다. 술이 바르면 마음이 그것을 따르고, 외형이 비록 나쁘더라도 심술(心術)이 훌륭하므로 군자가 되는데 해로울 것이 없으며, 외형이 비록 훌륭하더라도 마음이 나쁘면 소인이 되지 않을 수 없다. … 군자는 길을 말하고 소인은 흉을 말하므로 길고 짧고 작고 크고 좋고 나쁜 형상은 길흉을 논하지 않는다.[8]

위에서 언급한 순자의 가르침에 의하면 상을 보는 것은 그 사람의 마음을 논하는 것만 못하다 하였고, 형상이 마음을 당하지 못하고 마음이 행동 방식을 당하지 못하다고 하였다. 또한, 행동 방식이 바르고 마음이 바르면 형상이 비록 나빠도 마음이 착하므로 군자가 되지 못할 리 없고, 형상이 아무리 훌륭해도 마음씨가 나쁘면 소인이라고 하였다. 사람에게 가장 중요한 것은 생김새보다는 마음가짐과 행동이라는 것이다. 또 사람을 판단하는데 말이나 행동 따위가 실속 없이 겉만 그럴듯한 외모보다는 그 사람이 지닌 뜻을 보고 판단하라고 있다.

흥미롭게도 공자의 관상과 관련한 언급이 있어 관심을 끈다. 곧 『공자세가』에 공자의 상을 본 고포자경은 눈썹에는 열두 광채가 서려 있고 몸에 마흔아홉 가지의 위표가 있어서 훗날 반드시 대 성인이 될

---

8) "相形不如論心 論心不如擇術 形不勝心 心不勝術 術正而心順之 則形相雖惡而心術善 無害爲君子也 形相雖善 而心術惡 無害爲小人也 君子之謂吉 小人之謂凶 故長短小大 善惡形相 非吉凶也 … 君子之謂吉 小人之謂凶 故長短小大善惡形相 非吉凶也.", 『荀子』

것을 예견하였으니9) 그의 사람 보는 혜안이 탁월함에 감탄치 않을 수 없다.

그리고 당거의 특기할 만한 사항을 들면, 처음 숙복과 고포자 때의 상법은 이른바 골상을 위주로 하는 기초적인 데에서 발전하여, 기색(氣色)까지도 보는 법을 연역한 전문적 일완성(一完成)의 학설로서 발전시켰다. 다시 말하면 위로는 숙복과 고포자의 골상법을 경(經)으로 하고 아래로는 당거의 색상법(色相法)을 위(緯)로 하여, 사람 일생의 전체적인 운명과 그 당시 미세한 정상의 내용까지도 파악할 수 있는 표리 정연한 활용의 학설이 성립된 것이다.

전국시대의 유학자들에게도 사람을 판단하는 일이 중요했던 것 같다. 그들이 사람을 판단한 방법은 맹자의 견해도 빠뜨릴 수 없다. 곧 눈동자는 그 사람의 악한 마음을 숨길 수 없기 때문이라는 것이다. 눈동자가 흐린 사람의 말을 들을 때 그 음흉함을 숨길 수 없다는 견해이다. 맹자는 관상가는 아니지만, 말은 뜻을 반영하며 눈은 마음을 전한다고 하였다. 그러므로 말은 마음의 소리요, 눈동자는 마음의 거울임을 밝힌 것이다. 그는 어떤 일의 상태나 상황을 보고 사람을 옳게 판단하는 지혜를 터득했다.

전국시대의 생존(生存) 관계에서 사람을 판단하는 것은 중요한 일이었다. 『장자』「응제왕」편에서 당시 시대적으로 얼마나 혼란하였는지 다음과 같이 거론하고 있다.

정나라에 계함이라는 신통한 무당이 있었다. 그는 사람들의 생사존망이나 화와 복, 오래 살고 일찍 죽는 일들을 연월일시까지 귀신같이 알아

9) "眉有十二釵光 有四十九表 後日必是大聖之格.", 『孔子世家』

냈다. 정나라 사람들은 자기가 죽는 날을 알아맞힐까 두려워 그를 보기만 하면 모두 급히 달아났다. 열자가 그를 만나보고 반하여 돌아와 호자에게 말했다. '처음에 저는 선생님의 도가 지극한 것으로 생각했었는데 알고 보니 더 지극한 사람이 있었습니다.' 호자가 말했다. '나는 너에게 형식에 대해서는 다 가르쳤지만 내용에 대해서는 다 가르치지 못했다. 너는 본래 부터 도를 터득하고 있었다고 생각했느냐? 암컷이 많다 하더라도 수컷이 없으면 어찌 새끼가 있겠느냐? 네가 도를 가지고 세상 사람들과 다투는 것은 너를 드러내려는 것이다. 그 때문에 남으로 하여금 네 관상을 볼 수 있도록 만든 것이다. 시험 삼아 데리고 와서 내 관상을 보게 하라.[10]

이와 같이 상학이 철학자 지식인뿐만 아니라 일반인에게 얼마나 유행하고 있었는지에 대한 기록이 관상가 계함(季咸)을 통하여 그 사례를 거론하고 있다.

다음으로 한나라 고조 유방(B.C.247?~B.C.195)의 상을 보고 왕이 될 것을 예언한 여공(呂公)은, 왕궁의 특별한 대우와 보호를 받으며 도가의 수양인 '현기'(玄機)로써 더욱 발전하기에 이르러 세인들이 이러한 학을 일명 선가(仙家)라고 부르게 되었다는 것이다. 관상학 관계의 저술로 전해오는 것은 주나라 말 한신의 상을 보아주고, 권세와 재력을 누렸다는 허부(許負)의『인륜식감(人倫識鑑)』이 있는데, 오늘날까지 전해온 관상서 중 이목구비의 모형에 대한 언급은 모두가 허부가 저술한 것[11]임은 잘 아는 사실이다.

---

10) "鄭有神巫曰季咸 知人之死生存亡 禍福壽夭 期以歲月旬日 若神 鄭人見之 皆棄而走 列子見之而心醉 歸 以告壺子 曰 始吾以夫子之道爲至矣 則又有 至焉者矣 壺子曰 吾與汝旣其文 未旣其實 而固得道與 衆雌而无雄 而又奚 卵焉 而以道與世亢 必信夫 使人得而相汝 嘗試與來 以予示之.",『莊子』
11) 이정래,『相學眞傳』, 태창출판사, 1991, p.3.

이처럼 관상을 통해서 왕이 될 것을 예언한 여공은 젊어서부터 사람의 상 보는 것을 즐겼는데, 유방을 천하의 귀인상으로 보고 자신의 딸을 그에게 시집보냈다는 일화가 『사기』 「고조본기」에 전한다. 그 내용은 다음과 같다.

　　　여공이 말하기를, '신(臣)은 젊어서부터 사람의 관상을 보는 것을 좋아하여 다른 사람의 관상을 본 일이 많았는데, 당신과 같은 관상을 본적이 없습니다. 자신을 소중히 여기십시오. 제게 여식이 있는데, 허드렛일을 하는 첩으로 삼아 주십시오.'라고 하였다. … 여공의 딸이 바로 여후이다. 효 혜제와 노 원공을 낳았다.[12]

　　지나가던 노인으로부터 자신과 자신의 가족들이 천하의 귀인이 될 것이라는 기록이 같은 곳에 다음과 같이 나타나 있다. 고조가 사냥에서 곧 돌아온다는 소식을 듣고 여후(呂后)와 두 아이가 사냥터에 머물러 있었다. 어떤 노인이 지나다가 마실 것을 청하자 여후가 먹을 것을 주었으며, 노인이 여후의 관상을 보고 말하였다.

　　　'부인께서는 천하의 귀인입니다.'라고 하였다. 두 아들의 관상을 보았는데, 효 혜제를 보고 말하기를, '부인께서 귀인이신 이유는 바로 이 아이 때문입니다.'고 하였다. 노원공주(魯元公主)의 관상을 보고 모두 귀하다고 하였다. 노인이 떠난 후 고조가 막 방사로 돌아오자 여후가 이 사실을 모두 말하기를, '어떤 객이 지나다가 저와 자식들의 관상을 보고 말하기를 모두 대귀(大貴)하다 하였습니다.'라고 하였다. 고조가 묻자 '멀리 가지는 못하였을 것입니다.' 하였다. 곧 그 뒤를 쫓아가 노인에게 물었다. 노인이

---

12) "呂公曰 臣少好相人 相人多矣 無如李相 願李自愛 臣有息女 願爲箕帚妾 … 呂公女卽呂后也 生孝惠帝 魯元公.",『史記』 卷8.

말하기를, '부인과 자식들이 모두 귀한 이유는 군주 때문인데, 군주의 관
상은 더욱 귀하십니다.'라고 하였다. 고조가 사례를 하며 말하기를, '노인
의 말이 사실이라면 그 은혜를 잊지 않겠습니다.'라고 하였다. 고조가 마
침내 귀하게 되었으나 노인이 어디에 살고 있는지 알 수 없었다.[13]

이어서 동양 관상학의 대가로서 허부는 숙복, 고포자경, 당거에 이어
4대 관상가로 꼽히는데, 허부는 박(薄)씨를 보고 "천자를 낳을 것이
다."라고 예언하였으며, 어려서부터 술책이 뛰어나고 병서 읽는 것을
좋아했던 주아부(周亞夫)는 오초칠국의 난을 평정한 대 공신이었다.
허부는 이런 맹활약을 한 주아부의 관상을 봐주었다.

　　　앞으로 3년 이후에 제후가 될 것이며, 제후로 봉해진 지 8년 후에는
　　　장상(將相)이 되어 나라의 권력을 장악할 것이니 귀함이 많을 것이며, 견
　　　줄만한 사람이 없을 것입니다. 9년 후에는 군께서 굶어 죽을 것입니다.
　　　… 허부가 아부의 입을 가리켜 말하기를, 당신의 얼굴에 수직선 무늬가
　　　입까지 내려와 있습니다. 그것이 굶어 죽을 관상입니다.[14]

위의 언급에 나타나 있듯이 한나라 경제 때 아부는 반역죄로 몰려서
닷새 동안 굶다가 피를 토하고 죽었다. 허부의 예언이 이렇듯 적중하였
다. 『신상전편(神相全篇)』에서도 "법령이 입에 들어가면 등통(鄧通)이

---

13) "夫人天下貴人也 令相兩子 見孝惠帝 曰 夫人所以貴子 乃此男也 相魯元公
　　主 亦皆貴 老父已去 高祖适從旁舍來 呂后具言 客有過 相我子母皆大貴 高
　　祖問 曰 未遠 乃追及 問老父 老父曰 鄕者夫人兒子皆以君 君相貴不可言 高
　　祖乃謝曰 誠如父言 不敢忘德 及高祖貴 遂不知老父處.", 『史記』 卷8.
14) "曰君 後三歲而侯 後八歲爲將相 持國秉 貴重矣 於人臣無兩 其後九歲而君
　　餓死 … 許負 指其口曰 有從理入口 此餓死法也.", 『史記』 卷57.

야인의 집에서 굶어 죽는 격이다. 법령이란 입 가장자리의 주름이다. 한 문제가 허부에게 등통의 상을 보라고 하였더니 '후일에 굶어 죽을 상'이라고 했다."15)『신상전편』에서는 법령을 등사(螣蛇)로 표현하고 있다. 허부의 예언은 아니지만 양 무제도 이 무늬가 있어 먹지 못하고 죽을 것이라고 하였다.16) 이것은 허부의 관상술이 얼마나 뛰어났는지 보여주는 예이다.

또 삼국시대의 관로(管輅)가 관상가로서 이름을 날렸다. 그의 사적은『삼국지』에도 있고,『유림전』에도 상세히 수록되어 있다. 또 수경선생은 유현덕을 보고 천하의 평정을 위하여 제갈공명을 찾게 한데서 더욱 유명하고, 제갈공명도 상학에 능하였다고 한다. 그 일례로 그가 위연(魏延)의 상을 보고 그의 머리 뒤에 반골(反骨)이 있으므로 때가 오면 틀림없이 반역할 사람이라 하여, 공명의 예계(豫計)에 의하여 위연만 잡혀 죽게 되어 난을 면하였다고 한다.

그 이후 동진과 서진의 시대에 와서도 상학의 발달이 전대에 못지않게 발전되었다. 당시 특기할 만한 사항은, 그 연구를 선학이라 하여 성품이 어진 사람이 아니면 천진의 원리를 성격적인 결함으로 인하여 자기대로 왜곡되게 해석하기 때문에 깨우칠 수도 없고, 설사 터득한다고 하더라도 결과적으로 세상에 오용하게 된다는 의미에서 가르쳐주지 못하게 하는 일종의 비술로서 전하였기 때문에 문외의 사람들로서는 배우기가 힘들었다.17) 당시 관상학이 신비의 비술로 전개되는 양상

---

15) "法令入口 鄧通餓死野人家 法令者 口邊紋也 詳見前註 前漢鄧通有此紋 文帝令許負相之 負指其口曰 他日當餓死.",『神相全篇』
16) "螣蛇鎖脣 梁武餓死臺城上 螣蛇 卽法令紋也 梁武帝亦有此紋 帝都建康 爲侯景逼 臺城飮膳 被侯景裁損 帝憂深成疾 口若索蜜不得 再曰 呵呵遂殂.",『神相全篇』

이었다.

남북조시대의 양나라 무제 때 인도에서 달마가 건너오게 된다. 그가 중국에 선불교를 전했는데, 불교는 고대부터 뿌리 깊게 내려온 관상술이 보여주는 현세의 운세를 중시하는 풍조에 대항하기 어려워 상학과 접목하였다. 달마는 숭산 소림굴에서 9년간 면벽 정진을 하여 제자들에게 비전을 전수하여 도가와 불가에서 각각 연구되어 새로운 관상학 용어들이 나타난다.

송대에는 겨울철에도 마의(麻衣)를 입고 살았다는 선인 마의선사가 있었다. 마의선사의 제자 진단(陳摶)의 경우, 송나라 태종이 진단의 고명(高名)을 듣고 궁중으로 불러들여 간의대부(諫議大夫)라는 높은 벼슬을 주어 등용하려 하였으나, 이를 거절하고 마의선생이 있는 곳으로 돌아갔다. 태종이 감동하여 그에게 희이(希夷)[18] 선생이라는 호를 하사했다.

진단이 상학의 비전을 전수받아 기록하고 정리하여 세상에 내놓은 책으로는 『마의상법』과 『신상전편(神相全篇)』이 있다. 상학의 기본적인 원리를 담고 있는 내용으로 일반 대중에게 널리 보급시켜 학문적 체계를 갖추게 된 것도 이 시기라 할 수 있다.

이처럼 송나라 때에 인상학의 비약적인 발전을 보게 된 『신상전편』이 주목된다. 여기에서는 운명적 관상론에 관련된 외형에 의존하는 것보다는 마음의 선용이 더 중요함을 다음과 같이 밝히고 있다.

---

17) 이정래, 앞의 책, pp.1-4 참조.
18) "視之不見 名曰微 聽之不聞 名曰希 搏之不得 名曰夷 此三者 不可致詰.", 『道德經』14章.

이것은 사람들로 하여금 착한 일을 하도록 권장하는 것이다. 형상은 인간의 재(材)이고 덕은 인간의 기물(器物)이다. 재가 아름답고 여기에 덕까지 더하여 준다면 마치 조각한 그릇과 같다. 그릇은 서툰 장인을 만나면 쓰지 못하게 되는데 이것은 재목이 되지 못하는 것이다. 여기에서 알 수 있듯이 덕은 형체에 우선하고, 형체는 덕의 뒤에 거하게 된다.[19]

본 언급처럼 형상은 타고난 체질이고 마음은 수단이나 방법이다. 타고난 형상이 아름답고 마음까지 예쁘면 좋은 그릇이지만, 그렇지 못하면 능력이 없다는 것이다. 곧 마음은 외형에 우선하고 외형은 마음 다음가는 것이라고 상학에서도 설명하고 있다.

뒤이어 명나라 태조 주원장의 아들 연왕이 제위를 찬탈하여 황제에 오르는데 그가 바로 영락제(永樂帝)이다. 영락제가 연나라 왕이었던 시절에 대상술가와 교류하며 자문을 구하던 원공(袁珙)이 있었으며, 그의 아들 원충철 역시 상술에는 뛰어났다고는 하지만 인품은 고상하지 않았다고 전해진다. 그들의 저서로서 오늘날 잘 알려진 『유장상법(柳莊相法)』이 전해져 오고 있다.

우리나라의 경우 관상이 들어온 것은 약 1400년 전쯤이다. 신라 선덕여왕 때 승려들이 이에 관심을 가졌는데, 중국 당 태종 때인 것으로 알려져 있으며 그 계통으로는 달마대사의 상법이다.

정사(正史)에 없으므로 명기할 수 없으나 승려도자(僧侶道者)들이 유명한 위인들의 상을 봐서 미래지사를 예언했다는 이야기를 여러 곳에서 들을 수 있다. 고려 말엽에 유명한 관상가 혜증이 조선의 태조대왕이 임

---

19) "此勸人爲善也 形者 人之材也 德者 人之器也 材旣美矣 而副之以德猶加雕琢而成器也 器遇拙工而棄之 是爲不材之材也 是知德在形先 形居德後也.", 『神相全篇』

금이 되기 전에 장래에 군왕이 될 것을 예언하였고, 이조 초엽 명신 한명회의 상을 영통사의 도승이 보고 장래에 재상이 될 것을 예언한 것은 『한씨보응록(韓氏報應錄)』에 기록되어 있다.[20]

이 밖에 『대동기문(大東奇聞)』에서는 역대 고관대작의 집에는 관상가들의 출입이 많았고 또 예언이 적중하여 세상 사람들을 놀라게 하였다고 하였다. 하지만 자기가 잘 아는 특기를 전수해주는 것을 주저하였으므로 발전이 없었다는 것이다. 문헌상의 기록에서 명확한 원류를 찾기는 어렵지만, 간접자료들을 통해 승려들과의 관계 속에서 관상학의 중국 유입을 엿볼 수 있으며, 결국 우리의 관상학은 중국의 영향을 받았다고 본다.

우리나라에 있어서 역대로 유명한 관상가로서 이성계의 관상을 보고 창국(創國)할 것을 예언한 혜증을 위시하여 이천년, 이토정, 정인홍, 정북창 등이 유명하였고, 일제 강점기에는 배상철, 강남월, 최운학 등이 널리 알려졌다. 그러나 모두 생활을 위하여 관상을 업으로 삼았기 때문에 객관적 학문으로서의 틀을 마련하지는 못했다.

또 일본의 무라야마 지쥰(村山智順)에 의하면, 조선에 있어서 관상 풍속은 고려 시대부터 성하였다고 한다. 그에 의하면, 당시의 대신 복지공은 곧잘 사람의 용모로 그 인물을 간파하거나 사람의 운명을 알았다고 한다.

정수부(鄭守夫)가 곧잘 많은 군상 가운데 장래 재상이 될 사람을 잘 간파하였다는 사실은 유명한 이야기며, 유생원 또한 이름난 관상가였다고 전해지고 있다. 이조에 있어서 상학의 대가에 정충신이 있다. 그는

20) 金哲眼, 『觀相寶鑑』, 大文社, 1956, p.28.

광해군을 좌천시키는 음모를 꾸민 중심인물인 충무공과 정금남을 복서, 훗날 옥 가마를 맞이할 것이 틀림없다고 예언했는데 과연 그대로였다.[21]

고려 때부터 조선 시대의 유명한 관상가를 이처럼 자세하게 설명하고 있음을 알 수 있다.

2) 서양 관상학의 전개

동양에서 고대로부터 관상에 대한 관심 증가와 더불어 서양에서도 문명의 발생과 함께 상학이 발전하였다. 고대 이집트의 얼굴, 그리스의 신화에서의 가면(假面), 로마의 석상 얼굴에서 인상에 대한 관심의 정도가 잘 나타나 있고, 메소포타미아 유적에서 관상학의 내용이 새겨있는 서판이 발견된 것으로 보아 적어도 기원전 2000년경에 이미 관상학이 자리 잡았던 것으로 추정된다.

서양의 관상학이 어떠한 것인지 그 대강을 살펴보면, 설혜심은 서양의 관상에 대한 관심이 동양의 경우와 다르게 묘사되고 있음을 밝히고 있다.

비뚤어진 얼굴에 오른쪽 눈이 붉거진 사람은 개들에게 잡아먹힌다거나, 곱슬거리는 털이 어깨에 나 있는 사람에게는 여자가 따른다거나 하는 것들은 다분히 서양적 시각에서의 관상론이라고 보인다. 동양에서는 개들에게 잡아먹힌다거나, 털이 어깨에 나 있다는 식의 기술은 하지 않기 때문이다.[22]

---

21) 무라야마 지준(村山智順), 김희경 譯, 『조선의 점복과 예언』, 동문선, 1991, pp.438-439.
22) 설혜심, 『서양의 관상학 그 긴 그림자』, 한길사, 2003, p.37.

위에 서술한 내용에서 동·서양 상법의 차이점을 비교해보면 동양에서는 상법을 분석적·부분적 접근방법만이 아니라 무형의 상과 유형의 상을 동시에 분석함으로서 사람에 대한 더 많은 것을 간파하여 직관적·종합적으로 관찰한 것을 중시했다. 이에 반해 서양에서는 얼굴에 초점을 맞추면서 분석적이고 축적적이면서 유형의 상에 초점을 맞추는 경향이 강하다고 할 수가 있다.

이러한 차이로 인해서 동양의 상법은 응용과학으로서 사회적인 기여와 동시에 기업에서는 구성원의 결집을 통한 생산성 제고에 응용되어 다른 학문 체계로 편입되지 않고 독립된 학술 체계를 유지했다는 특징이 있다.

반면에 서양상법은 응용과학으로서 자리매김을 하지 못하고 해부학, 인지심리학 등으로 수용되어 독자적인 체계를 잃어버렸다는 데 특징이 있다.[23] 이에 다양성을 요구받는 지금의 시대에는 동양 상법과 서양 상법의 구별된 상학 개념이 아닌 차별화된 동·서양 상법의 장점을 접목한 학문의 연구가 필요하다고 본다.

그러면 서양 상학에 있어 서양 철학자들의 견해는 어떠한가. 예컨대 칸트는 관상학을 '사람의 눈으로 보이는 형태로부터 그 대상인 사람의 성향 사유방식 등을 판단하는 기술로 결과적으로 사람의 외모를 통하여 내면을 판단하고자 하는 기술'[24]이라고 정의하였다. 외형의 내면화를 시도하는 것이 곧 상학이라 본 것이다.

서양에서도 상학을 의학 분야에 접목시키기도 하였는데 히포크라테

---

23) 주선희, 앞의 논문, p.183.
24) 임마누엘 칸트, 이남원 역, 『실용적 관점에서 본 인간학』, UUP(울산대학교 출판부), 2014, pp.247-249.

스의 체액설(humoraltheory)이 그것이다. 체액설이란 인체가 혈액과 황담즙, 흑담즙 그리고 점액의 4가지 체액으로 이루어져 있다고 보는 것으로, 이 체액들이 서로 적당한 균형을 이룰 때 건강이 유지된다고 보았다.

네 가지 체액은 각각 공기[風], 불[火], 흙[地], 물[水]이라는 4원소와 봄, 여름, 가을, 겨울의 4계절을 대표한다. 따라서 의술의 본질은 이 네 가지 체액의 적절한 균형을 회복시키는 것이었다. 사람의 겉모습은 건강상태를 측정하는 가장 확실한 징후 가운데 하나였으며, 여기에서 관상학과 의학의 결합이 생기는 것이다. 이러한 결합에 의하면, 건강상태의 측정에 있어 질병이나 사람의 생김새에 영향을 미치는 가장 근본적인 원인이 환경[25]이라고 본다.

그리고 서양 관상학의 창시자는 피타고라스라고 전해지고 있으나[26], 갈레노스(Galenos, 129~200)에 의하면, 히포크라테스가 관상학의 '최초의 발견자'(prōtoseuretēs)라 하고 있다. 그 이유는 관상을 '보다'(Physionomize)라고 하는 동사의 의미에서 최초로 사용한 사람이 히포크라테스였기 때문이다. 그러나 서양 관상학, 즉 그리스의 관상학에서 가장 중요한 사람은 아리스토텔레스이다. 그는 『관상학』이란 책을 저술함으로써 서양 관상학 연구의 기틀을 세웠다.

고대 서양의 상학이 단순히 외형이나 행동을 보고 미래에 대한 예측이 주를 이루었다면, 그리스 시대에는 인격을 판단하는 분석을 통한 관상학이 생겨나기 시작했다. 로마 시대의 상학은 점성술의 발달과

---

25) 설혜심, 앞의 책, pp.97-98.
26) 존라켓, 이영식 옮김, 『얼굴문화, 그 예술적 위장』, 보고싶은책, 1997, p.223.

함께 예언적 형태의 상학이 도입되어 성행하였다. 이때는 몸에 나타난 상징을 통해서 운명을 예측하는 관상술로써 점성술과 함께 상학이 복합적인 발전을 이루기 시작한 시기였던 것으로 추정된다. 그러나 예언적 관상학이 큰 발전을 이루게 된 것은 폴레몬(Polemon, 88~144)에 의해서이다.

중세시대의 상학은 상학과 점성학, 성격 분석 등으로 기독교 문화와 더불어 새로운 상학으로 거듭나게 되었다.[27] 이 시기에는 아리스토텔레스의 관상학을 적용한 관상학을 기반으로 중세시대에 상학이 발전하게 된다. '비밀 중의 비밀'이라는 의미를 지닌 '세크레툼 세크레토룸'(Secretum secretorum)[28]의 관상에 관한 부분은 고대 그리스 아리스토텔레스류의 상학을 대폭 계승한 것이었다.[29] 또 중세에는 히포크라테스의 영향을 많이 받아서 의학적 상학이 일상에서 주로 활용되었던 것으로 보인다.

르네상스 시기에는 감성을 중시하고 중세시대의 무표정에서 미소와 함께 몸짓의 행동이 나타나기 시작한다. 제스처를 통하여 성격을 분석하는 상학으로, 이에 행동을 통하여 보는 관상을 중시하게 되었다. "모자나 옷으로 코를 닦는 것은 촌스러운 짓이다. … 입을 꽉 다물면 다른 사람의 숨을 들어 마시기 두려워하는 것으로 보인다."[30] 이와 같이 몸짓을 통하여 사람을 판단하는 관상학에서 제스처가 차지하는 비중이 상당히 높았음을 알 수 있다.

---

27) 설혜심, 앞의 책, p.121.
28) R. Steele, fasc., *V: Secretum Secretorum*, London: Oxford University Press, 1920.
29) 설혜심, 위의 책, p.123.
30) R. Steele, fasc., Ibid, p.178.

17세기에 대중과 엘리트 등 다양하고 광범위한 계층에 지지를 받고 있던 상학은 수상학(手相學)이었다. 이 당시 가장 대표적인 관상가였던 리처드 샌더스(Richard Saunders, 1613~1687?)의 수상학서(手相學書)[31]는 920여 가지 손금의 모양과 그에 따른 해석을 나열하고 있는데, 손금 모양에 따른 해석은 관상학적 성격뿐만 아니라 예언적으로 분석[32]하고 있다.

이 수상학 서적은 기존의 상학에 비하여 보다 구체적이고 다양한 사안에 대하여 예언과 함께 전반적 문제에 대하여 다룬 것으로 보이는데, 그 내용이 생사, 장수, 건강, 부귀, 섹스, 결혼, 질병, 성품, 성격 등으로 나뉘어 서술되었던 것으로 보아 비약적 발전의 시기로 보인다.

새로운 과학의 발전과 함께 상학은 지식인들 사이에서 점차 자리를 잃게 되면서 18세기는 관상학의 암흑기로 평가되어 상학의 발전에 큰 시련을 맞이하게 된다. 새로운 철학과 과학의 패러다임 변혁이 일어나면서 정신적인 세계관에서 물질적인 관점으로 변화하면서 상학의 발전에 큰 위기가 찾아온 시기였다. 이로써 새로운 철학과 과학에 의해 관상학은 배척당하게 되면서 고난의 시기를 겪은 것으로 보인다.

이후 서양의 상학은 공백기를 지나서 스위스 태생의 목회자이자 교육자, 의사였던 요한 카스파라 라바타(Johann Caspar Lavater, 1740~1801)의 관상학으로서 1780년경부터 유럽에서 선풍적인 인기를 일으켰다.[33] 이것은 인간이 자신에 대하여 보다 깊이 알고자 하는 욕망이

---

31) 설혜심, 「17세기 삶의 희마와 두려움: 영국 수상학서 분석」, 『서양사론』66, 한국서양사학회, 2000, p.16.

32) 설혜심, 『서양의 관상학 그 긴 그림자』, 앞의 책, p.199.

33) 라바타와 관련된 연구는 다음을 참조. 한철, 「얼굴과 문자: 18세기 독일 관상학의 기호론적 구상들」, 『독일어문학』44, 한국독일어문학회, 2009,

있었기 때문일 것이다.

19세기에는 해부학적인 두개골 연구를 비롯하여 골상학(骨相學)이 발전하였고, 심리학에서도 인상연구가 곁들어지고 있다. 1791년 프란츠 요셉 갈(Franz Joseph Gall)의 뇌와 성격이 직접적인 관계가 있다는 개념을 바탕으로 한 골상학은 두개골의 각 부분을 통해 인간의 구체적인 기질과 성향을 체계적으로 정리하여 설명하였다.[34] 그러면서 골상학은 과학이라는 이름으로 당시에 선풍적인 인기를 얻음으로써 사람들 사이에 깊이 자리하기 시작한다.

당시의 상학은 범죄학 분야에 영향을 끼치고 있었다. 이는 외모를 통해 범죄자를 구별할 수 있다는 사회적 목적이 강한 분석적 상학이 자리하고 있었기 때문이다. 최초의 범죄학자라고 불리는 델라 포르타(J. Baptiste della Porte, 1535~1615)가 당대의 유명한 관상가였다. 이태리의 범죄학자 세자르 롬브로조(Lombroso)는 『범죄자론』(L'Uomo Delinquente, 1876)을 비롯한 수많은 후계자가 범죄 원인을 신체적 특성과 결합시키는 범죄인류학을 창시하였다.[35] 범죄 수사에 있어서 상학이 이용되는 상황으로까지 발전하게 된 것이다.

21세기 과학 문명이 지배하는 현재에도 상학은 의학, 사회학, 심리학, 경영학, 미학 등과 함께 우리의 관습 속에 함께 하고 있다. 1910년대 미국에서 Katherine Blackford의 성격 체계라는 것을 통하여 직원

---

pp.201-223.

34) 프란츠 요셉 갈의 골상학과 관련된 내용은 다음을 참조. 신승철, 「두뇌의 재현: 유형학과 골상학을 위한 이미지」, 『미학예술학연구』40, 한국미학예술학회, 2014, pp.143-184.

35) Ludy T. Benjamin, Jr 저, 김문수 외 역,『간추린 현대 심리학사』, 시그마프레스, 2016, p.12.

선발까지 이용되었다[36]는 것을 보면, 현재 우리의 일상생활 속에서 '관상학'으로 존재하고 있다. 과거에 외모를 통해서 성격을 분석했던 방법이 현재는 심리학의 영역에서 '성격 심리분석'의 영역에서 자리하고 있지만, 아직도 많은 사람은 외형으로 드러난 인상을 통해서 사람의 성격을 판단하고 있다.

3. 관상학의 전개와 방법

1) 안면관상법

안면을 보는 관상법에서 얼굴부위의 신색(神色) 형태는 망진(望診) 중에서도 중요한 것이다. 얼굴부위의 신색과 형태를 관찰하면 몸 전체의 변화를 이해할 수 있기 때문이다. 사람의 얼굴은 머리에 있고, 머리는 음양에서 맨 위에 있으므로 양이다. 머리에서도 앞은 양이고, 뒤는 음이므로 얼굴은 양중의 양이 된다.

얼굴부위는 안으로 장부와 연결되어 있고 경락이 모여들고 기화(氣化)가 소통하여 신명(神明)이 발하는 곳이므로 그 부위의 관찰을 통하여 가히 장부(臟腑), 경락(經絡), 기화(氣化), 신명(神明) 등의 병변(病變)을 이해할 수 있다[37]고 본다. 얼굴을 볼 때는 먼저 명당부위를 살펴 오색(五色)을 결정하는데 명당은 코를 가리킨다.『황제내경·영추』「오색」에서는 다음과 같이 말한다.

---

36) 설혜심, 앞의 책, p.12.
37) 張錫二,「『黃帝內經·素問』上에 나타난 望診에 대한 硏究」,『대한한의진단학회지』2-1, 대한한의진단학회, 1998, p.286.

명당이라는 것은 코이고, 관(闕)은 미간이다. 정(庭)은 안(顔)을 말하
고, 번(蕃)은 뺨의 외측을 말하며, 폐(蔽)는 이문(耳門)을 말한다. 그 사이
가 단정하고 넓으면 열 걸음 떨어진 곳에서도 모두 한 눈에 보이니 이와
같은 사람은 장수하여 백세를 누릴 것이다.[38]

　흥미롭게도 얼굴과 명당의 관계를 연계하여 건강과 관련한 장수의
문제를 거론하고 있다.
　또한 사람의 안면을 살펴보는 방법인 아래 〈그림 1〉의 '비전십자면
도(祕傳十字面圖)에 의하면, 사람의 모습은 다양해서 열 가지 글자로
구분할 수 없다는 것이다. 그런데 지고의 방법으로 이치를 관찰하는
사람은 하나의 근본 뿌리를 가지고 만 가지 다른 것을 꿰어뚫을 수
있으므로, 이에 형상을 관찰하고자 하는 사람은 오행의 방법을 갖추어
서 만 가지 형태를 포용할 수가 있다고 하였다. 그리고 모든 사람의
형상은 오행(五行)의 정기를 이어받지 않을 수 없고 모양 있는 것은
오행의 체질을 떠나지 못한다는 것이다.
　위 〈그림 1〉의 '십자면도'의 형을 각각 순서대로 분석하면, 바를 정
(正)자를 가지고 논한 방법으로 얼굴 생김새가 위는 뾰족하고 얼굴
밑은 편편하게 넓으면 불기운의 바른 상이니, 이는 말미암을 유(由)자
와 같은 것[39]이라고 하였다. 여기에서 하나하나 그 특성을 살펴보고자
한다.
　먼저 유자(由字)형은 턱이 발달한 데 비하여 이마가 좁은 것이 특징
이다. 형상을 글로 표현하면 "땅은 있지만 하늘이 없다."라고 할 수가

---

38) "明堂者 鼻也 闕者 眉間也 庭者 顔也 蕃者 頰側也 蔽者 耳門也 其間欲方大
　　去之十步 皆見於外 如是者壽 必中百歲.", 『黃帝內經·靈樞』
39) 위의 책, p.145.

있다. 아버지와의 인연이 약하며 고향을 떠나 타향에서 자립하는 형이다. 개운의 시기는 35세 이후부터이며 결혼은 만혼이 길하다고 할 수가 있다. 이는 자수성가형에게 많이 나타나며 턱이 상징하듯 중반부로 갈수록 발달된다.

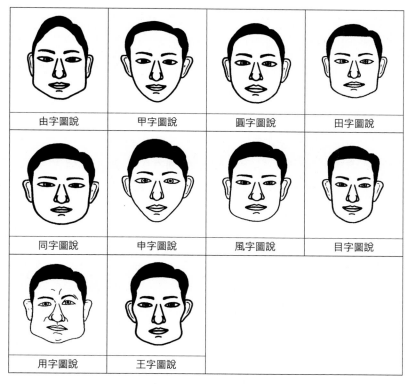

由字圖說	甲字圖說	圓字圖說	田字圖說
同字圖說	申字圖說	風字圖說	目字圖說
用字圖說	王字圖說		

〈그림 1〉 비전십자면도

즉 초년은 힘들지만, 중년과 말년 본인의 노력 여하에 따라서 길한 상으로 바꿀 수가 있다는 것이다. 직업적인 적성을 보면 이마가 약하므로 관공서 계통보다는 상업계열이 길하다고 할 수가 있다. 여성의 경우에는 고독함을 동반하여야 하며 자녀를 가지는 데 특별히 신경을 써야한다. 적성은 화술이 뛰어나므로 말과 관련된 직업이 길하다.

그리고 유자형의 특성은 학업 인연이 약하다고 볼 수가 있다. 장점은 결단력이 있고 예의가 강하지만, 단점은 행동력은 강한데 침착성과 사고력이 부족하다는 점이다. 건강 면에서는 소화기 계통이 발달하여 있으므로 비만을 조심해야 하며 심장병과 고혈압에 취약하다는 점을 들 수가 있다. 대처 방법으로는 소식과 함께 명상을 자주 해서 마음의 안정을 취하면 좋다. 얼굴 밑은 뾰족한데 얼굴 위가 넓은 사람은 나무 木 자의 기운인데, 갑옷 갑(甲)자의 형상이다.[40]

갑자(甲字)형은 유자형과 반대로 이마는 넓고 턱이 좁다. 재산과 복록은 오형(五形)의 형상에서 논한다면 목형이 된다. 목형이 상징하듯 조상의 음덕이 많아서 청수(淸秀)하게 생겼으며 초년 부에 발달하는 상이다. 윗사람의 인덕이 많다. 그러나 중년기를 지나 말년기로 갈수록 하강하는 기운이다. 재산과 복록은 부족한 편이나 맑고 청정함이 있다. 성격은 솔직 담백하지만 급한 편이고 신경질적인 경향이 있어 신경이 예민하므로 정서적 안정을 취하는 것이 좋다. 체력은 약하지만, 정신력이 강하고 감수성이 예민한 편이다. 즉 실행력은 강하지만 턱이 약해서 결단력이 약하다고 할 수가 있다. 직업계통은 문학가, 교육계통, 예술계통에서 능력을 발휘한다. 저축하는 습관을 기르는 것이 중요하며

다음으로 원자(圓字)형의 경우는 어떠한가? 둥글면서 비대한 사람은 물 수(水)자의 바른 기운인데 둥글 원(圓)자를 말한다.[41] 얼굴 전체가 살이 있으면서 둥글다고 보면 된다. 형상을 논하면 수형상과 동일하

---

40) 진담야, 앞의 책, p.141.
41) 위의 책.

며 이마와 턱 부분이 짧다는 것이다. 체형 전체가 뼈대를 느낄 수 없다는 것이 특징이다. 이마와 턱 부분이 약하므로 초년운과 말년을 주의하여야 한다. 남에게 호감을 주는 얼굴형이지만 주관이 약해서 뚜렷한 인생 철학이 약한 것이 흠이다. 즉 긍정적이고 추진력, 통솔력은 강한데 개성이 약하다는 것이 단점이라고 할 수가 있다.

이러한 형상의 사람은 확실한 인생 목표를 세워서 인격을 기르고 정진할수록 좋다. 학술 쪽보다는 일반회사, 은행, 증권가와 인연이 깊다. 자수성가형이며 상당한 재력가가 될 수 있다. 회사 중역이나 은행 간부들은 대체로 원자형이 많다. 대체로 결혼은 길다. 주의해야 할 점은 특히 33세~34세 전에 비만하면 건강을 잃을 수가 있다는 점을 명심하여야 한다.

다음으로 전자(田字)형에 대하여 그 특징을 살펴본다. 얼굴 모양이 사방으로 퍼져 모난 듯 각 선을 이루어 뚜렷하며 뼈와 살이 조화로워 운세의 흐름이 점차 향상된다. 즉 뼈가 강하고 근육이 발달하여 투쟁심이 강하여 활동적인 직업을 선호한다. 전자형이 갖기에 적당한 직업은 무역, 운수업, 건설업종이라 할 수 있다. 전자형의 특징은 살이 많아야 재산가가 될 수가 있다는 점이다. 안색이 흰 것을 꺼리며 안색이 검고 윤이 날 경우 군인, 정치가, 사업가로 진출한다.

그러나 반드시 얼굴의 오관이 좋아야 한다. 오관이 부합하지 못하면 부는 이루나 귀한 신분에는 등용되지 못한다. 재산형성은 부동산 계통이 길하며 동산은 손해를 보기가 쉽다는 점을 간과하여서는 안 된다. 여자로서는 이형을 꺼리나 개성이 돋보이는 역할이 있으므로 가정보다는 사회생활에 나서면 더 나은 인생을 살 수 있다.[42]

---

42) 이정욱, 앞의 책, p.142.

동자(同字)형은 어떠한가? 약간 길게 네모진 형상이다. 금형상에 속하지만, 살집이 풍부해서 금형상보다 부드러운 것이 특징이다. 얼굴 육부(六府)가 풍부한 것이 특징이며, 좌우 균형과 삼정의 조화가 이루어져 인생 유년 흐름이 말년까지 이어지며 수명도 누리고 가정 운도 좋다.[43]부인은 어질고 자녀는 귀하며 장수의 표본으로 삼는다.

어려서는 부모의 덕이 있고 30세 이전에 성공적인 삶을 성취할 수 있는 형이다. 「십자면도」에서 으뜸가는 귀격, 부상으로 논한다. 여성도 소녀 때부터 귀하고 부귀한 인생길로 접어든다고 한다. 단점으로는 마음이 어질어 보증을 잘 서고 사람을 너무 믿어 동업 때문에 낭패를 당할 수가 있으니 그런 점에 유의하여야 한다.

다음으로 신자(申字) 형에 대하여 살펴본다. 편벽된 것을 가지고 논하면 위아래가 뾰족하지만, 중간이 큼직하면 불 화(火)자와 나무 목(木)자의 형상이므로 납 신(申)자를 말한다.[44] 신자형은 이마와 턱이 발달하지 못하여 위아래가 빈약한 편이다. 얼굴의 중부인 양 관골이 옆으로 뻗어있는 형국으로 미래보다는 현실중시주의 성향이 있다.

곧 신자형은 이마는 뾰족하면서 좁고 턱도 송곳처럼 좁은데 비해 코와 광대뼈가 발달한 형이다. 신자형이 갖기에 바람직한 직업과 업종은 많은 일을 벌이기보다는 한가지로 하는 것이 좋다. 재산축적으로는 현금보다는 안정성이 있는 부동산 투자가 좋다. 그리고 취미로는 인내력을 기르는 등산이나 도보여행을 권하고 싶다.

이어서 풍자(風字)형에 대하여 언급해 보고자 한다. 얼굴의 위아래가 큼직한데 중간 부위가 작은 사람은 이에 물기운과 불기운이 섞여

---

43) 위의 책, p.144.
44) 진담야, 앞의 책.

있는 것이니 바람 풍(風)자를 말한다.[45] 이마와 천정 부위가 모나고 넓으며 지각 부위가 넓고 비대하다. "눈썹도 발달하여 기세가 있어 보이나, 관골 부분이 안쪽으로 오목하고 턱이 양옆으로 지나치게 뻗쳐 전체적으로 과격하게 보인다.[46] 즉 관골이 깎여 나듯 흔적이 없고 이마의 좌우 측면과 얼굴 하단 좌우 측면인 시골이 발달한 형이다.

풍자형의 경우, 초년은 좋으나 삼정이 고르지 못하여 기복이 심하며 50세부터는 급격히 운세가 하강할 수 있으므로 저축심을 기르고 철저한 계획을 세우는 자세가 필요하다. 직업은 허풍이 세고 수완이 탁월하고 외교력이 능수능란하므로 외국인 상대의 직업이 길하다. 단점으로는 고집이 세고 의지력 결핍을 들 수가 있다. 직장도 변동을 자주하고 고정적인 정착력이 부족하므로 각별 주의해야 한다.

목자(目字)형은 위아래가 방정하고 모나고 길쭉하며 파리한듯한 사람은, 쇠금 기운과 물기운에 편벽된 것이며 눈 목(目)자를 말한다.[47] 즉 이마가 높고 콧대가 길고 턱이 짧은 형상을 의미하며 이는 얼굴이 길게 보이는 형이다. 초년에는 부모운이 좋지만 30세경부터 사회성이 부족해서 어려움을 겪을 수가 있다. 돈보다는 명예를 따르는 편이며 빈틈이 없고 세밀하다. 감정이 예민하고 재치가 있으며 두뇌는 우수하나 근면성이 부족하다. 직업은 교육계, 의료계, 컴퓨터산업, 정밀기계 계통이 유리하다.

그리고 목자형은 마음은 총명하나 큰 도량이 없고 신경질형이 많아서 대인관계에 애로가 많다. 그런 점에서 치밀한 판단력이 필요하다.

---

45) 위의 책, p.141.
46) 이정욱, 앞의 책, p.150.
47) 진담야, 앞의 책, p.141.

인생 목표를 확실히 하는 것이 좋으며 특히 수입 면에서 기복이 심하므로 저축에 힘쓰면서 노후대책을 확실히 하는 것이 좋다. 여성 또한 살아가면서 시댁과 불협화음이 발생할 수 있으므로 마음의 덕을 쌓는 것이 중요하다.

용자(用字)형은 어떠한가? 방정하고 모나며, 뾰족하고 방정하면서도 노출된 것은 불기운과 흙기운에 편벽된 것이므로 쓸 용(用)자와 임금 왕(王)의 관상이다.[48] 용자 형은 동자형과 유사해 보이지만 턱뼈가 두드러지게 옆으로 뻗쳐있고 좌우 균형이 비대칭형이다. 즉 얼굴이 틀어진 형이라고 할 수가 있다. 형제운이 없으며 배우자 문제와 자녀 문제도 주의해야 한다.

초년 25세까지는 고생은 하지만 평범한 삶을 누린다. 그러나 중년부터 50세까지는 사업수완이 좋아서 상당한 부를 누리는 때도 있지만 재앙이 많고 여러 번 실패할 수도 있으므로 매사를 조심해야 한다. 삶의 기복이 특히 40세 후부터 심하다. 주변과 타협 심을 모색하고 봉사 정신을 기르며 포용심을 기르면 운을 상향시킬 수가 있다.

왕자(王字)형은 얼굴에 뼈가 많고 살이 적다. 더욱이 광대뼈가 옆으로 발달하여 있고 턱이 뻗친 형으로, 하늘의 복인 천창이 죽어있어 평생 주택으로 고통을 당한다.[49] 즉 이마의 양쪽 측면(복덕궁과 천이궁의 자리)과 관골 사이, 관골과 시골 사이의 살집이 움푹 파이듯 깎여서 이마뼈, 광대뼈, 시골뼈가 불거진 형상이다.

왕자형으로서 초년운은 대체적으로 길한 편이나, 50세 이후는 각별히 주의해야 한다. 자존감이 강하여 인생길 기복과 굴곡이 많으므로

---

48) 위의 책, p.141.
49) 이정욱, 앞의 책, p.148.

도시보다는 농촌 생활이 더 적합한 것으로 알려져 있다. 여자도 가정보다는 사회생활을 하는 것이 좋다.

위의 예로 보듯이 사람의 얼굴에는 오행의 바른 기운을 얻은 경우가 있고, 오행의 편벽된 면을 얻은 경우도 있다. 오행의 혼잡함을 얻은 경우로 분석되어 여러 형태로 나뉘지만, 우리의 형상은 오행을 떠날 수는 없다. 그리고 「십자면도」에서 밝힌 것처럼 '유갑신전동 왕원목용풍(由甲申田同 王圓木用風)'이라는 열 가지 글자로 이치를 밝히는 까닭에 얼굴에 숨어있는 조화의 법은 이 글자 속에 있어서[50] 그 의미가 심대함을 알 수 있다.

그러나 우리의 얼굴에는 「십자면도」에서 논한 것처럼 반드시 운명이 정해지는 것은 아니다. 다만 인간의 생체 주기에도 바이오리듬이 작용한다는 것을 알아야 한다.

> 인간의 일생도 주기적인 '운세의 리듬'이 있다는 사실은 간과할 수 없다는 사실이다. 이러한 발상은 통계적인 뒷받침으로도 증명하고 있는데 일본 히다찌의 직계 과학기기 메이커로 연간 3조 8백억 원의 매출실적을 올리고 있는 닛세이 상교오(日製産業)가 사원채용과 배치에 관상학을 1967년부터 도입했다는 것이다.[51]

위의 주장은 관상이 좋으면 선택의 폭도 넓어진다는 뜻이다. 보기에 좋은 떡이 먹기도 좋다고 했듯이 좋은 상을 가지면 대인관계는 물론이고 성공적인 삶을 살아가는데 발전의 속도가 향상된다고 본다.

그리하여 「십자면도」에서 시사하는 여러 상의 특징을 잘 분석, 참조

---

50) 진담야, 앞의 책, p.142.
51) 윤명중, 『얼굴의 미학』, 동학사, 2008, p.10.

하면서 개인 각자가 선한 마음으로 자신의 얼굴 상을 더욱더 좋은 쪽으로 계발시킬 수 있다고 본다. 정해진 얼굴, 정해진 삶을 살아가는 것이 아니라 마음먹기에 따라서 얼굴이 바뀌고 인생이 바뀌는 삶을 살 수 있기 때문이다.

이러한 사실에 비추어 볼 때 『마의상법』에서도 "한 몸의 득실을 정하는 것은 얼굴이다."[52)]라고 하여 얼굴을 보는 것을 중시하였다.

여기에서 얼굴을 여러 기준에 따라 나누어 보는 방법들을 제시하였는데, 여기에는 십삼부위(十三部位), 유년운기부위(流年運氣部位), 십이궁(十二宮), 오관(五官), 오악(五嶽), 사독(四瀆), 오성육요(五星六曜), 육부삼재삼정(六府三才三停), 사학당(四學堂), 팔학당(八學堂) 등이 있다. 우선 아래의 〈그림 2〉 十三部位論 은 이마의 중앙 상단으로부터 13부위 독맥과 임맥을 따라 턱까지 얼굴 가운데를 순서대로 13부위로 나눈 것이다.

구체적으로 이마 가운데 발제 아래를 천중(天中), 천중 아래를 천정(天庭), 천정 아래를 사공(司空), 두 눈썹 사이를 중정(中正), 두 눈썹 사이에서 약간 내려온 곳을 인당(印堂), 두 눈 사이 오목하고 콧등이 시작하는 곳을 산근(山根), 산근 아래를 연상(年上), 연상 아래 코의 중간쯤을 수상(壽上), 코끝을 준두(準頭), 코와 입술 사이를 인중(人中), 입을 수성(水星), 입술 아래 들어간 곳을 승장(承漿), 턱을 지각(地閣)이라 한다.

여기에서 알 수 있는 것은 이름을 붙일 때 이마를 천(天)의 부위로 보고 턱을 지(地)의 부위로 보았다는 것이다. 13부위의 좌우로 여덟에서 11개까지 각각 부위별로 이름을 붙여 놓았는데, 이것은 안면에 공간

---

52) "定一身之得失者面也.", 『麻衣相法』

적인 좌표를 설정해 놓은 것으로 볼 수 있다. 『마의상법』에서 제시하고 있는 13부위를 살펴보면 아래의 〈그림 2〉와 같다.

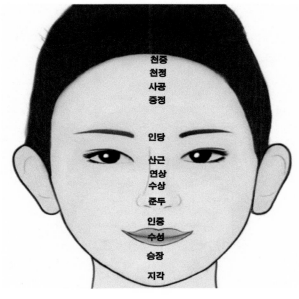

천중
천정
사공
중정
인당
산근
연상
수상
준두
인중
수성
승장
지각

〈그림 2〉 13부위론

다음으로 아래 〈그림 3〉의 유년운기부위(流年運氣部位)는 나이에 따라 그 해의 운기가 행하는 것을 알 수 있는 곳이다. 곧 나이에 해당하는 부위에 주름이나 사마귀 등의 결점이 있으면 그 해에는 재앙이 가볍지 않고 기색의 밝고 어두운 것을 분별하여 길흉을 가릴 수 있다.[53] 남자는 얼굴의 왼쪽을 기준으로 하고 여자는 얼굴의 오른쪽을 기준으로 하여[54] 1세에서 99세까지 나이에 따라 얼굴에 해당하는 부위에 주

---

53) "紋痣缺陷禍 非輕限運倂衝明暗辨.", 『麻衣相法』

름이나 사마귀 등의 결점이 있으면 그해에는 재앙이 가볍지 않고 기색의 어두운 것을 분별하여 길흉을 가릴 수 있다. 남자는 얼굴의 왼쪽을 기준으로 하고 여자는 얼굴의 오른쪽을 기준으로 하여 1세에서 99세까지 나이에 따라 얼굴에 해당하는 부위를 만들어놓았다. 얼굴이라는 공간을 나이라는 시간에 따라 나누어 놓은 것은 상(相)을 볼 때 시공을 합일해야 한다는 것을 의미한다.

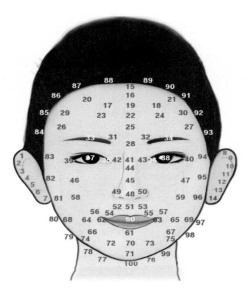

〈그림 3〉 유년운기부위도(流年運氣部位圖)

또한 아래 〈그림 4〉의 십이궁(十二宮)은 얼굴에 열두 부분이 있어 각각 의미하는 것이 있는데, 이곳의 기색이 다른 곳과 차이가 나는지를 살펴보는 것이다.

---

54) "男左女右各分形.", 『麻衣相法』

아래 〈그림 4〉에 나타나는 것으로, 십이궁 각각의 부위가 의미하는 것을 살펴보면 명궁(命宮)은 두 눈썹 사이 곧 산근의 바로 위 인당을 말한다. 인당은 사람에게 생명의 집이 되는 곳이며 이 명궁 부위가 밝고 빛이 나면 매사에 통달한다. 재백궁(財帛宮)은 토성(土星)인 코를 말하는데 재성을 관장하는 부위이므로 콧대의 세력이 힘차게 융기하듯이 뻗어 내려오고 양쪽의 준두(콧방울) 또한 잘 받쳐주어야 한다.

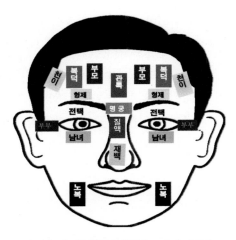

〈그림 4〉 십이궁분지도(十二宮分之圖)

형제궁(兄弟宮)은 좌우의 눈썹이 형제가 되는 것이므로 눈썹이 가지런하게 길게 잘 누워 있어야 형제 사이가 좋다. 전택궁(田宅宮)은 좌우의 눈썹 상하의 눈두덩이에 위치하고 있으며 눈 생김새 또한 맑고 총명하고 수려해야 한다. 남녀궁은 좌우 눈 아래의 와잠(臥蠶)을 말하는데 광채가 나면 좋은 남편을 맞이한다. 노복궁은 지각의 좌우에 위치하고 있는데 단정하고 평평해야 수하에 부하가 많다.

이어서 처첩궁은 눈꼬리 옆에 위치해 있어서 간문(奸門)이라고도

하는데, 이곳이 빛나고 윤택해야 아름다운 배필을 만나 혼인할 수 있다. 질액궁(疾厄宮)은 인당 바로 아래 산근에 위치하고 있는데, 질명과 횡액을 보는 곳으로 이곳이 평평하면 일평생 재앙이 없다. 천이궁(遷移宮)은 두 눈썹의 끝에 위치하는데 간문의 윗부분에 해당하며 집을 옮기고 이사하는 부분을 본다.

이곳의 부위가 윤택하고 밝으면서 빛이 나면 출입이 자유롭고 벼슬의 지위가 높고 탄탄해진다. 관록궁(官祿宮)은 이마의 중앙 부위인 중정(中正)에 해당하는 부위이며 이 부분이 깨끗하고 밝으면 높은 지위에 오르는 영광이 있고 오랫동안 영광을 누린다. 복덕궁(福德宮)은 좌우 액각(額角)과 천장(天倉)에 해당하는 부위인데 이 부분이 완만하고 밝아서 빛이 나면 평생의 복록을 누린다.

이처럼 십이궁은 얼굴의 부위를 12곳으로 제한적 틀 속에 배속시켜 놓고 운명에 맞는 역할을 정해놓은 것이 특징이라고 할 수 있다. 오늘

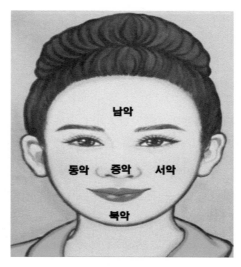

〈그림 5〉 오악(五嶽)

날 정보화시대에 맞추어 발 빠르게 살아가야 하는 현대인들에게 필요한 현대적 관상학의 다양함을 표현해 놓은 것이라 본다. 다음으로 〈그림 5〉는 오악(五嶽), 〈그림 6〉은 오성(五星), 〈그림 7〉은 육요(六曜)에 대해서 논했다.

위 〈그림 5〉의 오악은 얼굴에서 솟은 부위인 이마, 코, 턱, 좌우 관골에 중국의 산 이름을 붙인 것이다. 이마를 남악(南嶽)인 형산이라 하고, 턱을 북악(北嶽)인 항산이라 하며, 코를 중악(中嶽)인 숭산이라 하고, 왼쪽 관골을 서악(西嶽)인 화산이라 하며, 오른쪽 관골을 동악(東嶽)인 태산이라 한다.

여기에서 유추할 점은 오악(五嶽)이 높이 솟았다는 것은 대자연의 산을 보고 비유했다는 뜻이다. 오악이 두려워하는 것은 주인 없이 꺼져 있는 다섯 개의 봉우리를 말하며, 가장 중요하게 보는 것은 서로 상응하고 있는 배열과 조화론이다. 또 코를 나 자신으로 봤기 때문에 코의 위세를 중심으로 사방에 있는 산들이 받쳐주어야 위세를 떨치고 재물

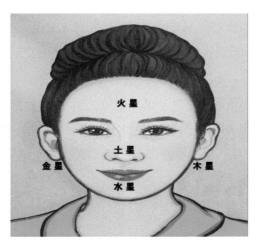

〈그림 6〉 오성(五星)

이 풍성하다는 것이다. 즉 오악은 부(富)도 나타내지만 주로 그 사람의 귀천을 드러낸다. 따라서 코야말로 수려하고 멋지게 높아야 하며, 힘 있고 두텁게 생겨야 하는 당위성이 있다. 관골은 코인 나를 둘러싸고 있는 주변 사회의 조건으로 보아 작게는 인간관계, 크게는 사회와 나와 의 관계를 나타낸다55)는 데에 그 의미가 있다.

그리고 위 〈그림 6〉의 오성(五星)은 이마, 좌우 귀, 코, 입 등 다섯 부위를 말하는 것이다. 구체적으로 이를 설명해 보고자 한다. 이마를 화성(火星)이라 하는데 뒤로 넘어가지 않고 살집이 풍륭하고 넓으면 학문과 예술에 능한 길상으로 본다. 반면에 이마가 함몰되고 상처가 있거나 윤택하지 못하면 어려서부터 학문을 이루지 못하는 것으로 보 아 소년기는 물론이고 중년기, 말년까지도 고생스럽다.

다음으로 양쪽 귀를 귀를 목성(木星), 금성(金星)이라 하는데 이곳 또한 깨끗하면서 맑고 밝게 빛이 나야 길상이다. 또 귀의 상각이 둥글고 곽(廓)인 내측 부위가 이반(耳反)되지 않고, 수주(垂珠) 또한 살이 두툼 하고 크게 생겨야 길상이며 귀가 흰 기색을 띠면 입신양명한다고 본다.

그리고 코를 토성(土星)이라 하는데 코 전체가 메마르지 않고, 살집 이 두둑하고 윤택하면서 수려하면 장수하는 길상으로 본다. 반면에 코가 빈약하거나 낮은 경우, 또 수상이 함몰되어 낮거나 삐뚤어져 있으 면 주인 없는 떠돌이별로 지내며 중년에 어렵게 된다. 여기에서 유추할 점은 유독 코를 떠돌이별로 호칭한 것은 상학에서 코를 얼굴의 중심부 인 나 자신으로 보고 만물을 조화롭게 만드는 중심 부위에 해당하기 때문이라고 본다.

입은 수성(水星)이라 하는데 상하가 바르게 잘 합하여져 있고 입술

---

55) 이정욱, 『실용 관상학』, 천리안, 2005, p.39.

의 기색이 홍색의 빛을 발하면서 두툼하고 세로로 주름이 많이 져 있으면 마음도 곱고 주변의 인덕이 많고 관운도 좋다. 그러나 입이 삐뚤어져 있거나 작고 못생겼으면 만물의 근본인 물의 관리가 잘 안 되어 가난하다.[56] 여기에서 오성을 오악과 비교하면 이마와 코를 보는 것은 같지만 좌우 권골(顴骨) 대신에 좌우 귀를 보고 턱 대신에 입을 보는 것이 다르다.

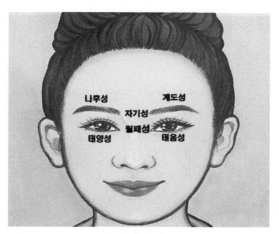

〈그림 7〉 육요(六曜)

또한, 위 〈그림 7〉의 육요(六曜)는 얼굴의 각 부위 중 가장 밝아야 되는 부분, 즉 여섯 곳의 빛나는 별을 말한다. 왼쪽 눈썹을 라후성(羅睺星), 오른쪽 눈썹을 계도성(計都星)이라 하며, 왼쪽 눈을 태양, 오른쪽 눈을 태음이라 한다. 자기성(紫氣星)은 인당 아래 부위를 가리키고, 월패성(月孛星)은 산근(山根)을 말한다. 산근인 월패성은 나(코)이고

---

56) 위의 책, p.54.

하늘(이마)을 연결하는 부위로 이곳 산근의 빈약함은 인당인 자기성이 의지할 곳이 없게 된다[57]고 볼 수 있다.

위에 언급한 것처럼 오악(五嶽)은 얼굴의 배열과 조화를 가장 중시해야 할 부분으로, 이를 지리적 이치로 보면 동, 서, 남, 북, 중앙을 말하며 얼굴로 보면 이마, 양쪽 뺨, 코, 턱을 배분할 수 있다. 그리고 오성(五星)은 얼굴 중에서 가장 윤택하고 깨끗함을 간직해야 할 부분으로 이마, 양쪽 귀, 코, 입을 배분할 수 있다. 또한 육요(六曜)는 얼굴의 각 부위 중에서 가장 밝아야 할 곳으로 양쪽 눈썹, 인당, 두 눈, 산근을 배분한 것이다.

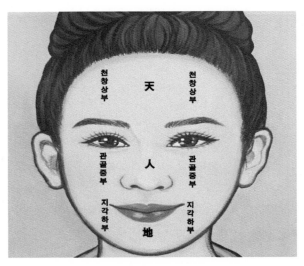

〈그림 8〉 육부(六府)

다음으로 위 〈그림 8〉을 참조하면 육부(六府)란 얼굴의 여섯 부위로

---

57) 위의 책, p.47.

서 부와 재물의 보유 여부와 저장능력을 나타내는 곳을 뜻한다. 육부에서 가장 중시하는 것은 얼굴을 감싸고 있는 내부의 **뼈**가 아주 튼튼해야 한다. 육부보골(六府輔骨)이란 양 눈썹 윗부분인 천창상부(天倉上府) 그리고 좌우의 관골(觀骨)과 명문 부분인 관골중부(觀骨中府), 입의 양끝 아래 부위인 신골하부(頤骨下府)을 말한다.

여기에서 육부는 내부에 **뼈**가 살아있고 살집이 두툼하여 얼굴 전체가 꽉 찬 듯이 보여야 평생 부를 누리고, 이곳의 기색이 맑아 보이면 현재 하고 있는 모든 상황이 잘 풀리는 것으로 본다.

또 육부란 꽉 찬 성곽으로 보아 천창 골이 꽉 차면 재록(財祿)과 복이 많고, 관골이 풍부하게 생기면 권록(權祿)이 많으며, 지각이 넓고 윤택하면 만경전(萬慶殿)이라 하여 큰 전토(田土)를 갖는 복이 있다[58]고 보는 것이다.

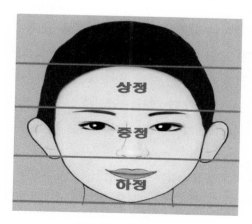

〈그림 9〉 삼정(三停)

---

58) 위의 책, p.56.

위 〈그림 9〉는 삼재(三才)인 천인지(天人地)을 말하는데 이마는 천(天)에 해당하고 코는 인(人)에 해당하며 턱은 지(地)에 해당한다. 그리고 삼정(三停)은 상정·중정·하정을 말하는데 발제에서부터 인당까지를 상정(上停)이라 하고 주로 초년운을 보며 조상 덕을 나타낸다. 그리고 산근으로부터 준두에 이르는 부위를 중정(中停)이라 하고 중년의 운을 주관하는 부위인데, 이곳에서는 사회적인 인복과 생활력, 재복 등 자신의 역량을 나타낸다. 또 인중으로부터 지각까지를 하정(下停)이라 하고 말년의 운을 주관하는 부위인데, 자녀운과 주택운, 아랫사람이 잘 따르느냐의 유무 등 말년의 복을 나타낸다.

위에서 논한 〈그림 9〉는 얼굴에서 보는 삼정이고 신체에서도 삼정을 구분하여 볼 수 있는데 머리, 허리, 발을 몸에서 보는 삼정이라고 한다. 이 삼정은 모두 고르게 분배되어야 좋다.[59] 고르게 분배되지 않을 때 관상의 운세는 좋지 않은 것이다. 이처럼 삼정은 그 사람의 기세의 흐름을 보는 것이니 삼정이 풍부할수록 운도 좋다.

그리고 아래 〈그림 10〉은 『동의보감』에 안면부를 살피는 방법에 관하여 나타나 있다. 여기에는 주로 「면문(面門)」과 「심병문(審病門)」이 나와 있다. 「면문·명당부위」에서는 안면부 그림과 함께 『의학입문(醫學入門)』을 인용하여 다음과 같이 설명하고 있다.

코의 바로 위에 있는 발제 부위를 천중(天中)이라 한다. 천중 아래는 천정(天庭)이라 하는데 그것은 이마를 가리킨다. 천정의 아래를 사공(司空)이라 한다. 사공의 아래를 인당이라 하는데 양 눈썹의 가운데이다. 인당의 아래를 산근(山根)이라 하는데 이는 두 눈 사이를 가리킨다. 산근의

---

59) "身上三停頭腰足 此三停俱要得配.", 『柳莊相法』

아래를 비준(鼻準)이라 하는데 이곳이 곧 명당이다. 비준의 아래를 인중이라 하고, 인중의 아래를 승장(承漿)이라 한다. 승장의 위를 지각(地閣)이라 하며 이는 턱을 가리킨 이마의 양쪽 모서리를 방광(方廣)이라 하는데 태양혈이라고도 한다. 천중(天中)과 천정, 사공과 인당, 액각(額角)과 방광(方廣)에서 병의 예후를 알 수 있다. 이곳은 생기가 드러나는 곳[命門]인데도 의사들은 잘 살피지 않는다. 천중·천정·사공·인당·액각·방광은 모두 생기가 드러나는 곳[命門]으로 병의 예후를 알 수 있다.[60]

위의 언급에 나타나듯이 〈그림 10〉에서 안면부의 부위를 설명하고 있다. 여기에서 천중(天中)·천정(天庭)·사공(司空)·인당(印堂)·산근(山根)·인중(人中)·승장(承漿)·지각(地閣) 등은 상학에서 말하는 13부위의 명칭과 일치하고 있음을 알 수 있다.

또한 「심병문·명당찰색(審病門·明堂察色)」에서 안면관상과 관련하여 언급하고 있다. 즉 "이마는 심의 부위이고, 코는 비의 부위이다. 왼뺨은 간의 부위이고, 오른뺨은 폐의 부위이며, 턱은 신(腎)의 부위이다."[61]라고 한 것은 상학에서 말하는 오악의 오행 배속과 일치하고, 이는 하도(河圖)의 오행 배속을 따른 것이다.

---

60) "自鼻直上髮際曰天中 天中之下曰天庭 卽額也 天庭之下曰司空 司空之下曰印堂 在兩眉中 印堂之下曰山根 卽兩眼之間 山根之下曰鼻準 卽明堂也 鼻準之下曰人中 人中之下曰承漿[穴名] 承漿之下曰地閣 卽頤也 兩額角曰方廣 亦曰太陽穴 天中與天庭 司空及印堂 額角方廣處 有病定存亡 此是命門地 醫人鮮較量 天中 天庭 司空 印堂 額角 方廣 皆命門部位 以占吉凶也.", 『東醫寶鑑』

61) "額爲心之部 鼻爲脾之部 左頰肝之部 右頰肺之部 頤爲腎之部.", 『東醫寶鑑』

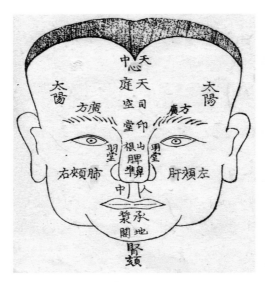

〈그림 10〉 『동의보감』의 안면도

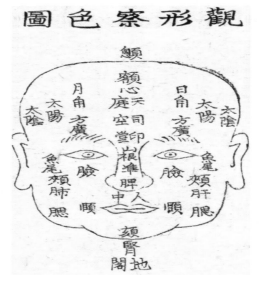

〈그림 11〉 『동의보감』 관형찰색도(觀形察色圖)

안면 관상법에서 또한 간과할 수 없는 것으로, 『동의보감』에 나오는 또 다른 안면부위 그림은 「소아문(小兒門)」에 나오는 위 〈그림 11〉의 「관형찰색도(觀形察色圖)」이다. 〈그림 11〉에 나타나 있듯이 "이마는 심화(心火)에 속하니 남쪽에 위치하고, 왼뺨은 간목(肝木)에 속하니 동쪽에 위치한다. 콧마루는 비토(脾土)에 속하니 중앙에 위치하고, 오른뺨은 폐금(肺金)에 속하니 서쪽에 위치하며, 아래턱은 신수(腎水)에 속하니 북쪽에 위치한다."[62]고 하였다. 그리고 이마·코·턱·좌우 뺨을 가리켜 오악(五岳)[63]이라는 표현이 많은 것을 알 수 있다. 이에 안면관상법에서 각 부위의 명칭이나, 오행과 관련한 부분이 서로 관련이 있음을 알 수가 있는 것이다.

2) 신기관상법

신기(神氣)는 말 그대로 신(神)의 기적(氣的) 특성을 지칭하는 것으로, 신명(神明)이 신(神)의 본체를 말한 것이라면 신기는 신의 작용을 말한 것이다. 신이 외부로 드러나거나 사물에 영향을 미칠 때는 반드시 기의 형태를 통해 가능하게 되는데 이것을 곧 신기라고 하는 것이다. 이는 인간의 정신작용은 물론이고 정기나 혈기 등의 작용을 포괄하는 것이며, 또한 생명 활동의 동력원으로서의 의미도 지니고 있다.[64] 신기의 활력이 생명의 활동력으로 이어지는 것과 같다.

---

62) "額上屬心火居南 左頰屬肝木居東 鼻準屬脾土居中 右頰屬肺金居西 頦下屬腎水居北.",『東醫寶鑑』
63) "左頰爲肝 右頰爲肺 天庭爲心 地閣爲腎 準頭爲脾 凡五岳赤者皆熱 淡白者皆虛.",『東醫寶鑑』
64) 丁彰炫,「神에 대한 연구」,『황제내경』을 중심으로」, 경희대 박사논문, 1997, pp.29-30.

신기의 운행, 변화성에 비추어 볼 때, 상학에서 관찰의 대상으로 삼는 신체의 고정적 상모(狀貌)는 그 사람의 내면과 아무런 관련이 없으며, 한 사람의 내면을 파악하기 위해서는 오히려 살아 움직이는 신기의 운화를 살펴야 한다. 즉 관상학은 인간의 고정적인 형모를 바탕으로 하여 그 사람의 귀천과 길흉을 고찰하여 판단하면 된다.

그렇다면 신기의 운행과 형모(形貌)의 관련성은 어떻게 거론될 수 있는가? 『마의상법』「마의선생 석실신이부(石室神異賦)」에서 "사람의 일신은 신기를 위주로 하고 형모를 다음으로 삼는데, 무릇 사람의 상을 보는 요령은 정신과 기색을 중요시해야 한다. 왜냐하면 정신은 쇠왕(衰旺)이 있고 기색은 생극(生剋)의 이치가 있음이라. 그러므로 이 같은 방법으로 자세히 살펴보면 길흉을 단정할 수 있고 죽고 사는 것을 결단할 수 있다."[65]라고 하였다. 본 『마의상법』에서 언급하는 바와 같이 상학에서 신기를 살피는 것이 외형을 살피는 것에 못지않게 중요하다고 하였다.

이와 같은 맥락에서 『마의상법』「달마조사상결비전」에서 다음과 같이 말한다. "제일법은 상(相)이란 신(神)을 주로 해서 살펴야 한다."[66] 이에 더하여 "상이란 차라리 가히 신(神)에 여유가 있으면 형이 부족할지언정 형(形)이 유여하고 신이 부족하지는 말아야 한다."[67]라고 하여 형이 조금 부족할지라도 신이 충분하면 괜찮은 상으로 본 것으로, 여기에서 형보다는 신을 우선시했음을 알 수 있다.

형(形)보다는 신(神)의 중요성이 『동의보감』에도 잘 나타난다. "양

---

65) "人之一身以神氣爲主 形貌次之 凡相人之法 精神氣色以爲要 何則精神有衰旺 氣色有生剋 詳而觀之則 吉凶佳定 死生可決矣.", 『麻衣相法』
66) "第一法相主神.", 『麻衣相法』
67) "凡相寗可神有餘 而形不足 不可形有餘 而神不足也.", 『麻衣相法』

생의 으뜸은 신을 기르는 것이고 그 다음은 형을 기르는 것이다."68) 신이 우선이고 형이 다음이라는 것이다. 『마의상법』에서 "신(神)은 주로 눈을 보아야 한다."69)라고 한 것은 신의 상태가 주로 눈에 나타난다는 의미이다.

그리고 "사람이 잠들면 신은 마음에 있고 잠들지 않고 깨었을 때면 신은 눈에 의지하나니, 이에 눈은 신이 머물러 휴식하는 집이라 할 수 있다. 그러므로 눈의 좋고 나쁨을 보아 가히 그 신의 청탁을 알 수 있는 것이다."70)라고 한 것과, "귀하고 천함을 분별하는 것은 역시 눈에 있는 것이니 눈에 신(神)이 없는 자가 어찌 귀(貴)와 수(壽)를 누리는가?"71)라고 한 것은 모두 눈과 신의 관계를 말한 것이다. 즉 눈을 통해 신의 상태가 드러나므로 눈을 잘 살펴야 한다는 의미이다.

눈의 중요성에 대한 언급은 또 나타난다. "대체로 귀인의 상은 귀 [耳]는 비록 귀하지 않더라도 눈은 귀격을 갖추어야 하고, 천한 사람의 상은 혹 귀격의 귀[耳]는 있을망정 눈이 귀한 이치는 없나니, 상을 잘 보는 자는 먼저 그 기색을 살피고 뒤에 그 형상을 살펴야 하는 것이다."72)라고 한 것은 눈으로 신기(神氣)가 나타나기 때문에 귀보다는 눈이 더 중요하다는 의미이다.

이처럼 신기의 중요성에 비추어 볼 때 신(神)의 여유와 부족에 관해

---

68) "太上養神 其次養形.", 『東醫寶鑑』
69) "神主眼.", 『麻衣相法』
70) "寐則神處於心 寤則神依於眼是眼爲神遊息之宮也 觀眼之善惡 可以知其神之淸濁也.", 『麻衣相法』
71) "問貴在眼未有眼 無神而貴且壽者.", 『麻衣相法』
72) "大抵 貴人有貴眼 而無貴耳賤人 或有貴耳 而無貴眼善相者 先相其色 後相其形 可也.", 『麻衣相法』

서는 다음과 같이 언급하며 "정신이란 일생을 사는 근본이니 귀하다고 하고, 형(形)과 신(神)이 더불어 유여(有餘)함이 가하고 부족해서는 안 된다."[73]라고 하였다. 신이 부족한 것도 좋지 않지만 "신은 겉으로 나 타나지 말아야 할지니 나타나면 신이 떠도는 상태라 반드시 흉액이 있다."[74]라고 하여 신이 잘 저장되지 못하여 겉으로 떠도는 것도 흉한 것으로 보았다.

신기(神氣)와 길흉의 파악에 있어서 신기를 살피는 것이 중요함에도 불구하고 관상에 있어서 이를 세밀하게 살피는 일은 쉽지 않다. 『마의 상법』에서는 "상법 가운데 신기에 대하여 가장 말이 많음은 그 신기를 분별키 어려운 까닭이다."[75]라고 하여 신기를 살피는 것의 어려움을 말하였다. "수요(壽夭)를 아는 것이 가장 어려운데 … 수요는 마땅히 신기를 위주로 해서 분별해야 한다."[76]라고 한 것도 신기를 살피는 것의 어려움을 말한 것이다.

같은 맥락에서 "기와 색이 족하다 해도 신이 부족하다면 복록을 말 하기 어렵다."[77]라고 한 것도 신기를 살피는 것이 어려운 만큼 그 어떤 것보다 중요하다는 것을 말한다. 이와 같이 신기는 눈을 통해 그 상태 가 드러나고 형(形)이나 색(色)보다 중요시되는 것이다.

3) 색관상법

사람이 생명을 유지하는 것은 신체에 오악(五臟)이 있어서 그 오장

---

73) "精神者 一生之根本貴乎 形神相稱 不宜不足.", 『麻衣相法』
74) "神不欲露露則神遊則必凶也.", 『麻衣相法』
75) "相中言神氣最多人所難辯.", 『麻衣相法』
76) "惟壽夭爲最難知…… 壽夭當以神氣爲主也.", 『麻衣相法』
77) "氣足色足神不足難言福祿.", 『柳莊相法』

이 생명 활동을 하는 것과 관련된다. "그 안에는 진장(眞藏)의 기운이 있으니 그 신령스러움이야말로 더 클 수가 없다. 사람 얼굴 위에 떠노는 것을 기(氣)라고 말하는 것이며, 그 바깥 표면에서 환하게 나타나는 빛을 안색이라고 한다. 즉 피부 위에 나타나는 것을 색이라 하고, 피부 속에서 충만해 있는 것을 기라고 하는 것이니, 이것은 다 오장에서 발생한다."[78] 오장 활동의 중요성이 여기에 나타난다.

우리의 피부에 있는 것은 미래사를 나타내고 피부 밖에 있는 것은 과거사를 나타낸다고 한다. 안색이 선명한 것은 현재의 왕성한 운을 말하며 담색(淡色)인 것은 이미 왕성한 운이 지난 것이다. "기색은 아침이 되면 일출과 동시에 나타났다가 밤이 되면 일몰과 동시에 폐부로 들어간다. 기는 자기의 정신을 만드는 어머니이며 색은 아버지라고 말할 수 있다."[79] 사람의 기색은 아침이 가장 좋다. 기동을 아직 하지 않은 상태이므로 정신이 맑으며, 음식도 섭취하지 않고 외부에서 활동하지 않는 때이므로 맑은 기색을 유지할 수가 있다.

따라서 안색의 다음과 같은 사실을 알 수 있다. "오장에 위치한 정신과 기운의 길한 빛은 일찌감치 얼굴에 나타나는 것이며, 해 질 무렵에는 심장에서 쉬게 되는 것이다."[80] 아침 고요한 시간에 색을 살펴야 하는 이유는 사람은 감정에 치우치는 면이 적지 않기 때문에 가장 고요한 시간을 선택하여 살펴보라는 뜻일 것이다.

굳이 아침 시간이 아니더라도 마음의 치우침이 없는 고요함을 갖추면 언제 어디서든 우리들의 기색은 살필 수가 있다고 본다. 골격은

---

78) 진담야, 앞의 책, p.703.
79) 마의천, 『얼굴경영학』, 이지북, 2007, pp.249-250.
80) 위의 책.

사람의 일생을 좌우하지만, 기색은 당년 당일의 기운을 나타내기 때문에 영원히 나쁜 기색도 없고 영원히 좋은 기색도 없다는 것을 유념해야 한다. 우리 얼굴에서 변하는 기색의 밝음과 어두움을 잘 살펴서 생활에 활용한다면 부정적인 측면보다는 긍정적인 측면에 훨씬 더 도움이 되리라 본다.

또한 색(色) 관상에서 색은 여러 가지로 정의될 수 있지만 '색자신지기(色者神之旗)'라는 표현이 색의 특징을 가장 잘 나타낸다고 본다.『황제내경 · 소문』「삼부구후론(三部九候論)」에서 "오장의 기가 쇠하면 안색이 반드시 어둡고, 안색이 어두우면 반드시 죽는다."[81]라고 한 것에 대해 왕빙이 주(註)하기를 "안색이 어두운 것은 사색(死色)을 나타내는 이상의 징조이다. 색은 신(神)의 깃발이고, 오장은 신의 집이다. 그러므로 신이 떠나가면 오장이 쇠하고, 오장이 쇠하면 안색에 이상한 징후가 나타난다."[82]라고 하였다.

위의 언급은 색을 통하여 신의 상태를 알 수 있다는 의미이다.『마의상법』에서 "색은 기의 정화이다.(色者氣之精華)"라고 한 것도 같은 의미이다. 그리고『유장상법』에서 "기색은 오장육부의 싹이다."[83]라고 한 것은 색이 오장육부의 상태를 반영한다는 의미이다.

색의 형상이 오장육부와 밀접한 관련성이 있으므로 색을 잘 살펴보는 것은 중요하다고 본다.『마의상법』에서 "상을 보는 데 있어 가장 중요한 것은 첫째 색을 분변하고, 다음은 소리를 들어보고, 셋째는 신을 살피고, 넷째는 살결을 보아 길흉을 판단할지니 이 네 가지 가운데

---

81) "五臟已敗 其色必夭 夭必死矣.",『黃帝內經 · 素問』
82) "註曰 夭謂死色異常之候也 色者 神之旗 藏者 神之舍 故神去則藏敗 藏敗則色見異常之候也.",『東醫寶鑑』
83) "夫氣色乃五臟六腑之苗.",『柳莊相法』

하나라도 소홀함이 없어야 그 사람의 운명을 바로 판단할 수 있다."[84] 라고 하였다. 또한 "상을 잘 보는 자는 먼저 그 색을 살피고 뒤에 그 형상을 살펴야 한다."[85]라고 한 것은 색을 살피는 것이 상을 보는 데 있어 가장 중요하다는 뜻이다.

이처럼 색의 상태를 세심하게 살펴보는 것은 관상에 있어서 건강의 측면으로 보나, 운명의 개척으로 보아 중요한 것이다. 『마의상법』에서 "골격을 보아 귀하고 천한 구분과 빈부의 구분은 알기 쉬우나 대개 기색의 생극(生剋)에 의한 한수(限數)는 실로 자세히 살피기 어렵다."[86] 라고 하여 색을 살피는 것이 쉽지 않음을 말하였다.

그러면 어떤 색이 좋은 색이고 어떤 색이 좋지 않은 색인가?『마의상법』에 의하면 "기색은 빛나고 밝아야 좋고 어둡고 침침하면 좋지 않다. 그러므로 만일 연기 또는 티끌 먼지같이 몽롱하거나 어두우면 반드시 흉액과 재앙이 날로 이른다."[87]라고 하여 밝고 빛이 나는 색이 좋고 어두운 것은 좋지 않다고 보았다.

심지어 색이 어두운 자는 반드시 일찍 죽게 된다고 하였다. 덧붙여 "기색이 상형(相刑)하거나 상극(相剋)하면 골육간의 파패(破敗) 수가 있어 신세가 고독하게 된다. 그러나 운에서 기색이 밝고 깨끗하여 좋은 빛을 발하면 모든 일이 순조롭고 길상에 이르게 된다."[88]고 하였다.

---

84) "要之一辯其色 次聽其聲 更察其神 再觀其肉 不可忽之也 註云四者兼之萬無一失.",『麻衣相法』
85) "善相者 先相其色 後相其形可也.",『麻衣相法』
86) "骨格貴賤貧富相所易識 若夫氣色生剋之限數 實難參詳也.",『麻衣相法』
87) "氣色宜光顯 不欲昏暗若氣如烟塵所矇而昏暗者 必主凶災.",『麻衣相法』
88) "又兼氣色相刑剋 骨肉破敗自伶仃倜 若運逢部位好 順時氣色是光晶.",『麻衣相法』

오행과 색이 관련이 있는지도 궁금한 일이다. 『마의상법』에 의하면, 오행의 색에 있어서 목은 청색이며, 화는 적색이고, 토는 황색이며, 수는 흑색이고, 금은 백색이므로 사람의 안색은 다섯 가지로 분류되어 서로 같지 않다고 하였다. 오행에 따라 색이 구분되지만 같은 오색이라도 밝기와 윤택한 정도에 따라 좋은 것과 좋지 않은 것이 구분된다는 것이다.

따라서 "얼굴빛은 희기가 비계덩이 같고 검기가 옻빛 같으며, 누렇기는 삶은 밤 같고 붉기는 붉은 비단 같은 자는 모두 크게 부귀하다. 그러나 만일 얼굴빛이 붉기가 타오르는 불꽃 같은 자는 단명하여 갑자기 숨을 거두고 터럭 빛깔이 혼탁하고 메말라서 윤기가 없으며, 티끌처럼 지저분하면 빈궁하거나 일찍 죽는다."[89]라고 하였다.

물론 관상에서 전체적인 색을 보는 것도 중요하고 각각 부분의 색을 살피는 것도 중요하다. 『동의보감』에서 "이마는 천정(天庭)으로 심(心)에 속하고, 턱은 지각(地閣)으로 신(腎)에 속한다. 코는 얼굴 중앙에 있어 비(脾)에 속하고, 왼쪽 뺨은 간에 속하며, 오른쪽 뺨은 폐에 속한다. 이것이 오장에 해당하는 부위이다. 그 색을 살펴 병을 분별해야 한다."[90]라고 한 것이나, 『황제내경·영추』「오색(五色)」에서 "오장의 부위에 나타나는 오색과 그 색의 뜨고 가라앉음을 살펴서 병의 깊이를 알고, 윤기를 보아서 병의 경중을 안다."[91]라고 한 것이 부위별로 색을 살피는 것을 시사한다.

---

89) "是以面色白如凝脂 黑如漆色 黃如蒸栗 紫如絳繒者 皆大富貴 若面色赤暴如火者 命短卒亡 毛色茸茸昏濁 枯燥無風 似有塵埃主貧夭死.", 『麻衣相法』
90) "額爲天庭屬心 頦爲地閣屬腎 鼻居面中屬脾 左頰屬肝 右頰屬肺 此五藏部位也 察其色以辨其病.", 『東醫寶鑑』
91) "五色各見其部 察其浮沈 以知淺深 察其澤夭 以觀成敗.", 『黃帝內經·靈樞』

또한 『마의상법』에서 부위별로 색을 살피는 것을 언급하였다. 곧 질액궁 부위의 기색이 검은 연기나 안개가 낀 것 같으면 재액이 몸을 얽어맨다고 한 것이나, "부모궁의 기색이 청색을 띠면 주로 부모의 우환이 있으며 또 구설수 혹은 형상의 액이 있고, 이곳이 검거나 희면 주로 부모가 모두 사망하고 홍색 또는 황색을 띠면 주로 두 부모에게 기쁜 경사가 있을 것이다."[92]라고 한 것이 그 예이다.

이처럼 찰색은 명운이나 건강과 관련되어 있다. 주선희에 의하면 하늘의 상을 과학적으로 보는 일기예보처럼, 찰색은 자연의 변화를 말하는 것이라며 다음과 같이 말한다. "오장육부나 생각, 마음가짐에 따라 나타나는 얼굴색에서 현재의 운명과 건강, 가까운 장래를 살피는 것이다. 타고난 얼굴은 바뀌지 않지만, 찰색은 마음 관리에서 나오기 때문에 달라진다."[93] 찰색과 마음작용에 직결되어 있음을 알 수 있다.

찰색의 중요성처럼 인간의 얼굴은 각자의 마음을 그대로 반영한 거울과 같다. 마음이 평온하고 맑으면 오장육부의 기능이 원활하다는 뜻이다. 마음의 색깔은 그대로 얼굴에 나타난다. 상을 보는 방법의 중요성으로 4가지를 들 수 있는데 그것은 눈빛, 탄력, 찰색, 목소리이다.

눈빛의 좋고 나쁨, 탄력의 유무, 목소리의 좋고 나쁨은 관련 전문가가 아니고는 식별의 어려움이 있지만, 얼굴 찰색의 좋고 나쁨은 일반인들도 쉽게 구별할 수 있다. 얼굴의 찰색은 바로 우리의 마음을 보여주는 척도가 되므로 우리 스스로 마음 관리를 잘해서 얼굴색을 좋게 해야 하는 이유가 된다.

---

92) "氣色靑主父母憂疑 又有口舌傷刑 黑白主父母雙亡 紅黃主雙親喜慶.", 『麻衣相法』
93) 주선희, 「人相學에 對한 東洋哲學的 考察」, 대전대 석사논문, 2002, p.18.

다음으로 상학에서는 인체의 생김새를 오행의 원리에 의해 분류하고 그 각각에 청·적·황·백·흑의 다섯 가지 색을 연계하였다. 이와 함께 오행의 생극(生剋)에 따른 운의 흐름과 영고(榮枯)를 중시하였다. 따라서 오행 생극의 이치는 상학에서도 한의학과 마찬가지로 기본 원리로서 적용하고 있다. 이와 관련된 내용은 여러 상서에서 기록하고 있다. 사람의 형모나 기색을 살필 때 오행의 이치인 생극원리가 중요한 상술의 하나라는 점을 전한 것이다.

이러한 오행생극 원리의 지위에 대해 『유장상법』에서는 "부귀 빈천은 모두 강약왕쇠의 배분에 있다. 고로 금목수화토의 설을 취하고 있다."94)라고 하였다. 이는 얼굴이 지니고 있는 오행적 특성으로서 그 치우침, 이지러짐 등이 부귀빈천·화복과 같은 운명의 열쇠를 지니고 있으며, 이것이 상학에서 오행설을 취하고 있는 이유라고 하였다.

4) 음성관상법

본래 목소리를 들어서 질병을 진단하는 것은 사진(四診) 중에 문진(聞診)에 해당하지만, 『마의상법』과 『유장상법』에 성음(聲音)에 관한 내용이 발견된다. 『마의상법』에서도 "신(神)이 맑으면 기가 화하고 기가 화하면 소리도 깊게 울려나와 화창하며, 신이 흐리면 기가 단촉하고 기가 단촉하면 소리가 초급(焦急)하여 가볍고 쉰 목소리가 나오는 것이다."95)라고 하였다. 이는 색(色)이 신(神)의 상태를 반영한다고 보아, 목소리를 통해서도 그 사람의 신 상태가 드러난다는 것이다. 『마의상

---

94) "富貴貧賤盡在衰降旺弱之配 故取爲金木水火土之說.", 『柳莊相法』
95) "神淸則氣和 氣和則聲深而圓暢也 神濁則氣促 氣促則聲焦急而輕嘶也.", 『麻衣相法』

법』에서는 목소리를 오행에 따라 다음과 같이 구분하였다.

> 대개 사람이 오행의 형태를 받았으면 소리도 또한 오행의 상(象)이 있
> 는 것이다. 그러므로 토의 소리는 심후하고 목의 소리는 고창하고 화의
> 소리는 초열(焦烈)하고 수의 소리는 원급(圓急)하고 금의 소리는 화윤(和
> 潤)하게 나온다.96)

> 시(詩)에 말하기를 목의 소리는 고창(高唱)하고 화의 소리는 입술이
> 타는 듯하고, 화창하고 부드러운 금의 소리는 가장 부요(富饒)한 상이다.
> 토의 소리는 옹기 그릇 속에서 나오는 것 같고 수의 소리는 원급하게
> 나부낀다.97)

『마의상법』의 언급과 유사하게 『유장상법』에서도 "목성은 높고 길
어야 좋고 금성은 밝고 윤택해야 좋다."98)라고 하였다. 이처럼 오행에
따라서도 목소리가 구분되지만, 귀천이나 남녀에 따라서도 목소리가
구분된다고 보았다.

이를테면 "귀인의 소리는 반드시 단전으로부터 나오나니 그 기질은
목구멍이 너그럽게 울리고 튼튼하다. 빈천한 상은 말소리가 입술과
혀끝에서 떠나지 않으니 일생 분주하여 말하기 어렵다."99)라고 한 것
은 귀천에 따라 목소리가 다르다는 것이다. 남녀에 따라 목소리가 다름

---

96) "夫人稟五行之形則 聲氣亦有五行之象也 故土聲深厚 木聲高唱 火聲焦烈
　　水聲圓急 金聲和潤.",『麻衣相法』
97) "詩曰木聲高唱 火聲焦和潤 金聲最富饒 土語却如深甕裡 水聲圓急韻飄飄.",
　　『麻衣相法』
98) "木聲宜高長金聲宜明潤.",『柳莊相法』
99) "貴人音韻出丹田 氣質喉寬響亦堅 貧賤不離脣舌上 一生奔走不堪言.",『麻
　　衣相法』

을 말한 것이다.『유장상법』에서 "부인의 음성은 맑은 것이 좋고 남성의 음성은 울림이 있고 견실해야 좋다."[100]라고 한 것은 남녀에 따라 목소리가 다름을 말한 것이다.

또한, 목소리가 좋고 분명한 사람은 성공 가능성이 높다고 할 수 있다. "소리란 단순한 음성뿐만이 아니라 말의 정확함, 거짓이 없는 것까지 포함한다. 타산이나 아첨을 빼고 옳은 것은 옳다고, 나쁜 것은 나쁘다고 명확하게 말할 수 있는 사람이 반드시 남의 위에 설 수 있다."[101] 말은 그 사람의 인격을 대변한다고 본다. 말이 정확하다는 것은 그 사람의 내면 깊숙이 잠재된 진실성의 결과가 목소리로 발현된다고 여겨지기 때문이다.

4. 얼굴의 점

얼굴에 있는 점으로도 길흉을 판별하는데 점은 유전에 의한 선천적인 것과 개인의 식생활이나 활동문제로 인한 후천적인 것으로도 나뉜다. 이에 점은 사람에 따라 이미지를 강하게 만들 수가 있고 성적인 매력까지도 어필할 수도 있다. 그러나 대체로 몸속에 있는 점은 길(吉)로 보는데 얼굴에 있는 점은 흉으로 간주하는 경우가 다반사이다.

점의 형태도 윤기가 나는 살아있는 점의 형태가 있고 윤기가 없는 죽어있는 점의 형태가 있다. 점 하나의 흔적이지만 그것은 사람의 인상을 결정짓는 데 큰 역할을 한다. 사람에 따라서 성적인 매력을 가일층하게 보이는 점도 있다. 연예인의 경우가 좋은 예이다.

---

100) "婦人之聲宜淸 男人之聲宜响堅實爲妙.",『柳莊相法』
101) 주선희, 앞의 논문, p.16.

점 하나 때문에 좋은 인상을 나쁘게 만드는 경우가 많고 점이 난 위치에 따라서 인상학적인 의미도 함축되어 있으니 유념해서 살펴볼 일이다. 예를 들어 〈그림 12〉[102] ⑧의 부위 인당에 점이 있으면, 일이 지체되는 경우가 많고 문서로 인한 실패를 경험하기 쉽다. 또 비현실적이기 쉽고, 히스테리 경향도 있다. 이런 형상의 사람은 일의 진행이 쉽게 되지 않고 어려움을 겪은 이후에 발전된다고 본다.

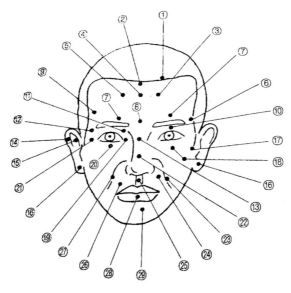

〈그림 12〉 얼굴에 있는 점의 의미

그럼에도 불구하고 실권을 쥐지 못하면 다른 직업을 택하는 것이 이롭다. 얼굴의 점에 대해서는 여러 이견이 있지만, 대체적으로 위 〈그

---

102) 石本有孚 저, 김영주 옮김, 『인상학대전』, 동학사, 2007, p.79.

림 12〉와 같은 인상 이론에 공감하는 편이다. 〈그림 12〉의 얼굴에 있는 점의 의미는 〈표 1〉의 해석과 같으므로 인상을 판별하는데 조금은 도움이 되리라 본다.

〈표 1〉 〈그림 12〉의 얼굴 점의 의미 해석

번호	점의 의미 해석
①	머리카락 속에 있는 점으로 숨겨두는 애인이 생긴다.
②	조상에게 감사하는 마음이 적다.
③	어머니와의 인연이 약하다.
④	부모에게 등을 돌리기 쉽다.
⑤	아버지와의 인연이 약하다.
⑥	女難. 男難의 상으로 실연을 잘 한다. 특히, 여성은 윗사람과 사랑에 빠지기 쉬운데 잘 이루어지지 않는다.
⑦	친구관계로 좌절한다.
⑧	일의 지체, 인감이나 문서로 인해 실패, 일반적으로 비현실적이기 쉽고, 히스테리 경향도 있다.
⑨	여난. 남난의 상
⑩	부모의 유산을 잃는다.
⑪	부모에게 유산을 받지 못하고, 받아도 잃고 만다.
⑫	재산을 지키지 못한다.
⑬	고향을 떠나며, 지병이 있기 쉽다.
⑭	금전적으로 어려움이 있다.
⑮	타고난 복이 있다.
⑯	부모에게 효도하는 점이다.
⑰	불로 인해 어려움을 겪을 상이다.
⑱	사람 때문에 손실을 입는다.
⑲	의심이 많은 성격이다.
⑳	아이가 적다.
㉑	부부생활에 불만이 많다.
㉒	여성은 남편과 인연이 약하고, 남성은 복부가 약하다.
㉓	어머니와의 인연이 약하다.
㉔	귀찮은 사람으로 인해 손실을 입는다.
㉕	장수하지 못한다. 여성은 아들과의 인연이 없다.
㉖	좋은 이름을 남기지 못한다.

번호	점의 의미 해석
㉗	불가사의하게 아버지의 죽음을 보지 못한다.
㉘	물로 인해 어려움을 겪을 상이다. 식중독을 주의한다.
㉙	주거에 어려움이있기 쉽다. 40세까지 한번쯤 실패한다

5. 오행과 관련된 관상 활용

18세기 골상학을 대중화한 선구자인 스위스 신학자 요한 카스파르 라바터(Johann Kaspar Lavater)는 골상학을 인간의 외모를 통해 내면을 인식하는 기술이라고 정의했다. 다시 말해서 바로 지각되지 않는 것을 자연스러운 표현을 통해 인지하는 기술이며, 모든 표정 윤곽, 모든 적극적·소극적 행동, 인체의 모든 부분, 수동적이거나 혹은 능동적인 인간을 직접 느낄 수 있는 모든 것들, 인간이 자신을 드러내는 모든 것들이 바로 골상학의 대상이라고 말한다.

골상학은 근대에 발견된 것이 아니다. 최초의 골상학적 고찰은 이미 아리스토텔레스에서 유래하나 인류학적 연구로 행해진 것은 바로 근대 초기 르네상스 시대이다.[103] 아리스토텔레스는 관상의 원칙을 세 가지로 제시하였는데, 첫 번째 많은 종류의 동물과 인간을 비교하고 추론한 신체의 특성과 그에 따른 성품을 추론하고, 두 번째 인종에 따라 사람을 구분하여 인종 별로 특색을 찾았으며, 세 번째 다양한 표정이 의미하는 감정이나 그 속의 감성을 찾는 것[104]이라 하였다.

동양 상학에서도 동물과 사람을 대입하여 대상의 심성이나 길흉을 예측하기도 하였는데, 주로 눈, 코, 입, 귀 같은 세부적인 상을 판단하였

---

103) 리하르트 반 될멘 저, 최윤영 역, 『개인의 발견』, 현실문화연구, 2005, pp.132-133.
104) 설혜심, 앞의 책, p.49.

다. 이처럼 관상과 동물을 대비하여 본다는 것은 인간의 외모가 실제 주변의 생명체들과 연결되어 운명론적으로도 접근되고 있음을 보여주는 것이다. 따라서 상학은 실생활에서 적용되는, 가장 밀접해 있는 학문이라고 할 수 있다.

우리가 실제의 삶에서 사용하는 언어 중에서도 관상학과 관련된 단어나 의미를 지닌 문장을 쉽게 볼 수 있는데 미련하다, 꼴값한다, 첫인상 등이 이것이다. '미련'(眉連)의 사전적 의미는 '어리석고 둔함'이라는 뜻으로 한자의 표기도 없으며 순수한 우리말로 표기되어 있다. 미련이라는 뜻은 응용역학의 한 분야인 관상학에서 "눈썹이 연결되었다."는 뜻으로 이런 사람은 지혜가 없다는 의미를 내포하고 있으며,[105] 이는 관상서에도 볼 수 있다. 『마의상법』에서는 "두 눈썹이 인당을 붙인 듯 교차하면 하천한 인물이 된다."[106]라고 하며, 다음과 같이 말한다.

> 이 나후(羅候)와 계도(計都) 즉 두 눈썹이 명궁에 들어가면 마치 눈썹이 서로 연결되어 황적색이며 다시 짧으면 주로 형제와 자식이 많이 침범당해서 잘못 죽는다.[107]

이상과 같이 두 눈썹이 이어진 형태를 의미하는 '미련'이라는 단어는 실제 상학에서도 부정적인 의미를 담고 있다.

상학의 적용은 인재의 등용에도 직결되어 있다. 고대 중국에서부터 현재까지 인재의 등용은 나라의 성패에 영향을 줄 수 있는 중대사였기

---

105) 이시송, 「점복에서 파생된 어휘의 함의 연구」, 공주대 박사논문, 2013, p.2.
106) "眉接相交 成下賤.", 『麻衣相法』
107) "此二星入命 如眉相連 黃赤色 更短 主骨 肉子息 多犯惡死.", 『麻衣相法』

때문이다. 여러 문헌에는 상학을 통해 인재를 구별하거나 집안의 몰락
을 예견한 기록을 볼 수 있다. 『서경』「요전」에는 요임금이 인재를
등용하기 위해 대신들과 인물을 평가하는 내용이 다음과 같이 나온다.

> 요임금이 말하였다. '누구를 등용할만한가?' 방제가 대답하였다. '장자
> 이신 단주가 총명하다 하겠습니다.' 그러자 요임금이 '자신의 말에 책임도
> 질 줄 모르며 입씨름하기만을 좋아하는데 가능하겠는가? 누가 나의 일을
> 받들겠는가?'라고 했다. 환두가 '공공(共工)이 인심도 얻었고 공도 많이
> 세웠습니다.'라고 하니, 요임금께서 '말은 아름다우나 실제 행동과는 다르
> 며 외양은 공손하지만, 마음의 거만함은 하늘에 넘칠 것이다.'라고 하였
> 다.[108]

이와 같이 요임금은 그 사람 외면의 상(相)뿐만 아니라 언행을 관찰
함으로써 그의 길흉과 소임의 적합을 판단하였다. 후한 시대 『인물지』
를 보면 인재의 등용이 얼마나 중대한 일이었는지 알 수 있다. 『인물
지』에 의하면, 사람을 판단하는 것과 천부적으로 타고난 재능을 구별
하고 그 재능에 적합한 일에 배치하여 일의 효율성을 높이는 데 목적이
있음을 제시하였다. 『인물지』에서는 다음과 같이 말한다.

> 여러 인물의 직분은 크게 12가지로 나눌 수 있다. 청절가(淸節家), 법
> 가, 술가, 국체(國體), 기능(器能), 장비, 기량, 지의, 문장, 유학, 구변, 웅걸
> 등이 그것이다.[109]

---

108) "帝曰疇咨若時 登庸 放齊曰 胤子朱啓明 帝曰 吁 囂訟 可乎 帝曰 疇咨若
予采 驩兜曰都 共工 方鳩僝功 帝曰 吁 靜言庸違 象恭.", 『書經』
109) "蓋人流之業 十有二焉 有淸節家 有法家 有術家 有國體 有器能 有藏否 有
伎倆 有智意 有文章 有儒學 有口辯 有雄傑.", 『人物志』

제1편 관상학의 전개와 방법 **179**

이처럼 『인물지』에서는 각각의 인물이 가지고 있는 재능을 구분하고 그 재능의 특성에 따른 적합한 직책을 제시함으로써 일의 능률성을 고려한 것이 특징으로 나타난다. 재능을 구분하는 척도로는 덕행의 유무와 행동거지에 따른 성품과 언어의 특성을 주로 보고 판단하여 분류하였다.

또한, 성품을 9가지로 나누어 군세지만 꼼꼼하지 못한 사람, 지나치게 엄격한 사람, 고집스럽고 강경한 사람, 변론을 잘하고 구변이 좋은 사람, 성정이 차분하지 못하고 변덕을 일삼는 사람, 이해력이 얕은 사람, 관대하고 너그러운 사람, 따뜻하고 부드러운 사람, 기발함을 좋아하는 사람으로 나누어 서술하였다.

그리고 일곱 가지의 사기성을 가진 인물의 특징을 서술함으로 주의해야 하는 사람을 분류해 놓기도 하였다. 그 내용은 다음과 같다.

성품이 정밀하면서 맑지 않은 사람은 그럴듯하지만 일곱 가지의 사이비 같은 유형으로 될 수 있다. 깊은 생각 없이 말을 나오는 데로 늘어놓는 경우, 마치 이를 실행하는 사람처럼 보일 수 있음이요. 알고 있는 이치는 적으나 제시한 단서가 많은 경우 마치 많은 지식을 가진 박식한 사람처럼 보일 수 있음이요. 빙 둘러 말하여 다른 사람의 뜻과 영합하는 경우 찬성하여 이해한 듯 보일 수 있고, 자신의 의견은 뒤로 물리는 듯 처신하여 남의 말을 지지하는 경우 판단을 잘하는 사람 같으며, 어렵고 힘든 논란 거리는 피하여 응답하지 않으려는 경우 여유를 가진 사람처럼 보이나 실제로 아는 것이 없는 사람이며, 서로 통하기를 원하며 입으로만 떠드는 경우 타인의 말을 즐겁게 느끼는 것과 같지만 속으로는 기뻐하지 않는 것이며, 이 같은 마음 때문에 실정이 어긋나고 말이 궁하다 할지라도 묘한 말로 돌리며, 불리해질 때 말꼬리를 잡고 늘어지는 것은 마치 의지가 굳어 굽히지 않는 강직한 사람으로 보일 수 있는 것이다.110)

인재 등용의 목적에 따른 관상학 관련 기록은 『대대예기(大戴禮記)』
에도 나타난다. 상학이 인재 등용이라는 실제적인 일에 충분히 적용되
고 있는 점이 이러한 저술에 그대로 드러나는 모습이다.

> 옛날 요임금은 용모를 보고 사람을 선발하였고, 순임금은 안색을 보고
> 사람을 선발하였으며, 우임금은 언어를 보고, 탕 임금은 목소리를 듣고,
> 문왕은 풍도(風度)를 보고 사람을 선발하였다.[111]

이처럼 왕조에 따라 약간씩 차이는 있지만, 용모, 안색, 언어, 목소리,
풍도 등을 통해 인재를 선발하였음을 알 수 있다. 같은 맥락에서 관상
의 실제적 적용은 여러 고전에도 발견된다. 앞서 살펴본 『맹자』 외에도
『장자』[112], 『국어』[113], 『사기』[114] 등 수많은 문헌에서 관상에 대한 기
록을 쉽게 찾아볼 수 있다. 이는 그만큼 관상이 사회적으로- 널리 적용

---

110) "若乃性不精暢 則流有七似 有漫談陳說似有流行者 有理少多端 似若博意
者 有廻說合意 似若讚解者 有處後持長 從衆所安 似能聽斷者 有避難不應
似若有餘 而實不知者 有慕通口解 似悅而不懌 有因勝情失 窮而稱妙 跌
則掎蹠 實求兩解 似理不可屈者 凡此七似 衆人之所惑也.", 『人物志』
111) "昔堯取人以狀 舜取人以色 禹取人以言 湯取人以聲 文王取人以度.", 『大
戴禮記』
112) "鄭有神巫曰李咸 知人之死生存亡 禍福壽夭 期以歲月旬日 若神 … 列子
見之而心醉 歸 以告壺子 曰 始吾以夫子之道爲至矣 則又有至焉者矣 壺子
曰 吾與汝旣其文 未旣其實 而固得道與衆雌而无雄 而又奚卵焉 而以道與
世亢 必信夫 使人得而相汝 嘗試與來 以予示之.", 『莊子』; "子綦有八子 陳
諸前 召九方歅曰 爲我相吾子 孰爲祥 九方歅曰 梱也爲祥 子綦瞿然喜曰 奚
若曰 梱也將與國君同食以終其身.", 『莊子』
113) "簡王八年 魯成公來朝 使叔孫僑如先吶儿見王孫說與之語 設言於王曰 魯
叔孫之來也 必有異焉 … 且其狀方上而銳下 宜觸冒人.", 『國語』
114) "呂公曰 臣少好相人 相人多矣無如季相 願季自愛 臣有息女願爲箕帚妻.",
『史記』

되었음을 보여주는 근거이다.

고금을 통하여 상학은 실제의 삶과 밀접한 관련 속에 적용되어온 것이 사실이다. 오늘날 상학은 인상학과 관련되어 '얼굴 경영'이라는 용어가 정착되어 왔다. 이른바 상학을 현대적으로 풀이하면 인상학이라 해도 좋을 것이다. 인상학에 대해서 주선희는 상(相)에는 보이는 것과 보이지 않는 것이 있다며 다음과 같이 말한다.

> 우선 눈으로 보이는 상으로 그 사람의 눈빛, 언상(言相), 웃음소리, 체상(體相)을 비롯한 육체 언어 등을 미루어 판단하되 생각, 태도, 실천 의지, 주위 여건 등을 종합해 온몸과 몸짓에서 과거와 현재 그리고 미래를 읽어 내는 포괄적이고 종합적인 학문이 인상학이다.[115]

이처럼 관상이라는 말과 인상이라는 말은 오늘날 큰 차이 없이 자주 거론되고 있다.

그러나 관상학과 인상학에는 차이가 있다. 일반적으로 관상은 얼굴의 고정된 모습에서 운명을 초년, 중년, 말년으로 나누어 접근된다. 생긴 대로 산다는 말은 바로 이 관상학에서 나온 말이다. 필자의 관견으로 인상학은 보이는 얼굴이란 보이지 않는 마음이 고개를 내민 것에 불과하다고 보는 것이다.

인상학은 좋은 얼굴을 가지기 위해서는 어떤 마음을 품고 어떤 생각과 행동을 해야 하는지를 인도해 주는 것이다. 따라서 "적극적인 의미에서 인상학은 얼굴 경영학이라고 할 수 있다. '그렇게 사니까 그렇게 생긴다', '이렇게 살면, 이렇게 바뀔 수 있다'가 인상학의 핵심이다.

---

115) 주선희, 『얼굴경영: 나를 바꾸는 인상학의 지혜』, 동아일보사, 2014, p.20.

또 얼굴의 30% 정도가 타고나는 것이라면 70%는 후천적 환경이나 노력으로 만들어지는 것인데 특히 표정은 더욱 그러하다. 나이 40이 되면 자기 얼굴에 책임을 져야 하는 까닭도 여기에 있다."[116] 생긴 데로 사는 관상학이 아니라 사는 데로 바뀌는 것이 인상학의 논리이다.

그 이유로 관상학을 수동적 운명론으로 보아 한번 관상을 보면 그 후에는 더 볼 필요가 없게 되고, 관상학만을 신봉할 경우 좋은 관상을 지닌 사람은 자만하게 되며, 나쁜 관상을 지닌 사람은 자포자기하는 폐단이 있다는 것이다. 그러나 인상학에서는 나쁜 관상이라도 노력 여하에 따라 운명이 바뀔 수 있음을 강조하는 적극적 운명론이다. 문제 는 어떠한 노력이 어떠한 방식으로 어떠한 절차에 따라 시도되어야 하는가에 있다고 하겠다.

이상과 같이 관상학 또는 인상학은 인재의 등용시 주로 활용되었다. 박경숙에 의하면 조선 시대부터 인상학은 고전적 상학의 이론만 중시 한 것이 아니라 인성의 중요성을 근본으로 운화의 행하는 것에 역점을 둔 관점을 중심으로 국가시험으로 인재를 선발하였다고 한다. 그래서 "허준의 『동의보감』과 인상학적 요소로 환자의 상태를 진단, 활용, 치 료의 역할을 했고 국가의 인재 등용과 사회의 현실 치세 등에 다양하게 인상학을 활용한 것을 판단할 수 있다."[117]는 것이다. 이처럼 앞으로 우리 사회에도 다양한 상학의 활용도가 필요하다고 본다. 인상학에서 는 최고의 좋은 인상도 최고의 나쁜 인상도 없으며, 균형과 조화를 최우선으로 정하는 것이다.

---

116) 주선희, 「東·西洋 人相學 硏究의 比較와 人相管理에 대한 社會學的 考察」, 경희대 박사논문, 2004, p.11
117) 박경숙, 「朝鮮時代 美人像의 人相學的 硏究」, 원광대 박사논문, 2014, p.48.

현대사회는 개인의 개성이 존중받는 시대이다. 옛날에는 직업의 다양성이 없었으나 지금의 시대에는 다양한 직업의 패러다임을 지향하는 쪽으로 발전되어가고 있다. 물도 그 본질은 변함이 없으나 어떠한 물 잔에 물을 담느냐에 따라서 물의 형상은 달라진다. 세모난 잔에 물을 담으면 세모의 형태로, 네모난 잔에 물을 부으면 네모의 형태로, 둥근 원형의 잔에 물을 부으면 둥근 원형의 형태로 변한다.

얼굴의 타고난 생김새는 목, 화, 토, 금, 수라는 오행의 형상으로 나누어질 수는 있으나 형상의 우열을 논할 수는 없다고 본다. 얼굴의 형태에 따라서 성격, 기질, 호·불호는 확연한 차이가 있을 수는 있지만, 타고난 기질의 특성을 잘 활용하면 개인 자신은 물론이고 나아가 사회가 발전할 수 있는 계기가 될 수 있다고 본다.

현대사회의 상학 활용도의 한 예로 인재의 채용 시에는 면접이라는 과정을 거치게 되는데, 이때 면접관의 입장에서 인재를 한눈에 알아보기란 어려운 일이다. 면접자의 인상을 통해 그 사람의 과거, 현재, 미래를 단시간에 구별해 내는 것은 사실상 불가능하다. 이때 필요한 것이 바로 인상학이다. 서류를 통한 객관적 검토는 마친 단계에서 면접을 통해 질문하여 그 사람의 지적인 성향은 어느 정도 파악이 가능하지만, 정작 미래에 대한 예측에는 한계가 있으므로 올바른 인재 등용을 위해서 인상학을 활용할 필요가 있다.

그러나 오랜 시간을 연마해야 하는 인상학의 특성상 단 시간 내에 인재를 파악하기 어려우므로 최소한 오행인에 대한 성찰이 요구된다. 그 이론적 기틀은 오행에 대한 올바른 이해에 있다고 하겠다. 따라서 다음 장에서는 이 오행에 대한 이해를 모색해 보도록 하겠다.

관상학의 철학 이론

1. 천인상응론(天人相應論)

고대 상술(相術)에서는 인간이 자연의 산물이면서 동시에 사회의 산물이기 때문에 자연과 사회의 규율이 인간의 운명에 직접 영향을 준다고 생각했다. 고대 상술이 가지는 이러한 관념은 중국 고대 철학의 천인합일 사상과 동일한 의미이다.[1] 『황제내경·영추』「사객(邪客)」에서 "이것이 인간과 천지가 서로 응하는 것이다."[2]라고 한 것에서 알 수 있는 것처럼, 『황제내경』에서는 천인상응론의 입장에서 인간은 천지자연의 기에 의해 생성되며 천지자연에 의지하여 자연의 변화에 적응하면서 생명 활동을 영위한다고 하였다.

이에 정현창은 「『황제내경』의 사유체계와 그 특징」[3]에서 천인상응

---

1) 张克明, 「中国相术的文化蕴涵试探」, 『益阳师专学报』15-3, 1994, p.30.
2) "此人與天地相應者也.", 『黃帝內經·靈樞』

론을 구조적 측면과 기능적 측면으로 밝히고 있다. 첫째, 구조적 측면
에서 천지자연과 인간은 서로 대응한다는 내용이 여러 편에 나오는데
『황제내경·영추』「사객」편의 내용이 대표적이다.

> 하늘은 둥글고 땅은 모가 났으니 사람의 머리가 둥글고 발이 모가 난
> 것으로서 상응한다. 하늘에는 해와 달이 있으니 사람에게는 두 눈이 있고
> 땅에는 구주(九州)가 있으니 사람에게는 구규(九竅)가 있다. 하늘에는 풍
> 우가 있으니 사람에게는 희노가 있다. 하늘에는 뇌전(雷電)이 있으니 사
> 람에게는 음성이 있다. 하늘에는 사시가 있으니 사람에게는 사지가 있다.
> 하늘에는 오음이 있으니 사람에게는 오장(五臟)이 있다. 하늘에는 육율
> (六律)이 있으니 사람에게는 육부(六腑)가 있다.[4]

이어서 동서(同書)에서는 하늘에는 동하가 있으므로 사람에게는 한
열이 있으며, 하늘에는 10일이 있으니 사람에게는 10개의 손가락이
있다고 하였다. 동서에서는 또한 별에는 열둘이 있으니 사람에게는
10개의 발가락과 음경, 고환이 있어 이에 상응하고, 여자는 이절(二節)
이 부족하여 이로써 태아를 임신한다고 했으며, 이어서 다음과 같이
말한다.

> 하늘에는 음양이 있으니 사람에게는 부처가 있다 한 해에는 365일이
> 있으니 사람에게는 360혈이 있다. 땅에는 높은 산이 있으니 사람에게는

---

3) 丁彰炫, 「『黄帝內經』의 사유체계와 그 특징」, 『大韓韓醫學原典學會誌』,
   17-4, 대한한의학 원전학회, 2004.
4) "天圓地方 人頭圓足方以應之 天有日月 人有兩目 地有九州 人有九竅 天有
   風雨 人有喜怒 天有雷電 人有音聲 天有四時 人有四肢 天有五音 人有五臟
   天有六律 人有六腑.", 『黄帝內經·靈樞』

어깨와 무릎이 있다. 땅에는 깊은 계곡이 있으니 사람에게는 겨드랑이와 오금이 있다. 땅에는 12경수가 있으니 사람에게는 12경맥이 있다. 땅에는 야생초가 있으니 사람에게는 모발이 있다. 하늘에는 밤낮이 있으니 사람에게는 잠들고 깨어나는 것이 있다. 하늘에는 나열된 별이 있으니 사람에게는 치아가 있다. 땅에는 작은 산이 있으니 사람에게는 작은 관절이 있다. 땅에는 산과 돌이 있으니 사람에게는 돌출된 뼈가 있다. 땅에는 숲과 나무가 있으니 사람에게는 근막이 있다. 땅에는 취락이 있으니 사람에게는 군살이 있다. 한 해에는 12달이 있으니 사람에게는 12관절이 있다. 땅에는 사계절에 풀이 자라지 못하는 곳이 있으니 사람에게는 자식이 없을 수도 있다. 이것이 바로 인체와 천지가 상응하는 것이다.[5]

같은 맥락에서 볼 때, 관상학의 구조적 측면의 천인상응론은 『마의 상법』의 「논형(論形)」에도 나온다. 사람은 음양의 기를 받아서 천지의 형상과 같고, 오행의 도움을 받아서 만물의 영장이 되었다는 것이다. 나아가 머리는 하늘을 본떴고 발은 땅을 본떴으며, 두 눈은 해와 달을 본떴고 소리는 우레를 본떴으며, 혈맥은 강하를 본떴고 골절은 금석을 본떴으며, 코와 이마는 산악을 본떴고 터럭은 초목을 본떴다며 다음과 같이 말한다.

> 하늘은 높고 장원해야 하고 땅은 모나고 두터워야 하며 일월은 밝고
> 광채가 나야 하고 뇌정은 음향이 울려 퍼져야 하며 강하는 윤택해야 하고

---

5) "天有陰陽 人有夫妻 歲有三百六十五日 人有三百六十節 地有高山 人有肩膝 地有深谷 人有腋膕 地有十二經水 人有十二經脈 地有泉脈 人有衛氣地有草蓂 人有毫毛 天有晝夜 人有臥起 天有列星 人有牙齒 地有小山 人有小節 地有山石 人有高骨 地有林木 人有募筋 地有聚邑 人有䐃肉 歲有十二月 人有十二節 地有四時不生草 人有無子 此人與天地相應者也.", 『黃帝內經·靈樞』

금석은 튼튼해야 하며 산악은 높이 솟아야 하고 초목은 수려해야 하는데, 이는 사람의 형체를 논하는데 큰 개요로서 곽임종(郭林宗)이 상을 보는 여덟 가지 법이 이것이다.[6)]

『유장상법』의 「인동천지(人同天地)」에도 이와 비슷한 내용이 나온다.

> 하늘은 큰 하늘이며 사람은 작은 하늘이다. 하늘의 해와 달에 해당하는 것은 사람에게 있어서는 두 눈, 사계절에 해당하는 것은 인체의 사지, 쇠와 바위는 근육과 뼈, 산악은 오관, 오행은 심·간·비·폐·신의 순서로 해당된다. 대개 머리는 둥글어 하늘을 닮고 발은 넓어 땅을 몸체는 산림을 음성은 우레와 천둥을 오악은 산천을 본받았다.[7)]

이어서 『유장상법』에서는 하늘의 바람과 구름, 우레, 비에 해당하는 것은 사람의 희로애락이라 했으며, 하늘의 바람과 구름을 측정할 수 없는 것처럼 사람의 아침, 저녁의 화와 복도 또한 측정할 수 없다고 하였다.

또 관상학에서 얼굴을 볼 때 삼정(三停)과 삼재(三才)를 나눈 것도 구조적 측면에서 천인상응의 한 예라고 할 수 있다. 상정은 천중(天中)에서 인당에 이르는 부위로 하늘[天]을 상징하는 것이며, 중정은 산근(山根)에서 비준(鼻準)에 이르는 부위로 사람[人]을 상징하는 것이고, 하정은 인중(人中)에서 지각(地閣)에 이르는 부위를 말하는데 땅[地]

---

6) "天欲高遠 地欲方厚 日月欲光明 雷霆欲震響 江河欲潤 金石欲堅 山嶽欲峻 草木欲秀 此皆大概也 郭林宗有觀人八法是也.", 『麻衣相法』「論形」

7) "此言天乃一大天 人乃一小天 天有日月人有雙目 天有四時人有四肢 天有金石人有筋骨 天有山嶽人有五官 天有金木水火土人有心肝脾肺腎爲五形 大概頭圓像天足方像地 週身像山林 聲音像雷霆 五嶽像山川", 『柳莊相法』

을 상징하는 것8)이라 할 수 있다.

삼재는 천·인·지를 얼굴에 비유하여 나타낸 것으로 삼정이라고도 한다. 이에 "문자가 말하기를 '사람은 하늘과 땅의 마음이며 오행의 단서이다.' 그러므로 하늘과 땅의 오행 기운을 품수 받아 태어났으니 만물의 주인이 되고 이의(二儀)와 짝하여 삼재가 된다."9)고 하였다. 여기서 이의와 짝한다고 하는 것은 만물의 주인인 인간이 천지와 짝을 한다는 것이다. 그러므로 삼재는 천재(天才), 지재(地才), 인재(人才)가 되어 인재인 인간이 천지와 관계됨을 말한 것이다.

> 이마는 천(天)으로 넓고 둥글어야 귀(貴)함을 알 수 있고, 코는 인(人)
> 으로 바르고 가지런해야 수(壽)를 알 수 있고, 턱은 지(地)로 네모지고
> 넓어야 부(富)함을 알 수 있다. … 발제(髮際)부터 눈썹까지를 상정(上停)
> 이라 하고, 눈썹에서부터 준두(準頭)까지를 중정이라 하며, 준두에서부터
> 지각(地閣)까지를 하정이라 한다.10)

상정(上停)은 하늘을 상징하고 중정은 사람을 상징하며 하정은 땅을 상징한다. 상정이 길면 초년에 길하고 기세가 크게 일어나 좋으며, 중정이 길면 군왕을 가까이 모시며, 하정이 길면 늙어서 길하고 대단히 번성하게 된다.

---

8) "上停法天主貴 子天中至于印堂 中停法人主壽 自山根至于鼻準 下停法地主
　　祿 自人中至于地閣.", 『麻衣相法』
9) "文子曰 人者天地之心 五行之端 是以稟天地五行之氣而生 爲萬物之主 配
　　二歲儀以爲三才.", 『五行大義』
10) "三才者 額爲天 欲闊而圓 名曰有天者貴 鼻爲人 欲正而齊 名曰有人者壽 頦
　　爲地 欲方而闊 名曰有地者富 … 夫自髮際至眉爲上停 眉至準頭爲中停 準
　　頭至地閣爲下停.", 『麻衣相法』

삼정(三停)이 평등하면 몸이 귀하게 되고 이름을 떨친다. 삼정이 고르지 않으면 고독하고 수명도 길지 못하고 빈천하다. 삼정의 장단과 균형은 귀천 및 길흉화복과 밀접한 관계가 있다. 일반적으로 하늘인 이마가 넓고 둥그스레 풍만하면 귀하다 하고, 사람인 코가 바르고 가지런하여 잘 이어져 내려오면 장수를 누리며, 땅인 턱이 모나고 넓으며 풍만하고 반듯하면 큰 부자이다. 이러한 상(相)은 음양오행을 잘 품수받은 아름다운 상이라 한다.

상정이 뾰족하고 좁으며 흠이 있으면 부모의 도움을 받지 못하여 초년에 어려움이 많다. 중정이 짧고 기울며 결함이 있으면 의로움이 없고 견문과 학식이 짧고 얕으며 고향을 떠나 중년에 괴로움이 있다. 하정이 좁고 작으며 뾰족하고 바르지 않으면 땅과 재산이 없으며 생활이 가난하고 고생스러워 늙어서 어려움이 많다. 그러므로 삼정이 길고 균형을 이루지 못하면 아름답지 않은 명운인 것이다.

이 가운데 상정은 선천의 운, 전뇌(前腦)의 기능, 뇌의 건강 유무, 지혜, 예술, 종교, 도덕, 감정 등이 표현되는 곳이며 부모의 운과 남편의 덕을 판별한다. 중정은 눈썹 모양은 수려해야 하고 눈은 흑백이 분명하고 맑아야 한다. 코는 탐스럽고 쓸개를 달아맨 것처럼 생겨야 한다. 뺨은 둥글고 불룩하여 코를 잘 감싸줘야 좋으며 상정과도 조화를 이루어 내려오면 초년, 중년에 크게 운이 틔어 복이 이르게 된다. 하정은 노년의 운기를 보며 수명의 장단을 본다. 말년의 생활수준과 처세관 등 체력을 판단하여 보며 아랫사람과 자녀의 덕을 알 수 있다. 턱이 앞으로 오긋해서 상정과 조응을 이뤄야 좋다.

삼정이 서로 조화를 이루고 있으면 부귀영현(富貴榮顯)하고, 삼정의 균형이 깨어지면 외롭거나 빈한하여 비천하고 수명 또한 짧다. 그러므로 삼정 가운데 어느 한 부분이 발달하면 조화와 균형이 깨어진 것으로 좋지 않다. 삼정은 각 부위가 풍만하고 용모가 바르며 정신이 완숙(婉淑)하고 마음이 평화로우면 부귀한 상의 기본 요소가 된다.

인간은 구조적인 면으로 볼 때 천지와 닮은 존재이며 사람이 정신과 육체를 각각 하늘과 땅으로부터 음양의 기운을 품부 받으므로 만물의 창조자인 천지를 닮았다. 그러므로 작은 우주에 비유되는 인간은 다른 존재와 구별되는 존재로 규정하였다.

따라서 인간의 신체 구조와 그 작용 및 생리적 현상들이 하늘의 법도와 땅의 질서에 합일되고, 주야와 사시 등 자연 운동과 환경 변화에 신체의 생리적 현상이 원활하게 이뤄짐으로 천지자연과 서로 상응하여 생(生)의 목적을 위해 자발적으로 이루어진다고 보았다. 이것은 '천인상응'(天人相應)의 이론으로 오늘날의 관점에서 보면 억지로 끌어들여 꾀어 맞추려한 것과 같이 잡스러워 품위가 떨어져 보이지만, 당시 고철(古哲)들이 몸소 느낀 이론임에 분명하다. 고대 관상학이 가졌던 우주관은 그들의 체험과 경험을 바탕으로 하여 어떤 의미 있는 현상을 자세히 살펴보는 것에서 시작되었다.

둘째, 기능적 측면에서는 인체가 주야·사시·24절기의 변화에 따라 적응해 나가는 것을 말하는데 『마의상법』에서도 이러한 관점을 발견할 수 있다. 예를 들어 "하늘의 도는 1년 중 24절기(節氣)가 있어 주세(周歲)하고, 사람의 얼굴에는 24변(變)이 있는 것이니 오행으로 배분하면 틀림이 없는 것이다."[11]라고 한 것은 24절기의 변화에 따라 얼굴의 기색에 변화가 있음을 밝힌 것이다.

『마의상법』에서 말한다. "대개 기색은 15일에 바뀌고 자시(子時)에

---

11) "天道週歲而有二十四節氣　人面一年亦有二十四變　以五行配之無不驗者.",
　　『麻衣相法』

변하게 된다. 사시의 기색을 분변하고자 하면 그 기색의 오행 소속을 구별하라. 봄에는 청색, 여름에는 홍색, 가을에는 백색, 겨울에는 흑색, 그리고 사계월(四季月)에는 황색에 소속되는데 이는 사시의 정기(正氣)라 한다.”12)고 하여 시간의 변화에 따라 얼굴색의 변화가 적절해야 함을 주장하고 있다.

『유장상법』에서도 「사시기색(四時氣色)」에 보면, 사계절에 따라 얼굴색이 어떻게 변하는지 설명해 놓았다. 예를 들어 봄에는 만물이 태어나므로 삼양(三陽)에 푸른색이 나타나는 것이 마땅하다13)고 하였다. 또 12월에 따른 기색의 변화를 설명한 것이 특징이라 할 수 있다. 이와 같이 기능적 측면의 천인상응론은 주로 시간의 변화에 따른 얼굴색의 변화에서 찾을 수 있다.

고대 초기 하늘은 사람에게 두려움과 동경의 대상이며 의지의 하늘로서 화복(禍福)의 원천이라고 믿어졌는데 중국 역시 그러하였다. 은나라 때에는 자연 하늘이라는 개념보다 우주 창조를 주재하는 초자연적인 절대자의 의미로 많이 쓰였다. 자연의 절대자인 상제는 자연현상뿐만 아니라 사회현상 및 인간사 모든 것을 주재하는 지고무상의 절대적인 권위를 지니는 존재였다.

그러므로 인간은 오직 절대복종할 수밖에 없었고 신의 뜻을 알기 위해서는 구복(龜卜)을 사용했다. 주나라로 들어오면서 하늘과 인간이 상대적 개념의 범주 안에 있음을 인식하고 정치, 도덕의 하늘 개념으로 파악하기 시작하였다. 이것이 바로 천인관계에 대한 사유가 발생한

---

12) “夫氣色半月一換交一節氣 子時則變矣 欲辨四時之氣者 別其氣五行之所屬也 春靑夏紅秋白冬黑 四季月要黃 乃四時之正氣也.”, 『麻衣相法』
13) “春天萬物發生 宜靑在三陽之上.”, 『柳莊相法』

필연적인 배경이 된다.

인간과 자연과의 관계는 서로 모자라는 부분을 보충해주며 천지간의 상호 감응 속에서 인간을 이해한다. 자연현상에서 이루어지는 변화를 근본으로 정립하여 그 안에서 한계를 설정하고, 자연과 조화를 깊이 생각하여 밝힘에 인생의 중요한 의미를 두었다.

따라서 인간이 행할 바른길은 천지만물의 운행 안에서 자연변화의 조화에 윤리적 의미를 더하여 그것을 인용함으로써 실천해 나아갔다. 이처럼 고대에는 인간을 따로 규정하지 않고 자연에 대한 순수한 사유에 의해 정의되어 결론을 이끌어낸다.

관상학은 자연에서 피조물인 인간을 자연의 형상과 같이 분석하였다. 단풍나무가 노랗게 단풍이 들면 가을이 온 것을 알듯이, 사람도 얼굴빛을 살펴 건강한지 슬픈지 좋은 일이 있는지 누구나 어렵지 않게 알 수 있다. 그렇다고 잎이 떨어진 겨울나무의 모습을 보고 병든 나무로 착각하여 구별하지는 않는다. 이처럼 형상의 차이점을 가지고 미루어 사람의 재능과 도량이 함께 발달할 것으로 예상하였다. 관상학은 이런 부분을 가지고 출세와 빈부를 가름하는 것으로 발전한 학문이다.

이와 같이 인간이 천지의 기를 받고 태어나 구조적으로 천지와 상응하고 기능적으로 사시주야와 천지자연의 변화에 적응해 나간다는 천인상응론은 의학서적이나 관상서적에서 공통적으로 나타나는 특징이다.

2. 시공합일론

고대 중국철학에서는 처음부터 시공을 서로 분리할 수 없는 것으로 인식했다. 현재 널리 사용되고 있는 '우주'라는 말 자체가 이미 시공의 의미를 함축하고 있다. 생명의 이치를 추론하고 해석하는 여러 학문

중에서, 인간이 태어나고 죽기까지의 시간과 공간 중에서 태어난 시간을 기준으로 판단하는 학문이 '명리학'이다. 다시 말하자면, 명리학은 현실적으로 일어나는 물리적인 현상인 길흉화복의 체계를 해독하는 것이다.

이러한 명리학의 기본적인 이론체계는 근본적으로 천문학(Astronomy)과 점성술(Horoscope)에서 기원한다. 즉 초인적인 기(氣)로 조화를 이루어내는 우주의 질서와 자연현상들을 인간의 삶과 구체적으로 연결하여 우주와 자연과 인간의 상호관계를 보다 실질적으로 추론해 보는 과정에서, 지구와 인간의 운명이 천체의 운행에 의해 크게 영향을 받고 좌우되고 있음을 이해하는 것이다. 그리고 우주와 인간의 유기적인 연결고리를 명리로써 논증하여 길흉화복을 유추하는 것이 이와 관련된다.

운명학에서의 시간이란 직선적으로만 흘러가는 것이 아니라 오히려 일정한 방향으로 흘러가면서도 일정한 주기를 갖고 각각의 궤도를 끊임없이 순환하는 것이다. 이 각각의 시간이 지니는 의미는 결코 동질적인 것이 아니라 그것이 순환하는 궤도 또는 주기상의 위치에 따라 서로 다른 의미를 지니고 있다. 그래서 사람의 운명은 그가 태어난 생년월일시의 특징에 의해 결정되며, 사람의 모든 행위는 각각의 시간이 지니는 의미에 비추어 서로 조화될 수 있는 방향으로 수행되어야 한다는 전제가 존재한다.

모든 시간은 각각 일정한 주기를 가지고 순환하며 모든 일은 때가 있고 인간의 운명은 시간의 지배를 받는다는 가정이 사주 명리에 내재되어 있다. 이 가정에 따르면 사람이 태어나는 것은 모종의 연월일시에 일어나는 일이므로 그의 운명 또한 그가 태어난 시간의 기운에 지배를 받는다고 볼 수 있다.[14] 사주 명리는 바로 이러한 시간관념을 전제로 성립된 추론체계15)라고 볼 수 있다.

이와 같이 명리학은 한 개인이 출생한 연월일시, 즉 사주팔자를 기반으로 하여 개인의 자질과 인생의 역정을 추론하는 체계이다. 명리학의 성립은 60갑자 간지체계(干支體系)의 성립을 전제조건으로 한다. 60갑자 간지체계는 시간성을 함축한 천문역법과 공간성을 함축한 음양오행이 결합하였다.

은나라 사람들은 60갑자를 기일역법(紀日曆法)으로 사용하였고, 점차로 기년(紀年), 기월(紀月), 기시(紀時)의 역법으로 확장되어 전국시대 말기 내지 한대 초기에 이르러서는 연월일시 모두 60갑자 간지로 치환(置換)하는 역법체계가 완성되었다. 여기에 전국시대 말엽 추연(鄒衍)은 간지와 음양오행을 결합하였다. 이렇게 시간성과 공간성을 함축한 60갑자 간지체계는 천문역법이 흘러가는 시간성과 음양오행으로 전개되는 공간성을 표상하는 부호이자 매체가 되어있다16)는 것이다.

---

14) 김만태, 「한국 사주명리의 활용양상과 인식체계」, 안동대 박사논문, 2010, pp.285-286.

15) 김만태·신동현, 「명리학에서 시간에 관한 논점 고찰: 子時를 중심으로」, 『원불교사상과 종교문화』59, 원광대학교 원불교사상연구원, 2014, pp.435-436.

16) 명리학에서 인간은 小宇宙로서 大宇宙인 하늘과 同流로써 서로 감응하고 합일하는 존재이다. 天地와 사람 사이에는 自然之氣로서 음양오행의 기운이 가득하다. 시간은 천지와 사람 사이의 기운을 순환시켜 계절과 물상을 바꾼다. 60갑자 간지는 이러한 시간이 빚어내는 공간의 변화를 표상하는 시·공간 매체이자 좌표이다. 따라서 출생 연월일시를 60갑자 간지로 치환하는 소위 '사주팔자'는 출생 당시의 음양오행의 기운 즉 천지운기의 좌표이다. 명리학은 60갑자 간지부호로 치환된 宇宙運氣의 좌표인 命과 이 명이 시간의 흐름에 따라 맞이하는 우주운기의 변화상황 즉 運을 연구하는 학문이다. 정하용, 「卦氣易學과 命理學의 원류에 관한 연구」, 공주대 박사논문, 2013, p.223.

여기에서 시간과 공간은 우주를 구성하는 기본 요소이다. 시간과 공간 자체가 우주라고 해도 틀린 말은 아니다. 『주역』의 사고로 형이하(形而下)인 기(器)로 표현할 수도 있는 지점은 기(氣)가 머무는 근거이기도 하다. 사람을 포함한 자연물이 특유의 힘이나 저력을 가지고 머무는 곳이다. 그런데 그 기운은 시간, 공간, 높이, 관찰자의 상대적 위치에 따라 달라질 수 있다. 아인슈타인의 상대성 이론에 이르면 경도, 위도, 고도는 3차원의 공간으로 확장되고 시간까지를 더하여 4차원의 공간이 되는데, 이 두 점 사이의 거리, 또는 벌어진 일 사이의 시간 간격은 관찰자에 따라 변화할 수 있다는 것이다. 여기에서 주어진 지점의 거리라는 가치를 찾고 개발하는 것은 관찰자로서 문화 참여자의 몫일 수 있다.

시간과 공간의 의의는 이런 맥락에서 접근할 수 있는 것이다. 그리고 그 중심은 반드시 사람에게 있어야 할 것이다. 추상적으로 접근하든 구체적 실상으로 접근하든지 간에, 우주, 자연, 여백, 허무 등을 논하지만 그것들은 반드시 사람의 심신이 머무는 자리일 때 의미 부여가 가능하기 때문이다.

관상학에서 '유년운기부위'(流年運氣部位)는 얼굴에 각각의 나이에 따라 그 해의 운기가 행하는 것을 알 수 있는 부위가 있다는 것이다. 또 삼정(三停)은 얼굴을 세 부분으로 나누어 각각 초년·중년·말년의 길흉을 알 수 있다는 것이다. 이는 얼굴의 공간적인 구분이 시간적인 구분까지 의미하는 것으로 시공을 합일해서 상을 보아야 한다는 것을 의미한다.

이에 「마의선생석실신이부(麻衣先生石室神異賦)」에서 말하기를 "골격이란 바뀜이 없으니 상(相)의 주체이다. 그러므로 일생의 영고(榮枯)를 알아내야 하고, 기색은 자주 변하는 것이니 행년(行年)의 길흉을 징험할지니 아는 자 참고하면 사람의 귀천을 거의 짐작할 수 있는 것이다."17)라고 하였다. 상을 본다는 것은 시간과 분리된 고정 불변의 형을 보는 것이 아니라 시시각각으로 변하는 기색을 포함한 형상을 보는 것을 의미한다. 『유장상법』에서는 「사시기색(四時氣色)」을 따로 두어 사계절에 따라 알맞은 색이 따로 있다고 보았고 특히 12개월에 따라 보는 부위와 색이 다르다고 하였다.

3. 유비추리론(類比推理論)과 조화론

1) 유비추리론

관상학에서는 유비추리(類比推理)의 사유방식을 사용하고 있다. 『유장상법』의 「영락백문(永樂百問)」에는 "상법은 본래 오행을 위주로 하고 또 짐승의 형상을 취하기도 하는데 사람을 가축에 비유하는 것은 어찌 그러한가?"18)라는 물음이 나오는데 이것은 관상학이 유비추리라는 논리 전개 방식을 취하고 있음을 보여주는 것이다. 구체적으로 『마의상법』에서 눈썹, 눈, 코, 입, 귀를 설명할 때 여러 가지 동물을 들어 설명하고 있는 것이 그것의 한 예이다.

눈을 보면 용안(龍眼), 봉안(鳳眼), 우안(牛眼), 공작안(孔雀眼), 후안(猴眼), 구안(龜眼), 상안(象眼), 작안(鵲眼), 원앙안(鴛鴦眼), 사자안(獅子眼), 호안(虎眼), 관안(鸛眼), 아안(鵝眼), 안목(鴈目), 저안(猪眼), 사안(蛇眼), 학안(鶴眼), 양안(羊眼), 합안(鴿眼), 낭목(狼目), 복서안(伏犀

---

17) "骨格無易相之體也 則一世之榮枯 可由此而知 氣色旋生相之用也 則行年之休咎可由此而驗 知者參之 人之貴賤思過半矣.",『麻衣相法』
18) "相法本取五行爲主 又取爲禽獸之形 莫非將人比畜麼",『柳莊相法』

眼), 어안(魚眼), 마안(馬眼), 녹목(鹿目), 웅목(熊目), 연목(燕目), 하목(蝦目), 해목(蟹目), 묘목(猫目)이라 하여 어떤 동물의 눈과 비슷하게 생긴 눈을 가진 사람은 그 동물의 성품을 가지는 것으로 추리하였다.

구체적으로 구목(龜眼)은 거북이 눈을 말하는데 "거북의 눈은 눈동자가 둥글고 수려한 기운을 감추고 있으며, 윗 눈꺼풀에 섬세한 주름이 여러 개 잡혀 있는 것이 이 형이 진격이다. 이러한 상을 가진 사람은 주로 장수하며 일생 복록을 누리는 상이다. 이러한 눈을 가진 사람은 건강하고 수와 복이 면면하니 그 남은 영화가 면면히 자손에게까지 미치게 된다."[19]라고 하여 거북이의 눈을 가진 사람은 장수하는 거북이의 특성을 가진다고 보았다.

호랑이와 관련된 것을 소개해 본다. "눈썹이 호랑이 눈썹을 닮은 것을 호미(虎眉)라 한다. 이 눈썹은 모름지기 거치나 위엄이 있으니 평생 담력이 크고 원대한 뜻을 성취한다. 이 눈썹은 반드시 부자가 되는 상인데 만일 부자가 안 되면 크게 귀히 된다."[20], "호랑이 눈을 가진 사람은 주로 위엄이 있고 비상한 부귀를 누리게 된다. 눈이 크고 눈동자는 누려 담금색이나 눈동자는 일반인보다 짧고 둥글다. 호랑이의 눈을 가진 사람은 성품이 강하고 침착하며 무게가 있어서 별다른 근심이 없으며 재물의 복을 타고나 부귀하게 되는 상이다."[21], "호랑이 코는 둥글고 풍륭하고 콧구멍이 보이지 않으며 난대, 정위는 없는 것 같은 모양으로 대부할 상이다. 굽지도 않고 기울지도 않고 산근이 크면

---

19) "龜眼晴圓藏秀氣 數條上有細紋波 康年福壽豊方足 悠遠綿綿及子孫.", 『麻衣相法』

20) "虎眉此眉須粗有威 平生膽志有施爲 不富終能成大貴.", 『麻衣相法』

21) "虎眼有威非常富貴 眼大晴黃淡金色 瞳人或短有時圓 性剛沈重而無患 富貴終年子有傷.", 『麻衣相法』.

부귀가 일세를 누리게 되고 이와 같은 상은 세상에 보기 드문 장부의 기상이라 한다."22)

동물의 물상에 대해 또 말한다. "호랑이 입은 넓고 커서 주먹이 능히 들어갈 만한 것으로 좋은 상이라 한다. 만일 귀를 얻지 못하면 크게 부자가 되는 운이니 금옥을 가득히 쌓아 놓고 자연을 즐길 상이다."23), "호랑이 귀는 귀가 작고 윤곽이 기울어진 것이니 얼굴을 대함에 기이함이 보이지 않는 상이다. 이러한 귀를 가진 사람은 성질이 간험한데 귀히 되고 위엄은 있으리라."24)고 하였다 이 모두가 호랑이처럼 위엄이 있고 부귀하게 된다는 특징이 있다.

관상학에서 유비(類比)의 대상은 동물의 형상과 성정뿐만 아니라 자연의 모습도 포함되어 있다. 예를 들어 오악(五嶽)은 중국에 있는 다섯 개의 산을 가리키는데 얼굴에서 산처럼 솟은 부위를 오악이라 하여 실재 산 이름을 붙인 것도 유비추리의 한 예이다.

이를테면 오악은 얼굴에서 솟은 부위인 이마, 코, 턱, 좌우 관골에 중국의 산 이름을 붙인 것이다. 이마를 남악인 형산이라 하고, 턱을 북악인 항산이라 하고, 코를 중악인 숭산이라 하고, 왼쪽 관골을 서악인 화산이라 하고, 오른쪽 관골을 동악인 태산이라 한다.25) "오악은 서로 조화를 이루어 잘 어울려야 융성하게 되고 일그러지거나 함몰되

---

22) "虎鼻圓融不露孔 蘭臺廷尉亦須無 不偏不曲山根大 富貴名褒世罕夫.", 『麻衣相法』

23) "虎口濶大有收拾 須知此口可容拳 若然不貴且大富 積玉堆金樂自然.", 『麻衣相法』.

24) "耳小輪郭又皆破對面不見始爲奇此耳之人多奸險亦能有貴有威儀.", 『麻衣相法』

25) "額爲衡山 頦爲恒山 鼻爲嵩山 左顴爲華山 右顴爲泰山.", 『麻衣相法』

어 해를 입게 되면 안 된다."[26]라고 하였다. 이와 같은 예를 통하여 유비추리가 관상학의 중요한 논리 전개 방식의 하나임을 알 수 있다.

2) 조화론

관상학에서는 한쪽으로 치우치거나 지나친 것을 경계하고 조화와 균형이 잡힌 것을 좋은 상으로 보았다. "귀인의 상이란 한곳의 아름다운데서 취하는 것이 아니요 사체가 모두 좋은 격을 갖추어야 한다."[27]고 하여 어느 한 부분의 상이 좋은 것보다는 전체적으로 균형 있게 조화를 이루어야 좋은 상으로 보았다. 한 가지가 좋다고 해서 좋다고 말해서도 안 되고, 한 가지가 나쁘다고 해서 흉하다고 말해서도 안 된다고 한 것[28] 역시 상을 볼 때 일부분만을 볼 것이 아니라 전체적인 조화를 살펴야 한다는 것을 말한다.

『유장상법』의 「영락백문(永樂百問)」에서 오관 가운데 어느 부위는 크고 어느 부위는 작으면 좋지 않다고 하는 이유가 무엇인지 물어보는 것에 대해, 오관은 모두 반듯하고 곧으며 균형을 이루어야 좋고 기울고 삐뚤어졌거나 너무 작거나 깎인 듯한 것은 좋지 않다고 하였다.[29] 한쪽이 너무 크거나 너무 작아도 안 되고 기울어지거나 삐뚤어서도 안 된다. 삼정(三停)도 평등해야 일생동안 의식과 복록이 그치지 않는다고 하였다.[30] 이러한 예는 여러 곳에서 찾아볼 수 있는데 예를 들면

---

26) "此五嶽欲其朝拱豐隆不欲缺陷破傷.", 『麻衣相法』
27) "觀貴人之相非止一途察朝土之形要稱四大.", 『麻衣相法』.
28) "不可以一美而言善莫以一惡而言凶.", 『柳莊相法』
29) "五官之中所忌何一官大何一處小對曰凡五官俱正直平均不宜偏陷小削.", 『柳莊相法』
30) "三停平等一生衣祿無虧.", 『柳莊相法』

"오성(五星)과 육요(六曜)는 모두 얼굴 위에 있는 것이니 눈썹을 빼놓고는 모두 기울거나 비뚤어진 것은 두려우니라."[31]고 하였다.

또 목줄기가 기울거나 비뚤어지면 허깨비와 같은 몸이므로 장차 황천에 돌아간다고 하였다. 이어서 "두 눈의 크기가 다른 것을 자웅안(雌雄眼)이라 하는데 이러한 눈을 가진 사람은 비록 의식은 풍부하나 사람됨이 매우 간사하다."[32]라고 하여 바르지 못하고 기울거나 비뚤어진 것, 그리고 좌우가 차이가 나서 다른 것을 좋지 않은 것으로 보았다. 이런 예들은 모두 관상학에서 조화를 중시하기 때문이다.

색과 관련해서는 "노인의 기색이 눈색(嫩色)을 띠면 좋지 않다."[33]라고 하며, "노인의 기색이 어린아이처럼 예쁘다면 처자를 극하고 고생스럽게 살게 된다."[34]라고 하였다. 눈색은 엷고 화사하게 밝은 색이지만 이는 젊은 사람에게서 나타나는 색이기 때문에 나이가 많은 사람에게 나타나면 좋지 않은 것으로 본 것이다. 이것은 조화라는 것이 공간적인 것만을 의미하는 것이 아니라 노소나 사시와 같은 시간적인 것도 함께 고려해야 한다는 것을 의미한다.

4. 정기신론

정(精)·기(氣)·신(神)은 무형이다. 이것이 바탕이 되어 유형을 이루게 된다. 무형이기 때문에 눈으로 볼 수 없지만, 정이 있어야만 기를 수 있고, 기가 있어야 신이 존재하게 되는 등의 연역적인 구조를 담고

---

31) "五星六曜在人面除眉之外怕偏斜.", 『麻衣相法』
32) "目一大一小曰雌雄有如此雖然財富必多譎詐.", 『麻衣相法』
33) "老人不宜色嫩.", 『麻衣相法』
34) "老人色嫩刑妻尅子主辛勤.", 『柳莊相法』

있다.

정은 생명의 근원이며, 기는 생명의 활동성을 의미하고, 신은 그 생명력의 정신을 말하는 것으로 몸 안에서 함께 순환하여 유기적인 관계를 통해서 생명이 유지된다. 관상학에서는 이러한 논리를 다음과 같이 제기하고 있다.

> 무릇 형체는 혈(血)을 기르고, 혈은 기(氣)를 기르고, 기는 신(神)을 기르는 까닭에 흠이 있는 모양, 즉 피가 온전하면, 온전한 기가 갖추어지고, 기가 온전하게 갖추어지면 신이 온전해 진다. 이에 형(形)은 능히 신을 기르는 까닭에 기가 열리면 편안해지는 것이니, 기가 불안하면 신이 사나워지고 안정되지 못하게 된다.[35]

정·기·신은 하나의 유기적인 관계로 서로 상응하면서 소통하는 관계로 형체가 생겨나게 된다. 이중에 하나라도 온전하게 갖추어지지 못하면 생명의 유지가 힘들게 되므로, 이들은 생명의 근원을 이루는데 기초가 되는 것이다. 즉 신(神)이 존재해야 형체를 이루고 존재할 수 있다는 것으로, 신이 없으면 형체가 부족하니 결국은 사라지게 되는 것이다. 이는 신과 형체는 함께 존재하지 않으면 안 되는 이유가 되는 것이다.

그리고 『동의보감』에서는 "정(精)이 능히 기를 낳고 한 몸을 지키고 기르는데 있어 정보다 더 큰 것은 없다."[36] 라고 하였다. 즉 정의 근원이 되며 이를 바탕으로 인체의 구성이 되는 것이다. 그러므로 생명은

---

35) "夫形以養血 血以養氣 氣以養神 故形全則血全 血全則氣全 氣全則神全 是知形能養神 托氣而安也 氣不安則神暴而不安 能安其神.", 『麻衣相法』, 「論神」
36) "精能生氣 氣能生神 榮衛一身 莫大於此.", 『東醫寶鑑』, 「內徑」

정의 상호 작용을 통하여 생명을 잉태하고, 잉태된 생명의 작용이 신(神)을 통하여 형체를 드러내게 되는 것이다. 정과 정이 만나서 서로 변화하고 작용하여 생명 작용을 시작하게 되는 것이 신이다.

그러므로 생명의 탄생은 남녀의 양정(兩精)이 상호 교합작용에 의해서 일어나는 것으로, 이를 신이라고 한다. 정이란 생명을 만드는 근본인 정자와 난자라는 것으로 인체의 생성에 작용하여 신이 생성되며 형(形)을 탄생하는 것을 말하는 것이다.

형(形)에 대하여 『회남자』에서는 "형은 생명이 머무는 거처이고, 기는 생명을 채우는 것이며, 신은 생명을 조절하는 것이다. 하나라도 자리를 잃게 되면 형·기·신 모두 상처를 받게 된다."[37]라고 하였다. 모두 유기적인 관계로 통일성을 가지고 조화를 이루어 가는 관계로써의 의미이다. 정과 신이 합하여서 형체가 생겨나는 것이다.

그리고 『옥관조신국(玉管照神局)』에서 "정(精)이 합한 후에 신(神)이 생기고, 신이 생긴 다음에 형(形)이 온전해지며, 형이 온전한 후에 색(色)이 갖추어진다. 밖으로 드러나서 알 수 있는 것을 형이라 하고, 마음에서 생겨나는 것은 신이라 하고, 혈육에 있는 것은 기(氣)라 하고, 피부에 있는 것은 색이라 한다."[38]라고 하였다. 형은 외형으로 드러나며, 신(神)은 마음이며, 정(精)에서 기를 받으므로 정은 혈(血)이 되며, 색은 피부에서 나타나는 것이다.

그러므로 정·기·신는 인간이 형체로 드러나는 형상의 근본이요 바

---

37) "夫形者生之舍也 氣者生之充也 神者生之制也 一失位則三者傷矣.", 『淮南子』, 「原道訓」
38) "人之生也 受氣於水 稟形於火 水則爲精爲志 火則爲神爲心 精合而後神生 神生而後形全 形全而後色具 是知顯於外者謂之形 生於心者謂之神 在於血肉者謂之氣 在於皮膚者謂之色.", 『玉管照神局』, 「陳搏先生風鑑」

탕이 되는 것이다. 『신상전편』에는 형과 정·기·신에 대하여 "기(氣)는 기름과 같으며, 신(神)은 등불과 같고, 형상은 기를 바탕으로 길러지는 것이다. 형(形)으로서 혈을 기르고 혈로서 기를 기르고, 기로서 신을 기르니, 형이 온전하면 기 또한 온전하다. 기가 온전하면 신 또한 온전하다."39)라고 하였다. 여기서 말하는 혈이란 정(精)을 말하는 것으로 정기가 온전하게 되면 신이 드러나며 비로소 형체가 드러난다는 말이다. 그러므로 근본은 혈과 기에 있다는 것이다.

정·기·신·혈이 없다면 형체도 없다는 것이다. 『신상수경집(神相水鏡集)』에서 "사람이 정·기·신·혈이 생겨나지 않고 오로지 빈 껍질만 있다면 어찌 살아있는 사람이라 할 수 있겠는가?"40)라는 것은 정·기·신·혈로써 사람의 형체를 이루고 생명을 기른다는 것을 말하는 것임을 알 수 있다. 신은 안에 있는 정신으로서 형체로 드러나지 않아서 눈으로 살필 수 없고, 기혈(氣血)은 생명의 근본을 이루는 것으로, 정신과 기혈은 상호 조화를 이루어 형상으로 드러나게 됨으로써 인간의 귀천과 성격·성품을 알 수 있게 되는 것이다.

신(神)은 안에 있어 그 형상을 볼 수 없고, 기(氣)는 신을 길러 생명의 근본을 이루고, 기가 씩씩하고 혈(血)이 온화하면 신도 편안하며, 혈이 마르고 기가 흩어지면, 정신이 분주하게 된다. 빼어난 인물은 청수하고 심신이 상쾌하며, 기혈이 조화를 이루면 정신도 어둡지 않다. 신이 맑고 탁한 것은 형상으로 드러나니, 귀천을 정하는데 감히 최고의 이치이다.41)

---

39) "氣似油兮神似燈 形資氣以養之…形以養血 血以養氣 氣以養神 故形全則氣全氣全則神全.", 『神相全編』, 「相神氣唐」
40) "假如精神氣血不生 惟有虛穀之體 面谷神先枯焉.", 右髻道人, 『神相水鏡集』
41) "神居內形不可見 氣以養神爲命根 氣壯血和則安固 血枯氣散神光奔 英標淸

즉 신(神)을 육안으로 볼 수 없지만 정신이란 사람의 형상을 이루는 근본이 되므로 정신이 맑으면 형체가 맑으며, 정신이 탁하면 형체가 탁하게 되는 것이다. 그리고 정신은 형체를 낳고 형체는 정신을 낳는 것으로 사람의 귀함과 천함은 형체를 통해서 정·기·신이 나타나게 된다. 그리고 정신이란 눈을 통하여 드러나게 되는 것으로 눈에서 신을 알 수가 있게 되고, 그 사람의 감정에서 일어나는 마음을 행동거지에서 알 수 있는 것이다.

같은 맥락에서 『마의상법』에서 "눈이 맑으면 신이 맑고, 눈이 어두우면 신이 탁하며, 맑은 즉 귀하고, 탁한 즉 천하다. 맑으면 깨어있는 시간이 많으며, 잠자는 시간이 적고, 탁하면 깨어 있는 시간이 적고 잠자는 시간이 많다. 능히 미루어 깨고, 자는 것으로 그 사람의 귀천을 알 수 있다."[42]라고 하였다. 곧 눈이 맑고 탁함은 눈을 통해서 신이 남음이 있는지 부족함이 있는지를 알 수 있으므로 귀하고 천함은 신에 의해서 드러나게 되는 것이다.

이처럼 신(神)은 사람의 마음속에 존재하면서 내면의 생각과 성품을 외부로 드러내는데, 눈을 통해서 마음을 밝히며 행동을 통하여 드러난다. 신은 정신과 의지가 눈을 통해서 드러나며, 형체는 바로 정신의 표상이 되는 것으로 사람이 마음이 된다. 마음은 행동이니 사람을 살피려면 외모를 보고 또한 움직임을 살펴서 옳고 그름을 판단할 수 있다.

秀心神爽 氣血和調神不昏 神之淸濁爲形表 能定貴賤最堪論.", 『麻衣相法』, 「論神」

42) "眼明則神淸 眼昏則神濁 淸則貴 濁則賤 淸則寤多而寐少 濁則寤少而寐多 能推其寤寐者 可以知其貴賤也.", 『麻衣相法』, 「論神」

오행의 원류와 의미

1. 오행의 원류

오행은 전국시대(BC 403~BC 221)부터 음양과 더불어 우주 자연을 해석하는 중심 개념으로 활용하였다. 이것은 옛날부터 오행의 개념을 추연(鄒衍: BC 305~BC 240)이 체계화함으로써 촉발된 것이다.

중국 고대인들은 자연 만물에 신이 있다는 원시적 신앙의식을 가졌는데 그 자연물에는 토·목·화·수도 속한다. 물론 여기에는 철학적 의미가 부여 되지 않았다. 그러나 이 자연물들이 인류의 생활과 밀접한 관계를 지니므로 신격화되는 과정을 밟는데, 이는 은대의 갑골문에 토·목·화·수 등의 여러 신에게 희생(犧牲)을 바치는 종교의식을 치렀다는 기록에서 알 수 있다.

이러한 과정에서 우주 도식을 인식하는 철학적 맹아가 싹트기 시작했다. 제련술(製鍊術)의 발달로 청동기가 발견되고부터 다시 금(金)을 주요 물질에 포함시키고 오행을 오방에 상응시킴으로써 다섯 물질은 여러 신의 무리에서 벗어나 '오행'1)이라는 특정 그룹을 이루었다.

오행은 만물을 구성하는 다섯 가지의 기본적인 원소로서 불교의 이른바 4대(지·수·화·풍)와 같은 의미를 지닌다. 오행이란 용어는 문헌적으로 볼 때『상서』의「감서(甘誓)」에 제일 먼저 보이고 다음으로『상서』의「홍범」에 나타난다.『사기』「하본기」에 의하면「감서」는 계(啓)가 천자의 자리에 올랐으나 유호씨가 불복하자 그를 벌(伐)하여 감(甘)에서 크게 싸울 때 지은 것2)이라 한다.

그 가운데 유호씨의 죄목으로 '위모오행 태기삼정'(威侮五行 怠棄三正)을 들고 있다.『묵자』의「명귀편」에서도 그 전문을 인용하였으나 두 곳 모두 오행이 구체적으로 무엇인지에 대해서는 아무런 언급이 없다.

「홍범」은 은나라 유현기자(遺賢箕子)가 주 무왕에게 전한 치국요도(治國要道)이다. 모두 아홉 가지 대법인데 그 가운데 처음으로 든 것이 오행이다. 오행을 수·화·목·금·토라 하고, 또 각기의 성질과 맛을 자세히 열거하였다.3) 이때 언급된 오행은 의심할 나위 없이 생활에 필수 불가결한 가장 기본적인 다섯 가지 자재를 지칭하며, 물질의 의미에만 국한하지 않고 고유의 작용을 하면서 움직이는 기(氣)로 파악하고 있다. 즉 오행 개념이 철학화되어 오행설로의 진보를 의미하는 것4)

---

1) 劉篠紅 저, 송인창·안유경 역,『오행 그 신비를 벗긴다』, 국학자료원, 2008, pp.29-42 참조.
2) "夏厚帝啓 禹之子 其母塗山氏之女也 有扈氏不服 啓伐之 大戰於甘 將戰 作「甘誓」乃召六卿申之.",『史記』
3) "一 五行 一曰水 二曰火 三曰木 四曰金 五曰土 水曰潤下 火曰炎上 木曰曲直 金曰從革 土爰稼穡 潤下作鹹 炎上作苦 曲直作酸 從革作辛 稼穡作甘.",『尙書』
4) 김기,「陰陽五行說의 朱子學的 適用樣相에 關한 硏究」, 성균관대 박사논

이기도 하다.

그러나 『좌전』 문공 7년(BC 620)에서 화·수·목·금·토·곡(穀)의 여섯 가지를 육부(六府)라 하여 민생에 없어서는 안 되는 기본적인 생활 자재를 지칭하고 있듯이[5] 오행만이 그 전부인 것은 아니다. 다만 관습상 '5'라는 숫자로서(사람의 손가락 숫자) 완전한 전체를 표현하고 그것을 관용적인 한 단위로 취급해 왔다.

『상서정의』에서는 「홍범」의 오행에 대해 『서전(書傳)』을 인용하고 있음이 주목된다. 여기에서는 "수·화는 백성이 식음(食飮)하는 바이고, 금·목은 백성이 흥작(興作)하는 바이며, 토는 만물이 자생(資生)하는 바이다."[6]라고 했다. 또 『국어』의 「주어」(周語)에 서주(西周) 백양보(伯陽甫)가 "무릇 수토(水土)가 진전 변화돼 백성의 쓰임이 되는데 수·토에 변화가 일어남이 없으면 백성들은 재용(財用)이 결핍되니 망하지 않고 무엇을 기다리겠는가?"[7]라고 했는데, 이는 「홍범」의 오행 본의와 잘 부합되는 것임을 알 수 있다.

다음으로 「감서(甘誓)」의 오행을 신(神)으로 볼 수 있는 근거는, 『국어』「노어상」의 원거(爰居)라는 해조(海鳥)에 대해 세인들이 제사 지내고자 하는 것에 대한 전이(轉移)의 비판이다. 그는 먼저 제사의 대상이 될 수 있는 자는 첫째 백성들에게 법을 베푼 자, 둘째 목숨 바쳐

문, 2012, p.20.

5) "六府三事謂之九功 水火金木土 穀謂之六府 正德 利用 厚生謂之三事.", 『左傳』(文公7年). 「大禹謨」도 같은 내용을 담고 있으나 그것은 散見되는 내용들을 모아 이루어진 것이다. 「大禹謨」는 『古文尙書』에 들어 있다.

6) "書傳云 水火者 百姓之求(所) 飮食地 金木者 百姓之所興作也 土者 萬物之 所資生也.", 『尙書正義』

7) "夫水土演而民用也 水土無所演 民乏財用 不亡何待.", 『國語』

열심히 일한 자, 셋째 힘써 나라의 기틀을 바로 잡은 자, 넷째 큰 재화(災禍)를 막은 자, 다섯째 큰 환란을 물리친 자라야 사전(祀典)에 올려 제사를 지낼 수 있다[8]고 했다. 이처럼 오행이 신으로 투영되어 있다.

그리고 오행의 관(官)과 사직오사(社稷五祀)는 춘추시대에 보편적으로 유행했던 전설로서 「감서」의 기록도 그에 바탕해 하시(夏時)를 추정한 것이라 하겠다. 오행이 곧 오사(五祀)임을 알 수 있는데 오사란 오행의 관(官)을 제사 지내는 것이다. 그 각각의 장(長)을 구망·축융·욕수·현명·후토라 하는데 오행을 관리하는 관장(官長) 모두가 신으로 받들어 모셔지지는 않는다. 전설상이긴 하나 단지 소호씨족(少皞氏族)의 사숙(四叔), 전욱씨족(顓頊氏族)의 여(黎), 공공씨족(共工氏族)의 구룡(句龍)만이 그 직분을 잘 수행했고, 직무에 충실하여 큰 공을 세워 사람들에게 덕이 있었기에 살아서는 상공(上公)으로 봉해졌고 죽어서는 귀신으로 존숭되었다[9]고 했다.

오행 사상의 기원에 관해서는 이처럼 여러 가지 학설이 대두되고 있으나 다음 네 가지로 설명할 수 있다.

첫째, 수(數)의 계시에 의한 설이다. 『상서』, 『좌전』 등의 문헌에 보이는 오기(五氣), 오색(五色), 오전(五典), 오례(五禮), 오미(五味) 등의 풍부한 자료를 통해 볼 때 '5'라는 숫자의 사용은 매우 보편적이고 상례적인 전통이었으며, 그것은 바로 손가락의 숫자를 기준으로 하는 것을 의미한다. 그러나 '5'라는 숫자는 설명되었다 하더라도 왜 반드시

---

8) "法施于民則巳之 以死勤事則巳之 以勞定國則巳之 能御大災則巳之 能扞大患則巳之.", 『國語』

9) "少皞氏有四叔 曰重 曰該 曰脩 曰熙 實能金木及水 使重爲勾芒 該爲蓐收 脩及熙爲玄冥 世不失職 遂濟窮桑 此其三祀也 顓頊氏有子曰犂(黎) 爲祝融 共工氏有子曰勾龍 爲后土 此其二祀也.", 『左傳』

수, 화, 목, 금, 토를 그 구성 요소로 하였는가와, 오행 사상이 반영하는 객관적인 내용과 그 발생 근원이 궁극적으로 숫자관계의 계시에 의한 것인지, 아니면 사회 실천적 경험의 총결인지에 대해서는 더 깊은 연구가 필요하다.

둘째, 오행 사상은 천문역법의 관상에서 유래했다는 설이다. 이는 고힐강이 『상서』의 「감서」 교석역론(校釋譯論)에서 주장하는 설이다. 오행이란 말의 최초 의미는 오성(五星)의 운행을 가리키는 것인데 이는 성립되기 쉽지 않다. 왜냐하면 전국 이전의 오성은 진성(辰星), 태백성(太白星), 형혹성(熒惑星), 전성(塡鎭星), 세성(歲星) 등으로 불리었고, 이후 물질현상에서 유래하여 '오재'(五材)의 개념이 형성된 뒤에 수·화·목·금·토를 가지고 오성을 명명했기 때문이다. 그 이후 오행에 덧붙여진 상생(相生)·상승관(相勝觀)은 천문역법에 운용돼 제 현상간의 상호관계를 설명하는 기본 요소로 다루어지고 있다.

셋째, 오행 사상이 농경 생활을 통해 얻은 풍우(風雨), 물후(物候)의 관찰에서 연유한다는 설이다. '오방'(五方), '수년'(受年) 등의 복사(卜辭)에 근거해 오행사상의 기원을 추측하고 있는데 이는 설득력 있는 주장이다. 원시적 오행은 단지 생산이나 생활에 가장 관계가 있는 수·화·목·금·토, 곧 오재(五材)였다고 여기는 차원에서 한 걸음 더 나아가 오행사상의 발전 추이를 고려한다면 그것은 매우 가치 있는 이론이라 하겠다.

넷째, 고대 중국이 처한 특정한 지리환경에서 오행 관념이 발생했다는 설이 있는데 이것은 방박(龐樸)의 주장이다. 중국 고대 선민들이 오래도록 생활해 온 곳은 중원 황토 고원으로 북온대에 속한다. 사계의 변화 모습을 보면 봄에는 동풍이 많아 초목이 다시 소생하고 모든 것이 새로워지며, 여름에는 남풍이 많아 뜨거운 빛이 무덥게 내리쬔다. 가을에는 서풍이 많아 초목이 시들어 떨어지고 천기는 높아 쾌청하며, 겨울에는 북풍이 많고 천기가 차갑고 땅이 얼어붙는다. 이와 같은 환경 변화 속에 선민들은 자연 현황을 사시(四時), 오재(五材), 오방(五方), 오색(五色) 등의 관념으로 판단하게 되는 결과를 낳게 되었다[10]는 것이다.

물론 오행 사상은 연원을 어느 한 요소로 국한시켜 결정지을 수는 없고 위에서 논의한 여러 가지 요인들이 복합적으로 누적된 결과에 의해 장기간에 걸쳐 점진적인 발전을 보였다. 그것이 어느 시대의 한 사상 조류에 힘입어 하나의 완전한 사상 범주로 성립되었다. 오행의 개념이 갖는 내포와 외연도 아울러 이전과는 비견할 수 없을 만큼의 확대를 보인 것으로 추정할 수 있다.[11] 오행 관념의 운용은 주로 다섯 가지 원소의 연관성, 즉 상생·상승하는 상호연관을 통해서 정치와 사회, 인생 그리고 자연의 각 방면에서 일어나는 현상의 변화를 설명하는 데에 집중된다.

오행의 본래 의미는 사람들이 일용하는 다섯 가지 생활 자료였으나 후에 점진적인 변화와 전개를 거치면서 점차 그 의미가 확대되어 자연현상과 생활현상의 변화를 해석하는 도식으로 정립되었다고 가정할 수 있을 뿐이다. 오행을 다섯 가지의 천신(天神)으로 인식하는 것은 진나라 이후에 점차 형성된 관념이다. 『춘추좌씨전』이나 『국어』를 통해서 본 춘추시대의 이른바 오행은 모두 생활에 필수 불가결한 다섯 가지 실용적인 생활 자료[12]를 가리키는 것으로 볼 수 있다.

10) 李德永, 「五行採源」, 『中國哲學』4, 上海: 三聯書店, 1980, p.56.
11) 文載坤, 「陰陽五行論의 展開에 관한 研究」, 『철학연구』14, 고려대학교 철학 연구소, 1989, p.36.

오행이 인간의 생활에 실용적 자료임을 상기함으로써 오행을 상생 변화와 관련시켜 볼 필요가 있다. 『관자』의 「유관」, 「사시」, 「오행」, 「경중기」 등에서 오행상생의 사상이 처음으로 나타난다. 그 주요한 내용은 첫째, 오행을 사계절의 변화에 배합시키고, 오방(五方)·오기(五氣)·오색(五色)·오음(五音)·오미(五味) 등도 그 체계 속에 편입시켰다. 둘째, 때에 맞추어서 정치를 행한다는 것이다. 즉 사계절의 변화에 따라 상이한 내용의 정령(政令)을 시행해야 함을 주장하였다.

한편, 오행을 잡다한 사회적 미신으로부터 끌어내 새로운 학설을 구축하고 사람들의 주목을 받게 한 것은 추연에서 시작된다. 추연의 학설을 세 가지 측면으로 살펴보면 첫째, 오행과 음양을 결합하기 시작하였다. 둘째, 괴이하고 우활(愚猾)한 학설을 만들어냈다는 것이다. 즉 성상(星相), 방술(方術)에 관한 여러 가지 미신을 음양오행관념 속에 편입시켜 체계적인 이론으로 만들었다. 중국은 천하의 1/81에 불과하다는 대구주설(大九州說)을 주장하였다. 셋째, 오덕(五德)이 전이함에 따라 통치에는 각각 올바른 제도가 있다는 오덕종시설로 정리할 수 있다.

추연은 오행을 다섯 가지 구체적인 사물이 아니라 다섯 가지의 기(氣), 곧 다섯 가지의 원소로 보았다. 오행상승설과 오행상생설이 서로 영향을 주고 결합함으로써 전국시대의 후기에 들어와 오행 상생상승설이 탄생하게 된다.[13] 추연의 학설은 유가의 기존 주장을 무조건 배

12) 梁啓超·馮友蘭 외, 김홍경 편역, 『음양오행설의 연구』, 신지서원, 1993, pp.73-75 참조.
13) 宮哲兵, 「春秋戰國時代 辨證法的 論理的 過程」, 『晩周辨證法史硏究』, 上海: 上海古籍出版社, 1988, p.8.

척하지도, 수용하지도 않았다. 이것은 유가의 학설과 음양오행설을 결합한 사상으로, 제나라 출신으로 한때 제나라 직하(稷下)에서 왕성하게 활동했던 추연이 대표적인 학자이다.

2. 오행의 의미

사람을 오행의 빼어난 기운을 얻은 존재로 보는 시각은 『예기』의 "사람은 천지의 덕이요, 음양의 사귐이요, 귀신의 화합이요, 오행의 빼어난 기운이다."[14]라고 한 말에서 찾아볼 수 있다. 그리고 "도교에서도 오행설의 관점에서 중국의 다섯 산을 각각 동악태산, 서악태산, 남악태산, 북악태산, 중악태산이라 명명하여 숭배의 대상으로 삼고 있는데, 관상술에서도 인간의 얼굴을 다섯 등분하여 오악(五岳)에 비유하고 있다."[15] 또 오행으로 몸의 구조를 해석하는 것은 『관자』에서 오미(五味)를 오장(五臟)과 상응[16]시킨 데서부터이다.[17] 참고로 오행과 인체구조가 어떻게 배열되어 있는지를 살펴보기 위해서는 〈표 2〉[18]를 참조할 수 있다.

---

14) "人者 天地之德 陰陽之交 鬼神之會 五行之秀氣也.", 『禮記』「禮運」
15) 주선희, 「人相學에 對한 東洋哲學的 考察」, 대전대 석사논문, 2002, p.12.
16) 『관자』에서는 木-脾, 火-肝, 土-心, 金-腎, 水-肺의 구도를 보여주고 있다.
17) 그 밖에도 『황제내경』, 『회남자』(「時則訓」·「墜形訓」) 등에서도 오행과 장부를 대응시키는 시도가 있었다. 후대의 오행체계에서는 『황제내경』의 이론이 대세를 갖춘다.
18) 주선희, 앞의 논문, p.30.

<표 2> 오행과 인체구조

구분	木	火	土	金	水
五臟	肝	心	脾	肺	腎
六府	膽	小腸	胃	大腸	膀胱
五體	筋	血脈	肌肉	皮毛	骨
五官	目	舌	口	鼻	耳
五營	爪	面	脣	毛	髮
五液	淚	汗	涎	涕	唾
五神	魂	神	意	魄	志
五志	怒	喜	思	愛	恐
五時	春	夏	長夏	秋	冬
五氣	風	暑	濕	操	寒
五味	酸	苦	甘	辛	鹹
五色	靑	赤	黃	白	黑

위 <표 2>를 살펴보면 오행과 인체구조는 밀접한 상관관계로 연결되어 있음을 알 수 있다. 그러나 여기에서 유념해 볼 점이 있는데, 오행과 인체구조의 한의학적 상관관계의 문제가 아니라 오행의 오지(五志)는 외물과 접함으로 생기는 감정이라는 것이다.

이 오지가 인상의 형성에 미치는 영향에 관한 것임을 알 수 있는데, "일반적으로 정신과 육체는 상호 영향을 수애(授愛)하는 관계이므로 좋은 정신 상태에서의 감정은 좋은 육체적 기능과 형태 형성에 기여하기 때문이다."[19] 기분이 좋으면 육체적 컨디션도 좋은 것처럼 우리의 일상에서 좋은 정신을 기르는 것이야말로 좋은 인상을 만들어가는 하나의 관문이라 본다.

다음으로 상학과의 관련성을 고려하여 오행 각자의 의미에 대해 하나하나 살펴보도록 하겠다. 그 의미 파악을 통해서 오행과 상학의 밀접

---

19) 위의 논문, p.30.

성을 알 수 있기 때문이다.

1) 목(木)의 의미

오행의 기본 이해를 위해 그 구성 요소인 목·화·토·금·수 각각의 의미를 파악하는 것이 필요하다. 의미 파악은 그것의 작용과도 관련된다는 점에서 이를 상관적으로 접근하는 것이 바람직하다고 본다.

먼저 '목'에 대해 살펴보도록 한다. 목은 살아있는 생명과 생물체를 모두 포괄하는 생명의 대명사로서 인간을 비롯한 동식물 등 모든 중생을 상징한다. 목에 대해 『예기』에서는 "춘(春)자는 벌레가 굼실거리며 준동한다는 '준'(蠢)을 의미하므로 만물을 생산하는 것이고 그 자리는 동쪽인 것이다."[20]라 하였다. 오행 중에서도 생물은 오직 나무뿐이다. 화·토·금·수는 물질적인 형상과 에너지는 가지고 있지만, 오장육부로서 오행을 모두 갖추고 있지는 않다.

목은 오행의 시작으로 갑을의 주체이다. 목은 한일(一)자를 바탕으로 해서 위에 한 가닥의 싹인 줄기가 곧게 나타나고, 아래에는 세 가닥의 뿌리가 갈라지듯 퍼져있는 형상이다. 한일자는 지평선이고 지상위로 나타난 한 가닥의 줄기는 새싹이 이제 막 트는 모습을 형상하고 있다. 새싹은 생명이 처음 움트는 '발생'을 의미하는 것으로 존재의 시작을 상징한다. 목은 단순한 나무가 아니라 발생, 시작, 새해 시작, 봄, 동방, 동양인, 어린 시절, 미성년자, 다정다감, 감정적, 자립능력-독립심으로 부족·나약함 등을 상징하는 대명사이다.

다양한 상징적 의미를 지니는 나무는 허공을 향해서 곧장 자라난다. 허공은 아무런 장애가 없는 자유 천하요 무기력한 약자이기 때문이다.

---

20) "禮記禮曰 春之為言蠢也 産萬物者也 其位在東方.", 『五行大義』

그러나 나무는 뻗어가는 공간에 금석과 같은 장애가 나타나면 고개를 숙이고 굽히면서 다른 곳으로 피해서 뻗어간다.

그래서 나무는 '곡직인수(曲直仁壽)'라는 별호를 갖게 된 것이다.[21] 동방목은 늘 가로막는 강자 앞에서 머리를 굽실거리고 약자에게 무자비하게 도도하고 거만하며 불손한 행패를 서슴지 않는다. 그래서 목은 굽었다 곧았다 하는 곡예사와 같은 처세로서 장수한다는 인수(仁壽)의 아호를 얻게 된 것이다.

하지만 나무는 물을 먹고 살면서도 물만으로는 살 수가 없다. 겨울의 추위에서 나무를 구해주는 구세주는 태양의 빛과 열을 간직한 봄이다. 이렇게 불은 겨울의 나무를 따뜻하게 보살피고, 봄에는 싹, 잎, 꽃을 피우며 여름에는 무성하게 자라나게 한다. 이와 같이 물이 나무를 먹이고 살찌우는 반면, 불은 나무를 기르고 자라나게 한다. 예쁜 금(金)을 만난 목은 예쁘게 화장한 신부처럼 높은 가치를 갖지만 금을 잃은 목은 버림받은 쑥대머리처럼 볼품이 없는 무용지물로서 아무런 가치가 없는 것이다.

따라서 금(金)은 목(木)을 상품화하고 가치화하는 경제적인 수단이기 때문에 목의 입장에서 금은 가장 소중한 도구인 셈이다. 금은 황금과 경제를 상징하는 것이다. 따라서 수는 목을 양육하는 유모이고, 화는 목을 기르고 꽃피우는 수족이며, 토는 목을 뿌리내리게 하는 농부이고, 금은 목을 화장시키고 다듬어 상품화하는 정원사이며, 목수의 역할을 하는 것이다. 이렇게 목은 인간을 포함한 모든 생물에게 있어서, 오행이 목을 주체로 한 목의 종속물에 지나지 않는다고 할 수 있는 것이다.

---

21) 『五行大義』 참조.

모든 생물의 하나로서 목(木)에 절대 필요한 것이 물이며, 물이 있는 흙은 생토(生土)이고 물이 없는 흙은 사토(死土)이다. 물은 생명을 창조하는 정자와 난자이기 때문에 물이 있는 곳에는 반드시 생명이 움트고 발생한다. 생명을 가진 자는 모두가 목에 속하므로 생물은 목이 주체인 것이다.

그래서 물이 있고 목이 발생하는 땅에는 생물의 세계를 형성하는 것이다. 생물이 없는 땅과 황무지에 생기와 밝은 빛을 불어넣는 것은 생명을 가진 목이다. 목은 흙의 주인이고 숨통이다. 목이 나타나기 전까지 토는 죽은 듯이 고요하고, 임자 없는 땅으로서 버림받은 채 코를 골며 잠들어 있는 것이다.

이렇게 잠든 흙을 흔들어 깨우는 것이 하늘의 입김이고 숨소리인 바람으로 목(木)의 의지처이다. 바람은 조물주의 생기로서 생명을 창조하는 것이다. 생기의 바람에 의해 깨어나고, 태어난 목은 물을 먹어야 살고 자란다. 물은 대지 속에 간직되어 있으므로 목은 물을 먹기 위해서 뿌리를 내리고 땅을 파서 샘을 마련한다. 땅의 꿀과 젖이 목에 공급되면서 목은 바람처럼 번지면서 번창을 하게 된다. 그러므로 나무가 우거진 산에는 물이 흐르고 온갖 새와 짐승들이 모여드는 명산으로서 부를 이룬다. 천하의 부귀를 생산해 내는 노다지를 명당이라고 하는데 이처럼 명당은 목이 창조하여 만들어내는 것이다.

2) 화(火)의 의미

오행의 두 번째에 거론되는 '화(火)'에 대하여 언급해 보고자 한다. 『오행대의』에서는 『백호통의』를 인용하여 '화는 변화하는 것이니 양의 기운이 작용하여 모든 만물이 변화하는 것'[22]이라고 하였고, 이어서 『서경』의 말을 인용하여 '여름이란 여가를 주는 것이니 모든 만물을 가지런히 기르는 것'23)이라 하였다. 나아가 "여름휴가는 모든 만물에게 너그럽게 여가를 주어서 생겨나게 하고 크게 하는 것인데 그 위치는 남방이다."24)라고 하였다.

남방(南方)과 관련된 화는 지평선 위에 드높이 솟아오른 태양이고 무성한 생물을 상징한다. 일반적으로 화는 단순한 불이 아닌 남방, 여름, 청소년, 정신, 성장, 문명, 문화, 발전, 용감, 정열 등을 상징한다. 이렇게 화는 사람이 두 다리를 땅에 꽉 밟고 서서 두 팔을 힘차게 하늘을 향해서 뻗어 보이는 씩씩한 형상이므로 사지를 모두 갖추고 있다고 할 것이다.

하지만 화(火)는 스스로 발생하고 존재하지 못한다. 태양이 수소를 먹고서 불을 뿜듯이 화는 기름을 먹어야만 불꽃을 피울 수가 있다. 그래서 화는 기름인 수(水)의 질량과 정비례하기 때문에 풍부한 수가 왕성한 화를 발생하고 지탱한다고 할 수 있다.

즉 수가 화의 원동력이기 때문에 화는 기름인 수의 분화가 극대화하고 연소화하는 형상인 것이다. 인간의 경우는 정신이 화이고 피는 수에 해당한다. 그래서 정신은 피의 불꽃으로써 피와 정비례한다. 피는 정신의 원동력이고 근원으로서 정신이라는 불꽃을 연소시키고 발생하는 모체이므로 화는 정열과 의욕을 상징한다.

의욕이란 모든 욕망을 설계하고 추진하는 정신적인 작용이다. 인간은 육체적인 본능과 정신적인 이성을 겸비하고 있다. 인간은 타고난 생명과 수명을 유지하고 가꾸는 것이 기본인데 가장 소중한 것은 육신

---

22) "火之爲言化也 陽氣用事 萬物變化也.", 『五行大義』
23) "夏 假也 假者方呼萬物而養之.", 『五行大義』
24) "夏假者 寬假萬物 使生長也 其位南方.", 『五行大義』

과 정신인 것이다. 이러한 육신과 정신을 인간은 오로지 부귀영화를 개발하고 극대화하는 수단과 방법으로 투입하면서 혹사시킨다.

그래서 육신이 쉽게 노쇠하여 병이 드는 것이다. 정신도 빨리 쇠약해져서 오래오래 유지할 수 있는 생명을 인간 스스로가 조로(早老)시키고 조숙(早熟)시키면서 수명을 단축시키는 비극을 초래한다. 욕망은 정신으로 이어지는 것이며, 정신이라는 불꽃을 발생시키는 수(水)의 질량과 욕망은 정비례 관계에 있다고 하는 것이다. 그러므로 타고난 피가 왕성한 사람은 그 피를 불태우려는 욕망도 대단하지만 반면에 피가 빈약한 사람은 그 피를 불태우려는 욕망도 약한 것이다.

한편, 수(水)가 화(火)로 변하는 데는 반드시 목(木)을 필요로 한다. 즉 수는 기름이고 목은 심지이며 화는 불꽃이다. 따라서 심지인 목이 건강해야 온전한 화를 만들 수 있다. 목의 주체인 생물은 반드시 일정한 시간과 수명만이 존재할 뿐이지 영원히 존재할 수는 없다. 수와 화는 생사가 있으며 언제든지 보충할 수가 있지만, 목은 생명의 주체로서 생사가 있으므로 한 번 죽으면 재생할 방법이 없는 것이다.

생사와 직결된 인체에 대비해 보아서 목은 간이므로 봄의 인묘월 태생은 간이 크고, 가을의 신유월 태생은 간이 작다. 간은 용기와 결단을 주관하므로 봄 출생자, 미성년, 동방인은 간이 왕성하여 간이 크고 두둑하기 때문에 용감성이 대단하지만, 걸핏하면 화를 잘 내는 성정(性情)을 갖는다. 반면에 가을 출생자, 중년인, 서방인은 간이 작고 기능이 쇠퇴하기 때문에 용기가 부족하여 겁이 많고 화내기보다는 이해하고 타협하기에 능한 것이다.

이처럼 인생의 영혼을 발생시키고 보존하는 것이 수, 목, 화의 삼대 요소이다. 기름이 떨어져도 불(火)은 꺼지고, 심지가 굳어져도 불은 꺼지는데, 이렇게 불이 꺼지면 정신과 영혼이 사라져 소멸되므로 캄캄

한 밤이 되고 싸늘한 시체로 변하기 때문에 인생이 영결하고 종천(終天)하는 것이다.

3) 토(土)의 의미

토의 의미에 대하여 살펴보고자 한다. 『오행대의』에서는 『춘추원명포』를 인용하여 "토(土)는 토(吐)하는 것이니 정기를 머금기도 하고 토하기도 해서 만물을 내는 것이라 하고, 허신은 토가 토(吐)에서 생겨난 것이다."[25]라고 하였다. 이어서 허신이 '토'자를 해석하기를 "토라는 글자에서 '이'(二)는 지상(地上)과 지중(地中)을 상징하고 곧게 세운 한 획으로 만물이 처음 막 땅을 뚫고서 나오는 것을 상징한다고 하였는데 그 때가 계하(季夏)이다."[26]라고 하였다. 계하는 6월을 말하는데, 6월은 노련함이라고 할 수 있다. 이와 같이 토는 성숙함과 늙음을 상징하여 만물이 사계절의 끝인 여기에서 성숙함, 왕성함, 늙음으로 이루어지는 것이다.

이러한 토의 자리는 사방의 중심에 거처하므로 중심은 사방으로 통한다. 그래서 토는 황극(黃極)의 바른 기운을 얻고 황중(黃中)의 덕을 머금어서 만물을 감쌀 수 있다. 양인 남자와 음인 여자가 한 몸이 되어서 포옹하고 정을 나누고 있는 신방(新房)의 운우(雲雨) 형상을 그대로 나타낸 글자가 토이다. 양은 남자이고 하늘이기에 위에서 아래에 있는 여자를 포옹하지만, 음은 여자이고 땅이기에 아래에서 위에 있는 남자

---

25) "命苞云 土之為言吐也 含吐氣精 以生於物 許愼云 土者 吐生者也.", 『五行大義』
26) "許愼云 其字 二以象地之下 與地之中 以一直畫 象物初出地也 其時季夏 季老也.", 『五行大義』

를 감싸고 섬기는 것이 자연의 상태이다. 이렇게 플러스와 마이너스를 하나로 묶은 음양의 통일체가 토이다.

또한, 토는 만물을 생산하는 사람의 자궁이므로 만물은 토를 통해서 나고 살며 움직이고 변화하는 것이다. 흙[土]에 씨앗을 뿌리면 조용하면서도 부지런히 모든 씨앗을 품어서 싹을 틔워 발아시키는데 이것이 토의 본능이고 본성이다. 흙이 없으면 물은 흐를 수도 고일 수도 없다. 그리고 흙이 없으면 불은 연소할 수도 존재할 수도 없다. 흙이 없으면 나무도 싹을 틔울 수도 자라날 수도 없으며, 흙이 없으면 금은 생길 수도 거처할 수도 없는 것이다. 그래서 흙은 오행의 자궁이고 어머니이며 만물의 보금자리이다.

만물의 보금자리인 토는 단순한 음과 양이 아닌 음양의 결합체, 통일체로서 만물을 임신, 분만, 양산하는 동시에 만물의 유방(乳房), 유모(乳母)로서 중생을 먹이고 살찌우며 기른다. 그러기에 토는 지구상에 고루 존재하며 어느 편에도 치우쳐 기울지 않고 동서남북과 오행에 동일하게 자궁, 산모, 유모의 역할을 하고 있다. 결국 땅은 조물주의 창조와 양육을 대행하고 있는 제2의 조물주인 것이다.

조물주와도 같은 토는 수를 얻음으로써 죽음을 면하고 살아있는 생토로서 생명을 유지하고 살을 찌운다. 목은 토의 옷과 날개로서 외형적인 부귀를 형성한다. 즉 허무하고 쓸쓸한 땅에 생기, 광명, 기쁨과 웃음을 심어주고 길러주는 것은 생명의 주인공인 목이다. 토가 수로서 목을 창조하지만, 수를 목으로 변화시키는 것은 태양인 화의 작용이고 능력이다. 이러한 화는 모든 것을 새로운 물체로 변화시키는 조화의 주인공으로서 화가 아니고는 한 톨의 씨앗도 발아시킬 수 없는 것이다.

결과적으로 토는 화와 수가 결합하는데 기여하게 된다. 이처럼 중요한 화는 만물에 숨 쉬는 천기와 움직이는 생기를 제공한다. 모든 것은 수가 있기에 먹고살며, 화가 있기에 운동하고 변화하는 것이다. 토는 이러한 수와 화의 결합을 주선하고 그들의 씨앗을 잉태하고 부화시켜서 기르는 자궁과 유방 역할을 할 뿐이다. 토는 동서남북을 막론하고 가득 차 있는 것이다. 즉 동방에는 목과 통하는 춘토(春土), 남방에는 화와 통하는 하토, 서방에는 금과 통하는 추토, 북방에는 수와 통하는 동토가 되어서 존재하는 것이다.

이같이 동서남북에 존재하는 토는 겉으로 보기에는 모가 없이 둥글둥글하고 원만하며 능소능대해 보인다. 토는 번지, 소속이 특정하지 않기 때문에 누구에게나 적응, 순응하는 성질을 타고난다. 그러므로 누가 자기를 점유하고 무엇에 쓰던 상관하지 않는다. 자기라는 주체성과 오장육부를 떠나서 오로지 자기 자신을 점유자에게 순순히 따르고 동화하는 것이 토의 본성인 것이다. 그래서 토의 본성을 '신(信)'이라고 한다. 여기에서의 '신'은 군신, 주객 간의 신의가 아니고 점유자와 환경에 대한 신의인 것이다.

자연환경에서 토는 씨앗을 품는 역할을 한다. 씨앗은 생명의 종자이다. 생명은 물에서 발생하고 또 물을 먹고 살며 자란다. 즉 생명은 씨앗부터 물을 찾고 물에 의지하는 것이다. 이러한 현상은 인간의 씨앗인 정자를 잉태하는 자궁과 함께 분만한 아기를 기르는 유방을 가진 여자와도 동일하다. 즉 피가 왕성하면 임신을 쉽게 하지만 부족하면 임신이 불가능한 이치와 동일한 것이다. 그리고 여자는 임신과 함께 양육하는 산모의 역할까지 겸해야 하므로 피가 늘 풍부하고 맑고 깨끗해야 한다. 그래서 여자는 임신의 임맥(妊脈)이 발생하는 시기부터 피를 맑고 깨끗하게 간직하기 위해서 피를 순환시키는 월경을 한 달에 한 번씩 하게 된다.

궁극적으로 토는 수(水)의 기능을 조절하는 역할을 한다. 강은 생기의 줄기이며 물결이다. 그래서 사람은 강기슭을 찾아 삶터를 개척하고 마을을 형성해 왔던 것이며, 토의 명당을 찾는 풍수학은 산보다는 물에 더욱 치중하는 것이다. 살아 있는 자의 명당은 천하의 기운이 모여드는 부의 집결지가 되어야 한다.

4) 금(金)의 의미

오행 중에서 금에 대하여 살펴본다. 『오행대의』에서는 『설문해자』를 인용하여 "금은 금지를 시키는 것이므로 음기가 처음으로 일어나서 만물이 금지되는 것인데, 토가 금을 낳으니 '금(金)'자의 속에는 '토(土)'자가 들어 있으며 '토'자 양 옆의 두 점은 금이 토 가운데 들어있는 형상으로 때는 가을이다."[27]라고 하였다. 이어서 『예기』를 인용하여 "가을은 근심하는 것이니 근심스러운 때를 당하지만 의리를 살펴서 지키는 것이다."[28]라고 하였다. 나아가 『시자(尸子)』를 인용하여 "가을은 엄숙한 것이므로 모든 만물을 엄숙하게 하고 공경함이니 이는 예절의 근본이다."[29]라고 하였다. 이처럼 금의 의미를 고전을 통해 파악할 수가 있다.

금의 의미를 새겨볼 때 금이 상징하는 가을은 천지만물을 돌이켜 반성하게 하는 것, 즉 거두어들임이 가을인데 그 자리는 서방이다.[30] 서방은 조촐하다 또는 적어진다는 '선(鮮)'인데 적어짐은 묻고 다스릴 '신(訊)'이고, 다스린다 함은 안으로 음양의 기운이 다시 들어가기 시

---

27) "金者 禁也 陰氣始起 萬物禁止也 土生於金 字從土 左右注 象金在土中之形 也 其時秋也.", 『五行大義』
28) "禮記云 秋之爲言愁也愁之以時察守義者也.", 『五行大義』
29) "尸子云 秋 肅也 萬物莫不肅敬恭莊 禮之主也.", 『五行大義』
30) "說文曰 天地反物爲秋 其位西方.", 『五行大義』

작하는 모습이라는 것31)이다.

따라서 화려하게 만발한 꽃이 지고 열매가 생겨서 단단하고 치밀하게 무르익은 열매가 오곡백과인데 이것이 금을 상징한다. 즉 오곡백과는 가을에 추수되고 금은 서방에 속하므로 금은 결실을 상징하며 결실의 오곡백과는 돈이고 재물이고 경제로 통하는 것이다. 금은 단순한 쇳덩이가 아니고 무르익은 단단한 오곡백과, 성숙, 황금, 재물, 경제, 서방, 가을, 석양, 실용적, 타산적, 중년 인생 등을 상징한다.

금의 속성으로서 생물을 기르고 성숙시키는 변화작용은 태양의 조화이고 권능으로써 열매의 결실은 전적으로 화의 작품이고 화의 소생이다. 여자는 땅, 음, 수이고 남자는 하늘, 양, 화인 바, 부모 사이에서 태어나고 자라나는 자식은 결실로서 금이다. 금이 겉으로 볼 때는 어머니의 자궁에서 태어난 토의 소생인 것처럼 '토생금(土生金)'이라고 하지만 사실상 금은 아버지 화의 씨앗에서 태어나고 아버지의 땀으로 길러진 화의 소생인 것이다.

그래서 금은 남방화(南方火)인 사오미에서 태어나고 자라며 결혼해서 분가하고 독립을 한다. 오행에 있어서 금과 화는 상극의 적수이지만 사실 금은 자신을 극하는 화의 소생인 것이다. 즉 자궁을 위주로 한다면 만물은 분명히 어머니인 땅의 소생이지만, 종자인 씨앗을 위주로 한다면 만물은 분명히 하늘이고 아버지인 태양화의 소생이고 작품이다.

다음으로 금을 신체의 각 부분과 관련시키면, 오장육부에서 폐는 금에 속하는 호흡기관인데 호흡은 산소를 흡수해서 인체에 공급함으로써 피를 순환시키는 기본 수단이다. 산소는 하늘의 천기, 양기로써 태양의 빛과 열에서 생산되고 도입되는 화에 속한다. 허파는 화의 원기

---

31) "尚書大傳云 西 鮮也 鮮 訊也 訊者 始入之貌也.", 『五行大義』

인 산소를 쉴 새 없이 흡수해서 심장의 불을 연소시키면서 동맥의 피에
활력소를 불어넣어 힘차게 순환시킨다.

한편 오장육부에서 땅의 정기인 물질을 먹고 사는 것이 위장이라면,
하늘의 정기인 산소를 먹고 사는 허파에 산소를 공급하는 것은 대기의
모체인 태양의 화인 것이다. 즉 허파를 병들게 하는 것은 산소의 과식
을 강요하는 무더운 열기이지만, 한편으로 더욱 잔인한 것은 허파를
굶주리게 하는 차가운 한기이다. 그러기에 허파는 무더운 여름은 능히
이겨 내지만 빛과 열의 기운이 부족한 차가운 겨울에는 기진맥진하여
기관지병으로서 감기가 심해진다[32]고 볼 수 있다.

5) 수(水)의 의미

다음은 수에 대하여 논의해 보고자 한다. 『오행대의』에서는 다음과
같이 말한다. "『관자』에 수는 땅의 혈기이므로 힘줄과 맥이 유통하는
것이라고 했고, 「석명」이나 『광아』에서 수는 평평한 것이니 만물을
평준하게 하는 것이라 했다."[33] 그리고 "『춘추원명포』에 수는 널리
흘러서 윤택하게 하는 것이므로 만물을 습기 있게 하고 부드럽게 하며
적시고 흘러내리며 숨어드는 것이다. 음양이라는 두 남녀가 사귐(人+
人=又)에 수의 시작인 하나(丨)가 그 가운데서 나오는 것이니 이를
'수'자로 삼은 것이다."[34]라고 하였다. 그러므로 수는 오행의 시작이며
원기가 모인 진액인 것이라 한다. 여기에서 수가 생명의 원소인 오행의

---

32) "五藏者 肝 心 脾 肺 腎也 六府者 大腸 小腸 膽 胃 三焦 膀胱也 肝以配木
　　心以配火 脾以配土 肺以配金 腎以配水.",『五行大義』
33) "管子云 水者 地之血氣筋脈之通流者 故曰水.",『五行大義』
34) "元命苞曰 水之為言演也 陰化淖濡 流施潛行也 故立字 兩人交 一以中出者
　　為水 一者 數之始 兩人 譬男女 陰陽交以起一也.",『五行大義』

비롯이며, 원기의 진면임을 알 수 있다.

이어서 『설문해자』에서 수(水) 자는 샘물이 합쳐져 흐르는 가운데 양의 기운이 미미하게 있음을 상징하는 것이니 때는 겨울이라고 하였다. "『시자』에서 겨울은 마치는 것으로 만물이 여기에 이르러서 마치고 감추는 것이라 하였으며, 『예기』에서 겨울은 중(中)을 상징하는 것이므로 속은 감추는 것이고 그 자리는 북방이라고 하였다."[35] 북방은 태양의 버림을 받아서 열기, 양기, 생기에 굶주려 있는 곳이다. 그러므로 수의 성정은 어둠, 차가움, 밤, 겨울, 노년기, 종말, 휴식, 도둑 등을 상징하는 것이다. 수의 고전적 의미를 이처럼 쉽게 이해할 수 있다.

고전에 나타난 '수'에 대한 제반의 의미를 상기할 때, 만유가 양의 기(氣)와 음의 질(質)로 만들어진 음양의 조화이듯이 물(水)도 음과 양으로써 발생 한다. 하늘에서 기는 무형의 원기로서 수소가 산소를 얻어서 연소하는 과정에서 우주의 생기를 불어넣는 태양의 빛과 열에 의해서 움직인다.

반면에 대기의 수소가 산소를 얻음으로써 땅에서 중생을 먹이고 살찌우는 대지의 생기인 물을 생산하는 것이다. 수소는 음이고 산소는 양이기에 이들이 만나면 발정을 하게 되고 이슬이 맺히듯 사랑의 이슬인 감로수로 변하는 것이다. 수소의 기를 물체로 변화시키는 조화는 태양의 빛과 열인 화에 있다. 변화의 원동력인 화가 하늘에서는 태양으로 작용을 하고 땅에서는 산소로 작용을 하며, 대기의 만물은 하늘이 음수(陰水)와 양화(陽火) 작용에 의해서 싹트고 자라며 결실을 맺는

---

35) "尸子云 冬 終也 萬物至此終藏也 禮記云 冬之爲言中也 中者 藏也 其位北方 尸子云 北 伏也 萬物至冬皆伏 貴賤若一也 五行之時及方位.", 『五行大義』

것이다.

이처럼 물(水)의 생명 작용에 나타나듯이, 수소가 하늘에서 뭉치면 별을 이루지만 수소가 대기 속에서 어울려 집단을 이루면 구름이 형성되는데 이러한 구름이 비를 만드는 자궁과 산모이고 원기인 것이다. 그래서 기(氣)는 '수지모(水之母)'라 한다. 이러한 물은 높은 곳에서 낮은 곳으로, 골짜기에서 강으로, 바다인 대양으로 스스로 모여서 뭉치고 천하의 것을 통일하여 독점하려는 것이니 이러한 점이 수의 본능이고 천성인 것이다.

수의 성격에서 본다면, 물이 높은 곳에서 낮은 곳으로 흐르고 대체로 북에서 남으로 흐르듯이 현무(玄武)는 언제나 서북에서 동남으로 쳐들어오기 때문에 현무와 이웃하는 국가들은 모두가 서북방에 성을 쌓고 진지를 마련하는 것이다. 이 지구상에서 현무의 본산이고 통로인 서북방을 봉쇄하는 성을 가장 높고 길게 쌓은 것이 중국의 만리장성이다. 이렇게 진시황은 북방의 현무를 봉쇄하는 만리장성만 쌓으면 현무는 더 이상 침범할 수가 없고 진나라는 자자손손 튼튼하게 지켜질 줄 알고서 최선을 다했다. 그러나 현무는 성 밖이 아닌 성안에서 진나라를 사냥했던 것을 상기해야 할 것이다.

물의 여러 성격 중에서 흐르는 것이 천성, 본능이므로 자유롭게 달아나듯 분류(奔流)함을 추구한다. 생수(生水)는 만물을 발생시키고 먹이며 기르는 천하의 생기로서 중생들이 반기고 즐기지만, 사수(死水)는 무용지물로서 생기를 살기로 만들고 얼어 죽게 하는 살생을 즐기므로 만물의 저주와 증오를 받는 대상이다.

이렇게 하루의 종말인 밤이나 1년의 종말인 겨울을 상징하는 북방수는 인생의 노년기를 의미한다. 노년기에는 육신과 정신이 허약해진 상태이기에 삶을 유지하기 위해서는 본능적인 행동보다는 지능적이고 계략적인 작전이 더욱 필요한 시기이다.

수(水)의 또 다른 성격으로, 윤택하게 늘어나면 아래로 내려간다고 했다. 윤택하게 되어 아래로 내려간다는 것은 물이 습한 데로 흘러 땅이 낮고 아래로 나아가는 것이다. 북쪽은 지극히 음습한 곳이니 종묘에 제사지내는 형상이고, 겨울은 양이 시작하는 곳이며 음이 마치는 곳이니 마치고 시작되는 곳은 근본인 벼리가 되는 계절36)임을 알 수가 있다.

『오행대의』에서는 수의 순리를 따르면, "죽은 사람의 혼[魂氣]은 올라가 신(神)이 되고, 백기(魄氣)는 아래로 내려와 귀(鬼)가 된다. 정기가 바깥에서 흩어져 들어오지 않기 때문에 종묘를 만들어서 흩어지는 것을 수렴하여 모으는 것이다. 『역경』의 환괘(渙卦)에 환(渙)은 형통하니 왕이 종묘를 정성을 다해 모신다는 말이 이를 가리키는 것이다."37) 그리하여 수의 순리에 따르면 성인의 덕이 또한 효도보다 더할 것이 없다고 하였다.

같은 책에서 또 수의 속성에 따르면 "천자가 친히 밭을 갈아서 곡식을 풍성하게 바치고 왕후가 친히 누에를 쳐서 제사의 의복을 만드는 것이니 공경함이 지극한 것이다. 공경이 지극하면 귀신이 큰 복으로 보답해 줄 것이니 이는 수의 기운에 순응한 것이다."38)라고 하였다. 이는 수의 기운에 순응하면 생명 탄생의 근원이 되는 샘물이 그치지

---

36) "水曰潤下 潤下者 水流濕 就汙下也 北方至陰 宗廟祭祀之象 冬 陽之所始 陰之所終 終始者 綱紀時也.", 『五行大義』
37) "死者魂氣上天為神 魄氣下降為鬼 精氣散在於外而不反 故為之宗廟 以收散也 易曰 渙 亨 王假有廟 此之謂也』『五行大義』
38) 天子親耕 以供粢盛 王后親蠶 以供祭服 敬之至也 敬之至 則鬼神報之以介福 此順水氣, 『五行大義』

않고 흐르고 통하여 백성들이 편리하게 이용하게 된다고 하였다.

수(水)의 기운에 대한 순응에 더하여 방위상으로 볼 때 수는 서방에서 발생하고 북방에서 왕성하며 동방에서 설기(泄氣)되고 남방에서는 허약함이 특징이다. 쉽게 말해서 수는 서방에서 출생해서 북방에서 성숙해지고 동방에서 노병으로 늙고 병든 뒤에 남방에서는 극도로 쇠퇴한 후에 중앙에서 사(死)하여 묻히는 것이다. 계절상으로 수는 가을에 자라고 겨울에 왕성하며 봄에는 시들고 병들며 여름에는 마르고 가뭄이 생기는 것이다.

수의 방위와 계절에 이어서 그 방향감각이나 물리적 활동과 관련한 수의 성향을 알아본다. 수는 북방과 겨울에는 왕성하지만 남방과 여름에는 허약하다. 수는 모든 물이 하나로 뭉치는 바다가 소망이고 지상목표이기 때문에 수왕자(水旺者)는 천하를 통일, 독점해서 다스리려 하는 것이 유일한 소망이고 평생의 뜻인 것이다. 수가 왕성한 사람은 정신력이 왕성해지기 때문에 뜻이 태산처럼 커지고 높아지게 된다. 이는 수의 물리적인 작용과 함께 수에서 태동되는 정신력의 왕성함에서 발동되는 통일과 독점의식의 지능적인 작용 때문이다.

그러나 수(水)가 빈약한 자는 아무리 천재라고 하여도 큰 뜻과 욕심을 갖지도 못하고 이룩하지도 못하는 것이다. 무엇보다도 대업을 이루려면 지구력이 왕성해야 하는데 지구력이란 불꽃을 오래 연소시킬 수 있는 물, 즉 유(油)의 능력이기 때문이다. 그러므로 수가 왕성하면 천리만리 길게 흘러가서 대강수(大江水)나 대양을 이룰 수가 있지만, 수가 빈약하면 십리도 못가서 흙에게 흡수되어 먹히고 사라지게 되는 이치와도 같은 것이다. 따라서 정신력과 지구력은 수의 질량에 정비례한다.

여기에서 눈여겨 볼 것으로, 수와 토의 관계이다. 물은 흙을 만나면 흐름을 멈추고 지하로 스며들기 때문에 중앙토(中央土)는 수의 무덤이다. 이는 흙이 수를 집어삼키기 때문이지만 그렇다고 항상 수가 토에게 먹히는 것만은 아니다. 즉 수가 뭉쳐서 강을 이루면 거꾸로 토를 휩쓸고 무너뜨리며 주름을 잡게 된다. 수가 가장 두려워하는 것은 토이다. 그래서 토와 수는 서로가 상대방이 두려워 견제하면서 힘을 기르고 대비를 한다.

이렇게 토와 수는 서로 불가분의 관계를 가지면서도 항상 대립과 상극의 상태를 유지한다. 그렇지만 늘 선수를 치는 침략자는 북방수(北方水)이다. 토는 수를 이용할 뿐 수와 짝이 되거나 공존할 수 없는 것이다. 토와 수는 동지이면서도 적군인데 적과 동지는 이해가 같으면 동지이고 이해가 상반되면 적이다. 적과 동지의 판단기준은 사상이 아니고 비즈니스의 개념인 것이다.

위에서 언급한 각 오행의 근원을 살펴보면 음양으로 귀결된다. 사실 음과 양은 상대적이다. 현실 세계에서 그 자체 양, 그 자체 음인 것이 존재할 것인가. 양이 양인 것은 음과의 관계 하에서이며, 음이 음인 것도 양과의 관계 하에서이다. 이것이 노자가 음양을 만물에 내재한 이면적인 성질로 읽었던 이유라 본다.[39] 양이 언제나 변함없이 양인 것이 아니기 때문에 양 속에서도 음이 출현하며, 마찬가지로 음 속에서도 양이 출현한다. 이것이 사상(四象)이 되고 오행이 되어 음양오행론을 만드는 것이다.

이 같은 음양오행론은 서양철학에서도 관심을 가질법한 일이다. "만물은 무엇으로 이루어져 있는가?"라는 질문으로써 신화의 세계를 접고 철학의 세계를 펼친 밀레토스학파의 대답은 물이거나 불이거나 흙

---

39) "만물은 음을 등에 지고 양기를 포함하며, 충기로 조화되어 있다(萬物負陰而抱陽, 沖氣以爲和).", 『도덕경』42장 참조.

이거나 공기였다.[40] 이 원소들이 사실적인 의미라기보다 상징적인 의미이듯, 오행도 사실적인 의미라기보다 자연을 읽고 세계를 보는 일종의 세계관이라 할 수 있을 것이다.

이에 양 중의 양은 불[火]이라 하고, 계절로는 여름이며 방위로는 남쪽이고 주작(朱雀)이 관장한다. 양 속에서 출현한 음은 나무[木]라 하고, 계절로는 봄이며 방위로는 동쪽이고 청룡(靑龍)이 관장한다. 이에 대해 음 중의 음은 물[水]이라 하고, 계절로는 겨울이며 방위로는 북쪽이고 현무가 관장한다.

음양의 상호 관계성과 계절, 나아가 방향성을 음미할 때, 다섯 원소인 각 오행이 상생적으로 밀접하게 연계되어 있다. 곧 음 속에서 출현한 양을 금(金)이라 하고, 계절로는 가을이며 방위로는 서쪽이고 백호(白虎)가 관장한다. 음양의 성격을 극명하게 드러내지 않는 음양이 흙[土]이다. 토는 계절로는 환절기이고, 방위의 기준점인 중앙을 상징한다. 양의 성격이 분명한 목화, 음의 성격이 분명한 금수, 그리고 양성적인 토[41]의 다섯 원소가 음양오행의 기본이다.

물론 하나인 우주에서 각각의 원소는 우월하지도, 열등하지도 않다. 우주는 하나이다. 물(水)이 초목을 살리고, 목은 불의 에너지원이 되며, 대지[土]는 불[火]이 만든 거대한 생명의 어머니로 만물을 산출한다. 그 대지의 아이들[金]이 다시 모든 생명의 근원인 물을 낸다. 물은 나무를 살리고, 나무는 불을 살리고, 불은 흙을 살리고, 흙은 금을 살리

---

40) 이주향, 「음양오행론의 해석체계에 관한 연구」, 『철학논총』46, 새한철학회, 2006, p.337.

41) 기본적으로 토는 "조절이 목적이다. 戊土의 의미는 木火의 기운이 서로 충돌되지 않고 폭발하지 않도록 잡아주는 것이다." 박주현, 『天干地支』, 동학사, 1997, p.162.

고, 금은 물을 살리는 이것이 상생의 그림이다.

오행의 상호관계에 있어서 상극의 원리도 상생의 원리와 다르지 않다. 상생 관계를 한발 먼저 건너가면 상극관계가 된다. 물은 불을 끄고, 불은 금을 녹이고, 금은 도끼가 되어 나무를 치고, 나무는 흙의 뿌리를 내려 흙의 영양분을 축내며, 흙은 물을 진흙탕으로 만든다.

원소 각각은 그 자체로는 우월하지도, 열등하지도 않다. 모든 것은 돌고 돌뿐, 어떤 한 곳으로 흘러들지도, 모이지도 않는다. 금을 녹이는 불은 금을 이기지만 물 앞에서는 꼼짝없이 기세가 꺾이며, 흙의 뿌리를 내려 흙의 영양분을 취하는 나무는 흙을 이기지만 자신을 치는 도끼에는 영락없이 무릎을 꿇는다. 어떠한 것도 영원한 승자가 될 수 없다. 세상은 상생으로도 돌지만 상극으로도 돈다. 모든 것은 변화하고 순환한다. 돌고 돌면서 변화를 만드는 목·화·토·금·수, 이 다섯 원소는 환원하면 각각 음양으로 나뉜다.

아래의 〈표 3〉[42]은 오행의 특성조견표를 세부적으로 나타내 본 것이다. 여기에 오행의 특성이 구체적으로 잘 나타나 있기 때문에 오행의 음양원리의 특성을 이해하는데 도움이 될 것이며, 다음 장에서 논하고자 하는 관상학에서의 오행인과도 밀접한 연관성이 있다고 본다.

---

42) 양원석, 『명리학개론』, 대유학당, 2002, pp.71-72.

<표 3>오행의 특성 조견표

구 분	木	火	土	金	水
季 節	春	夏	四季	秋	冬
方 位	東	南	中央	西	北
時 間	아침	낮	사이시간	저녁	밤
人 生	소년기	청년기	결혼전후	장년기	노년기
天 干	甲乙	丙丁	戊己	庚申	壬癸
地 支	寅卯	巳午	辰戌丑未	辛酉	亥子
數 理	三, 八	七, 二	五, 十	九, 四	一, 六
五 色	靑	赤	黃	白	黑
五 味	酸(신맛)	苦(쓴맛)	甘(단맛)	辛(매운맛)	鹹(짠맛)
五 性(常)	仁(慈)	禮(儀)	信(用)	義(理)	智(慧)
五 臟	肝	心	脾	肺	腎
六 腑	膽	小腸	胃腸	大腸	膀胱
五 官	眼(視)	舌(味)	口(觸)	脾(嗅)	耳(聽)
五 獸	靑龍	朱雀	句陳, 騰蛇	白虎	玄武
宗 敎	儒敎	基督敎 天主敎	土俗信仰 巫俗信仰	佛敎	道交
八 卦	震巽	離	艮 坤	乾 兌	坎
調 候	溫	熱	燥濕	冷	寒
位 置	左	上	中	右	下
五 星	魂	神	靈	魄	精
特 性	果 결과. 인내	明 판단. 발표	交 사교. 조직	實 실천. 통솔	聰 우수. 엉큼
五 形	┃	△	○	□	o
身 體	神經 모발 頭部	血脈 체온 視力	근육 소화기 腰, 胸	골격 피부 기관지	水分 배설 비뇨기

관상학에서의 오행인

1. 오행인의 상호작용

1) 오행인의 개념

세상 사람들은 감궁(坎宮)의 물기운이라는 정기를 받았다. "이중 절괘(節卦)의 불기운을 이루는 가운데 그 기운을 받게 되며, 그 정과 기운이 화합되어서 그 뒤에 신(神)이 살아나게 된다. 신이 생겨난 뒤에 그 사람의 형체가 완전하게 되고 그 형상은 금형, 목형, 수형, 화형, 토형의 형상으로 오행의 기운을 품수받아 이 세상에 태어나서 살아갈 수 있는 것이다."[1] 사람은 이처럼 태어나면서부터 천지의 기운을 받고 오행 각자의 특성이 내재되어 있는 형상과 결코 무관할 수가 없음을 알 수 있다.

또한, 오행의 근원을 보면 처음에 태극이 정(靜)하여 음이 생기고

---

1) 진담야, 앞의 책, p.462

태극이 동(動)하여 양이 생기게 된다. 이는 「태극도설」의 이론이라 본다. 그리고 음양의 특성을 보면 음이란 수렴하여 하강 저장하며 양은 확대 발산하는 것이다.

> 무극은 태극의 근본이 되고 우주의 생성은 무극에서 태극으로 변화된 성이며, 태극이 다시 음과 양으로 나뉘어 양의(兩儀)가 정립되었다. 여기에서 양이 변하고 음이 합하여 목, 화, 토, 금, 수가 형성된 것이며, 무극의 전체인 태극과 음양의 기운이 묘합(妙合)하여 오행이 생기며 각각 그 성품을 갖는다.[2]

이처럼 우주와 인체의 변화를 음양오행론적 방법을 통하여 관찰과 예측 가능하다는 『황제내경』의 논리는 인상학에서 찰색(察色) 등의 상을 보는 하나의 방법으로 이미 채택되어 있다. 따라서 인간을 오행으로 분류한 뒤 각각의 외부적인 특징을 정리하여, 『황제내경·영추』「음양이십오인」에서는 사람의 형상을 분석하여 설명하고 있다.[3] 오행의 성격과 특징은 오행인에도 그대로 적용된다.[4] 오행인을 한마디로 말하면 인간을 음양오행설에 입각하여 다섯 가지 유형인 목·화·토·금·수 형으로 나눈 것을 말한다.

---

2) 이정욱, 『실용 관상학』, 천리안, 2005, p.90.
3) 주선희, 「東·西洋 人相學 硏究의 比較와 人相管理에 대한 社會學的 考察」, 경희대 박사논문, 2004, p.41.
4) 오행이 오행인에 그대로 적용되어진다는 점은 여러 연구자들에 의해 밝혀진 사실이다. 대표적으로는 다음과 같다. 김춘식, 『오행생식요법』, 도서출판유림, 1992, pp.46-172; Diagram Group, 정현숙 역, 『나를 점쳐 본다』, 정신세계사, 1986, pp.152-172; 장동순, 「오행속성과 체질론」, 『제5차 한국정신과학회 학술대회 논문집』, 1996, pp.279-280; 小林三剛 저, 김은하 역, 『동양의학강좌』, 일중사, 1995, pp.50-101.

유형의 분류에 있어서 행태적 특징의 분류는 오상(仁禮信義智)을 '목·화·토·금·수'로 분류한 것을 근거로 오행인의 행태적 특징을 나타내고 있다. 즉 목형(木型)은 장부중 목에 해당하는 간담의 기능이 좋고 크므로 그에 따라서 오상의 목에 해당하는 인적(仁的)인 성격의 행태적 특징이 나타나서, 어질고 교육적이며 추진력이 있다. 화형(火型)은 장부 중 화에 해당되는 심소장의 기능이 강하고 좋아서 오상 중 화에 해당하는 예적(禮的)인 성격과 행태적 특징이 나타나 예의 바르고 정열적이며 예술적이다.

그리고 토형(土型)은 장부 중 토에 해당하는 비위장의 기능이 좋고 강하므로 오상 중 토에 해당하는 신적(信的)인 성격과 행태적 특징이 나타나 신용이 있고 정확하며 중재 능력이 있다. 금형(金型)은 장부 중 금에 해당하는 폐대장의 기능이 강하고 커서 오상 중 금에 관계된 의적(義的)인 성격과 행태적 특징이 나타나 의리가 있고 지도력이 있으며 획일적이다. 수형(水型)은 장부 중 수에 관계된 신장방광의 기능이 상대적으로 좋고 강하므로 오상중 수에 해당되는 지적(知的)인 성격과 행태적 특징이 나타나 계획적이고 인내력과 끈 기성이 강하다.[5] 유형의 분류에 있어서 각각의 특징이 나타난다.

유형의 특성을 다음과 같이 간략히 정리해 본다.

첫째, 머리가 작고 얼굴이 길고 청색을 나타내면 목형인에 속하는데 이는 기질적으로 재간은 있으나 의심이 많고 자주 속을 꺼리고 기운이 적다. 이런 사람은 봄·여름에는 지내기 좋으나 가을·겨울에는 지내기 어렵다.

---

5) 권일찬, 「조직론에서 오행인의 의미와 유용성」, 『한국정신과학학회지』3-1, 한국정신과학학회, 1999, pp.69-70 참조.

둘째, 얼굴이 뾰족하고 색이 붉은 사람은 화형인에 속하는데 이런 사람은 정력이 흘러넘치고 기질은 외향적이며 사유는 민첩하나 성격이 급하여 급사하거나 단명하다.

셋째, 얼굴이 둥글고 머리가 큰 사람은 토형인에 속하는데 이런 사람은 매사에 신중하고 성실, 근면하며 빈틈이 없다.

넷째, 얼굴이 모나고 색이 하얀 사람은 금형인에 속하는데 기질은 내향적이지만, 총명하고 침착하며 직업은 관리가 맞다. 이런 사람은 가을·겨울은 지내기 편하나 봄·여름에는 지내기 힘들다.

다섯째, 얼굴이 볼록하고 색이 검으며 머리가 크면 수형인에 속하는데 이는 속마음을 감추고 잘 드러내려 하지 않으며 성격이 간교하다. 이런 사람은 가을·겨울에는 지내기 좋으나 봄·여름에는 지내기 어렵다.

다음으로 성정(性情)에 대해 살펴보고자 한다.

> 성(性)은 단순한 sex의 의미 외에 인간의 본성으로써 정(情)과 대립하는 의미이며, 정(情)은 성(性)이 발하여 동한 것으로써 느낌의 신체적 표현과 관계가 있는 생리학적 과정과 기능을 가리키며 정서를 표현하는 행동 양상을 말할 때 사용된다.[6]

상학이 원래 미래를 알아내는 예언적 기능과 개인의 성격 분석적 기능에서 출발한 것처럼 겉모습이나 행동 양태를 통해 그 사람의 성정을 알고자 하는 것은 관상학의 주된 관심사였다. 한의학에서도 성정에 따라 체질을 구분하고 이를 질병의 치료와 예방에 활용하였다. 『황제내경·영추』「통천」편에서는 음양의 편차에 따른 성정의 차이를 언급

---

6) 김성현·이상룡. 「性情에 관한 체질의학적 고찰」, 『대전대학교 韓醫學研究所논문집』5-2, 대전대학교 한의학연구소, 1997, p.437.

하고 있다. 먼저 태음인과 소음인에 대하여 살펴보고자 한다.

태음인은 탐욕스러우면서 인자하지 않으나 낮추면서 주도면밀하고 중
후한 척하며 받아들이기를 좋아하면서 내어놓기를 싫어하며 마음이 온화
하나 드러내지 않고 시간에 쫓기지 않으면서 행동하되 느릿느릿하니 이
것이 태음인이다. 소음인은 조금 탐욕스러우면서 마음씨가 험악하고 남
이 망하는 것을 보면 항상 득이 있는 것처럼 여기며, 손상시키기를 좋아
하면서 해롭게 하기를 좋아하고, 남이 영화로운 것을 보면 오히려 반대로
분노하며 마음에 시기하여 미워하면서 은혜를 모르니 이것이 소음인이
다."7)

다음으로 태양인과 소양인에 대하여 살펴보고자 한다.

태양인은 처세가 의기양양하여 호언장담하나 무능하면서 빈말을 떠벌
리고 의지를 광야에 드러내지만 행동거지가 시비를 고려하지 않으며, 일
을 처리하되 항상 제멋대로 하는 것 같아서 일이 비록 실패하더라도 늘
후회함이 없으니 이것이 태양인이다. 소양인은 심사숙고하면서 스스로
귀하게 여겨지기를 좋아하고 사소한 관직에 있으면 자신의 지위를 뽐내
며, 대외적으로 교제하기를 좋아하면서 대내적으로 가까이하지 않으니
이것이 소양인이다.8)

『황제내경·영추』「통천」편에서는 음양 화평지인에 대해서도 언급

---

7) "太陰之人 貪而不仁 下齊湛湛 好內而惡出 心和而不發 不務於時 動而後之
此太陰之人也 少陰之人 小貪而賊心 見人有亡 常若有得 好傷好害 見人有
榮 乃反慍怒 心疾而無恩 此少陰之人也.",『黃帝內經·靈樞』
8) "太陽之人 居處于于 好言大事 無能而虛設 志發於四野 擧措不顧是非 爲事
如常自用 事雖敗 而常無悔 此太陽之人也 少陽之人 諟諦好自貴 有小小官
則高自宜 好爲外交 而不內附 此少陽之人也. ",『黃帝內經·靈樞』

하였다. 곧 음양이 화평한 사람은 처세가 안정되어 두려워함이 없으면서 희열도 없고 온화하게 사물에 순응한다고 하였다. 그리고 어떤 이와 다투지 않으면서 때와 함께 변화하며 존중하면 겸손하면서 말로 타이르되 강압적으로 다스리지 않으므로 이를 지치(至治)라고 하였다.

위에서 언급한 것처럼 음양의 편차에 따라 성정(性情)을 구분하는 것은 바로 다음에 "옛날에 침과 뜸을 잘 사용한 사람들은 사람의 다섯 가지 체질을 보고 이에 따라 치료했다."9)라는 것과, 사람의 다섯 가지 체질을 치료하는 것은 어떤 것인가에 대한 치료의 구체적인 방법을 묻는 것에서 알 수 있듯이 질병의 치료가 주된 목적이다. 구분되는 성정의 특성은 형상과 마찬가지로 기본적으로 오행의 속성을 따르고 있음을 알 수 있다.

음양과 오행의 편차에 따른 성정 외에 용겁(勇怯)에 관해서 『황제내경 · 영추』 「논용(論勇)」에 다음과 같이 언급되어 있다.

> 황제가 '용감하거나 겁을 내는 까닭을 듣고 싶습니다'라고 하니, 소유가, '용감한 사람은 눈이 깊고 또렷하며, 눈썹이 길고 곧으며, 삼초의 무늬가 가로로 놓이고 마음이 단정하고 곧으며, 간이 크고 단단하고 담에는 담즙이 가득 차 있습니다. 성내면 기가 성하여 가슴이 벌어지고 간이 들려서 담이 가로놓이며, 내외자가 찢어지고 눈을 치뜨며, 털이 곤두서고 얼굴이 푸르게 됩니다. 이것이 용감한 사람이 되는 까닭입니다'라고 하였다.10)

---

9) "古之善用鍼艾者 視人五態 乃治之.", 『黃帝內經 · 靈樞』
10) "黃帝曰 願聞勇怯之所由然 少兪曰 勇士者 目深以固 長衝直揚 三焦理橫 其心端直 其肝大以堅 其膽滿以傍 怒則氣盛而胸脹 肝擧而膽橫 眥裂而目揚 毛起而面蒼 此勇士之由然也.", 『黃帝內經 · 靈樞』

동서(同書)에서 이와 관련한 문답법이 지속된다. 황제가 겁이 많은 사람이 되는 까닭을 듣고 싶다고 하니, 소유(少兪)는 말하기를, 겁이 많은 사람은 눈이 크고 깊지 않으며, 음양이 조화롭지 않고 삼초(三焦)의 무늬가 세로로 놓이며, 갈우(骭: 심폐골)가 짧고 작으며, 간계(肝系)가 느슨하고 담즙이 가득 차지 않아 담이 늘어져 있다고 했다.

그리고 장위(腸胃)가 처져 옆구리 아래가 비어 있으며, 비록 크게 성을 내어도 기가 가슴을 채우지 못하고, 간폐가 들려도 기가 쇠하여 다시 내려가기 때문에 오래 성낼 수 없다고 했다. 이것이 겁이 많은 사람이 되는 까닭이라는 것이다.

여기에서 용겁(勇怯)에 관한 것은 오장육부 중의 간담(肝膽)과 연관된다. 그리고 이것은 결국 성정의 차이가 외형적인 형상의 차이로 나타나고 안에서는 오장육부의 편차를 전제로 하고 있다는 것이다.

2) 오행인의 상호작용

오행인 간의 관계는 주로 오행의 상생·상극 관계에 있다. 오행이 상생하지도 상극하지도 않는다면 아무런 작용이 없어 있으나마나한 것에 불과하다. 그러므로 오행은 상생작용을 통해 크게는 천도가 운행하고 일월성신과 사시가 순환하며 땅에 있는 만물이 생장 사멸하는 등 모든 변화 현상을 설명할 수 있다는 것이다. 오행론에 의해서 만물과 모든 현상을 오행으로 단순하게 분류해 놓으면 별 의미가 없고, 각 오행간의 상호 작용하는 현상을 보아야 의미가 있고 유용성이 있다. 그런 점에서 오행론의 오행간 상생상극의 상호작용이 대단히 중요하다.

먼저 오행의 상생이란 목·화·토·금·수의 순서에 따라 차례대로 자생·조장하고 촉진하는 관계를 말한다. 오행의 상생은 금생수(金生水), 수생목(水生木), 목생화(木生火), 화생토(火生土), 토생금(土生金)

이며, 나를 생하는 자는 부모이고, 내가 생하는 자는 자손이 되는 것[11]이다.

목이 화를 낳음은, 목의 성질이 따뜻하여 화가 그 속에 잠복하다가 뚫고 밝은 곳으로 나오므로 목이 화를 생하는 것이다.[12] 또 화가 토를 낳는다는 것은, 화는 뜨겁기 때문에 능히 목을 태우고 목이 타면 재를 이루니 재는 곧 토가 되므로[13] 화가 토를 생하는 것이다. 이어서 토가 금을 생하는 것은, 금이 돌에 박혀있고 산에 진액이 윤택하게 흐르고 흙이 모여서 산을 이루니, 산은 반드시 돌을 만듦으로 흙이 금을 낳는 것이다.[14] 금이 수를 낳는다는 것은, 소음의 기운은 윤택하여 진액이 흐르고, 또한 금을 녹이면 물과 같이 되서 산에 구름이 끼고 윤택함을 좇게 되는 것이므로 금이 수를 낳는 것이다.[15] 끝으로 수가 목을 낳는 것은, 목은 수의 윤택함이 있어야 살 수 있으므로 수가 목을 낳는 것이다.[16] 이와 같이 상생의 의미는 서로 살린다는 뜻을 가지는데 여기서는 극하기 전에 반드시 생해야 한다는 이치가 들어있다.

상생의 기운에 따라 오행은 모두 음양의 기운을 바탕으로 해서 나온 것이다. 그러므로 습한 기운은 물[水]을 낳고, 따뜻한 기운은 불[火]을 낳으며, 굳센 기운은 나무[木]를 낳고, 강한 기운은 금을 낳으며, 화합

---

11) "五行相生 金生水 水生木 木生火 火生土 土生金…生我者爲父母 我生者爲子孫.",『淵海子平評註』

12) "白虎通云 木生火者 木性溫暖 火伏其中 鑽灼而出 故木生火.",『五行大義』

13) "火生土者 火熱 故能焚木 木焚而成灰 灰卽土也.",『五行大義』

14) "土生金者 金居石 依山津潤而生 聚土成山 山必生石 故土生金.",『五行大義』

15) "金生水者 少陰之氣潤澤 流津銷金 亦爲水 所以山云而從潤 故金生水.",『五行大義』

16) "水生木者 因水潤而能生 故水生木也.",『五行大義』

하는 기운은 토를 낳는 것이다. 이와 같이 오행은 동시에 일어나고 의탁하여 서로 생하는 관계이다. 따라서 오행은 서로가 서로를 낳으면서 자연의 순환을 무리 없이 행하고 있다는 것이 곧 상생의 관계이다.[17] 서로 살려주는 기운이 뭇 생명의 활력을 불어넣는 것이다.

오행의 상생 관계는 한 오행인이 다른 오행인에게 호감을 갖고 친해지고 가까이하고 싶어 하며, 잘되도록 도와주고자 하는 인간관계를 의미한다고 볼 수 있다. 이것은 서로 좋아하는 것끼리 돕고 화목하게 지내고자 하는 것을 의미한다.[18] 결국 상생 관계로서 인간의 관계는 서로 호감을 갖고 가까이 하고 도와주고 친해지고자 하는 마음이 생기고 이를 기꺼이 받아드리려는 인간관계를 나타낸 것이다. 그래서 상생 관계에 있는 사람들끼리는 서로 협조와 화합이 잘 이루어진다고 평가된다.

다음으로 상극의 관계는 글자 그대로 서로 극하는 관계를 말하는 것이다. 오행의 상극관계는 『춘추번로』에서 잘 설명하고 있다. 먼저 '금극목'(金剋木)에 대해서 "목은 농사짓는 것이니, 농사짓는 사람이 순종치 않고 배반하면 사도(司徒)가 베어서 그것을 바르게 거느린다. 그러므로 금이 목을 이기는 것이다."[19]고 하였다. '수극화'(水剋火)는 "화는 본래 나랏일을 의논하니, 참언하고 간사한 사람이 있어서 임금을 현혹하고 유혹하면 법으로 베어 죽인다. 그러므로 수가 화를 이긴다."[20]라 하였다. '목극토'(木剋土)는 "토는 임금이니, 크게 사치스러

---

17) 장종원, 「소길의 『오행대의』에 나타난 오행설 연구」, 원광대 박사논문, 2014, pp.146-147.
18) 박일봉, 「사주명리학강좌」, 『역학』5, 월간역학, 1995, p.53.
19) "木者 農也 農人不順如叛 司徒誅其率正矣 故金勝木.", 『春秋繁露』
20) "火者 本朝有讒邪 熒惑其君 法則誅之 故水勝火.", 『春秋繁露』

워 법도를 어기고 예를 잃으면, 백성이 궁해져서 배반한다. 그러므로 목이 토를 이긴다."[21] '화극금'(火剋金)에 대해서 말하기를 "금은 사도(司徒)니, 약해서 백성들을 부리지 못하면 사마(司馬)가 베어 죽인다. 그러므로 화가 금을 이긴다."[22]라고 하였다. '토극수'(土剋水)에 대해서 수는 법을 집행하니, 아부하고 무리지어 공평하지 못하게 하면 사구(司寇)가 베어 죽인다. 그러므로 토가 수를 이긴다[23]고 하였다. 이렇게 오행은 상대를 서로 제어하면서 자연의 조화를 이루고 있다. 오행인의 상극관계임을 알 수 있는 것이다.

이상과 같이 상생 관계가 상호간에 자생 협조하는 관계라면, 상극관계는 상호 간에 억제 제약하는 의미를 내포하고 있다. 즉 상생은 서로 생하게 하는 입장과 그러한 작용을 의미하고, 상극은 서로 제어하여 주종의 입장과 그러한 작용을 의미한다. 이런 점에서 볼 때 상극은 서로 미워하고 싫어하므로 박해한다는 뜻이며, 갈등과 불화 관계를 나타낸 것이다.

그리고 『마의상법』에서는 오행의 변화원리에 따른 상극의 이치를 오행의 체형별로 설명하고 있다. 이는 금형의 신체를 기준으로 하는 다음의 예로 확인할 수 있다.

> 금형이 금국(金局)을 얻고 토국을 만나면 가히 도주와 비교할 수 있다. 금형인 이 금국의 정(正)을 얻으면 금이 금을 얻어 굳세고 단단함이 강하다고 말한다. 겸하여 토국의 형상과 기색을 얻으면 상생하여 부자가 된다. 범려(范蠡)가 도주공(陶朱公)으로 능히 부를 이루었다.[24]

---

21) "土者 君大奢侈 過度失禮 民叛之窮 故木勝土.", 『春秋繁露』
22) "金者 司徒弱 不能使眾 則司馬誅之 故火勝金.", 『春秋繁露』
23) "水者 執法阿黨不平 則司寇誅之 故土勝水.", 『春秋繁露』

금형인이 화가 왕성하면 재물이 마치 먼지와 같이 흩어진다. 목을 금이
손상하면 재물이 마치 눈 녹듯이 소멸한다.[25]

　이는 금형인의 형체를 지닌 자가 금형인의 상모(相貌)와 성품을 지
녔는데, 겸하여 토국의 토형의 형상과 기운을 얻으면 토생금(土生金)
으로 상생하여 부자가 된다는 말이다. 또한 금형의 상극인 화가 왕성하
면 화극금(火克金)하여 상극의 형모나 기색으로 재물이 사라진다고
하였다. 이처럼 관상서에서도 오행 생극(生剋)의 원리에 따라 상모의
기세와 사람의 운세를 분별하는 기준을 가졌다. 이는 오행설이 관상학
의 기본 원리임을 보여주고 있는 근거라 할 수 있다.
　같은 맥락에서 『유장상법』에서는 "오행이 다만 한 번 극하면 좋은
상이 될 수 없고 다만 한 번 생하면 크게 좋다."[26]라고 하여 오행 생극
의 이치가 기본적으로 적용되고 있음을 설명하고 있다. 이와 함께 『마
의상법』과 마찬가지로 체형별로 오행에 따른 특징과 속성을 논하고
생극의 이치에 따른 관상술을 다음과 같이 설명하고 있다.

목형인은 수국이 마땅하고, 토형인은 금을 얻어야 기이하게 되고, 화형
인은 목국을 얻어야 하고, 목형인은 몸이 드러나면 반드시 부유하고, 금형
인은 붉고 윤택하면 몸이 영화롭다.[27]

---

24) "金形得金局 逢土可比陶朱 若金形人 又得金局之正者 固云 金得金剛毅深
　　兼得土局形氣 而相生而主財富 陶朱公范蠡也 能致富豪.", 『麻衣相法』
25) "金人火旺 財散如塵 木生金傷 錢消如雪.", 『麻衣相法』
26) "五行但有一克 不爲好相 但得一生者大好.", 『柳莊相法』
27) "木形人故宜水局 土形人得金爲奇 火形人宜得木局 木形身發必富 金形人紅
　　潤身榮.", 『柳莊相法』

토가 수를 제어하면5동량지재는 또한 반드시 수가 윤택해야 국가의
보배인 금·목의 영화가 밝다. 금이 목을 얻으면 바로 쓰이고, 목이 금을
만나면 일생 고생한다. 체형의 이치는 또한 상생과 상극을 따른다.[28]

이처럼 오행의 체형별로 오행의 상생과 상극에 의해서 그 체형별
운명의 호불호가 나뉘고, 체형에 따른 상생의 국을 더하게 되면 부유하
고 영화롭다고 전하고 있다. 또 상극이라 하더라도 기색이 밝고 해당
오행을 자극하거나 발전시키는 상극이면 역시 좋다는 것을 의미한다.
이를 통해 기색을 살핌에 있어 오행의 상생·상극의 원리를 잘 적용하
여야 함을 알 수 있다.

2. 상학의 성정 파악과 오행인의 특징

1) 상학의 성정 파악

관상을 본다는 것은 생긴 모습만을 보는 것이 아니라 겉모습을 통해
그 사람의 성정까지도 볼 수 있어야 함을 의미한다. 『유장상법』에서
"사람의 마음이 선한지 악한지 어떻게 보아 알 수 있는가?"[29]하고 물
어본 것은 사람의 선악을 파악하는 것이 관상학의 목적 가운데 하나임
을 밝힌 것이다.

관상에 있어 성정까지도 볼 수 있어야 한다는 점을 상기하면서 『마
의상법』에 나온 성정과 관련된 내용을 살펴보고자 한다.

---

28) "土制水莊田之客 水生木出仕求明 梁棟材還須水潤 國家珍金木榮明 金得木
方爲有用 木逢金一世辛勤 形體理還從生克.", 『柳莊相法』
29) "凡人心善惡怎看得出.", 『柳莊相法』

인생의 부귀는 전생에 닦았던 수행으로 인한 것이고 빈궁하게 사는 것은 모두 현세에서 악한 일을 지은 것 때문이니 겉모습만 보지 말고 먼저 심전(心田)을 살펴보아야 한다.[30]

시선은 곁눈질하거나 흘겨보지 말아야 한다. 흘겨보는 듯 하는 자는 사람됨이 간사하며 마음이 험악하고 똑바로 바라보는 자는 마음이 곧고 튼튼하며 뜻이 굳건하다.[31]

사람의 상을 크게 8가지로 분류한 「관인팔법(觀人八法)」에도 성정에 관한 내용이 나온다. 예를 들어 '위맹지상(威猛之相)'[32]은 상(相)이 존엄하고 신색(神色)이 엄숙하여 다른 사람들이 저절로 두려워할 만한 성품을 가지고 있는 사람을 말한다. '악완지상(惡頑之相)'은 신체의 모양이 흉폭하여 뱀이나 쥐와 같은 모양으로 아름답다고 하기에는 부족한 상[33]을 말한다.

『유장상법』에도 성정에 관한 내용이 여러 곳에 나온다. 여기에서는 주로 남자의 상을 상귀(上貴), 중귀, 하귀 세 가지로 18가지씩 구분한 것과, 여자의 좋지 못한 상을 72가지의 천한 상, 36가지의 형상(刑傷)한 상, 24가지의 고독한 상으로 구분한 것이다.

여자의 좋은 상으로 분류한 7가지의 어진 상과 4가지의 덕이 있는 상에도 성정과 관련된 내용이 나온다. 예를 들어 걸음걸이가 단정하고

---

30) "人生富貴 皆因前世修行 土處貧窮 皆因今生作惡 未觀形貌 先相心田.",『麻
衣相法』
31) "視不欲偏斜 若斜視者其人奸邪 心必險惡 正視者 心地坦直志氣剛介.",『麻
衣相法』
32) "一曰威尊嚴 可畏謂之威主權勢也…… 蓋神色嚴肅人自畏也.",『麻衣相法』
33) "七曰惡惡者 體貌兇頑如蛇鼠之形…… 皆主其兇暴不足爲美也.",『麻衣相法』

용모가 엄정하며 말이 많지 않고 앉거나 잘 때의 모습이 바른 것을 여자의 어진 상[34]으로 보았다. 또 덕이 있는 여자는 평소 다른 사람과 경쟁하지 않으며, 고난 중에도 원망하는 말을 하지 않고, 음식에 절제함이 있고 어떤 일에 관하여 들어도 놀라거나 기뻐하지 않아 존경할 만한 사람[35]이라고 하였다.

다음으로 상학의 성정 파악에 있어서 구체적으로 이목구비의 형상에 대하여 살펴보도록 하겠다. 우선 "오악이 반듯하고 비뚤지 않으면 장수하나 만일 이목구비의 일곱 구멍이 훤하게 노출되고 기색이 밝지 못한 자는 오래 살지 못한다."[36]고 하여 얼굴에 있는 구멍에 해당하는 이목구비가 들여다보이는 것을 좋지 못한 것으로 보았다. 특히 그 중에서 콧구멍이 들여다보이는 것을 가장 안 좋은 것으로 보았는데,『마의 상법』과 『유장상법』[37]의 전편에 걸쳐 수차례 언급되었다.

이목구비의 성정 가운데 코는 십이궁 중에서 재백궁에 해당하기 때문에 콧구멍이 보이는 것은 재물이 새나가는 것으로 인식한다. 유년운기(流年運氣)에서는 코가 주로 40대에 해당하기 때문에 40대 이후에 재물이 쌓이지 않을 것으로 보았다.[38] 구체적으로는 콧구멍이 들여다

---

34) "行步周正面 圓體厚五官 俱正三停俱配容貌 嚴整不泛 言語坐眠俱正.",『柳莊相法』
35) "平素不與人爭競 苦難中無怨言 節飲食 聞事不驚喜能尊敬.",『柳莊相法』
36) "五岳正而不偏陷者固爲壽相若耳目口鼻之七竅反露而不明者亦主夭折.",『麻衣相法』
37) "仰露家無財與粟.";"鼻爲濟瀆要豊隆光圓不破不露則家必富.";"土星鼻是須要準頭豊厚兩孔不露.";"竈門孔藏卽三公.";"孔仰露出夭折寒素.";"露穴主貧短無壽.";"穴孔大而財不聚.";"鼻乃財星管中年之造化註云豊隆端正者貴顯掀露偏曲者下賤.";"鼻竅露而仰卒被外災而終旅舍.";"竈仰撩天中年敗而田園耗散.";"鼻梁高露不安居.",『麻衣相法』. "最怕十分昻露.";"仰露永無財與粟.",『柳莊相法』

보이는 코를 '노조비'(露竈鼻)라 하는데 "노조비는 콧구멍이 크게 들여다보이는 코를 말하는 것으로 주로 빈궁한 상이다.

그러므로 콧구멍이 크고 코가 높고 구멍이 또 길면 모름지기 집안에 의식이 궁핍한 것을 알 것이다."[39]라고 하였다. 여기서 조(竈)는 부엌이라는 뜻으로 부엌은 곡식을 쌓아두고 음식을 하는 곳인데 이곳에 음식이 하나도 남지 않고 바닥을 드러냈다는 의미이다.

다음으로 콧구멍과 건강의 관계를 설명한 『황제내경』이 주목된다. 『황제내경 · 영추』「사전(師傳)」에서는, "콧구멍이 위로 들리면 방광에서 소변이 샌다."[40]고 하여 콧구멍이 보이면 방광에 이상이 있음을 언급하였다. 『동의보감』에서도 이 문장을 인용하였고 오령산(五苓散)을 방광(膀胱)의 주약(主藥)[41]이라고 했기 때문에 콧구멍이 들려서 소변에 이상이 생긴 경우에 오령산을 활용할 수 있는 근거를 제시하였다.

이처럼 『황제내경 · 영추』에서 콧구멍과 소변과의 관계를 언급했지만, 이후에 이를 임상에 활용한 예는 거의 찾아볼 수 없으며 형상의학에서 이를 적극적으로 활용하고 있다. 지산(芝山)은 비공이 드러난 것은 방광이 나쁜 것으로 진액이 새는 것[42]으로 보았다.

그리고 『동의보감』에서는 방광을 진액지부(津液之府)라고 했기 때문에 소변이 제대로 나오지 못하는 것을 정혈이 새는 것으로 보았다. 콧구멍이 보일 때 관상학에서 코가 재백궁에 해당하기 때문에 재물이 샌다고 보는 것과, 형상의학에서 진액지부로서 진액이 샌다고 보는

---

38) "鼻曲迎突四十年.", 『麻衣相法』
39) "露竈鼻主貧孔大鼻高竅又長須知家下少衣糧.", 『麻衣相法』
40) "鼻孔在外 膀胱漏泄.", 『黃帝內經 · 靈樞』
41) "五苓散膀胱主藥也.", 『東醫寶鑑』
42) 大韓傳統韓醫學會編, 『芝山先生臨床學特講』 Ⅴ, 芝山出版社, 1998, p.209.

것은 같은 관점에서 본 것이라고 할 수 있다.

이처럼 코의 형상은 관상에서 비중 있게 다루고 있다. 준두(準頭)가 바로 쭉 내려뻗지 못하고 가운데가 볼록 튀어 오르거나 옆으로 휘어지면서 내려온 코를 좋지 않게 보는데, 구체적으로는 고봉비(孤峯鼻)와 삼만삼곡비(三彎三曲鼻)가 여기에 해당된다. 고봉비는 준두에 살이 없고 구멍이 크게 보이고 두 관골은 낮고 빈약한데 코만 홀로 뾰족하게 높이 솟은 형상이라 했다. "이러한 상을 가진 자는 고독하고 재물이 모이지 않으며 재앙이 많다. 만약 승(僧)이 되어 산문에 기탁하면 재앙이 사라지고 수명은 보전할 것이다."[43]라고 하였다.

삼만삼곡비에 대해서는 "코가 세 번 휘어진 자를 반음살이라 하고 세 번 굽은 자를 복음살이라 하였다. 반음살이 있으면 대를 이을 자식이 없고 복음살이 있으면 남자는 홀아비요 여자는 과부운을 면치 못한다."[44]라고 하였다. 또 콧등이 구불구불하게 삼곡(三曲)이 있어 평평하고 곧지 않으면 이는 파패(破敗)가 많은 상으로 가옥과 전답을 매진(賣盡)한다고 하여, 역시 콧등이 반듯하지 못하고 휘어진 것을 재물이 쌓이지 않는 것으로 보았다.

이와 관련해서 『황제내경·영추』「사전」에서도 "콧대의 중앙이 솟아 있으면 삼초(三焦)가 잘 통하지 않는다."[45]라고 하였는데, 삼초가 약(約)하다는 것은 잘 통하지 못하고 막히고 맺혔다는 의미이다. 삼초에 대한 해석은 여러 가지가 있겠지만, 『동의보감』의 언급처럼 삼초를 '수곡'(水穀)의 도로(道路)로 본다면 음식물이 입으로 들어와서 대소변

---

43) "此鼻縱大無財積若爲僧道免哀哉.", 『麻衣相法』
44) "鼻有三彎爲反吟鼻有三曲爲伏吟反吟相見是絶滅伏吟相見淚淋淋.", 『麻衣相法』
45) "鼻柱中央起三焦乃約.", 『黃帝內經·靈樞』

으로 빠져나가는 과정에서 어딘가가 막혀 제 기능을 하지 못하는 것이다. 도로라는 것은 잘 통하여 운반 기능을 제대로 할 때 의미가 있다. 여기에서 삼초(三焦)를 기(氣)가 시작되며 끝나는 곳으로 본다면[46] 기가 생성되고 운화되는 과정에서 상중하 초(焦)가 제 기능을 못 하는 것으로 볼 수 있다.

이에 지산(芝山)은 말한다. "콧대의 중앙이 돌출하였다. 이는 삼초가 결한 것이다. 상기 환자는 삼초가 결했다. 삼초가 결했다는 것은 상중하 초의 통리가 안 되는 것이다. 다르게 생각해 보면 비위가 불화해서 소마(消磨) 작용이 안 되는 경우를 생각할 수 있고, 또 기혈이 소통이 안 되어 맺혀서 오는 경우가 있다. 이 환자는 삼초가 맺혀서 온 병이기에 목향빈랑환(木香檳榔丸)을 썼다. 즉, 대소변이 시원치 않았기에 이약을 쓰는 것이다."[47] 콧등이 바로 내려왔는지 아니면 가운데가 돌출하거나 휘었는지를 보고 진단할 때 삼초와 연관하여 활용하였다.

관상의 성정(性情)에 있어서 눈빛이 주목된다. 눈빛이 젖어 있으면 남녀에게 "음란한 일이 많이 생긴다. 주(註)에 이르기를 눈빛은 동자의 신광(神光)이니 항상 밝고 맑아야 하고 눈물기가 축축이 젖어 있는 것은 마땅하지 않으므로 경에 이르기를, 눈이 젖어 있으면 음란하고 흘겨보는 자는 상서롭지 못하다."[48]라고 하여 눈빛이 젖어 있는 사람은 음란하고 색(色)을 좋아하는 것으로 보았다. 또 "눈에 물기가 있어 빛나고 입이 넓고 크면 음란한 것을 탐하며 세월을 보낸다."[49]라고

---

46) "氣之所終始也.", 『東醫寶鑑』
47) 大韓傳統韓醫學會編, 『芝山先生臨床學特講』Ⅴ, 芝山出版社, 1998, p.124.
48) "眼光如水男女多淫註云眼光晴之神光也嘗要明淨不宜淚濕故經云眼濕多淫慾流光定不祥.", 『麻衣相法』
49) "眼露光而口濶大者貪淫度日.", 『麻衣相法』

하였다.

『유장상법』에 나오는 여자의 72가지 천한 상에도 '안로백광(眼露白光)'이라 하여 여자의 눈빛이 너무 반짝거리고 빛나는 것은 좋지 않은 것으로 보았다. 형상의학에서도 눈빛이 촉촉하게 젖은 여자는 색(色)을 좋아하는 것으로 보는데 지산(芝山)은 "환자를 처음에 딱 보아서 머리카락이 굵은가를 보라. 그리고 눈에 눈물이 촉촉이 젖어 있는가를 살펴보아야 한다. 이러한 두 가지가 있는 여자는 신기(腎氣)가 성한 여자이다."[50]라고 하였다.

이런 여자들은 신기가 성하여 정혈(精血)을 소모하기 쉬우므로 정혈을 보해주는 치료가 필요하며, 자신의 뜻대로 되지 않을 때 울체(鬱滯)하기도 쉬우므로 그 때는 울체된 것을 풀어주는 것을 위주로 해야 한다.

다음으로 치아의 상태를 보는 것도 진단과 치료에 있어서 중요한 의미를 지닌다. 『마의상법』에서는 "치아는 일신의 뼈의 정화이며 입의 창날이니 만물을 운화하는 기관으로 턱의 육부 가운데 그 하나가 이에 속한다"[51]라고 하였다. 관상학에서 치아를 뼈의 정화나 골(骨)의 나머지라고 본 것은 『동의보감』에서 치아를 골의 나머지라고 보며 신(腎)이 주로 길러준다(齒者骨之餘腎主營養)고 한 것과 일맥상통한다.

『마의상법』에서는 치아가 크고 단단하며 빽빽한 것을 좋은 것으로 보고, 또한 『유장상법』에서는 치아 사이가 성기고 틈이 있는 것을 좋지 않은 것으로 본다. 치아를 뼈의 나머지로 보기 때문에 치아의 상태를 통해 정(精), 신(腎), 골(骨)의 상태를 알 수 있다. 『동의보감』에서 "신(腎)이 쇠하면 치아 사이가 벌어지고, 정이 왕성하면 치아가 든든해지

---

50) 大韓傳統韓醫學會編, 『芝山先生臨床學特講』Ⅲ, 芝山出版社, 1997, p.297.
51) "搆百骨之精華作一口之鋒刃運化萬物以頤六府者齒也.", 『麻衣相法』

며, 허열(虛熱)이 있으면 치아가 흔들린다. 치아와 뼈는 신의 표(標)이다."52)라고 한 것과 치아가 빽빽하면 장수한다는 것은 같은 의미이다.

여기에 대해서 형상의학에서는 치아가 언제 나는지도 중요하게 보는데 『황제내경·소문』「상고천진론」에서 "여자는 7세에 신기(腎氣)가 성해져서 치아를 갈고 머리카락이 자라난다."53)고 했고, "남자는 8세에 신기가 실해져서 머리카락이 자라나고 치아를 간다."54)라고 했다. 이 때문에 여자는 7세, 남자는 8세를 기준으로 하여 영구치가 너무 늦게 나는 것을 신기가 허한 것으로 보았다.

그리고 상학에서 여자의 관골이 튀어나온 것은 남편을 극하는 것으로 보았다. 이는 『마의상법』에서 "관골이 툭 불거지면 여러 번 남편을 이별한다."55)고 한 것과, "옛글에 이르기를 남편을 극함은 두 관골이 툭 불거지거나 이마가 평탄하지 않고 비뚤어진 까닭이다."56)라고 한 것에서 알 수 있다.

『마의상법』에서도 "좌우의 관골과 준두의 뼈가 연상·수상보다 높이 솟으면 성질이 매우 사납고 질투가 강하며 남편과 생리사별(生離死別)하고 독수공방하게 된다."57)라고 했다. 곧 얼굴에 높게 솟은 뼈를 관골이라 하는데 권세를 주관한다고 한 것은 또한 같은 내용이다.

『유장상법』에 나오는 여자의 36가지 해로운 상에 보면 '면생삼각(面生三角)'이 나오는데 이는 관골이 튀어나와 양쪽 관골과 턱 때문에

---

52) "腎衰則齒豁精盛則齒堅虛熱則齒動 牙齒骨屬腎之標也.", 『東醫寶鑑』
53) "女子七歲腎氣盛齒更髮長.", 『黃帝內經·素問』
54) "丈夫八歲腎氣實髮長齒更.", 『黃帝內經·素問』
55) "顴高骨凸者刑夫未有了期.", 『麻衣相法』
56) "古云尅婿兩顴露刑夫額不平.", 『麻衣相法』
57) "顴準高陵年壽妬兇獨守孤孀.", 『麻衣相法』

얼굴이 삼각형처럼 보이는 것을 말한다. 『황제내경·영추』「오변(五變)」편에서는 "관골은 뼈의 근본이다. 관골이 크면 뼈가 크고 관골이 작으면 뼈가 작다."[58]라고 하여 관골이 나왔다는 것은 뼈가 굵고 발달했다는 것을 의미하고, 이는 바깥일이나 육체적으로 힘든 일을 많이 하도록 태어났다는 뜻이다.

힘든 일을 많이 하는 것은 상학에도 "관골은 삶의 거친 세파와 싸워 나가는 힘, 즉 생활력을 나타낸다."[59]라고 하였다. 지산은 "관골이 발달한 것은 뼛골이 크다는 얘기다. 그러므로 정기가 부족하기 때문에 허리가 아프다. 크다는 그 자체가 흠이다"[60]라 하였고, 관골이 수(水)의 근본이니 관골이 크면 신수(腎水)가 부족하기 쉽다고 하여 관골이 크면 신수가 약해지고 뼈가 약해지기 쉽다고 보았다.

그러나 현재의 상법에서는 여자의 관골이 크면 사회성이 발달되고 커리어 우먼으로서의 자질도 있어 보이며, 개척정신이 강하고 조직을 이끌 수 있는 리더의 자질을 갖추고 있다고 본다. 실례로 성공한 여성들의 얼굴에서 관골이 발달된 여성들이 많다는 데에서도 그 타당성을 유추할 수 있다.

사실 상을 보는 방법에 있어서 신기(神氣)를 살필 때 눈을 보는 것이 중요하다. 사람을 볼 때 똑바로 쳐다보지 못하고 시선을 피해 힐끔힐끔 쳐다보거나 눈을 아래로 내려 뜨는 사람이 있다. 『마의상법』에서는 "시선은 곁눈질하거나 흘겨보지 말아야 하는데 흘겨보는 듯 하는 자는 사람됨이 간사하고 마음이 험악하다."[61]라고 하여, 흘겨보는 사람은

---

58) "顴骨者骨之本也 顴大則骨大顴小則骨小.", 『黃帝內經·靈樞』

59) 김광일, 『觀相學길잡이』, 책만드는집, 2008, p.194.

60) 大韓傳統韓醫學會編, 『芝山先生臨床學特講』Ⅴ, 芝山出版社, 1998, p.148.

61) "視不欲偏斜若斜視者其人奸邪心必險惡正視者心地坦直志氣剛介.", 『麻衣

마음이 간사하고 똑바로 쳐다보는 사람은 마음이 바르다고 하였다.

결국 흘겨보는 것이 성정에 좋지 않다는 뜻이다. 『유장상법』에서도 "위로 보는 사람은 실패가 많고 아래로 보는 사람은 간사하며 흘겨보는 사람은 도둑질하려는 마음이 있다."62)라고 하였다. 『동의보감』에서는 이런 경우 마음이 불안하고 신기가 부족한 것으로 보는데, 신정(腎精)이 든든하지 못하여 신기가 줄어든 것63)으로 본다.

다음으로 귀에 대하여 살펴본다. 『마의상법』에서 귀를 볼 때 "귀에 청흑빛이 있거나 거칠면 타향에 나가 고생한다."64)라고 하였는데, 귀가 어둡거나 거칠면 타향에 나가서 힘든 일을 많이 했다는 의미이다. 『유장상법』에서도 귀가 얇거나 검으면 가정이 파탄나고 주머니가 빌 정도로 가난하게 된다거나, "귀가 어둡고 마르면 어찌 종신토록 복과 이익을 얻을 수 있겠는가?"65)라고 하였다.

그리고 『황제내경·영추』「위기실상」에서는 "귀가 마르고 때가 낀 것은 뼈에 병이 있는 것이다."66)라고 했는데 위와 통하는 내용이다. 귀가 신(腎)에 해당하기 때문에 뼈에 병이 있는 것으로 보았다. 그리고 신은 선천에 해당하기 때문에 부모로부터 도움을 못 받아 한 곳에 정착하지 못하고 타향에서 떠도는 것으로 볼 수도 있다. 『황제내경·영추』「구침론」에서 "오래 서 있으면 뼈를 상한다."67)라고 하였는데, 뼈에

相法』

62) "平視平正爲人剛介心平上視多敗下視多奸斜視多偸浮光多淫.", 『柳莊相法』
63) "腎精不固 神氣減少.", 『東醫寶鑑』
64) "靑黑皮粗走異鄕.", 『麻衣相法』
65) "金暗木枯豈得終身福利.", 『柳莊相法』
66) "耳焦枯受塵垢病在骨.", 『黃帝內經·靈樞』
67) "久立傷骨.", 『黃帝內經·靈樞』

병이 있다는 것은 육체적으로 힘든 일을 많이 했다는 의미이다. 귀가 선천(先天), 신(腎), 골(骨)과 연결되어 있고 귀의 빛깔이 어둡고 마른 것은 육체적으로 힘든 일을 많이 하여 뼈에 병이 있다는 의미이다.

한편 『마의상법』에서 눈 아래가 검거나 어두운 것은 건강상에 문제가 많은 것으로 보았다. "삼양(三陽)에 가로로 흑색이 비치면 인생의 반년기의 수명을 지키는데 힘써야 한다."[68]라고 하였는데, 이는 그만큼 건강상에 위중한 문제가 있을 것임을 말한 것이다. 또 눈 주위가 숯처럼 검고 그을리면 담음(痰飮)으로 재앙이 생긴다(眼眶黑煤如炭痰飮生災)고 하였다.

『동의보감』에서는 "눈꺼풀과 눈 아래에 재나 그을음 같은 흑색을 띠는 것은 담(痰)이 있는 색이다."[69]라고 하여 담음이 있을 때 나타나는 외증(外證)으로 보았다. '십병구담'(十病九痰)이라는 말도 있고, 사람의 질병이 모두 담에서 생긴다고 주장한 의가(醫家)도 있는 것처럼[70] 담음은 모든 병의 원인이 될 수 있다. 지산은 "기병(奇病)은 담음병이다."[71]라고 하여 원인을 모르는 이상한 병은 담음을 없애는 것에서 치료를 시작해야 한다고 하였다.

상학의 성정 파악에 있어서, 얼굴을 볼 때는 명당인 코에서 오색(五色)을 먼저 판단한다. 『동의보감』에서는 『황제내경·영추』「오색」편을 인용하여 "오색은 오직 명당에서 결정되는데, 명당은 코를 가리킨다. 명당의 색이 푸르거나 검으면 통증이 있는 것이고, 누르거나 붉으면 열증이며, 희면 한증이다."[72]라고 했다. 명당에 나타나는 색에 따라

---

68) "黑色橫自三陽 半年期須防損壽.", 『麻衣相法』
69) "眼胞及眼下 如灰烟熏黑者, 痰色.", 『東醫寶鑑』
70) "惟王隱君 論人之諸疾 悉出於痰.", 『東醫寶鑑』
71) 大韓傳統韓醫學會編, 『芝山先生臨床學特講』Ⅲ, 芝山出版社, 1997, p.214.

병의 성질이 다르다는 것이다. 『마의상법』에서는 "연상·수상은 준두의 위, 산근의 아래를 말하는데 즉 질액궁이다. 이곳에 만일 적색이 나타나면 주로 생창의 질병을 얻는다."73)라고 하였다. 코에 적색이 나타나면 열사(熱邪)로 인해 창(瘡)이 생길 수 있다고 본 것이다.

아울러 『황제내경·영추』「오색」에서 명당의 색이 가라앉고 탁하면 속에 병이 있는 것이고, 뜨고 윤택하면 병이 겉에 있는 것이라며 이에 말한다. "황색·적색은 풍증이고, 청색·흑색은 통증이 있는 것이고, 백색은 한증이다. 누렇고 기름처럼 윤기가 돌면 고름이 있는 것이고, 적색이 심하면 혈증이다."74) 면상의 오색이 상학의 성정 파악에 중요함을 알 수 있다.

관상에서의 인중도 성정파악에 참고할 만하다. 『마의상법』에서 인중은 수명을 정하고 자녀의 많고 적음을 보는 곳이라 하였다. "인중은 일신(一身)의 구혁(溝洫)과 같다. 도랑이 잘 통하면 물길이 막히지 않고 얕고 좁고 깊지 않으면 물길이 막혀 흐르지 못하기 마련이다. 상을 보는데 있어서는 인중의 길고 짧음으로 수명의 길고 짧음을 정하는 것이요 인중의 넓고 좁은 것으로 자녀의 수가 많고 적음을 단정할 수도 있는 것이다."75)고 하였다. 그러므로 인중이란 수명의 장단과 자녀의 수를 보는 곳이라 했다.

---

72) "五色獨決于明堂 明堂者 鼻也 明堂之色 靑黑爲痛 黃赤爲熱 白爲寒.", 『東醫寶鑑』

73) "年壽二位在鼻準之上 山根之下 爲疾厄宮 若紅赤之色見 此位者主生瘡疾.", 『麻衣相法』

74) "黃赤爲風 靑黑爲痛 白爲寒 黃而膏潤爲膿 赤甚爲血.", 『黃帝內經·靈樞』

75) "夫人中者 一身溝洫之相 溝洫疏通則 水流之而不壅 淺狹不深則 水壅之而不流 夫人中之長短可定壽命之長短 人中之廣狹可斷男女之多少.", 『麻衣相法』

또한 『마의상법』에서 위와 아래가 곧고 깊은 자는 자식을 많이 두고 상하가 평평하고 얕은 자는 자식을 낳지 못한다고 하였다. 형상의학에서도 인중이 선명하게 패이지 못하고 평평하면 임신하기 힘든 것으로 본다. 『마의상법』에서 여러 차례 언급하기를 "인중이 평평하여 구혁(溝洫)이 없는 것 같은 자는 이를 경함(傾陷)이라 하는데 늙도록 자식을 두지 못하고 또 궁핍한 상이다."76)라 하고, 여자는 인중에 구혁이 평평하면 늙도록 자식이 없다(謂溝洫平滿必無子)고 하였다.

『유장상법』에서도 "인중이 얕으면 자식이 반드시 늦게 생긴다. 인중이 평만하면 자식을 두기 어렵다."77)라고 하였다. 『황제내경·영추』에 의하면, 임상에서 볼 수 있는 병증으로는 입술의 두께와 인중의 길이로 소장을 살핀다78)고 하여 인중이 짧은 것은 소장(小腸)에 열이 있는 것으로 본다.

이와 같이 상학에서는 사람의 겉모습과 언어, 행동 양상 등을 통해 그 사람의 성정을 파악하고자 하였다. 그 내용은 주로 운명론적 실상을 밝히고, 건강의 문제, 선악과 관련된 내용을 논하고 있음을 살펴보았다. 이어서 오행인의 특징 파악도 필요하다고 본다. 이는 관상학적 활용방안의 실마리 모색이 필요하기 때문이다.

2) 오행인의 특징

상학에서는 오행에 따라 형상을 분류하는데 이는 『마의상법』의 「오행형(五行形)」과 「오형상설(五形象說)」에 언급되어 있다. 『유장상법』

---

76) "如平如無者 是謂傾陷 至老絶嗣窮苦之相也.", 『麻衣相法』
77) "若淺生子必遲先生曰人中平滿子息難言.", 『柳莊相法』
78) "脣厚人中長以候小腸.", 『黃帝內經·靈樞』

에도 「논형설(論形說)」에 있는 '총론가(總論歌)'에 보면 같은 내용이 나온다. 여기에서는 『마의상법』에 따른 오행인의 형상을 언급해 보고 자 한다.

목형은 마르고 금형은 모지고 수형은 주로 살찌고 토형은 돈후하여 마치 거북의 등과 같고 위는 뾰족하고 아래는 넓은 형상은 화형이라 하 니, 다섯 가지의 모양으로 사람의 형태를 자세히 살펴 오행의 형상을 추 정해야 한다.[79]

금형은 맑고 작되 단단하고 방정해야 할지니 형모가 짧으면 이는 형이 부족함이요 살집이 단단한 자는 이르되 형이 유여하다는 것으로 길상이 다. 목형은 앙장하되 마르고 쭉 곧고 키가 크고 마디가 드러나고 머리는 높고 이마가 솟은 형상이니 혹 뼈가 굵거나 살이 많이 지거나 허리와 등이 납작하거나 얇으면 목형이 좋지 못한 격이라 한다.[80]

이어서 『마의상법』에서 수형, 화형, 토형에 대해서도 구체적으로 설 명한다. 곧 '수형'은 일어날 때에는 몸이 뜨는 듯하고 넓고 두터우며 형체가 굽은 듯하고 걷는 모습이 자박자박 하는 것은 수형의 참 모습이 라 했다. 그리고 화형은 위가 뾰족하고 아래는 넓으며 또 위는 날카롭 고 아래는 풍만하며 그 성품이 조급하고 살빛이 붉은 것을 화형의 참모 습이라고 했다. 또 토형은 살집이 많고 돈후중실(敦厚中實)하며 등은 둥실하게 수북하고 허리가 굵어서 그 형상이 마치 거북과 같은 것이라

---

79) "木瘦金方水主肥土形敦厚背如龜上尖下濶名爲火五樣人形仔細推.", 『麻衣 相法』
80) "金形淸小而堅方而正形短謂之不足肉堅謂之有餘.", "木形昂藏而瘦挺而直 長露節頭隆而額聳或骨重而肥腰背薄非木之善.", 『麻衣相法』

하였다.

오행인 얼굴상을 제시하면 다음 〈그림 13〉[81]과 같다.

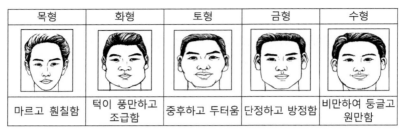

목형	화형	토형	금형	수형
마르고 훤칠함	턱이 풍만하고 조급함	중후하고 두터움	단정하고 방정함	비만하여 둥글고 원만함

〈그림 13〉 오행인 얼굴형상

이와 같이 오행의 속성에 따른 분류는 기존의 『황제내경』한의학의 영향을 받은 것으로 볼 수 있는데, 오형인 중 화형인과 수형인을 보는 데 약간의 차이점이 나타난다. 여기서 특이한 것은 화형의 형상이다. 『황제내경』에서는 화형의 경우 얼굴은 뾰족하고 어깨와 등의 근육이 넓다고 하여 얼굴이 예리하다고 했는데, 『마의상법』과 『유장상법』에서 화형을 위가 뾰족하고 아래가 넓다고 보는 것과 차이가 난다.

여기에서 남무길의 견해가 주목된다. 그에 의하면 관상학에서 취하고 있는 정삼각형 [△] 의 형상인 아래가 넓기 때문에 안정적이고 움직이지 않으려는 속성보다는 화(火)는 변화가 심하고 항상 움직이려는 성질이 있다고 했다. 이 때문에 화의 속성을 고려하면 위가 넓고 아래가 좁은 형상 [▽]이 화의 형상으로 더 타당하다[82]고 했다.

반면에 상학에서 화의 형상을 정삼각형[△]으로 본 것은 불이 탈

---

81) 이정욱, 『실용관상학』, 천리안, 2005, pp.100-111 도안 인용.
82) 남무길, 앞의 논문, p.54.

때 위가 뾰족한 모습을 형태적으로 그대로 형상화한 것이다. 화형인은 형태뿐 아니라 운기(運氣)까지 같이 보기 때문에 『황제내경』에서 말한 위가 넓고 아래가 좁은 형상 [▽]이라는 것은 화의 형상의 특성과 보는 법에서 차이가 난다.

여기에서 주목할 것으로, 필자의 경우 화형은 상학에서 논한 바와 같이 정삼각형[△]의 형태를 취하고 있다고 본다. 물론 『마의선생 석실이부』에서도 이마에 대해서 보는 법이 다르기 때문에 두 가지의 내용이 나온다.

첫 번째 남방(南方)은 천정(天庭)의 위치요 천정은 이마가 되니, 화성(火星)이라는 것이다. 그리하여 "남인(南人)은 화형(火形)이니 머리와 이마가 풍만하고 넓으며 비뚤어지거나 오목하지 않으면 관록성(官祿星)이 제자리를 얻음이니 청고(淸高)한 귀관에 오른다."[83]라고 했다.

두 번째의 견해를 보면, 화형인의 경우 아래는 두텁고 위는 뾰족한 듯하여 마치 불꽃이 위로 타오르는 형상이라는 것이다. 그리고 빛은 붉고(赤), 기는 활발해야 화형의 올바른 격이라 했다. "혹 현로부조(衒露浮燥)하면 불길이 너무 과한 형상이 되므로 『풍감』이란 글에 이르기를 국(局)이 솟구치는 듯한 형이 화형이다."[84]라고 했다. 두 가지의 견해를 참조할 필요가 있다.

여기에서 『마의선생 석실이부』의 첫 번째 내용으로 남방은 천정의 위치요 천정은 이마니, 화성이라는 언급에 대해 논의해 보고자 한다. 얼굴을 목·화·토·금·수로 분류하면 인상에서는 화성이 남방이니 남

---

83) 南人이 若頭額豊潤而不偏陷하면 官祿星이 得躔故로 多爲淸高貴官이라
84) 或衒露浮燥하면 熛灼之過故로 風鑑에 云局露를 卽曰火오 面深을 卽曰土니 似有局露를 皆云火也라

쪽이 이마가 된다. 바로 이 견해에서 학설이 나뉜다. 이마가 남쪽이 되는 이유는 위에서 밑으로 태양이 오기 때문이다. 턱이 북쪽이 되는 이유는 추운 것이 올라오기 때문에 턱이 북방이 된다. 다른 견해에 의하면, 인상도 변한다와 변하지 않는다의 의견이 있는 것처럼, 화형을 목형으로 보느냐 안 보느냐의 차이는 보는 법에 따라서 나뉠 수밖에 없다고 본다.

사실 필자의 입장에서는 오행으로 봤을 때 '목생화'(木生火)가 되어야 한다고 본다. 만약 화형이 이마가 넓고 턱이 뾰족한 짧은[▽]의 화형이라면 머리가 좋은 목은 턱이 짧아서 지구력이 약하기 때문에 목생화가 되지 않는다.

반면에 얼굴의 궁합과 오행으로 봤을 때 이마가 좁고 턱이 넓은 [△]의 형상이 더 타당하다. [△]의 화는 이마가 좁고 지구력을 나타내는 턱이 좋다. 행동파인 [△]의 화형은 이마가 좁기 때문에 머리 쓰는 것은 조금 부족하지만 생각하면서 일을 진행하고 턱이 넓기 때문에 잘 참으며 보완하면서 상생을 이룬다.

오행상생상극(五行相生相克)과 얼굴의 궁합으로 봐서 화성이 이마가 아니라 턱이 되어야 한다는 의미에서 필자는 화의 형상을 이마는 좁고 턱이 넓은 [△]으로 판독하고자 한다. 이러한 견해를 뒷받침하는 타당성으로 위에서 논한 두 번째 내용을 보면 화형인은 아래는 두텁고 위는 뾰족한 듯하여 마치 불꽃이 위로 타오르는 형상을 말하며, 빛은 붉고(赤) 기는 활발해야 화형의 올바른 격이라고 할 수 있다고 한 내용에서도 가늠할 수 있다.

『중국상법정화』「신상전편 수경집합적」의 '상첨하활 행동조급(上尖下潤 行動躁急)'을 해석한 김연희에 의하면, 위는 뾰족하고 아래는 넓으며, 행동이 조급하다고 했다. 곧 불의 형상을 생각하여 볼 때 불이란 위로 타오르는 성질을 가졌기 때문에 위는 뾰족하면서 아래는 위보다 넓은 형상을 지녔고, 또한 조급하며 어지러이 날리고 있기 때문에 걸음 걸이가 안정되어 있기보다는 흔들리는 편이 화형인의 형상에 가깝다고 볼 수 있다[85])는 것이다.

필자도 이에 동의한다. 화형은 다혈질로서 성질이 급하면서 모든 일을 신속 정확하게 하며, 총명하고 민첩하여 불꽃처럼 솟구치는 정삼 각형[△]의 형상과 일치된다고 본다.

수(水)의 형상을 보면, 『황제내경』에서는 수형지인(水形之人)의 경우 얼굴이 평평하지 못하고 턱이 넓으며 머리가 크다는 등 전반적으로 큰 것에 대하여 논하고 있다. 반면에 상학에서는 큰 것보다는 둥글둥글 하고 원만한 것을 주장한다. 물의 융통성과 흐름을 상기하면 수형인의 얼굴 모습이라든가 이목구비 등은 둥글둥글한 형상으로서 수형인에 가깝다. 일반적으로 물의 성질이 융통한 흐름과 같듯이 수형인의 얼굴 이라든가 이목구비는 크다고 말하기보다는 둥글둥글한 원만성을 지녔 기에 수형인에 가깝다고 보는 것이다.

무엇보다도 음양은 상대적 개념이면서 체용의 개념도 같이 있으므로 어떤 관점에서 결정했느냐에 따라 다르다. 개개인 모두가 우주 자연의 기운을 품수받아 태어난 관계로 사람을 오행이라는 형국으로 분류하여 구분짓기 때문에 사람의 특성이 두드러지게 나타날 수는 없다. "사람의 얼굴을 형(形)이라 하고 몸체는 체(體)라 하여 형과 체가 일치 하면 하나의 국(局)을 이룬다."[86]) 이는 불꽃(火)의 형상과 성질을 같이 보는 견해로 체와 용의 관계라 할 수 있다.

---

85) 김연희, 「相學에 나타난 長壽 理論의 연구」, 원광대 석사논문, 2004, p.34.
86) 이정욱 편, 앞의 책, p.100

동양의 학문이 음양의 상대적 개념이고 체용의 개념도 같이 있으므로 어떤 관점에서 결정했는가를 고려해야 한다. 한의학과 『황제내경』에서 천지자연의 법칙인 음양오행을 인체에 적용시켜 활용한 것처럼 상학에서도 음양오행의 법칙에서 벗어날 수 없다. 따라서 상학의 오행인은 『황제내경』의 오행형태설과 관련이 있고 한의학과도 일맥상통한다는 논리를 제시한다.

사실 오행인의 분류는 천지 만물에서 근원하고 있다. 사람은 천지의 기운을 품수 받아 형상으로 나타나고, 오행은 각각의 속성이 있으므로 천지자연의 정상적인 기운과 유기적 상응관계를 가진다. 다음에서는 오행인의 특성에 대하여 『마의상법』에 나타난 내용을 소개해 보고자 한다. 먼저 목형인에 대하여 살펴보자.

> 목형인은 마르고 긴 나무와 같이 곧아야 하고 기색은 청기(靑氣)를 띠어 수려해야 올바른 격이니, 만약 허리가 기울거나 등이 작으면 목형의 올바른 격이 아니다.[87]

이어서 『마의상법』에서 말하는 화형인에 대하여 알아본다. 곧 화형인은 크고 풍후하며 위는 뾰족한 듯하며 마치 불꽃이 위로 타오르는 형상을 말하며 색은 붉고, 기(氣)는 활발해야 올바른 격이라 했다. 혹 자신을 밖으로 드러내어 들뜨고 메마른 듯하면 불길이 너무 과한 형상이 되므로 「풍감」에 국(局)이 바르면 화형이고 두터우면 토형이라 했다.

다음으로 『마의상법』에서 토형인은 어떻게 언급하고 있는가.

---

87) "木形人 宜脩長 如木之直 色靑氣秀 得其正也 若腰偏而背小 非木之善.", 『麻衣相法』

토형인은 얼굴이 심중(深重)하고 허리와 등이 수북하게 살찌고 형모가 헌앙(軒昂)하고, 살집보다 뼈대가 중후하며 색은 누렇고 기는 밝은 것이 토형의 올바른 격이다. 혹 골격이 중후하더라도 살집이 몹시 박약하고 신(神)이 어둡고 무력하면 이는 토가 엄체(淹滯)된 것이다.[88]

금형인의 경우, 방정하고 뼈가 단단하고, 살은 실하다고 했다. 그리고 살과 뼈가 적당히 균형을 이루고, 색은 희고 기는 강해야 금형의 올바른 격이라 했다. 혹 기국이 단촉하고 기울어지고, 뼈는 적은데 살만 많으면 유약해서 튼튼치 못하므로 금형의 올바른 격이라 할 수 없다는 것이다.

수형인을 어떻게 규명할 수 있는가. 『마의상법』에서는 다음과 같이 말한다.

수형인은 등과 허리가 풍만하고 둥글며 원기가 차분히 가라앉고, 살집이 무겁고 뼈대는 가벼운 것이 수형의 올바른 격이라 한다. 그러나 근육이 탄력 없고 살이 늘어지면 지간(枝幹)을 잘 감싸지 못하여 범람되면 절도가 없어 형은 비슷하면서도 서로 어그러진다.[89]

위에 인용한 내용처럼 상학에서는 밖으로 드러나는 외적인 형상을 크게 오행인과 물형상법 등으로 구분하여 관찰한다. 오행인은 신체의 다섯 부위가 어떻게 구성되었는지를 식별해 내는 것으로, 얼굴, 몸, 손, 다리, 골육 등 오부(五部)의 형태와 기색을 기본으로 하고 품행과

---

88) "土形人 面深 腰背露 形貌軒昂 肉輕骨重 色黃氣瑩 得其稱也 或骨重肉薄 神昏無力 乃淹滯之土矣.", 『麻衣相法』
89) "水形人 背腰厚圓 元氣靜 肉重而骨輕 是其常也 或筋緩肉流 此謂枝不輔幹 則泛濫而無所守 形同而相悖也.", 『麻衣相法』

언행 및 면부의 세부사항을 판단한다.

따라서 오행인의 참다운 상은 머리, 얼굴, 몸, 손, 발 다섯 곳에 나타나므로 잘 살펴 오행의 형상을 추정해야 한다. 그러나 이렇게 순수하게 나타나는 상은 비교적 적은 경우이다. 사람은 하나의 기(氣)를 품수받는 것이 아니라 음양 운동에 의해 밖으로 나타나고 변화하는 오행의 기운에 따라 나머지 네 가지의 기가 섞이어 각 개인마다 받은 기에 차이가 생겨 형(形)과 신(神)도 각각 다른 모습으로 나타난다. 따라서 사람의 상은 오행의 생극관계도 따져야 한다. 오행을 고르게 갖추고 있는지 상생상극을 해야 하는지 잘 살펴야 할 것이다.

이제 『황제내경』과 상학에서 언급한 오행관련 내용을 간략히 언급해 본다. 곧 『황제내경』에서 말하는 오행인의 경우, 목형은 얼굴이 길며 뼈가 곧으면서도 부드럽기 때문에 신체가 바르고 키가 크며 손발이 작다.

화형은 어깨 등의 근육이 넓으며 견배비복(肩背髀腹)의 근육이 균형을 잘 잡혀 있으며 얼굴이 뾰족하고 머리가 작다. 토형은 얼굴이 둥글며 머리가 크고 어깨와 등에 살집이 풍만하며, 소장이 길어 배가 크고 다리는 튼튼하지만 팔다리는 작다. 금형은 머리는 작으며 얼굴이 모가 난다. 어깨와 등이 작으며 소장이 짧기 때문에 배가 작고 팔다리도 작으며 뼈도 가볍다. 수형은 얼굴이 울퉁불퉁하며 머리가 크고 시골90) 이 길며 각진 턱을 갖고 있다.

한의학에서는 이 다섯 가지를 오행의 기본 유형으로 사람을 구분하였다. 다음으로 상학에서의 오행인의 특성을 살펴본다. 목형은 마르고 긴 나무와 같이 곧아야 하고 허리가 기울거나 등이 작으면 안 된다.

---

90) 시골이란 볼 밑살이자 입윗쪽 측면을 말한다.

화형은 위는 뾰족한 듯하며 불꽃이 위로 타오르는 형상과 같고 활발하다. 토형은 얼굴에 생각이 깊고 침착하며 허리와 등이 수북하게 살찌고 풍채가 좋으며 의기가 당당하다. 금형은 모양이 네모지고 반듯하며 뼈가 단단하고 살은 실하며 살과 뼈가 적당히 균형을 이루고 있다. 수형은 등과 허리가 풍만하고 둥글며 원기가 편안하고 살집이 무겁고 뼈대는 가볍다. 상학에서는 이 다섯 가지를 기본 유형으로 사람을 구분하고 있다.

이처럼 상학에서의 오행인은 천지 만물에 근원하고 있으며 사람은 천지의 기운을 품수 받아 만들어졌고, 오행 각각의 속성은 천지자연의 기운과 유기적 상응관계를 가지며 나타난다는 것이다. 이에 유추하여 보면 『황제내경』과 상학에서의 오행인 구별방법에서 화형과 수형의 특징이 서로 다르게 보인다고 할 수 있다.

모든 만물이 각각의 형체가 있듯이 사람은 모두가 원하든 원하지 않든 각자 나름대로 형태를 지니게 되고 그 형태의 모습에 따라서 형상이 구분된다.

이러한 형상에 대해 많은 사람들이 차츰 이 분야에 관심을 갖는 추세이며, 이제는 각종 미디어도 공공연하게 사람들의 관상에 대해서 다루는 것이 어색해 보이지 않는 현실이다. 실례로 부산 MBC 창사 52주년을 맞이해서 특집 다큐멘터리 「꼴」에 대해서 방영한 적이 있는데 높은 시청률을 기록하였다. 여기에서 방영한 「꼴」의 5가지 형상[91]을 옮기면 다음과 같다.

---

91) MBC 부산창사 52주년 다큐멘터리 특집방송 꼴 방영. http://blog.naver. com/saju.jso/30127485280/담원의 역학이야기(2016. 11.15. 최종검색)

〈사진 1〉 목형인 이황

〈사진 2〉 화형인 강호동

〈사진 3〉 토형인 김구

〈사진 4〉 금형인 이만기

〈사진 5〉 수형인 아로요

위의 사진은 최필진이 부산 MBC 창사 52주년 특집다큐멘터리 꼴에
제시한 것이다. 그에 의하면 木형 〈사진 1〉의 퇴계 이황선생은 깐깐하
면서 깔끔하고 선비적이며 학자적인 면을, 火형 〈사진 2〉의 방송인
강호동은 조급하고 다혈질적인 면을, 土형 〈사진 3〉의 김구선생은 보
수적이고 옛것을 지키고자 하는 정신이 강한 면을 언급하였다. 다음으
로 金형 〈사진 4〉의 이만기는 개방적이고 투사적이며 적극적인 면을,
水형 〈사진 5〉의 아로요 전 필리핀 대통령은 늘 바쁘고 다방면에 적극
적이면서 활동력이 뛰어난 면을 위의 사진을 예로 들어 설명하였다.

그렇다고 위에 제시한 모델들이 완벽하게 오형인의 성정에 부합되는 것은 아니다. 대체로 각 오형의 성정의 특징과 유사하다는 의미로 해석하면 좋을 것이다. 인상은 변한다는 논리로 '생긴 대로 산다'라는 말이 있는데, 인상학의 입장에서 보면 맞는 말이기도 하다.

하지만 "사는 데로 생긴다라는 말이 사실은 더 맞는 말이다. 인상은 살아 움직이는 생물이다. 마음에 따라, 삶의 방식에 따라, 직업에 따라, 어떤 사람을 만나는지에 따라 등 수많은 요인에 따라 달라지며, 얼굴의 주인이 어떻게 노력하는지에 따라서도 변화시킬 수 있는 것이다."[92]라고 주장한 주선희의 인상학에서 진정한 의미를 새겨보면 좋을 것이다.

실례로 위 〈사진 4〉의 이만기의 경우에도 보는 사람에 따라서 금형으로 보는 경우도 있고 토형으로 보는 경우가 있다. 금형이 살이 찌면 토형으로 변한다는 논리 즉 "사는 데로 생긴다."의 얼굴 모습이 된다고 볼 수 있다. 얼굴경영은 마음의 경영이다. 마음경영을 잘 한 사람은 얼굴에서 빛이 난다. 얼굴이 빛이 나는 사람은 눈빛도 빛이 난다. 우리의 얼굴은 이 세상 어느 누구도 아닌 우리 스스로가 만들어간다.

이처럼 얼굴 경영의 중요성은 사는 데로 생기게 되는 각자의 형상을 통해서 그 사람의 기질 여부라든지 특성을 추론해낼 수 있는 중요한 관건이 된다. 그러나 오형별 특징의 중요성은 아직 학문적 합의가 충분히 이루어지지 않은 상태이다. 따라서 이 분야에 관한 연구는 현 시대를 살아나가는데 간접적 자료로서의 가치가 충분히 된다는 사실을 뒷받침한다.

나아가 오행인의 특성을 분류하여 참고할 바, 아래 〈그림 14〉[93]에

---

92) 주선희, 『얼굴경영』, 동아일보사, 2005, p.192.
93) 강선희·김효동·이경원, 「동양 관상학을 적용한 성격별 얼굴 설계 시스템

나타나듯이 얼굴의 크기를 수치로 표준화한 결과가 있어 눈길을 끈다.

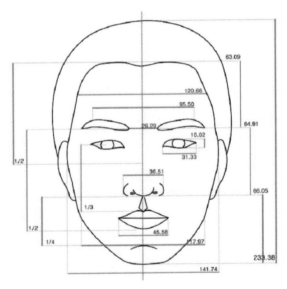

한국인의 표준 얼굴 수치
(단위 : mm)

머리 전체 길이 : 233.38
얼굴 길이 : 194.05
옆얼굴의 길이 : 141.74
상안의 길이 : 63.09
중안의 길이 : 64.91
하안의 길이 : 66.05
이마의 가로 폭 : 120.66
전두 최소 폭 : 95.50
코의 넓이 : 36.51
눈의 길이 : 31.33
눈의 가로 비 : 31.99
눈의 세로 높이 : 10.02
입의 길이 : 45.58
미간의 길이 : 26.29
턱의 가로 폭 : 117.97

〈그림 14〉 한국인의 표준얼굴 수치

위 〈그림 14〉와 같은 결과를 제시한 조용진에 의하면 "한국인은 다른 민족에 비해 턱이 길고 크며 눈이 매우 작고 가로와 세로의 얼굴 비가 1:1.41로 같은 동양권의 일본과 태국에 비해 옆으로 넓은 특성을 가지고 있다."[94]며 이같은 조사 결과를 밝히고 있다. 한국인의 표준 얼굴의 수치가 다른 나라 사람들의 수치와 차별화가 가능하다는 것이다.

위에서 언급한 관상의 방법으로서 안면 관상이나 신기 관상, 색 관상, 음성 관상이 거론되었고, 오행인의 개념과 상호관계를 모색하였다.

에 관한 연구」, 『디자인학연구』78, 한국디자인학회, 2008, p.277.
94) 조용진, 『얼굴, 한국인의 낯』, 사계절, 1999, p.46.

이는 관상학과 오행인의 관계를 모색하는데 도움이 되기 때문이다. 이러한 상호관계의 접근은 다음 장에서 거론하고자 하는 오행인의 성정분석과 상학적 활용방법을 가늠하기 위해서 필요한 일이라고 본다.

오행인의 성정 분석

1. 인격도야를 통한 활용법

1) 심상(心相)의 파악

마의선사는 마음이 형상보다 우선하며 형상은 마음 뒤에 존재한다고 하였다. '미관형모 선상심전(美觀形貌 先相心田)'이라 하여 나타나는 형상에 혼돈하지 말고 먼저 마음을 보라는 것이다. 그는 다음과 같이 말한다.

> 신체의 상으로 여래를 알 수 있지 않은가? 상에 있는 것은 모두 허망한 것이니 모든 중생에게 보인다 한들 나의 상을 타인의 상으로 되돌릴 수가 없다. 부귀상 장수상 무법상 역시 상법에 없는 것이 없음을 여러 중생에 드러내 보이니 마음으로 상을 취하여 모든 것을 갖추면 여래를 아는 것이다.[1]

---

1) "身相可以見如來否. 凡所有相皆是虛妄 示諸衆生 無復我相人相. 富貴相, 壽者相, 無法相亦無非法相 示諸衆生 若心取相 方備諸相 卽見如來.", 『麻衣相

마음을 본다는 것이 옳은 말인가? 이 말은 보이지 않는 것을 본다는 의미로 이해된다. 논리적으로는 도저히 이해가 되지 않지만, 상학에서는 '심상'(心相)을 보는 법에 대하여 논하고 있다. 또한 마음을 다스리는 것에 대하여 많은 부분을 할애하고 있는 것이 사실이다. 아울러 대다수의 관상학자들이 심상을 가장 중요시하는 관상 수련의 방법으로 보고 있다.

심상은 마음을 근본으로 보고 있다는 점에 기인한다. 마음이 근본이란 말은 '마음이 나오는 문이며 마음은 주인이니 몸은 마음을 따르는 것'이라는 의미이다. 그래서 "마음은 형체의 주인이며, 형체는 마음의 그릇이다."[2]는 것은 마음이 없으면 형체가 없으며, 형체가 있어도 마음이 없다면 형체는 사라지게 되는 것이다.

그러므로 인간을 이루는 주체는 마음이 되는 것이다. 『신상전편』에서 다음과 같이 말한다.

> 상은 마음을 따라 생하나니, 상술은 진실하다. 마음은 능히 상을 생하니 근원의 생하는 이치이다. 마음은 있으나 상이 없으면 상은 마음을 따라 생겨나고, 상은 있으나 마음이 없으면 그 상은 마음을 따라 사라진다. 마음은 형상보다 먼저 있고 형상은 마음 다음에 존재한다.[3]

위의 언급은 상을 보는 데 있어서 형태를 보는 것보다 마음을 보는 것이 중요하다는 뜻이다. 사람은 마음이 일어나 행동하면서 또 다시

法』
2) "心者 形之主 形者 心之器也.", 『月波洞中記』
3) "相逐心生相術眞 心能生相 原生理也…有心無相 相逐心生 有相無心 相隨心滅…心在形先 形居心後.", 『神相全編』

마음이 일어나므로 형체가 아무리 좋아도 마음을 일으키는 것이 더 중요하다. 그러므로 마음을 본다면 그 사람을 성격·귀천·현우 등을 살필 수 있게 되는 것이다.

마음을 보려면 눈을 봐야 하는데 눈에는 그 사람의 정신이 머물기 때문이다. 맑은 정신으로 마음이 바른 자는 눈이 밝고 맑으며, 마음이 바르지 못한 자는 눈이 어둡고 탁하며 어긋남이 있는 것이다. 눈을 통해서 감정을 읽음으로써 마음을 알 수 있게 되는 것으로, 눈은 마음의 표상이 된다. 이에 "눈이 선하면 반드시 자비하다. 눈을 세우면 성질이 강하며, 눈이 나오면 성질이 독하고, 사시는 질투심을 품고 가까이서 얼굴을 엿보고, 신(神)을 눈동자에 감추면 성질이 강하고 마음이 반드시 굽히게 된다."4)는 것은 눈에서 선악을 살필 수 있다는 것이다. 이 눈을 보면 그 사람의 마음을 살필 수 있는 것으로 눈과 눈동자를 살펴서 성정을 알게 된다. 눈이 선하면 심성이 선하고 눈이 독하면 마음이 독한 것이다.

선과 악은 마음에서 일어나며 모습에 나타나므로 마음의 표상은 몸이 된다. 그러므로 표정이 단정하고 바르면 마음이 좋은 것이며 표정이 기울면 마음도 좋지 못한 것이다. 그러므로 마음은 표정이 되며, 그것을 통하여 알 수 있게 되는 것으로 "만약 사람 마음이 상(相)과 상응하며, 상은 마음을 따라 생겨나는 것은 믿음이 있는 것이다."5) 즉 마음을 보는 것은 형체를 보는 것이요, 형체는 마음을 보여주는 것으로서 행동이 된다.

---

4) "目善而必慈 眼竪而性剛 睛露而性毒 斜視而懷妬忌 近覰而神睛藏性 剛强而 心必曲.", 『神相全編』
5) "若還人心相應相 相逐心生信有之.", 『太淸神鑑』

아무리 타고난 외형의 상이 탁월하더라도 무형의 상인 마음씨 즉 심상(心相)이야말로 마의가 말한 '만상이불여심상(萬相而不如心相)'이라 할 것이다. 여기에서 관상학적 활용법으로는 마음을 보는 것, 즉 심상을 바로 보아 인격도야의 길을 모색해야 한다. 외형적인 것에 지나치게 의존하는 것보다 무형의 상을 길러내는 마음씨, 말씨의 상을 가꾸어 나간다면 각자가 가지고 있는 사상이나 감정, 그리고 그 사람의 됨됨이뿐만 아니라 운명까지도 긍정적인 방향으로 유도할 수 있을 것이다. 즉 마음의 본체를 모색하여 바른 삶을 전개하는 것이야말로 상학에서 기본적으로 중시, 접근해야 하리라 본다.

2) 행동을 통한 인격도야

인간의 마음이 겉으로 드러나는 것이 일종의 '행동'이다. 물론 이 행동은 의지적 작용이라고 할 때 의미가 있다. 행동은 의지적이냐, 그렇지 않은 것이냐에 따라 그 결과가 달라지기 마련이다. 이것을 '의지적 행동'이라고 할 때 그것이 내면에만 머물러 있으면 사회적 작용을 하지 않는다. 내면은 인간 외부로 나타나는 것이 아닌 마음, 곧 심리상태를 의미하기 때문이다.

심리상태의 접근과도 같이 관상학에서 심상론은 심성론의 차원에서도 살펴볼 수 있다. 만약 심상론이 심성론과 다른 것이라면 굳이 공자가 "관상이 심상보다 못하다.(觀相不如心相)"라는 말을 사용치 않았을 것이고, 석존은 "일체가 모두 마음이 지은 바이다.(一切有心造)"라 하지 않았을 것이다. 인간의 마음이 선악을 만든다는 차원에서의 접근으로, 그러한 차원에서 그 마음의 행위에 대해 강조했던 것이다.

그러나 행동은 몸이 움직이는 것으로, 인간은 물론 지구상에 생명이 있는 포유류·곤충·어류·파충류 등도 행동을 한다. 행(行)은 걷고 움직이고 앞으로 뒤로 나아가고 물러가는 것을 말하는 것으로, 보행(步行)에 따라서 마음을, 그리고 사람을 판단하는 상법이다. "관상을 보려고 하면 반드시 먼저 성품과 행동을 시험하며 밖을 살피면 진실을 얻을 것이다."[6]라고 하였다. 외형에 나타난 형체와 더불어 내면의 성품을 살펴야 하며, 그리고 행동을 보고 판단하여 함께 살펴야 한다.

여기에서 보행은 항상 절도가 있고 부드러워야 하며 물이 흐르듯이 자연스러워야 한다.

> 보행은 나아가고 물러나는 절도로 귀천의 분별이 나타난다. 사람의 좋은 보행은 배가 물을 만난 것과 같아야 하고 가서는 이롭지 않은 바가 조금도 없다. 좋지 않은 보행은 배가 물을 잃는 것과 같아 반드시 표류하는 근심이 있다.[7]

위의 언급처럼 보행을 보면 그 사람의 귀천을 알 수 있다. 귀인은 보행함에 있어서 몸이 바르고 물이 흐르는 듯이 가벼우며 요동이 없어야 하고 걸음이 경쾌하며, 머리는 앞으로 보며 나아가고 물러남이 유연해야 좋은 것이다.

> 귀인의 보행은 마치 물이 흐르는 것과 같아 몸이 흔들리지 않고, 소인의 보행은 타오르는 불꽃과 같다. 몸이 가볍고 다리는 무거워 걸을 때 머리를 들고 당기지 않으며 몸도 기울이지도 않고 다리를 굽히지도 않는다. 높으면 지나치고 낮으면 굽히고 크게 급하면 사납고 크게 느리면 더디고 선회하면 그 절도를 잃지 않는다. 나아가고 물러감에 절도가 있으면

---

6) "夫欲相之 必先試之性行 相外乃得其眞.", 『月波洞中記』
7) "夫行者 爲進退之節 所以見貴賤之分也 人之善行 如舟之遇水 無所往而不利 也 不善行者 如舟之失水 必有漂泊沒溺之患也.", 『神相全編』

극히 귀한 상이다.[8)]

『신상전편』에서 언급하듯이, 걷는 것은 부드러우며 고요하게 움직이는 것으로, 걷는 모습으로 사람의 성품을 알 수 있다. 걸음이 안정된 사람은 마음이 안정되어 편안한 것이며 품격이 높은 사람으로, 정신이 바르니 몸이 바르고 절도가 있게 되니 지혜가 있으나 나아가고 물러남이 신속한 것이다. 걸음이 안정되지 못하고 흔들리면 인품이 낮은 것이며, 몸에 절도가 없어서 기울고 나아가고 물러남이 없으며 지혜가 부족한 것이다.

보행을 하여 멈추고 앉는 것을 '좌정(坐定)'이라 한다. 보행이 동하여 흐르는 것이라면 좌정은 정하여 멈추는 것으로 고요하고 무거워야 하니 흔들리거나 가벼우면 안 된다. 『신상전편』에서는 다음과 같이 논하고 있다.

> 『시경』에 말하기를, 좌정은 돌과 같고 기립은 뜬 구름 같으니 인정이 후하고 너그러우면 단정하고, 후하고 공손하면 식록이 많고, 반드시 부귀영화가 사방으로 퍼진다. 좌상이 반드시 기울지 않아야 하고 몸과 무릎을 흔들면 선량하지 못하며 위선에 일신이 거짓이 많으면 반드시 보배 진주가 없으며 주거가 변두리에 있다.[9)]

---

8) "貴人之行 如水之流下而體不搖 小人之行 如火炎上 身輕脚重 行不欲昂首而攫 不欲側身 不欲折脚 高則亢 太卑則曲 太急則暴 太緩則遲 周旋不失其節 進退各中其度者 至貴之相也.", 『神相全編』

9) "詩曰 坐如釘石 起浮雲 情厚情寬說與君 端重謹言多食祿 須知榮貴四方聞 相人坐貌不須偏 擺膝搖身未是賢 爲事一身多妄語 必無珍寶住居邊.", 『神相全編』

이처럼 좌정(坐定)이란 안정한 것이니 멈추어 조용한 것으로써 좌정
이 편안하면 심신이 안정된 것으로 기운이 바르게 된다. 그러나 불안정
한 것은 모두 흩어지는 것이며 재물이 흩어지고 마음이 바르지 못하며,
또한 정신도 산란하며 건강 또한 유약하게 되는 것이다.

좌정은 일종의 숙면과도 같은 것으로 인간은 인생의 3분의 1이상
수면을 하게 된다. 그러므로 숙면을 하든 어떻든, 잠자는 것은 인간이
태어나서 무덤으로 가는 순간까지 운명과 함께 성격·수명·건강 등에
영향을 미치게 되는 것이다. 수면은 몸이 멈춤과 함께 의식을 멈추는
것으로, 더욱 고요하고 안정되어야 하며, 잠을 잘 자고 편안하게 잔다
는 것은 많이 움직이거나 자주 깨지 않아야 하는 것이다. 『신상전편』에
서는 수면에 대하여 다음과 같이 논하고 있다.

> 편안하고 고요하여 즐겁고 움직이지 않으면 부유하고 장수하는 사람
> 이다. 개와 같이 웅크리고 자고, 용과 같이 구부리고 자면 귀하다. 수면
> 중 입을 벌리고 자거나, 이를 갈며 자거나, 눈을 뜨고 자면 단명하고 객사
> 한다. 코를 골면 어리석고 빨리 죽으며 얼굴을 묻고 엎드려 자면 굶어
> 죽고, 눕자마자 바로 자면 완고하고 하천하다. 옆으로 누워 자기를 좋아하
> 면 길하고 장수한다.[10]

이는 잠을 자는 자세를 살펴 사람의 귀천을 알 수 있다는 것이다.
수면을 할 때 호흡이 안정되면 길하여 귀하고 호흡이 불안정하면 불길
하여 천하게 된다. 수면을 통해서 사람이 귀천을 살피게 되는데, 수면

---

10) "臥者 休息之期也 欲得安然而靜 怡然不動 福壽之人也 如狗之蟠者 上相 如
龍之曲者 貴人 睡而開口者 短命 夢中咬牙者 兵死 睡中開眼者 惡死 道路睡
中亂語賤 中奴僕 仰形如屍者 貧苦短命 臥中氣吼者 愚而易死 合面覆臥者
餓死 就床便困者 頑賤 愛側臥者 吉壽.", 『神相全編』

중에 일어나는 자세와 움직임을 통해서 성품과 지혜의 상을 함께 살필 수 있게 된다.

사실 수면 중에 많이 움직인다는 것은 숙면하지 못하는 것으로 성품이 어지럽게 되며, 잠을 적게 잔다는 것은 잠을 깊이 잔다는 것으로 정신이 맑은 것이니 총명하다. 반대로 잠이 많은 것은 잠이 부족한 것이니 정신이 탁하여 어지러우니 어리석으며, 숨이 고르지 못한 것은 심장이 불안정한 것이므로 건강이 좋지 못한 것이다. 거북이처럼 고요한 것은 또한 편안하게 잠을 자는 것을 말한다.

우리가 수면을 하더라도 전반 행동을 위해 음식 섭취가 필요하다. 지구상의 모든 생명은 섭취를 통해서 생명을 유지하는 행위를 하고 있다. 음식을 유지하는 것은 형체를 유지함으로 기혈을 기르고 정신을 기르는 것이다. 그러므로 음식이 없으면 생명이 존재하기 힘드니 음식을 섭취하는 행동이 매우 중요한 상법이라 할 수 있다. 음식을 먹는다는 것은 몸을 기르는 것으로, 바른 음식의 섭취야말로 정신이 유지되고 성품을 이루는 것이 된다.

그러므로 절도와 절제가 필요한 것으로 마음에서 일어나서 음식을 먹는 것과 몸에서 일어나서 먹는 것이 있게 된다. 절도가 있는 것은 마음의 절제가 있는 것이고, 절도가 없는 것은 몸에서 일으키는 식욕을 따르는 것이다. 식사는 바르고 편안하게 해야 하며 절도가 있어야 한다는 뜻이다. 『신상전편(神相全編)』에서는 음식의 섭취 행동에 대하여 다음과 같이 논하고 있다.

기혈로 건장하고 생명이 존재할 수 있으니 음식이다. 음식이 절도를 잃으면 성질이 포악하고 온화하지 못하여 식욕에는 질서가 있다. 적게 먹으면 성질이 너그럽고 자주 먹으면 성질이 어지럽다. 급히 먹으면 성질이 사납고 천천히 먹으면 성질이 온화하다. 고개를 들고 먹으면 빈한하고 쪼아 먹으면 빈궁하다. 입을 모아 먹으면 순하여 온화하고 벌리고 먹으면 의롭지 못하다.[11]

음식을 먹는 것은 육체를 기르는 것이고 육체를 기르는 것은 정신을 기르는 것이니 음식을 섭취하는 것은 급해서는 안 되며, 과식을 하거나 너무 적게 먹는 것도 좋지 않으니, 식탐을 부려서는 안 되며 절도가 있어야 한다. 음식이 약이란 말이 있듯이 음식을 먹는 행동과 자세에 따라서 인간의 성품과 귀천, 건강 등이 드러난다. 음식을 먹을 때는 항상 일정해야 하며 육체의 기혈을 기르는데 있어야 하는 것으로, 식탐이 되면 정신과 몸을 모두 해치게 되는 것이다.

행동은 마음에서 나오는데, 음식섭취에 이어 마음의 중요성에 대하여 『상리형진』에서 다음과 같이 말하고 있다.

마음이란 얼굴의 근원이 되는 것이며 마음을 자세히 살피면 선과 악이 스스로 드러난다. 행동은 마음의 표시이며, 행동을 관찰하면 재화와 복을 알 수 있다. 심성이 공평하지 않으면 자손을 보존하기 어렵고, 말하고 답하는 것에 번복이 많으면 속임수가 돌아가며 생긴다는 것을 알아야 하며 머리를 숙이고 나직하게 말하면 반드시 간사하며 탐욕스러운 무리이다. 간을 쪼개 담을 노출하는 것 같이 솔직하면 영웅호걸이며 마음과 기가 화평하면 자손이 영화롭고 귀하게 되는 것을 점칠 수 있다.[12]

---

11) "氣血資之以壯 性命繫之以存者 飮食也 飮食失節 則性暴不和矣 是故擧物 欲 徐而有序 嚼物欲寬而有容 下手欲緩 發口欲急 含物不欲語 嚼物不欲怒 食急 而性暴 食緩性和 仰首含物者 寒賤 如食而啄者 貧窮 斂口食者 純和 哆 口食者 不義.", 『神相全編』

12) "心者 貌之根 審心而善惡自見 行者 心之表 觀行而禍福可知 心性不公平 難 得兒孫長育 言語多反覆 應知詭譎旋生 垂首低言 必是姦貪之輩 披肝露膽

이어서 『상리형진』에서는 재주가 치우치고 집착하는 성품이면 큰 재화를 당하게 되거나 기이하게도 곤궁하게 된다고 했다. 또한 눈을 굴리며 보고 인정이 없는 자는 자식과 자손들에게까지 허물이 있다고 하였다.

이처럼 마음을 얼굴의 근원이라고 하였고, 행동은 마음에서 나오는 표시라고 하였다. 그렇기 때문에 행동을 자세히 관찰하면 그 사람의 마음을 알 수 있고 그에 따른 재화와 복을 알 수 있는 것이다. 철학자이며 심리학자인 윌리엄 제임스는 생각이 바뀌면 행동이 바뀌고 행동이 바뀌면 습관이 바뀌고 습관이 바뀌면 성격이 바뀌고 성격이 바뀌면 인격이 바뀌고 인격이 바뀌면 운명이 바뀐다고 하였다.[13] 행동이란 각자의 마음이 만들어내는 표상이며 실체가 된다는 것을 알 수가 있다.

또 말씨에 있어서도 주의를 요할 필요가 있다. 말하는 것에 번복이 많다는 것은 일관성에 결여가 있다는 것을 의미하며, 이는 진솔하지 못하다는 반증이기도 하다. 또 머리를 숙이고 나직하게 말을 한다는 것은 당당하지 못하다는 것을 의미하는데 마음에 간사함과 탐욕이 많을 때 이러한 행동이 나타난다고 한다. 마음을 바르게 쓰지 못해 타인에게 해를 입히는 경우에는 자손에게까지 화를 미친다고 하여 경각심을 일깨워 주고 있다. 반대로 마음을 바르게 쓰는 사람에게는 자손에게 영화가 있다고 하여 바른 마음의 중요성을 언급하고 있다.

마음을 바르고 덕스럽게 쓰면 길흉까지도 바꿀 수 있듯이 인상이 좋아지는 것도 사실이다. 관상학에서 말하는 관상은 타고난 것이라는

決爲英傑之人 心和氣平 可卜孫榮兼子貴", 『相理衡眞』, 「陳希夷先生心相編」

13) 이종관, 『인상 마케팅』, ㈜삼양미디어, 2002, p.44.

말은, 상(相)은 선천성을 갖는다는 것으로 환언할 수 있다.『신상전편』에서는 "인륜부(人倫賦)에서 말하기를, 만약 마음의 덕을 닦는다면 길과 흉을 서로 바꿀 수 있다고 하였다."14)라고 하여, 타고난 선천적 길흉이 후천적 노력에 의해 바뀔 수 있음을 밝히고 있다.

여기에서 '덕'은 인간을 비로소 인간답게 하는 가장 중요한 요소이다. 지식이나 지혜가 부족하더라도 남을 사랑하는 마음, 어려운 이를 돌볼 줄 아는 마음, 은혜를 아는 마음, 매사에 감사하는 마음을 지니고 살면 그 사람의 인상은 좋아지고 인생도 평화로워진다.15) 선천적으로 타고난 인상이라도 후천적 마음작용으로서의 선행이 뒤따라야 한다.

인상학에서는 인간의 본성을 심상(心相)으로 이해하며 이 본성은 선천적으로 타고나는 것인데, 이것을 후천적인 행위의 노력으로 바꿀 수 있다는 말이다. 이처럼 바른 행동을 통한 인격도야는 이러한 맥락에서 거론될 수 있으며, 그 일환으로『면상비급』에서는 사람의 기색과 말투로 인품을 평가하는 다음과 같은 내용이 제시되어 있다.

> 얼굴에는 온화하고 밝은 기운이 가득차야 한다. 말을 할 때에 눈썹사이
> 와 양볼 색의 변화가 없어야 하며 얼굴에 좋은 기운이 돌고 음성이 고르
> 게 나와 굶주린 듯한 소리가 아니어야 하고, 눈빛이 예스러우며 자연스럽
> 고 몸에서 나오는 움직임이 온화하며 순하고 거짓이 없어야 한다. 이러한
> 인품이 치우침이 없는 상이다.16)

또 씩씩한 담력을 가진 듯하고 얼굴에 온화한 기운이 가득하게 차

---

14) "人倫賦云 借使修德於心 吉凶可易.",『神相全編』,「許負相德器第五」
15) 주선희,『얼굴경영: 좋은 인상 만드는 마음 훈련』, 동아일보사, 2007, p.341.
16) "滿面陽和 言談中 眉間 兩頰無變色 神氣從容 聲無變調 韻無中餒 眼光泰然
     舉止溫純 無假作 無掩飾.",『面相秘笈』,「人品法」

있는 것이 좋다고 했다. 긍지를 가지며 대화를 하고 덕스러운 얼굴색을 가진 사람 역시 성품이 온순하며, 반대로 성내는 느낌이 드는 사람은 마땅하지 못한 사람이라는 것이다.

상학에서 말하는 바람직한 성정을 가진 사람은 얼굴에 밝은 색이 돌며 마음에 평정을 가져 말을 할 때에 안색의 변화가 없으며, 음성 또한 고르게 나오고 눈빛이 태연스럽고 몸에서 가식적인 움직임이 나타나지 않는다. 말 그대로 태평스러우며 온화한 상태를 유지한다는 것이다.

온화한 상태를 유지하기 위해서는 내면의 평온이 없으면 불가능하다. 또한 이러한 성품은 마음에 달려 있으며 마음의 조화를 이루어 평온한 내면을 유지해야만 겉으로 표현되는 외면 또한 온화하며 태평한 상태를 유지할 수 있는 것이다. 우리는 흔히 마음의 조화를 이루어 평온한 내면을 유지할 수 있는 사람을 대인 혹은 군자라 하고, 마음의 조화가 이루어지지 않은 사람을 소인이라고 한다. 문제는 전자가 아닌 후자에게서 주로 발생한다. 『상리형진』에서는 군자와 소인에 대해 다음과 같이 논하였다.

군자와 소인은 다 마음 성품에 지혜와 어리석음 또는 착하거나 악한 것을 근본으로 하여 그렇게 된 것이다. 성품의 조화는 마음에 달려 있는 것이고 마음의 조화는 자신의 몸에 달려 있는 것이다. 보아서 이해하고 아는 것은 마음으로 인해서 그러한 것이다. 생각하고 염려하고 상상하는 것은 마음의 성품을 부리는 것이고 거동하고 응수하는 것은 성품에서 발생해 나오는 것이다. 말하고 침묵하며 보고 듣고 하는 것은 성품이 마음을 얽어매고 누추하게 하는 것이다. 성품은 부모로부터 받은 기질의 성품과 하늘에서 받은 천부의 성품이 있는 것이니 군자의 경지는 천부의 성품을 따라서 부모로부터 받은 기질의 성품을 극복하는 것이다.[17]

『상리형진』에서 그 이유에 대하여 말하기를, 하늘로부터 받은 성품은 우리의 심정이 텅 비어 무소부지한 신령의 성품이므로 지혜롭고 착한 것이지만, 부모로부터 받은 기질의 성품은 본체의 성품이므로 어리석고 악한 것이기 때문이라는 것이다. 군자와 소인의 구별은 그 마음에 자꾸 쌓아 모아두는 것이 있어서 반드시 그 마음의 심성이 몸밖에 형상으로 나타난다고 하였다.

이렇게 마음작용이 중요한데도 불구하고 현대인들은 본성을 잃어버리고도 본성을 찾기 위한 노력을 하지 않는다. 그로 인해 진정한 삶의 본질이 퇴색되는 결과를 초래하고 삶의 방향성이 상실되어 사회문제를 낳고 있다. 치열한 현대사회에서 자아의 본성과 삶의 방향성 모색이라는 과제는 현실과 동떨어진 듯 보일 수 있다. 현실에서는 신독(愼獨)의 필요성조차 인식하지 못하며 남녀노소를 불문하고 야기되는 개인의 도덕성 결여가 심각한 사회문제로 대두되고 있는 실정이다.

인간의 행동을 관찰해 보건데, 바른 행동을 통한 도덕성의 유발은 자신의 참 본성을 아는 것에서 시작된다. 중국의 전통철학이 실천철학인 만큼 유학에서는 자신을 수신하는 것부터 시작하여 수신을 통한 덕행이 가정과 나라에까지 파급효과를 가져올 수 있다고 보기 때문에 신독이 필요하다. 이것이 곧 선한 인성의 도야를 위해서는 행동의 도덕성이 요구되는 이유이다.

상학에서는 행동의 도덕성을 확보하기 위해서 후천적인 노력을 강조한다. 자신의 노력 여하에 따라서 상은 길상으로 바뀐다는 논리가

---

17) "君子也 小人也 皆本諸心性智愚善惡而然也 性之造化係乎心 心之造化係乎身 見解知識 由於心哉 思慮念想 心役性也 擧動應酬 出於性哉 語默視聽 性累心也 性有氣質之性 有天賦之性 君子隨天賦之性 克氣質之性.", 『相理衡眞』

여기에 적용된다고 할 수 있다. 노력을 통해 인격의 도야는 물론이고 자신의 운명을 개선할 수 있다고 믿기 때문이다.

2. 대인관계와 사회와의 조화를 통한 활용법

1) 대인관계와 관상법

우리는 하루에도 수많은 사람과 만나고 느낌과 생각을 주고받으면서 사회생활을 한다. 사회생활의 전제조건은 소통에 있으며 소통하는 방법은 비언어적 소통과 언어적 소통이 대표적이다. 소통의 본질은 당사자들의 '의미 공유'에 있다.

직접적 만남에 따른 소통에 필수적인 것이 언어이다. 언어에 대한 중요성은 "말 한마디로 천 냥 빚을 갚는다.", "활은 쏘고 주워도 말은 하고 못 줍는다." 등의 속담이나 경험을 통해 잘 알려져 있다. 언어의 중요성은 상학에서도 거론되고 있는데 『면상비급』에서는 인품의 척도 중 하나로 언어를 제시하고 있다.

> 말하기 전에 먼저 웃는 사람이 언어가 반듯하고 음성이 정확하면 이치에 맞는 천성을 가진 사람이고, 말이 날카로우며 타박하는 듯한 말투의 사람은 따지는 것을 좋아하는 사람이다. 그 외에 언어가 공손하고 엄숙하며 떳떳하고 묻거나 들을 때에도 눈빛이 흔들리지 않는 사람은 바른 기운을 가진 사람이다. … 공자가 말하기를, 말 같지 않은 말을 하는 사람은 버림을 받으며 말 같은 말이라 할지라도 옳지 않은 말은 실언이다. 지혜로운 자는 말을 실수하지 않기 때문에 사람을 잃어버리지도 않는다고 하였다.[18]

---

18) "未言先笑者 聲正而語明 乃天性使然也 言有譏刺者 詰人也 隱眉而獻情者

여기에서는 '말하기 전에 먼저 웃는 사람'이라는 전제조건을 내세우고 있다. 이것은 마주하는 상대방의 입장에서 보이는 것, 즉 대인관계에서의 상황을 의미한다. 말하기 전에 웃는다는 것에는 여러 의미를 부여할 수 있는데 후에 나오는 음성이 정확하다는 것으로 보아 자신감이 있으면서도 부드러운 의견 표명을 의미한다.

이러한 언행은 상대방에게 신뢰를 주며 신뢰는 대인관계와 사회생활에 있어서 매우 중요하다. 사실 유아기를 거쳐 성인이 될 때까지 습관화된 언행은 쉽게 바뀌지 않는다. 이러한 습관을 바꾸기 위해서는 문제점의 자각과 방법의 인식 그리고 구체적인 노력이 수반되어야 한다.

한편 인상학은 심신 일원론적 측면에서 해석할 수 있다. 즉 내면과 외면은 이어져 있으며 내면의 변화에 따라서 외면의 상이 변화한다는 뜻이다. 인상학을 인간의 외면을 보고 내면을 판단하는 학문이라고 할 때, 내면으로 인해 외면의 상이 만들어진다는 것으로도 볼 수 있을 것이다.

외면의 상이란 인간의 외부로 나타나는 표면화된 상을 말한다. 이러한 외면의 상은 인간의 내면과 연결되어 있기 때문에 내면의 변화가 외면으로 나타나는 것이다. 내면의 심리상태가 외면으로 표출되어 분노, 기쁨, 근심이 표정과 기색으로 나타나며, 우리는 상대의 이러한 표출된 외면을 통하여 내면을 파악하는 것이다.

내면의 변화에서 도출할 수 있는 것은 바로 자기 자신의 긍정적 사고라고 볼 수 있다. 단적인 예로 수행을 한 종교인들에게 느낄 수 있는

詐也 其他 言語莊重 問無苟且 聽無移神 皆屬正氣之人 面橫語急, 眼光流視 皆屬險惡之輩 孔子曰 可以言不與之言 失人 不可與之言而與之言 失言 知者不失人亦不失言.", 『面相秘笈』, 「人品法」

평온함과 여유로움을 들 수 있는데, 이러한 평온함과 여유로움을 가진 사람들과 대화를 하게 되면 자신도 모르게 동화되어 상대에게 예(禮)를 갖추게 되고 평온을 얻게 되는 것을 느낄 수 있다.

그러나 마음의 동요를 무의식적으로 수반하고 종종 반복되는 얼굴의 표정은 서서히 고정적인 용모로 된다.[19] 그렇기 때문에 우리 외면의 상은 내면을 반영하기 마련이다. 예를 들어 얼굴을 찡그리는 것이 습관인 사람은 찡그리는 부근 피부의 표피층에 주름이 생긴다. 이것이 지속되면 평소 얼굴의 상 또한 주름으로 인해 찡그리는 듯한 인상을 갖게 된다. 반대로 자주 웃는 사람은 웃는 형상에 따른 주름이 얼굴에 고정화되는 것이다.

이러한 고정화된 외면은 인상학에서 중요한 의미를 갖는데, 특히 『면상비급』에서는 "음울한 얼굴을 한 여자는 남편을 출세시키지 못한다."[20]라고 하며, 얼굴에 근심이 가득한 사람은 운이 없다고 하였다. 또 『신상전편』에서는 '명궁(命宮)에 주름이 많으면 만사가 정체되고 가산을 탕진하며 조상에게 불효하게 되는 것'[21]이라고 하였다. 이것은 선천적으로 타고난 관상을 의미하는 것이 아닌, 후천적으로 만들어져 고정화된 표정을 의미하는 것이다.

따라서 아무리 타고 난 인상이 훌륭하다고 해도 얼굴이 밝지 못하면 좋지 않다는 뜻으로 내부적 심상을 잘 다스려야 한다는 반증이 된다. 현대의 인상학에서도 좋은 인상을 위한 이미지 트레이닝 법이 화제이다. 동경하는 사람의 얼굴로 이미지 트레이닝이 필요한데, 그 구체적인

---

19) 칸트, 이남원 역, 『실용적 관점에서 본 인간학』, UUP, 2014, p.274.
20) "陰鬱面者 夫婿不揚.", 『面相秘笈』, 「六親訣」
21) "若還紋理多迍滯 破盡家財及祖宗.", 『神相全編』, 「十二宮訣」

방법은 다음과 같다.

첫째, 이미지 트레이닝을 실행에 옮길 때는 거울을 준비하여 앞에 놓고 시작한다. 둘째, 심호흡을 하고 마음을 가다듬는다. 이때 호흡은 흉식호흡 보다는 복식호흡이 마음을 안정시키는 데 좋다. 복식 호흡법을 모른다면 그냥 심호흡을 세 번 정도 한다. 셋째, 눈을 감고 원하는 것을 실현시킨 상황을 머릿속에 그려본다. 자신이 즐거워하면 그 상황을 향유하는 상태를 시간에 구애 없이 맘껏 누린다. 가능하면 아주 상세하게 그려본다. 넷째, 이렇게 해서 기분이 좋아져 가슴이 두근두근할 정도가 되었다면 눈을 뜬다. 그리고 거울을 들여다본다. 다섯째, 바로 지금의 표정이다. 자신이 지금 가질 수 있는 최고의 표정이다. 이때의 표정을 잘 기억해 두기 바란다.[22]

이상과 같이 주선희의 다섯 가지 방식이 일상에서 가능해진다면 행운이 찾아오는 얼굴이라는 것이다. 행운의 인상이 만들어져 꿈을 실현하게 될 것이기 때문이다.

사실 대인관계에 있어서 인간의 얼굴에서 내면이 가장 잘 나타나 있는 곳은 눈이다. 흔히 눈을 마음의 창으로 비유하는데 맹자도 "상대의 눈을 관찰해야만 그 상대의 마음을 알 수 있다."[23]라고 했듯이 눈 속에는 정신이 서려 있다. 정신이 안정된 사람은 눈빛 또한 고요하며 눈빛의 흐름도 안정적이며 눈빛이 탁하고 시선이 고정되지 않아 불안한 사람은 정신 또한 안정되지 않은 사람이다.

일반적으로 대인관계에 있어서 상대방을 마주할 때 가장 먼저 눈을

---

22) 주선희, 『얼굴경영: 좋은 인상 만드는 마음훈련』, 앞의 책, pp.347-348 참조.
23) "存乎人者 莫良於眸子 眸子不能掩其惡 胸中正 則眸子瞭焉 胸中不正 則眸子眊焉 聽其言也 觀其眸子 人焉廋哉.", 『孟子』, 「離婁上」 참조.

보게 된다. 또한, 심리학이나 범죄심리학에서도 눈동자의 상태를 보고 상황을 판단하기도 하는데 이는 눈이 마음의 창이라는 말과 합치된다고 볼 수 있다. 관상학에서는 눈을 '감찰관'이라고 하는데, 이것은 사물을 살피기 때문이며 눈을 보고 그 사람의 인격과 사상을 판단할 수 있다고 본다. 그래서 『면상비급(面相秘笈)』에서는 다음과 같이 말하였다.

> 눈빛이 흐르는 듯 드러나면 극히 간사한 도적이며 오랫동안 이런 사람과 사귀면 자신 또한 교도소에 있을까 두려우며, 오관이 비틀어져 있고 눈썹이 눈을 누르는 듯하면 서른을 좌우해서 넘기기 힘들다.[24]

위의 인용문에서는 눈빛을 통해 선과 악을 구별하였는데 악한 사람과 함께 하는 시간이 많아지면 자신에게도 좋지 않은 영향이 미치는 것을 의미하고 있다. 이것은 인간이 상대방과 영향을 주고받는 관계에서의 파급효과에 대한 중요성을 언급하고 있다.

그리하여 상호관계의 파급효과를 고려할 때, 이른바 상학에서는 평소에 선행과 음덕을 많이 쌓으면 눈이 맑아지고 눈동자에 화기(和氣)가 생긴다.[25] 이는 심성에 따라 눈빛이 변한다는 것을 의미한다. 사실 심성에 따라 변하는 것은 눈빛에만 국한되지 않는다. 표정, 음성의 높낮이, 말투, 앉는 자세, 걸음걸이에까지 영향을 미치는데 관상학에서도 걸음걸이나 앉아있는 자세와 음성에 따라서 길과 흉을 나눈다. 『신상전편』에서는 걸음걸이에 대해서 다음과 같이 주의를 요하고 있다.

---

24) "眼光流露多奸盜 交結長久恐坐牢 五官傾斜眉壓眼 三十左右豈能逃.",『面相秘笈』,「擇交通天歌」
25) 이정래,『相學眞傳』, 우정출판사, 1984, p.105.

걸음걸이란 진퇴의 마디이고 귀천의 분별이 드러난다. 사람의 걸음걸이가 훌륭하면 마치 배가 물을 만난 것과 같이 어디에서든 불리하지 않으나, 훌륭하게 걷지 못한다면 마치 배가 물을 잃어 표류하고 물에 빠지는 듯 재화가 있게 된다. 귀인의 걸음걸이는 물이 아래로 흐르듯 몸이 흔들리지 않으며 소인의 걸음걸이는 마치 불길과도같이 윗몸은 가볍고 다리는 무겁다. 걸음을 걸을 때에는 머리를 쳐들지 말고 발은 비뚤지 말아야 하며 몸이 꺾이면 흉하다. 발이 높으면 높게 되고 지나치게 낮으면 굽게 되는 것이다. 또 지나치게 급하면 거칠게 되고 지나치게 느리면 더디게 되는 것이다.[26]

또 주선(周旋)하면서도 절도가 있고, 진퇴에서 모두 그 절도에 부합되면 지극히 귀한 상이라 하였다. 이처럼 대인관계의 이미지에 영향을 미치는 것으로 걸음걸이도 주목된다. 즉 걸음걸이에 대한 길흉을 나눌 때 절도 있고 곧은 자세로 당당하게 걸어야 길하며, 너무 빠르지도 않고 늦지도 않으며 걷는 발이 낮지도 않고 너무 높지도 않은 걸음걸이를 길하게 보았다. 이는 과하지도 않고 모자라지도 않은 '중'(中)의 상태를 일컫는다.

다음으로 걸음과 더불어 앉은 자세에 대해서는 다음과 같이 주의를 요하고 있다.

무릎을 흔들며 움직이면 재물을 흩어버릴 상이며, 몸을 뒤틀거나 고개를 돌리며 마치 개처럼 앉아 있는 사람은 단정하지 못하고 탐욕스럽고

---

26) "夫行者 爲進退之節 所以見貴賤之分也 人之善行 如舟之遇水 無所往而不利也 不善行者 如舟之失水 必有漂泊沒溺之患也 貴人之行 如水之流下 而體不搖 小人之行 如火炎上 身輕脚重 行不欲昂首 而脚不欲側 身不欲折 脚高則尤 太卑則曲太急則暴 太緩則遲", 『神相全編』, 「相行論」

천한 상이다. 앉아 있는 모습이 공경스럽지 못하고 몸가짐을 삼가는 것이 없으면 근완육류(筋緩肉流)로 장수하지 못하는 상이다. 앉아 있는 모습이 마치 태산과 같이 태연하고 걸을 때에는 물과 같이 자연스러워야한다. 몸은 무겁고 걸음은 시원스러워야 하는데 이것이 앉은 자세와 걸음걸이를 보는 상법이다. 앉은 자세가 마치 돌에 박힌 것과 같거나 산에 의지한 듯하면 귀하다. 앉아있을 때 항시 무릎을 흔들면 마치 나무가 흔들려 잎이 떨어지는 것과 같이 재산이 흩어진다.[27]

위의 인용문에서 언급한 바람직한 자세는 곧고 바르게 앉아 있는 모습이다. 그러나 무릎을 흔들며 앉아있는 모습은 재물을 흩어지게 하는 흉한 상으로, 실제에서도 대인관계에서 무릎을 흔드는 모습은 인품이 중후하지 못하고 경솔하며 가벼운듯한 인상을 주기 때문에 신뢰감에 부정적 효과를 주는 것이다.

이러한 양면성에서 볼 때 대인관계는 상호적인 관계이기 때문에 공격적인 사람 혹은 산만한 사람을 마주하는 경우와, 편안하고 안정된 사람을 마주하는 경우에 자신의 의도와는 상관없이 심리적 차이가 발생할 수밖에 없다. 그래서 안정감이 있는 사람 또는 평소에 음덕이나 수행으로 눈빛에 화기(和氣)가 있는 사람과 마주하게 되면 심리적으로도 편안함을 느끼게 되는 것이다.

보편적으로 사람은 일관성을 유지하려는 성향이 있으므로 각인된 첫인상은 쉽게 바뀌지 않는다고 한다. 그러므로 좋은 인상을 주기 위한 노력이 필요하다. 이러한 노력에는 내면적 수양이 수반되어야 하며,

---

27) "搖膝動者 財散之人 反身轉首 入坐如狗 不端不正 貪薄之相 其貌不恭 其體不謹 謂之筋緩肉流 非壽相也 坐欲如山 行欲如水 體欲重 步欲舒乃行坐之相法也 坐如釘石貴 坐如山據貴 坐常搖膝 木搖葉落 人搖財散.",『神相全編』,「相坐論」

수양이 수반되지 않는 일회성 또는 단기성의 이미지 메이킹은 바른 인간관계의 지속성에 한계가 드러나기 마련이다.

사실 대인관계에서 필요한 것은 외면의 중요성보다는 내면의 중요성이다. 대인관계에서 가장 문제시되고 있는 것은 바로 이기주의에 따른 행동이다. 이기주의에 따른 행동으로 인하여 작게는 불화, 크게는 집단이기주의에 따른 따돌림이 문제화되고 있다. 더 큰 문제점은 이에 따른 죄의식을 느끼지 못하는 데에 있다. 이러한 현상은 불안한 단체 분위기를 조장하며 도덕의식 망각 나아가 사회 전반적 혼란을 야기할 수 있다.

전술한 바대로 상학적 입장에서 외면이 중시되어온 풍조는 수려한 외형 못지않게 불화를 극복하고 이타적 사유가 가능한 내면의 '신독(愼獨)'을 요구한다. 대인관계에서 가장 중요한 것은 바로 상대방의 입장에서 생각하고 행동하는 것이다. 상대방의 입장에서 생각하고 행동하는 것에는 '신독'이라는 자기 수양이 전제되어야 한다.

2) 사회 속에서의 관상법

인상은 나와 타자와의 관계를 설정한다. 즉 좋은 인상을 가진 사람을 선호하는 것이 일반적인 현상이다. 타자는 나의 장점과 단점을, 나 또한 타자의 장점과 단점을 통해 서로의 관계를 형성해 간다. 이것을 '관상의 사회화'라고 부를 수 있을 것이다. 따라서 사회성을 결여한 인상학은 의미를 상실한 것이라 봐도 좋다.

흔히 말하듯, 현대사회의 가장 큰 문제점으로 우리는 이기주의(Egoismus)를 꼽는다. 이기주의는 도덕성 결여에 따른 결과이기도 하다. 이러한 이기주의는 사회전반적인 개인주의와 경쟁구도의 분위기 일방성의 생각 구조가 원인이 되었다고 볼 수 있다.[28] 과거 대가족의 단위로 이루어진 전통사회에서는 집안의 어른이 교육의 주체였다.

그러나 집단 교육의 현장도 존재한다. 즉 '서당'이다. 서당이라는 배움의 장소에서 교육을 통해 삶의 도리를 배웠으며 예절을 익혀 자연스러운 본성 회복이 가능하였다. 그러나 현대사회에서는 핵가족화가 되어 예절도리를 배우고 익힐 수 있는 기회가 적어졌으며, 개인의 욕구충족 위주의 삶으로 인해 본성 회복의 필요성을 인식하지 못하게 되었다.

유학에서는 사회적인 문제를 해결하기 위한 방안으로 예(禮)로서 인(仁)의 실천을 제시하고 있다. 사실상 '사회'라는 포괄적인 개념에는 개인과 가정이 포함되는데, 개인이 있기 때문에 가정이 있고, 가정이 있기 때문에 국가와 사회가 존재한다. 그러므로 개인의 변화는 가정의 변화를 이끌어 낼 수 있으며, 가정의 변화는 사회적인 변화로의 범위 확대가 가능한 것이다. 『관자』에서는 자신과 사회와의 관계에서의 변화를 다음과 같이 촉구하고 있다.

> 관자가 말했다. 자신에게 죄를 돌리는 사람은 백성에게 죄를 얻지 않고 자신에게 죄를 돌리지 않는 사람은 백성이 죄를 준다. 그러므로 자신의 잘못을 말하는 사람은 강하고 자신의 절도를 다스리는 사람은 지혜로우며 다른 사람에게 불선(不善)하지 않는 사람은 어질다.[29]

---

28) 이기주의를 극복하는 방법 중에서도 쇼펜하우어는 이기주의를 변화할 수 없는 인간의 본성으로 보았고, '고통에 대한 공감(Mitleid)'을 이기주의를 극복할 수 있는 윤리의 기초로 삼았다. 소병일, 「공감은 이기주의를 극복할 수 있는가?: 쇼펜하우어의 '공감(Mitleid) 윤리학'에 대한 비판적 고찰」, 『철학』124, 한국철학회, 2015, p.52 참조.

29) "管子曰 善罪身者 民不得罪也 不能罪身者 民罪之 故稱身之過者 強也 治身之節者 惠也 不以不善歸人者 仁也.", 『管子』, 「小稱」

위의 언급은 한 개인가정의 파장이 사회국가에까지 미칠 수 있다는 것을 드러내고 있다. 그러므로 개인의 변화는 가정의 변화로, 가정의 변화는 사회로, 나아가 국가의 변화로 이어질 수 있다.

여기에서 개인의 변화는 곧 수양을 통해 성명(性命)의 순리대로 사는 것이 가능하며, 자연스럽게 타인의 성명과 존재를 인정하고 존중하게 된다. 공자는 안연과의 대화에서 "예(禮)가 아니면 보지 말고, 예가 아니면 듣지 말며, 예가 아니면 말하지 말고, 예가 아니면 움직이지 않는 것이다."[30]라고 했는데, 이 대목에서 극기복례의 실천방법을 알 수 있다. 이와 같이 공자는 극기복례의 수단으로 '사물'(四勿)을 말한다. 즉, 예가 아니면 보지 말고(勿視), 듣지 말며(勿聽), 말하지 말고(勿言), 움직이지 않는(勿動) 것을 사물로서 극기복례의 수단이라 한 것이다.

예가 아니면 보지 말아야 하는 이유는 자신의 이기적 욕심이나 편견을 버리지 않으면 상대방의 참된 모습을 볼 수 없기 때문이며, 예가 아니면 듣지 말아야 하는 이유는 하늘에서 부여받은 본성을 통하여 진리의 소리에 귀를 기울이지 않으면 사욕으로 인해 바름을 잃게 되기 때문이다. 예가 아니면 말하지 말아야 하는 이유는 사욕에 의해 나오는 말로 인해 돌아오는 말 또한 허물이 되기 때문에 본성에서 우러나온 말을 해야 하며, 예가 아니면 움직이지 말아야 하는 이유는 본래 마음에 따라 하는 행동이 아닌 사욕에 의한 행동을 삼가야 한다는 의미를 지니고 있다.

사회적 인격성을 지향한 가르침이 위에 언급되고 있다. 『서경』에서도 "귀나 눈과 같은 감각의 부림에 당하지 않아야 모든 법도가 바르게 된다. 사람을 희롱하면 덕을 잃게 되고 물건을 희롱하면 뜻을 잃게

---

30) "子曰 非禮勿視 非禮勿聽 非禮勿言 非體勿動.", 『論語』, 「顏淵」

된다."³¹⁾고 하여 사물에 대한 경계의 필요성을 언급하고 있다. 즉 사욕에 눈이 멀어 사물에 집착한 나머지, 편견으로 인한 본 모습을 잃어버리지 말고 자신에게 주어진 상황에서 중심을 잡고 사욕을 버림으로써 본성으로 바르게 상황을 판단하라는 뜻이다.

인상학에서도 사회의 주변인들을 관찰하는 방법 중 아홉 가지의 덕의 유무를 통한 판단법이 있다. 이는 후한의 곽림종(郭林宗·郭泰)의 '구덕(九德)'으로 귀납된다. 구덕의 내용은 다음과 같다.

> 첫 번째는 사람을 용납하는 용인지덕(容人之德)이고, 두 번째는 선을 즐기는 낙선지덕(樂善之德)이며, 세 번째는 남에게 베푸는 것을 즐기는 호시지덕(好施之德)이고, 네 번째는 남의 덕을 자랑하는 진인지덕(進人之德)이다. 다섯 번째는 법을 지키는 보상지덕(保常之德)이고, 여섯 번째는 잊지 않으려는 불망지덕(不忘之德)이며, 일곱 번째는 몸을 부지런히 하는 근신지덕(勤身之德)이고, 여덟 번째는 사물을 사랑하는 애물지덕(愛物之德)이며, 아홉 번째는 스스로 겸손해 하는 자겸지덕(自謙之德)이다.³²⁾

이것은 상학에서 외형의 길흉이 아닌 덕의 중요성을 구체적으로 서술한 것이다. 사람을 용인하고 선한 것을 좋아하며 베푸는 것을 즐기고, 타인의 덕을 자랑하며 법을 지키고 좋은 것을 잊지 않으며, 부지런하고 사랑할 줄 알며 겸손해야 하는 덕을 열거하고 있다. 이는 사회에서 살아가는데 있어 바람직한 덕목을 말하고 있는 것이다.

덕을 향상시키는 방법으로 곽신환이 『주역』「건괘」의 괘사를 통해

---

31) "不役耳目 百度惟貞 玩人喪德 玩物喪志.", 『書經』, 「周書」
32) "一曰容物之德 二曰樂善之德 三曰好施之德 四曰進人之德 五曰保常之德 六曰不忘之德 七曰勤身之德 八曰愛物之德 九曰自謙之德.", 『神相全編』, 「相德」

언급하고 있다. 군자는 종일토록 부지런히 힘써서 쉬지 말 것과 하루의 일과를 마친 후 두려운 마음으로 성찰할 것, 그리고 무엇보다도 안으로 마음속 생각의 사특함이 없도록 힘쓰고, 밖으로 의(義)의 실천에 주력하라[33]고 하였음을 교훈으로 삼아야 할 것이다.

우리는 상학을 외면의 상에 국한된 학문이라고 생각하기 쉽다. 그러나 상학의 진정한 의미는 내면의 다스림에 따른 외적 형상의 길흉판단에 있는 것이다. 내면의 다스림은 수양을 통해서 이룰 수 있는데, 극기복례를 통한 사욕의 극복과 본심의 자각은 도덕성이 결여된 현대사회에서 작게는 개인, 크게는 사회에까지 긍정적 효과를 나타낼 수 있을 것이다.

3. 오행의 성정을 응용한 활용법

상학에서 오행을 살피는 것은 사람의 신체 다섯 부위가 각각 어떤 재료로 구성되었는가를 판별하는 것이다. 이는 전신의 골격이 이루어 낸 머리·얼굴·몸·손·다리 등 다섯 부위의 형태와 색을 근거로 한다. 사람의 형체를 관찰하는 데 있어서 『마의상법』의 교훈을 참고해 보자.

> 사람은 음양의 기를 받아서 천지의 형상과 같고 오행의 도움을 받아서 만물의 영장이 되었다. 그러므로 머리는 하늘을 본뜨고 발은 땅을 본뜨며 두 눈은 해와 달을 본뜨고 소리는 우레를 본뜨며 혈맥은 강하를 본뜨고 골절은 금석을 본뜨며 코와 이마는 산악을 본뜨고 턱은 초목을 본뜨니, 하늘은 높고 장원해야 하고 땅은 모나고 두터워야하며 일월은 밝고 광채가 나야 하고 뇌정은 음향이 울려 퍼져야 하며 강하(江河)는 윤택해야

---

33) 곽신환, 『주역의 이해』, 서광사, 2003, pp.195-196.

하고 금석은 튼튼해야 하며 산악은 높이 솟아야 하고 초목은 수려해야
한다.[34]

이와 같이 머리, 발, 눈, 소리, 혈맥, 골절, 코, 이마, 털과 같은 신체의
구성요소들을 자연과 합일적 요소로 본 것이다. 즉 인간의 신체는 자연
과 다름 아닌 것이다.

이미 자연은 동양사상에서 음양과 오행으로 단순화시켜서 설명되고
있다. 따라서 이를 신체에 적용시켜 보고자 하는 것이 바로 오행인에
대한 관상법이다. 이 오행은 각각의 성정을 지니고 있다.

예를 들어 목형은 마르고 긴 것을 꺼리지 않으며, 색은 푸르고 윤기
나는 것을 선호한다. 화형은 뾰족하게 드러나는 것을 꺼리지 않으며,
색은 붉고 윤기 나는 것을 선호한다. 토형은 두껍고 무거운 것을 꺼리
지 않으며, 색은 누렇고 윤기 나는 것을 선호한다. 금형은 네모반듯한
것을 꺼리지 않으며, 색은 희고 윤기 나는 것을 선호한다. 수형은 둥글
고 기름진 것을 꺼리지 않으며, 색은 검고 윤기 나는 것을 선호한다.
이것이 바로 오행의 '정(正)'으로 자연의 속성을 그대로 표현한 것이다.

이와 같이 각 오행의 정(正)을 얻은 사람은 '정국(正局)'이 되고, 겸
(兼)을 얻은 사람은 '겸국(兼局)', 잡(雜)을 얻은 사람은 '잡국(雜局)'이
된다. 일반적으로 오행이 다른 형의 정(正)을 얻게 되면 귀하지도 부유
하지도 못하며, 오행이 다른 형의 겸을 얻게 되면 부유하지도 장수하지
도 못하게 된다. 오형의 형질이 순수한 사람, 즉 정국은 상을 판별하기

---

34) "人稟陰陽之氣 肖天地之形 受五行之資 爲萬物之靈者也. 故頭象天足象地
眼象日月 聲音象雷霆 血脈象江河 骨節象金石 鼻額象山嶽 毫髮象草木 天
欲高遠 地欲方厚 日月欲光明 雷霆欲震響 江河欲潤 金石欲堅 山嶽欲峻 草
木欲秀.", 『麻衣相法』 「論形」

가 쉽고 길흉도 쉽게 밝힐 수 있다. 그러나 겸국이나 잡국은 상을 판별해 내기가 쉽지 않아서 길흉을 판정하기란 더욱 어렵다.

이에 대비하여 서양의 형질 분류법을 살펴보면 그것은 생리학과 병리학적인 인식에 기초한 것으로,[35] 사람의 외형과 건강상태 및 질병, 성격 등을 판단하는 근거가 된다.[36] 일반적으로 병원에 가서 의사를 대면하여 병을 진찰받는 '망진(望診)'의 경우가 이에 해당된다. 『동의보감』에서도 얼굴 부위는 인체의 근본을 이루고 있는 오장육부와 그대로 연결되어 있기 때문에 중요한 것으로 알고 있다.

여기에 오행을 통한 상법의 활용은 우주 생명의 기원에 근거하여 성립된 것이므로 배우자 선택 및 운세의 순역 등의 현상까지 판단할 수 있다. 특히 오형겸국과 오형잡국에서 파생한 오행의 상생·상극, 수상(手相)·면상(面相), 오형배관(五形配觀) 등의 상법을 적용하면 적중률은 더욱 높아진다[37]고 볼 수 있다. 다음으로 오형의 성정에 따른 활용법에 대해 살펴보도록 한다.

1) 목형의 성정과 활용법

(1) 목형정국(木形正局)

오행 중에서도 목은 나무를 대표하며, 나무는 곧고 바른 것을 정(正)

---

35) 이를 학문적으로 접근한 것에 '형질인류학'이 있다. 이에 대해서는 다음을 참조할 필요가 있다. F. E. 존스톤, H. 셀비 共著 ; 權彝九 譯, 『形質人類學 및 先史考古學 : 人類와 文化』, 탐구당, 1991, p.44 참조.
36) 얼굴의 유형과 성격의 관계에 대해서는 강선구, 「얼굴 유형과 성격간의 관계에 대한 인상학적 연구」, 동방대학원대 박사논문, 2010을 참조.
37) 이하의 내용은 오현리 편, 『正統五行相法寶鑑』, 동학사, 2001, pp.123-144 참조.

으로 삼는다. 두상(얼굴)에서 이마 폭과, 체상(몸집)에서 어깨 폭이 넓고, 상대적으로 얼굴의 하관과 몸집의 하부(엉덩이)는 좁은 꼴[38])이라 할 수 있다.

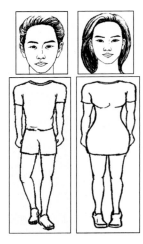

〈그림 15〉 목국목체상

목형정국은 〈그림 15〉와 같은 목국목체상(木局木體相)이라 한다. 이를 도형으로 표시하면 역삼각형 두 개가 위 아래로 있는 형상이다. 이 체형은 키가 큰 체 형을 귀품으로 친다. 그 이유는 장목(長木)을 재목감으로 삼기 때문이다.

이것은 명리학에서 갑목(甲木)과 을목(乙木)의 가치를 달리 해석하는 원리와 같다. 이른바 목은 나무나 씨앗을 의미하는데 일반적으로 둥근 형태나 타원형 또는 다이아몬드로 표시된다. 특히 씨앗은 생명의 기원과 삶을 유지시키는 공급자를 상징하는

것이다.[39]) 또한 소문(素問)』에서는 "수와 화는 음양의 징조이고 금과 목은 생성의 시종이다."[40])라고 하였다. 이는 오행에서 수·화가 체(體)가 되고 금·목이 용(用)이 된다는 의미이다.[41]) 목에 대입하면 목의

38) 최형규, 『꼴값하네』, 페이스인포, 2008, p.29.
39) No Hun Kyung, "A study on a proper proportion of Byunkeuk Action in Yin-Yang Five-Haeng -Focus on corporate symbol marks using basic shapes-", 『조형미디어학』15-2, 한국일러스트아트학회, 2012, p.5.
40) "水火者 陰陽之徵兆也 金木者 生成之終始也.", 『素問』 「陰陽應象大論」
41) 윤창열·이정태, 「오수혈의 오행배합에 관한 연구」, 『대한한의학원전학회지』24-2, 대한한의학원전학회, 2011, p.77.

체는 수가 되는 것임을 밝힌 것이다.이목성(Wood substance)은 갑목과 을목으로 나뉘며,[42) 각각의 성정을 통해 관상학에서의 활용법을 살펴 보면 다음과 같다.

먼저, 갑목은 전신의 오부(五部)가 모두 길고 크며, 키가 크고 말랐다. 몸은 길고 꼿꼿하게 펴졌으며, 허리는 가늘고 둥글며, 입술은 붉고 주름이 잘다. 목에는 결후(結喉)가 있고, 코에 약간 마디가 보이며, 머리는 높이 솟고 이마는 볼록 튀어나왔다. 눈썹과 눈은 맑고 수려하며, 인중에 수염이 있고(단 수염이 입을 가두는 것은 꺼린다), 활력이 넘친다. 또 손바닥은 길고 말랐으며 지문이 많다. 이런 사람이 갑목의 정국이다.[43) 『사기』에서 말하는 갑(甲)은 '만물의 씨앗이 뒤집어썼던 껍질을 뚫고 나오는 것'[44)을 말한다. 이것을 사람으로 말하면 생명의 잉태를 의미한다.

을목의 정국은 전신 오부가 비교적 짧고 작으며, 도량도 갑목정국에 비해 뒤떨어진다. 갑목은 대머리는 꺼리지 않지만 탈모증은 기피한다. 탈모증이 나타났을 때 곧 죽지 않으면 큰 가난과 실패를 겪는다. 목형인은 머리의 가장자리도 너무 높으면 좋지 않다.

반면에 금·수·토형인은 머리 가장자리가 높을수록 좋다. 또 갑목인 사람은 몸이 일자(一字) 모양으로 곧은 것을 꺼리지 않는다. 그러나

---

42) 오행에서 천간의 내용이 파생됨을 보여주는 문헌으로 『協紀辨方書』를 들 수 있다. 여기에 의하면, "천간의 갑을은 목에 속하고, 병정은 화에 속하며, 무기는 토에 속하고, 경신은 금에 속하며 임계는 수에 속한다.(天干則 甲乙 屬木 丙丁屬火 戊己屬土 庚申屬金 壬癸屬水: 『協紀辨方書』 「本原一」)"고 하였다.

43) 오현리 편, 앞의 책, p.125.

44) "甲者 言萬物剖符甲而出也.", 『史記』 「律書」

몸이 곧은 사람은 소년기에 고생하고, 장자(長子)의 운을 해친다. 여자라면 유산하고 남편을 이롭지 않게 하며 외롭게 된다. 『사기』에서 "을(乙)이란 만물이 땅위로 가까스로 애써 나오는 것을 말한다."[45]라고 하였는데, 이는 어린아이의 모습과 같은 것이다.

을목은 대머리와 일자(一字)로 곧은 몸을 꺼리며, 코에 마디가 드러나는 것도 꺼린다. 갑목이나 을목 모두 작고 뾰족한 턱을 기피하지 않으며, 피부색은 파리하고 거무스름한 것을 좋아하고 누르스름한 빛은 기피한다. 소리는 높고 탁 트인 가운데 그윽함이 담긴 것을 좋아하고, 우는 소리나 찢어지는 듯한 소리는 꺼린다. 등은 척추가 곧게 바로 선 것이 좋고 구부정하거나 휜 것은 좋지 않다. 그렇지 않으면 큰 인물이 될 수 없다[46]고 볼 수 있다. 『황제내경·영추』에서는 목형인의 형태를 다음과 같이 서술하였다.

> 목형의 사람은 상각(上角)에 비(比)하고 창제(蒼帝)에 사(似)하니, 그 사람됨이 창색(蒼色)이고 머리가 작으며, 얼굴이 길고 견배(肩背)가 크며, 몸이 곧고 손발이 작으며, 재주가 있고 노심(勞心)하기 좋아하며, 힘이 적고 일에 우로(憂勞)함이 많으며, 춘하는 견디는데 추동을 견디지 못하여, 감(感)함에 병이 생하며…[47]

이와 같이 목형인은 머리가 작고 얼굴이 길며 등 쪽의 어깨가 크고 나무의 형상과 같이 몸이 곧고 바르다고 하였다. 아울러 나무의 성질과

---

45) "乙者 言萬物生軋軋也.",『史記』「律書」
46) 오현리 편, 앞의 책, p.125.
47) "木形之人 比於上角 似於蒼帝 其爲人蒼色 小頭 長面 大肩背 直身 小手足 好有才 勞心 少力 多憂勞於事 能春夏不能秋冬 感而病生….",『黃帝內經·靈樞』

같이 봄과 여름에 강하고 가을과 겨울에 약한 특징이 있다.

상학에서는 이러한 목형인의 경우, 냉정한 모습을 하고 있으면 대운을 떨치기 어렵고, 오관이 뾰족하게 드러나 있으면 범죄를 저지르기 쉽다고 본다. 또한 눈빛이 흐리면 창업하기 어렵고, 누르스름한 빛을 띠면 법을 어기고 실패해서 물러나게 되며, 희고 맑은 기색을 띠면 명이 짧아져서 요절한다. 물형론(物形論)에서 살펴보면, 목 중에서도 정목(正木)에 해당하는 나무는 "대나무, 은행나무, 포플라 등과 같이 가늘고 긴 나무가 이에 해당된다."[48]라고 본다.

목형인은 오형 가운데 가장 많아서 인구의 70% 정도를 차지 하지만, 여러 번 시련을 거친 후에야 동량 재목이 될 수 있다. 특히 목형정국(木形正局)의 사람은 말을 유창하게 하고 사회적으로도 높은 지위와 명성을 누릴 수 있으나, 큰 부를 이루기는 힘들다. 대개 큰 권세와 부를 누리는 사람은 목형겸국(木形兼局)의 체형이다. 겸국의 경우 주객이 분명해야 한다.

상생하여 화합하거나 상극해서 화합하는 것은 취할 수 있지만, 주객이 각각 절반의 세력으로 싸우는 형국, 즉 상생해도 화합되지 않고 상극해도 화합되지 않으면 취할 것이 없다. 비록 오관과 오악이 뛰어나도 운을 발휘하기가 어렵다. 이들의 직업은 주로 공직, 상업, 문학, 예술 등 어느 쪽이나 가능하다.

목형정국의 성격은 선비 소유자가 많은 것으로 알려져 있다. 깔끔한 몸가짐에다 예절이 바르며 규범을 잘 지켜 집단생활에서도 신뢰를 산다. 움직임을 싫어해 일생을 통해 한 직장, 한 직종을 지키는 경우가 많으며 남달리 식성이 까다로운 점이 흠[49]이라고 하는 것이다.

---

48) 정상기, 『관상오행』, 삼한, 1996, p.246.

청소년기 한시기를 지나면 건강이 지속된다고 볼 수 있다. 키가 큰 편이면 위하수 증세를 보이거나 대소장 질환을 앓는 경우가 많다. 이 타입은 지나치게 마르지 않으면 장수한다.[50] 목형인은 외형과 체질에 따라 다양하게 나타난다. 그것은 견목(堅木), 절목(節木), 연목(軟木), 곡목(曲木)으로 구분되며, 그 길흉도 다르게 나타난다.

이런 경우의 사람들은 스스로 마음의 풍요를 찾는 수행을 해야만 한다. 그 수행의 방법은 각자가 선택하는 것으로 정해진 방법이 없다. 나무의 뿌리는 땅으로 향하고, 가지는 사방으로 향하는 것과 같이 뻗어 나가는 방향이 중요한 것이 아니라, 어떻게 뻗어 나가는 것인지가 중요하다. 목형인의 사람들이 뻗어 나가는 방법은 사회 속에서의 조화에서 찾아야 할 것이다. 큰 거목이 되기 위해서는 오랜 세월 동안 모진 풍파를 거쳐야만 이루어질 수 있다.

그러나 대다수 사람은 세월의 풍파 속에서 견뎌내지 못하고 가능한 쉬운 길로만 가길 원하고, 또 그러한 방법을 찾는데 진력하는 경향이 있다. 그러다 실패를 경험하면 좌절하고 낙심하여 극단적인 선택을 하는 사람들도 종종 볼 수 있다.

역설적으로 만약 이들이 모두 목형정국의 성품을 올바로 이해하고 인내해 나간다 해도 문제가 생긴다. 모두가 뛰어난 인물이 된다고 할 때 과연 그 사회가 건강한 사회가 될 수 있을 것인지 생각해 봐야 할 것이다. 적절한 수위조절이 자연스럽게 이루어지고 있는 현상이 어쩌면 다행스러운 일일지도 모른다. 이와 같이 목형정국의 경우는 나무의 형상을 왜곡 없이 견주어 보면 이해하기 쉬울 것이다.

---

49) 최형규, 앞의 책, pp.29-30.
50) 위의 책, p.31.

(2) 목형겸화국(木形兼火局)

목형겸화국은 역삼각형의 두상, 그리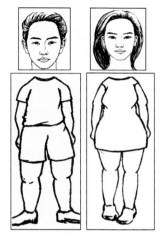
고 목이 다소 길어 보이는 정삼각형의
체상이다. 물형적인 측면으로 나타내면
목(木) 중 화목형(火木形)에 해당하는
것은 불이 타오르는 모양처럼 이리 저
리 불규칙하게 우거져 너울거리는 가시
덤불 모양의 나무51)이다. 목형겸화국
은 오행상생으로 목생화(木生火)를 의
미하며 목형이 중심이 되어 화를 겸한
사람은 상생의 관계로 서로 화합하는
〈그림 16〉 목국화체상
격이다.

이런 사람은 대게 정수리가 뾰족하고 귀가 높이 열려 있으며 피부색
이 붉고 윤기가 흐른다. 나무가 불을 밝게 피우는 상으로 뛰어난 재능
을 타고났으며 지혜롭다. 사업이 일찍 성공하여 반드시 부귀하게 되는
상이다. 성격은 동적이고 조급한 편이다. 이는 나무에 불을 지피면 나
무가 타들어가는 형상을 견주면 좋을 것이다. 그러나 목형인이 불을
너무 많이 가져서는 안 된다. 예를 들어 오관이 비쭉 드러나고 얼굴색
은 어둡게 붉으며 눈빛이 흐리고 찢어지는 목소리에 말이 빠르면, 불의
세력이 심해서 몸을 다치게 된다. 상생의 관계지만 서로 화합하지 못하
는 격이다. 이런 사람은 심성이 포악하고, 어려서 육친을 여의어 힘들
게 고생하게 된다. 사업도 성공하지 못하여 몸에 더러운 병이 있고
궁색하지 않으면 요절한다.52) 즉 정국보다 겸국이 많으면 좋지 않다는

---

51) 정상기, 앞의 책, p.246 참조.

뜻이다. 이에 목이 체가 되고 화가 용이 되어야 한다.

이상의 목형겸화국의 장점은 총명하고 생기발랄하며 정력적 투지가 왕성하다. 오욕칠정(五慾七情)에 대한 감정 표현이 다양하며 처세술이 능란하고 사람의 마음을 잘 조종하는 능력을 소유하고 있다. 매사에 열정적으로 환경에 잘 적응하고 생활 개척에 대한 진보적 정신이 활발하다. 단점은 조급하게 서두르고 흥분을 잘한다는 점이다.

대부분 일이 잘되면 기고만장하여 큰소리치고 조금 못되면 의기소침하여 용기를 잃는 등 감정이 극단에 치우치는 경우가 많다. 조삼모사 (朝三暮四)로 잔꾀를 부리거나, 간사하고 아양을 떨며 눈치를 살피는 등 이기적이고 타산적으로 행동하며 불평불만을 조성하여 선동하는 일면이 있다. 특히 두통, 눈병, 신경과민, 심장병, 간염 등에 유의해야 한다. 과음, 과식 하지 말고 혈압에도 주의해야 한다. 육식보다 채식위주의 자연식을 하면 질병의 예방에 좋을 것이다.

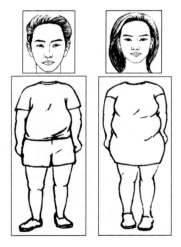

(3) 목형겸토국(木形兼土局)

목형겸토국은 두상은 역삼각형이며 체상은 두둑하게 살찐 마름모꼴이다. 뺨살이 없어 홀쭉해 보이는 반면 몸집은 물렁살이 많아 육중해 보인다. 굳이 상생상극의 관계로 설명하면 목극토(木克土)이다.

그러나 목형인이 토를 겸하면 상제

〈그림 19〉 목국토체상

---

52) 오현리 편, 앞의 책, pp.126-127.

(相制)의 관계로 서로 화합하는 격이다. 물형적인 면에서는 뿌리에서 새순이 올라와 네모처럼 보이는 무궁화나 목단같이 입체적으로 보이는 네모꼴의 나무가 이에 해당한다. 이러한 유형의 사람들은 토를 겸했기 때문에 얼굴이 옆으로 길고, 눈이 크고 생기가 있으며, 코가 크고 광대뼈가 옆으로 놓여 있고, 등과 허리가 둥글다. 만약 갑목에 기색이 붉고 윤기가 흐르면 벼슬이 재상에 까지 오르거나 갑부가 될 것 이다. 그러나 갑목·을목 모두 흙(土)을 너무 많이 갖는 것은 좋지 않다.

목극토형은 광대뼈가 너무 높거나 귀가 하찮으며 코가 반듯하지 못하면 재물이 흩어지고 어려운 생활에 고생이 많으며 배우자와 이별하기 쉽다.[53] 뼈가 굵고 살이 매끄럽지 못하며 눈에 진실함마저 없으면 상제(相制)의 관계이면서 서로 화합하지 못하는 격으로, 나뭇가지가 흙을 제어하지 못하기 때문에 크게 성공하지 못한다.[54] 목이 체가 되고 토가 용이 되어야 하는데, 용이 되는 격이다. 흙은 어디까지 나무를 도와주는 차원에서 작용되어야 한다.

(4) 목형겸금국(木形兼金局)

목형겸금국은 역삼각형의 두상과 긴네모꼴의 체상이다. 남성에게 많으며 운동신경이 발달 되어 단단한 어깨를 가진 것이 특징이다. 이는 금극목

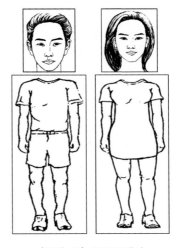

〈그림 18〉 목국금체상

53) 김성헌, 『한국인의 얼굴 한국인의 운명』, 동학사, 2008, pp.51-52.
54) 오현리 편, 앞의 책, p.127.

(金克木)의 관계라 볼 수 있다. 목형이 금을 겸하게 되면 상극의 관계가 되는데 그러면서도 서로 화합하는 격이다.

물형론에서는 느티나무 같이 묵은 나무나 우산같이 둥근 모양의 가을 나무에 해당된다.55)

이런 형태의 사람은 얼굴이 작고 각이 져 있으며 빛이 하얀 편이다. 만약 갑목이면 나무가 쇠에 깎이는 형국이 되어 중년 이후에 성공할 확률이 높다. 공직에 있는 사람이라면 귀하게 될 뿐만 아니라 실권을 장악하게 된다.

목형으로 금을 겸하지 못하면, 비록 귀하게 되어도 실권을 잡지 못한다. 만약 각이지고 색이 지나치게 희며 이마가 네모지고 뼈가 가로질러 있거나, 코마디가 드러나고 몸에 살이 많으며, 눈은 크되 생기가 없고 오관이 서로 연결되어 있지 않으면, 상극관계로서 화합하지 못하는 표본이다. 이런 사람은 평생 뜻을 이루지 못하고, 늙어서도 성공하기 어렵다.56) 여성은 여장부적 형상으로 매사 중요한 일에 펑크를 낸다거나, 이권에 개입하여 법적 제제를 받는 경우도 적지 않다.

을목인의 경우, 얼굴에 금을 상징하는 관골이 크고, 뼈가 지나치게 많으면서 각이 지고 기색이 창백하면 평생 발전이 더디다. 이런 사람은 육친(六親)에게 마음을 쓰게 할 일이 많고, 흉조가 많아 건강을 잃을 수 있기 때문이다. 평소 맑은 기색을 지닐 수 있도록 신경을 기울여야 하며, 신체에 금을 의미하는 금속물을 과다하게 지니지 않아야 한다.

---

55) 정상기, 앞의 책, p.246.
56) 오현리 편, 앞의 책, pp.127-128.

(5) 목형겸수국(木形兼水局)

목형겸수국은 수생목(水生木)의
관계이다. 두상은 역삼각형이며 체
상은 둥근형이다. 목형으로 물을 겸
한 사람은 상생관계로 서로 화합하
는 격이다. 물형으로 보면 늘어진
수양버들 같은 나무의 모습이다. 목
형겸수국의 사람은 눈이 크고 총기
가 있으며, 코가 똑바르고 탐스러우
며, 귀 색이 밝고, 입술은 두꺼우며,
얼굴 형태는 길고 둥글다. 수염과
눈썹은 굵고 짙으며, 용모는 수려하

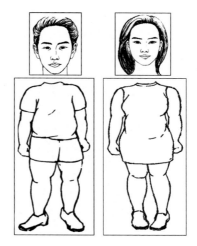

〈그림 19〉 목국수체상

고 특이하며, 몸은 바르고 꼿꼿하며, 푸르고 검은 기색에 윤기가 흐른
다. 굵고 진한 눈썹은 강한 의지를 나타낸다. 하지만 너무 굵은 눈썹은
굳센 기상이 지나쳐서 자기 주장이 강해지므로 타인에게 지탄 받을
우려가 있다. 강인한 유형으로 형제나 친구와도 잘 지내지 못한다. 굵
은 눈썹이라도 눈썹이 가지런하고 고르면 일단은 성공한다[57]고 볼 수
있다.

수기(水氣)를 너무 많이 가지면 상생의 관계이나 서로 화합하지 못
하는 형국이다. 이런 사람은 머리, 키, 몸집이 크며, 살이 많고 둥글둥글
한 체형을 하고 있다. 오관은 천박하고 특이하지 못하며, 정신은 혼미
하고 기가 막혀 있으며, 피부색은 짙고 검다. 심성이 관대하지 못하고
몸에 짙고 검다. 심성이 관대하지 못하고 몸에 좋지 않은 병이 있다.

---

57) 石本有孚 저, 김영주 옮김, 『人相學大全』, 동학사, 2007, p.74.

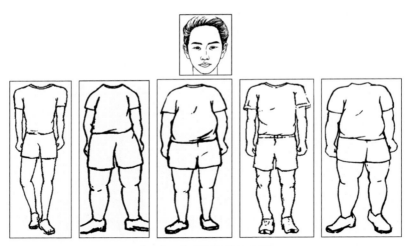

〈그림 20〉 목국잡체상 남성

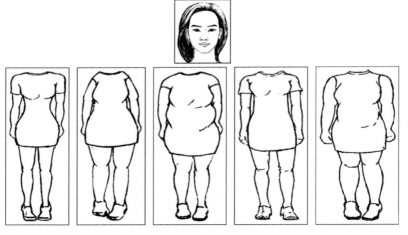

〈그림 21〉 목국잡체상 여성

평생 운세가 순조롭지 못하고 초라해지며, 사업에서 작은 성취를 맛본다고 해도 영광스러운 것이 못 되며, 장애를 받거나 재난이 많으며 만년에 외롭거나 고독하게 된 목형겸수국으로서 여성인 경우, 남편을 번창하게 하고 집안을 일으키며 대부분 지위가 높은 남편을 얻는다. 남자는 네모난 얼굴인 금형을 귀히 여기고, 여자는 둥글고 긴 얼굴인 봉검(鳳臉)을 귀히 여긴다. 목형겸수국은 수생목(水生木)의 관계이다. 목형으로 수를 겸해서 상생관계가 되므로 화합하는 형국이다.

(6) 목형잡국(木形雜局)

목형잡국인 사람은 신체의 일부분이 마르고 길다는 특징을 제외하면 오부가 가져야 할 특징과 성격이 모두 숨겨져 있어 분명하지 않다. 오히려 화·토·금·수형인이 가진 특징과 성격을 드러내는데, 드러나는 부위도 한두 군데가 아니고 주객의 구분이 없다. 겸하고 있는 국(局)이 특정수로 정해지지 않거나 같은 형질을 여러 번 겹쳐서 겸하는 경우도 있다. 예를 들어 목형겸금금토토국(木形兼金金土土局)과 같다.

목형잡국인 사람은 〈그림 20, 21〉에 보이는 바와 같이 오형의 요소가 일정하게 정해지지 않고 여러 가지 형태의 부적당한 상태로 배합되고, 그 요소 자체도 순수하지 못하며, 요소와 요소 간에 대부분 서로 억제하는 경향이 있다. 이렇게 잡체상의 형상이 되면 건강과 지혜, 성격뿐만 아니라 사업과 운세에도 영향을 미쳐 얻는 것이 적고 건강에도 각별한 주의를 기울여야 한다.

지금까지 목체형에 대해서 살펴보았다. 외형으로 드러나는 체형은 몸체에 비해 팔다리가 긴 편이며 목체, 또는 주류(走類)라 하여 달리기를 잘하는 동물과 비슷한 특징을 지닌다. 갸름한 얼굴에 눈꼬리가 위로 들려 있으며, 성격이 급하고 화를 잘 낸다. 전체적으로 보아 늘씬한 체형을 지니고 있으며 곧고 여윈 편이다. 아울러 길쭉해 보이며 머리와 이마가 높이 솟은 듯 보이는 특징을 가지고 있다.

목체형은 대체적으로 인정이 많은 편이지만 목체형의 경우 사람은 간목(刊木)이라 해서 간 쪽으로 병이 오기 쉬우며, 습열이 많기 때문에 류머티즘이나 허리 다리병이 오기 쉽다.[58] 좋은 음식으로는 결명자나 냉이씨, 복분자, 산수유, 더덕, 모과, 밀 등을 자주 섭취하여 간기(肝氣)를 보충해주면 좋다. 목체형은 문학에 특기가 있는 사람이 많으며 중년 이후에 영화롭다. 행동력은 강하나 느린 편이며 융통성 결여를 단점으로 꼽을 수가 있다.

몸에 비해서 살이 찌고 허리 부위와 등 부위가 작고 엷으면 목형의 좋은 상이 아니다. 목형은 어진 마음이 주가 되면 청정하고 밝고 수려하여 귀함을 얻는다.

2) 화형(火形)의 성정과 활용법

(1) 화형정국(火形正局)

화형정국[59]은 정삼각형의 두상과 정삼각형의 체상을 가졌다. 불이 바람에 이리저리 나부끼며 번지고 있는 모양을 상상하면 된다.

체상으로는 〈그림 22〉의 화국화체상(화국화체상)이다. 다혈질의 성격이 많고 이마가 상단 폭이 좁아 마치 산 모양을 한다.

화형정국은 화형인의 성정을 온전히

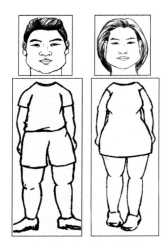

〈그림 22〉 화국화체상

---

58) 조성태, 『생긴대로 병이 온다』, 샘이깊은물, 2012, p.64.
59) 火局火體相 내용에 대해서는 최형규, 『규봉 최형규의 인상학: 꼴값하네』, FACEinfo, 2008, pp.31-33 참조

받은 것이다. 불 의 모양을 본떠 전신의 오부가 위로 뾰족하고 아래쪽으로 넓어지며, 위쪽은 예리하고 아래쪽은 풍성하다. 성격은 조급하고, 눈썹과 머리가 누르스름하며, 콧대에 마디가 튀어나오고 눈 주위는 붉고, 광대뼈가 드러나 있다. 얼굴 근육과 뼈가 모두 드러나고 눈썹부위 뼈와 입·이가 모두 튀어 나왔다. 손바닥 살이 없고 손가락은 가늘고 뾰족하며, 목소리는 강직하면서 조급하다면 화형인이다. 여기에 기색까지 붉고 윤기 있으며 양쪽 귀가 높게 걸려 있으면 발전이 빨라 중년이 되기 전에 출세가 가능하지만, 사업상 장애물이 많아 고난 속에 발전이 이루어진다. 화형정국이 약한 정화(丁火)는 발전에도 제한이 있어서 창업이 어렵다.[60] 특히 정화는 '만물이 우뚝 자라 성한 것'[61]이며 청년을 의미한다. 『황제내경·영추』에서 밝히고 있는 화형인의 특징이다.

> 화형의 사람은 상징(上徵)에 비(比)하고 적제(赤帝)에 사(似)하니, 그 사람됨이 적색이고 윤(朒)이 넓으며, 얼굴이 예리하고 머리가 작으며, 견배비복(肩背髀腹)이 좋고 수족이 작으며, 행함에 안지(安地)하고 성질이 급하여 행함에 몸이 요(搖)하고, 견배의 육이 풍만하며, 재물을 가벼이 여기는 기질이 있고 신(信)이 적으며, 려(慮)가 많고 사(事)를 견(見)함이 명(明)하며, 안(顏)이 좋고 마음이 급하며, 수(壽)하지 못하고 갑자기 사(死)하며, 춘하는 견디고 추동은 견디지 못하여 추동에 감하면 병이 생하며….[62]

---

60) 오현리 편, 앞의 책, pp.129-130.
61) "丁者 言萬物之丁壯也.", 『史記』「律書」
62) "火形之人 比於上徵 似於赤帝 其爲人赤色 廣朒 脫面小頭 好肩背髀腹 小手足 行安地 疾心 行搖 肩背肉滿 有氣輕財 少信 多慮 見事明 好顏 急心 不壽暴死 能春夏不能秋冬 秋冬感而病生….", 『黃帝內經·靈樞』

화형인의 얼굴은 '화체' 또는 '조류'라고 하여 하늘을 나는 새와 비슷한 생김새와 특성을 지니고 있으면서 입술이 얇고 작으며 하관이 좁고 뾰족하다.[63] 예리하고 머리, 손, 발이 작다고 하였으며 성질이 급하다. 재물을 가볍게 여기는 기질이 있기 때문에 사업에 유리하지 못하다.

화형인 직업은 남성이라면 군인이 좋고, 여성이라면 예술 계통에 종사하는 것이 가장 좋다.[64] 화형인은 기가 발산되는 형태이므로 안으로 숨어들어 조용한 것을 꺼리며, 둥글고 살찐 체형 역시 좋지 않다. 화형인의 목소리가 헐떡거린다면 일생동안 운을 펼치는데 어려움이 따른다. 특히 화형인으로 뾰족한 귀를 가졌다면 이는 일찍 화를 당한다. 얼굴색이 붉고 건조한 것 역시 좋지 않아 파산하고 사업에 실패한다. 입이 큰 것도 좋지 않다[65]고 본다.

화형은 더욱이 화(火)에 해당하는 심소장의 기능이 상대적으로 좋고 강하며, 오행간의 상생상극 관계에 의하여 금과 수에 해당하는 폐대장과 신방광이 상대적으로 약하다. 이러한 곳에 질병이 찾아오면 목 기운으로 화를 보해줄 필요가 있다. 화형인의 단점을 보완하기 위해서는 목형인의 장점이 적용되면 좋을 것이다. 한편으로 수형인의 단점이 지나치게 적용되면 좋지 않게 된다.

(2) 화형겸목국(火形兼木局)

화형겸목국은 목생화(木生火)의 관계이다. 정삼각형의 두 상에 역삼각형의 체상을 가졌다. 화형으로 나무를 겸한 사람은 상생하여 서로

---

63) 조성태 편, 앞의 책, p.60.
64) 풍수학에서는 일반적으로 군인은 금형, 예술 계통은 수형으로 이해한다. 따라서 이러한 식의 규정이 반드시 적용되어지는 것은 아니다.
65) 오현리 편, 앞의 책, p.130.

화합하는 격이다. 호롱불이나 촛불처럼 불꽃이 나무처럼 길게 올라가는 불이 바로 이 형국이다. 이런 유형의 사람은 일반적으로 신체가 마르고 길며 몸에 생기가 있다. 코는 높고 풍성하며 산근은 약간 낮다. 인당은 넓고 평평하며 귀와 입은 약간 돌출되어 있으며 눈썹과 수염은 밝다. 정신은 은은하며 기백이 넘친다. 얼굴은 뾰족하게 튀어나오고, 푸르고 검은 기색을 띠면서 빛을 발한다. 목생화형인은 재주

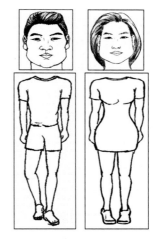

〈그림 23〉 화국목체상

와 지혜가 남보다 뛰어나지만 성정(性情) 이 거만해서 재주를 품고도 뜻을 펼치지 못한다. 큰 명성은 얻을지언정 실권을 쥐지는 못한다. 그러나 명성을 후세에 남기거나 예술 방면의 업적을 남긴다. 다만 정화인 사람이 목을 겸하게 되면 업적이 줄어든다. 황색의 기색이 나오면 상생하면서 서로 화합하지 못하는 형국이 되어 일생 동안 가난하고 성공하지 못한다[66]고 할 수 있다.

화형이 목형의 성정을 겸하게 되면 거만한 성격이 강하여 남들에게 지탄을 받는 경우가 많아지므로 스스로 거만한 성정을 겸손하게 중화시키기 위한 마음공부를 지속적으로 해야 할 것이다.

(3) 화형겸토국(火形兼土局)

화형겸토국은 두상은 날렵한 정삼각형이며 체상은 두둑한 마름모꼴의 형상을 지녔다. 이러한 유형의 사람은 화생토(火生土)의 관계이다.

66) 오현리 편, 앞의 책, pp.130-131.

화형으로 토를 겸한 사람은 상생하면서 서로 화합하는 격이다. 불이 네모 상자나 화로에 담겨있는 형상이다. 이런 사람은 얼굴 위쪽이 뾰족하고 볼 부분이 옆으로 두텁다. 육부의 각도가 확실하지 않아 체형은 살이 쪘어도 서로 대칭이 아니다. 눈은 길지만 총기가 없고, 코는 높지만 위쪽이 틀어져 있다. 여기에 눈썹과 수염까지 아름답지 못하면 심성이 간사하고 탐욕스러우며 심한 형벌을 받을 상이다.

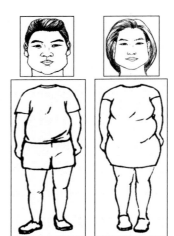

〈그림 24〉 화국토체상

만약 기색이 누렇고 윤기가 나면 장수를 누리며, 인생 전반에는 가난하지만 나중에는 작은 부와 성취를 누린다. 그러나 살이 지나치게 찐 것은 상생하면서 서로 화합하지 못하는 격으로, 토를 너무 많이 가졌기 때문에 운을 펼치기 어렵다. 일생 동안 고생이 많고 자녀도 효도하지 않으며 친척간에 우환이 있다.[67]

화생토형의 장점은 믿음성이 있으며 은근한 정감으로 다른 사람에게 호감을 주는 사교형이다. 인내와 성실로 자기의 할 일을 착실하게 추진한다. 조그마한 일이라도 성실하게 추진하여 더욱 발전시키고 확장하는 사업적인 아이디어의 숨은 재능이 있다. 단점은 화토(火土)가 조화되지 않으면 겉으로는 친절하나 내심으로는 엉큼하고 간사하며 권모술수를 부리기도 한다. 실질적 능력이 없으면서 과대망상으로 현란하게 사치하거나 헤프게 낭비한다. 실속이 없으면서 여러 가지 일을

---

67) 오현리 편, 앞의 책, p.131.

크게 벌이지만 성공시키는 것은 별로 없다. 남을 도와주는 척하나 속으로는 자기 욕심을 차리며, 자기 실력이상으로 떠벌리고 사람을 귀찮게 군다.

건강으로는 고혈압이나 당뇨병에 조심하고, 식중독이나 두통 비만에도 유의해야 한다. 술이나 육식 등 과음과식을 삼가고 혈압에 관계있는 심장병 및 신장계통의 질병[68]에도 미리 신경을 써야 하며 체질상 화병이 일어나기 쉬우므로 항상 감정을 자제하고 마음을 평온하게 다스리는 수양을 쌓도록 노력해야 한다.

(4) 화형겸금국(火形兼金局)

화형겸금국은 날렵한 정삼각형의 두상에 체상은 긴 네모꼴의 형상이다. 화극금(火克金)의 관계로서 화형으로 금을 겸한 사람은 상극관계로 서로 화합하는 격이다. 전구나 가로등 같이 둥근 모양의 불이 이에 해당된다. 얼굴의 일부만 네모지고 나머지는 모두 뾰족하게 일어섰으며, 오관이 모두 솟고, 피부색은 희고 윤기가 흐르면서 붉은 기운이 비치는 사람은 지혜와 모략은 출중하지만 대부분 의심이 많다.

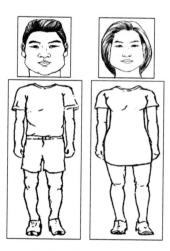

〈그림 25〉 화국금체상

---

68) 화생토의 관점에서 심장과 소화의 관계를 밝힌 연구도 있다. 兪熙正, 尹暢烈,「火生土의 槪念에서 본 心과 消化의 相互關係 考察」,『대한한의학원전학회지』21-3, 대한한의학원전학회, 2008, pp.259-271 참조.

만일 화극금형이 이마가 뾰족하거나 귀가 뒤집혀져 있으면, 어려서 부모의 사랑을 받지 못하고 고생을 하여 험난한 생활을 하게 된다. 대개의 화극금형은 중년 이후에야 어느 정도의 성과를 거둔다, 그러나 지나치게 희고 붉으면서 윤기나는 기운이 없으면 상극하면서 서로 화합하지 못하는 격이다. 젊어서는 발전이 있지만 말년에는 곤궁하며 패가망신할 위험이 있다.[69] 따라서 피부색이 너무 희고 붉은 것은 좋지 않다. 얼굴에 지나치게 뼈가 많은 금형인의 성정이 화형인의 성정보다 지나치게 드러나지 않도록 주의해야 한다.

(5) 화형겸수국(火形兼水局)

화형겸수국은 두상은 날렵한 정삼각형에 체상은 둥근 형상이다. 수극화(水克火)의 관계이다. 화형으로 수(水)를 겸한 사람은 상극하면서 서로 화합하는 격이다. 서산에 지는 해나 아래로 흘러내리는 불의 형국이다. 얼굴이 살이 있고, 삼농(三濃)이라 하여 눈썹·수염·구레나룻이 짙으며, 오관이 모두 드러나고 얼굴색이 오관이 붉고 윤기가 흐른다. 물과 이 서로 도움을 주는 격으로 어

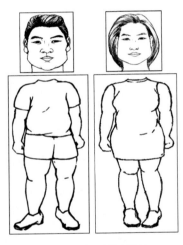

〈그림 26〉 화국수체상

느 정도 성취를 이룬다. 그러나 몸이 비대하며, 눈과 코와 입이 크면서 눈에는 총기가 없고 코에는 콧대가 없으며, 입에는 각이 없고 입 모양

---

69) 오현리 편, 앞의 책, pp.131-132.

이 불을 불어 끄는 듯하다. 정신이 혼미하고 풀이 죽어 있으며, 성정이 보통 사람들과 달리 기괴하며, 얼굴의 붉은 기운을 검은색이 막아서 매끄럽지 않으면 물을 너무 많이 가진 상으로 상극하면서 서로 화합되

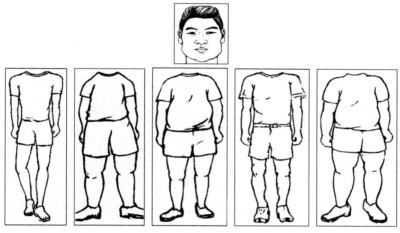

〈그림 27〉 화국잡체상 남성

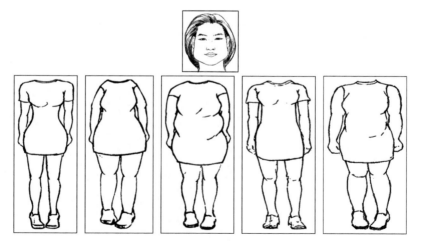

〈그림 28〉 화국잡체상 여성

지 않는 형국이다. 육친과 상극으로 고향을 떠나 유랑하고 성취하는 것이 없다.70) 검은빛이 강하고 전체적으로 원형에 속하는 둥근 수형은 화형의 성정이 드러나지 않도록 조절해야 한다.

(6) 화형잡국

화형잡국인 사람은 신체의 일부분이 뾰족하게 드러나는 특징을 보이는 것 외에는 화형인들의 외부에 나타나는 특징과 성격이 모두 감춰져서 분명하게 드러나지 않는다. 오히려 〈그림 27, 28〉의 목·토·금·수형인의 특징과 성격을 드러내는데, 나타나는 부위도 한두 곳에 그치지 않고 주객이 확실치 않다.

화형잡국으로서 겸한 수 역시 불특정 수로 2국일 수도 있고 3국이나 4국일 수도 있다. 심지어 같은 것을 여러 번 겹쳐서 겸하는 것도 있는데, 예를 들면 화형겸금금수수국(火形兼金金水水局)과 같은 것이다. 이러한 유형의 사람은 오형의 요소가 부적당한 상태로 배합되어 순수하지 못하며 대부분 서로 억제하는 경향이 있다. 화형잡국의 유형은 건강과 지혜 성격뿐 아니라 사업과 운세에도 영향을 미쳐 얻는 것이 적다. 건강에 각별한 신경을 써야 한다는 것을 권한다.

지금까지 화체형(火體刑)의 다양한 점을 살펴보았다. 화형은 이마가 좁고 뾰족하며 아래턱이 넓다. 예의도 바르고 인정이 있으며 성급한 면이 있으나 무관 쪽으로 성공하는 경우가 많다. 빠르고 활동적이며 관찰력이 민감한 반면, 사고력과 침착성이 결여되어 있는 것을 단점으로 지적할 수 있다. 또한 화형은 밝은 것을 선호한다.

화체(火體)는 오행의 원리상 인체 내의 심장과 밀접하게 관련되어

---

70) 오현리 편, 앞의 책, p.132.

있어 흔히들 화병을 '심화'心火병이라 한다. "화체가 끓어오른다."라고 표현하는 것도 심과 화의 밀접한 관계에서 비롯된다. 화체형의 사람이 잘 웃는 것은 심이 실하기 때문이며 가슴 두근거림 등, 앞에서 지적했듯이 심장병이 자주 나타난다. 신경성 질환으로 고생하며 잠이 별로 없고, 변비의 경향이 있으며 허리와 다리가 잘 아프며 어깨가 아프기 시작하면 잘 낫지 않는 특징이 있다.

화체형은 심장을 보하도록 신경을 써야 한다. 심장의 기능을 도와주는 식품으로는 연자(연씨), 밀, 달걀, 살구, 씀바귀, 붉은 팥 등이 있다. 연자는 심장을 도와주고 마음을 안정시키는 효과가 있다. 흰자위는 명치 아래에 있는 열을 없애므로 날것으로 하루에 한 알씩 먹으면 좋다.[71] 화체형의 특징은 머리가 작으면서 근육이 넓적하고 어깨, 복부 등이 잘 발달되어 있다. 의심이 많고 너그러우며 성격이 급한 사람이 많다는 견해가 있다.

3) 토형의 성정과 활용법

(1) 토형정국(土形正局)

토형정국은 마름모꼴의 두상에 마름모꼴의 체상을 가진 형상이다. 물형론으로 보면 네모꼴의 정리된 땅이나 8월의 무르익어 가는 전답의 형국이다. 체상으로는 〈그림 29〉의 토국토체상이다. 이 체상의 특징은 광대뼈가 유별나게 벌어져 얼굴 전체가 널찍하

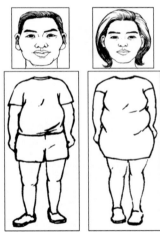

〈그림 29〉 토국토체상

---

71) 조성태 편, 앞의 책, pp.61-62.

게 비친다.

상을 논하면 〈그림 29〉와 같이 머리가 둥글고, 목이 짧고 등이 높으며, 살갗은 두터우며, 몸통이 짧고 허리는 둥글둥글하며, 뺨과 턱이 넓고 두꺼우며, 귀가 크고 입술이 두꺼우며, 지각이 네모지고 두텁고, 오악이 서로 마주 보고 있다. 걸음걸이는 안정되고 말은 느리며, 인정이 많고 신중하며 두꺼운 머리카락에 눈썹이 짙고, 코가 탐스럽게 우뚝 솟아 있으며, 손바닥에 살이 많고 손가락 마디가 두꺼우며, 목소리는 중후하며 느려야 진짜 토형인이다. 『황제내경·영추』에서는 다음과 같이 말하고 있다.

> "토형의 사람은 상상上商에 비比하고 상고황제上古黃帝와 사似니, 그 사람됨이 황색이고 얼굴이 둥글며, 머리가 크고 견배肩背가 아름다우며, 복복腹이 크고 고경(股脛)이 아름다우며, 수족이 작고 육(肉)이 많으며, 상하가 상칭(相稱)하고 행함에 안지(安地)하고 족(足)을 거(擧)함이 부 (浮)하며, 안심하고 남을 이롭게 하기 좋아하며, 권세를 좋아하지 않고 사람에 잘 부(附)하며, 추동은 견디고 춘하는 견디지 못하여, 춘하에 감(感)하면 병이 생하며…."[72]

이와 같이 토형인은 안심을 가져다주고 권세를 좋아하지 않는다고 말하였다. 토형인은 흙의 색인 황색을 띠며 얼굴이 둥글고 머리가 크다.

토형인은 기색이 누렇고 윤기가 있으면 반드시 부귀하게 되고 장수한다. 『한서』에서는 "무(戊)에서 풍성해지고 기(己)에서 줄기가 이어

---

72) "土形之人 比於上宮 似於上古黃帝 其爲人黃色 圓面 大頭 美肩背 大腹 美股脛 小手足 多肉 上下相稱 行安地 擧足浮 安心 好利人 不喜權勢 善附人也 能秋冬 不能春夏 春夏感而病生….", 『黃帝內經·靈樞』

진다."73)고 했는데 이는 장년을 의미한다. 이때는 직업을 가지고 가장 왕성하게 활동하며 살아가는 시기를 지칭한다. 기(己)에서는 무(戊)의 생활도 이어지고 익숙해지므로, 기토정국(己土正局)인 사람은 상당한 발전수가 있어 여성이라면 남편을 성공시키고 집안을 일으킨다.

그러나 콧대에 마디가 솟고 목에 결후가 있는 것과, 특히 수염이 짙고 숱이 많은 것은 꺼린다. 이런 사람은 성격이 급하고 고집스럽다. 목소리가 걸걸한 것도 좋지 않아 운을 떨치기 어렵다. 토형인의 직업은 상인(商人)이 제일 좋다. 부를 누릴 수 있는 형국이므로 이에 미래를 계획한다면 성공할 수 있을 것이다.

(2) 토형목국(土形木局)

토형목국은 마름모꼴의 두둑한 두상에 역삼각형의 체상을 가진 형상이다. 상체가 두둑하고 몸체가 야위어 보이는 가분수이다. 이는 목극토(木克土)의 관계로, 토형으로 목을 겸한 사람은 상극하면서 서로 화합하는 격이다. 물형으로 보면 가늘고 길게 정리되어 있는 전답이나 나무나 곡식이 우거진 땅의 형상이다.74) 신체가 길고 크면 안 되고, 근육이 없어 뼈가 드러나도 안 된다.

그렇지 않으면 토가 목에게 눌리는 형

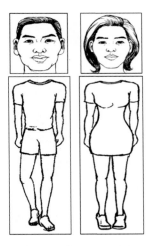

〈그림 30〉 토국목체상

---

73) "豊楙於戊 理紀於己.", 『漢書』「律曆志」
74) 정상기, 앞의 책, p.247.

국이 되어 평생 운을 떨치지 못하고 단명 한다. 만약 머리와 수염이 지저분한 용모에 정신이 혼미하고 냉기가 돌며, 얼굴색이 파리하고 거무스름하며, 목소리가 낮고 찢어지는 소리가 나며, 육부가 다 어둡고 오관이 모두 기가 죽어 있으면 상극하면서 서로 화합하지 않는 격으로, 심성이 불량하고 사업에도 성공이 적고 실패가 많으며 항상 역경에 처하고 육친에게 기대기도 어렵기 때문에 주의할 일75)이다.

토형목국의 장점은 은근히 사람을 끌어당기는 매력과 흡인력이 강하다는 점에 있다. 자아의식이나 주체성이 확고하고 성격이 차분하여 세밀하게 맡은 일을 착실히 추진한다. 기술 분야에 손재주가 있고 행정 실무 분야에 추진력과 창의력이 뛰어나고 성실하며 부지런하나 자기 성미에 맞지 않으면 두 번 다시 사귀기 힘든 까다로운 일면이 있다.

그러나 어느 정도 성공하면 자만을 부리는 단점이 있다. 심하면 남의 일에 참견하여 꼬투리를 잡는 괴팍성이 있고, 평범하게 지내다가도 유혹이나 놀이에 빠지거나 남의 꾐에 넘어가 뜻밖에 낭패를 당하는 수가 있다. 융통성이 부족하거나 인색하여 작은 일에 꼼꼼하게 꼬치꼬치 따지거나 캐고 묻는 소심한 기질이 있다. 작은 일은 잘 하나 큰일에는 처세술과 경륜이 부족하여 대사에 임하기 힘든 면이 있다.

어릴 때는 병약한 경우가 많으나 청년기 이후부터 건강을 회복한다. 호흡기질환, 소화불량, 위장병에 약하고, 잘 발견되지 않는 속병에 유의해야 한다. 신경증, 노이로제, 피부병에도 예방해야 하며 적당한 운동과 채식 위주의 식생활을 하면 거의 모든 신체 질병을 예방하는 체질 개선의 효과가 있을 것이다.

---

75) 오현리 편, 앞의 책, p.134.

(3) 토형화국(土形火局)

토형화국은 마름모꼴 얼굴에다 정삼
각형 몸집을 결합한 형상이며, 몸집은
두둑한데 비해 목이 가늘 길다.[76] 토형
으로 불을 겸한 사람은 상생하면서 서로
화합하는 형국이다. 물형론으로 보면 고
르지 않고 불규칙한 땅의 형상이라 볼
수 있다. 이는 화생토(火生土)의 관계이
다. 얼굴 윗부분만 약간 뾰족하고 나머
지는 두 툼하며, 살갗은 붉고 윤기가 나
며, 오관이 우뚝하게 솟고, 온몸에 기가
통하여 정신을 꿰뚫는다. 눈썹과 수염은

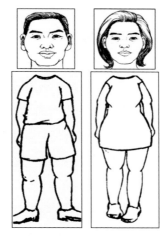

〈그림 31〉 토국화체상

정취가 있으며, 앉으면 반석 같고 서면 동량 같으며, 심성이 충직하고
의를 중시한다. 시작은 고달프나 후에 영화를 누리게 된다고 본다.

얼굴색이 불그스름하면 화를 너무 많이 가진 것으로 상생하면서 서
로 화합하지 못하는 형국이다. 집착이 강하고 탐욕스러우며, 지나치게
우직해서 이치에 맞지 않는 행동을 하며, 평생 고생하고 걱정이 끊이지
않으며 늙을 때까지 외롭다. 피부색이 지나치게 푸르면 평생 파탄에
빠지고 궁색하게 지낸다. 서로 상생하며 화합하는 차원에서 노력한다
면 영화를 누릴 수 있다는 사실을 알고 잘 대처해야 할 것이다.

(4) 토형금국(土形金局)

토형금국은 두상은 두둑한 마름모꼴이며 체상은 네모꼴의 형상으로

---

76) 최형규, 앞의 책, p.47.

토생금(土生金)의 관계이다. 토형으로 금을 겸한 사람은 상생하면서 서로 화합하는 형국이다. 물형론으로는 둥근 모양의 들판이나 수확기의 들판이다. 토형금국 중에서 얼굴이 약간 장방형이고 낯빛이 희고 윤기가 흐르는 사람은 흙속에 금을 숨겨둔 것 같아 맨손으로 집안을 일으킨다. 창업하면 성공하고, 복록이 깊고 두터우며, 보통 정도의 부귀를 누린다.

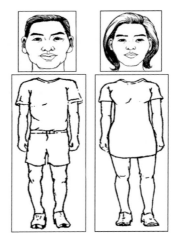

〈그림 32〉 토국금체상

얼굴빛이 창백하고, 광대뼈 쪽에 수염이 너무 많으며, 안색이 공허하고 기력이 떨어지면 금을 너무 많이 가진 것이다. 토가 허하게 되어 상생하면서도 화합하지 못하는 형국이 된다. 이런 사람은 신체가 건강하지 못하고 좋지 않은 병을 지닌다.[77] 하지만 토생금형의 장점은 냉정하고 침착하며 꿈과 이상이 높다. 성실성과 안정감을 기반으로 처세에 능수능란한 권모술수를 가지고 있고 활동무대도 넓다. 신용과 배짱을 가지고 책임감이 강하여 실패를 당해도 끈질기게 시련을 뚫고 나가는 집념이 강하다.

단점은 남의 불행이나 애로사항에 동정심이 희박하고 자아중심적 고집이 세며 타인을 동정하거나 관용을 베푸는데 인색하다 물질에 대한 탐욕이 강해 때로는 인정사정 볼 것 없이 자기 몫만 챙기는 경향이 있다. 자기에게 손해를 끼친 사람은 되갚아 주거나 원수를 꼭 갚겠다는 복수심이 강하여 선악에 대한 구별이 뚜렷하다. 후천적 교양보다는

---

77) 오현리 편, 앞의 책, p.135.

선천적 본능에 좌우되는 동물적 야만성이 있으므로 후천적 수행이 필요하다. 혈압에 주의하고 간장질환, 비만, 당뇨병, 담석증, 관절염에 주의해야 한다. 과음, 과식, 음주 등에 주의하고 부상, 골절, 투쟁, 싸움으로 인한 신체의 손상에도 미리 방지해야만 한다.

(5) 토형수국(土形水局)

토형수국의 형상은 두상이 두둑한 마름모꼴이며 체상은 둥글다. 이는 토극수(土克水)의 관계이다. 토형으로 수를 겸한 사람은 상극하면서 서로 화합하는 형국이다. 물형론으로 보면 물기를 머금은 차가운 겨울 들판이나 땅을 의미한다. 몸이 장대하고, 머리와 얼굴은 약간 둥글며, 오관이 풍성하고 두터우며, 기색이 검고 윤기가 난다. 흙이 약간의 물을 머금은 격으로 만물을 생장시켜 초

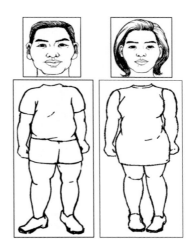

〈그림 33〉 토극수체상

년이 순조로울 뿐만 아니라 나중에는 거부가 된다고 본다.

토극수형은 코가 높고 큰데 만약 입이 작고 턱이 뾰족하면 자식이 창성하지 못하고 타향살이로 생활에 급급하여 변변한 자기 집도 가지지 못하고 고생하는 사람들이 많다.[78] 이 유형은 상의 단점을 알고 대비할 필요가 있다. 머리와 얼굴·오관이 지나치게 둥글고, 눈이 크고 생기가 두드러지며, 기가 촉박하고 정신이 혼미하며, 안색이 검고 어두

---

78) 김성헌, 앞의 책, p.52.

우면 수를 너무 많이 가진 것이다.

이런 경우는 상극하면서 서로 화합하지 못하는 형국이다. 무토인(戊土人)이나 기토인(己土人) 모두 일생 운을 떨치기 어렵고 좋지 않은 병을 지닌다. 그러나 안색이 누렇고 윤기가 흐르며, 눈이 크고 생기가 두드러지지 않는 사람은 작은 성취를 얻고 의식이 풍족하다. 토형수국의 성향을 알아서 미리 대비하는 노력이 요구된다.

(6) 토형잡국(土形雜局)

토형으로 잡국인 사람은 신체의 일부분이 두껍고 실한 특징을 보이는 것 외에는 다른 토형인들의 외부에 나타나는 특징과 성격이 모두 감춰져서 분명하지 않다. 오히려 목·화·금·수형인의 특징과 성격을 드러낸다. 특징이 나타나는 부위도 한두 곳에 그치지 않고 주객이 확실치 않으며 겸한 국의 수도 불특정 수로 2국일 수도 있고 3국이나 4국일 수도 있다. 심지어 같은 것을 여러 번 겹쳐서 겸하는 경우도 있는데,

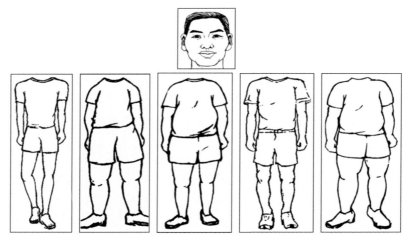

〈그림 34〉 토형잡체상 남자

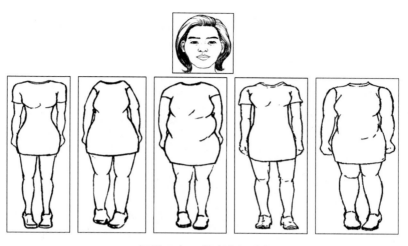

〈그림 35〉 토형잡체상 여자

예를 들어 토형겸목목수수국(土形兼木木水水局)과 같은 것이다.

토형잡국은 오형의 요소가 부적당한 상태로 배합되어 순수하지 못하며 그 요소끼리 서로 억제하는 경향이 있다. 이것이 건강과 지혜·성격뿐만 아니라 사업과 운세에도 영향을 미쳐 얻는 것이 적다.

지금까지 토체형에 대해서 서술해 보았다. 토체(土體)는 하나의 고유 체질로서 구분되지 않는다는 점을 내포하고 있다.79) 이유는 목체, 화체, 금체, 수체로 갈라져 나오는 근원이기 때문이다. 아울러 토형으로 태어난 사람은 몸 전체가 비대한 듯하고, 두터우면서도 진중하며 무겁고 착실한 느낌이 나며, 등 부위는 위로 솟은 듯하며 허리는 두텁게 되어 있다. 그 형체가 거북이와 같은 사람은 토형이다. 이 토형은 단정하고 바르며 후덕해야 한다. 풍채가 좋고 의기가 당당해 보이며 골격이 무겁게 느껴지고 황색의 빛이 돌면 길격(吉格)이다. 성정은 온

79) 조성태, 앞의 책, p.60.

후하고 심사숙고하며 관찰력이 빠른 반면, 결단심은 결여되어 있는 편이다. 심기가 깊고 신의가 있으므로 인덕과 복록을 누린다. 마음으로 꾀하는 것을 남들이 헤아리기가 어려우니 사람을 대할 때 믿음과 신의로 하는 것이 아주 중요하다.[80] 토형은 위 질환에 각별히 주의해야 하는데 특히 입 주위에 황색이 뜨는 것을 가장 꺼린다.

4) 금형(金形)의 성정과 활용법

(1) 금형정국(金形正局)

금형정국은 두상과 체상 모두가 긴 네모꼴의 형상이다. 이는 금형인의 성정을 온전히 갖춘 상으로 구슬이나 공처럼 둥근 쇠나 돌의 형상이며, 체상으로는 〈그림 36〉의 금국금체상(金局金體相)이다. 이러한 사람은 긴 네모꼴 얼굴에 어깨, 옆구리, 엉덩이 등이 고루 발달해 얼굴과 몸집, 어느 곳에서도 빈 구석이 없어 귀티와 부티가 돋보이는 형상이다. 합을 이루는 상대방은 토형상이나 수형상이다. 금의 고

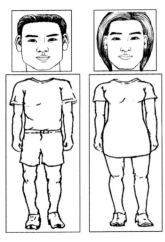

〈그림 36〉 금국금체상

향은 토이기 때문에 남달리 극진한 사랑을 받을 수 있으며, 금형여성은 토형상의 남성을 택하는 게 좋다.

전신 오부가 모두 바르고 체형이 대칭이며, 눈썹이 맑고 눈은 수려하며, 목소리가 낭랑한 데다 낭랑한 목소리 속에 울림이 있다. 뼈와 살이

---

80) 진담야, 앞의 책, p.467.

모두 견실하고 희며 은처럼 빛난다. 머리 부위·광대뼈와 코·턱 등 삼정이 모두 방정하고 머리 부위 전체가 원형이며, 광대뼈가 솟아올라 있다. 귀가 희고 윤기가 흐르며, 붉은 입술에 이가 희며, 머리와 수염이 성글고 숱이 많지 않고, 배가 둥글게 처지고 등은 넓고 두꺼우며, 가슴은 평평하면서 살이 많고, 움직일 때 몸이 가볍게 들뜨지 않으며, 손바닥 또한 두꺼운 축에 속하면 금형 인이다.[81] 이와 관련하여 『한서』에서는 "경(庚)에서 거두어 다시 익어지고 신(辛)에서 온전히 새로워진다."[82]고 하였다. 장년기에는 젊었을 때 고생했던 일의 결과물이 서서히 오는 것이고 중년이 되어 다시 시작한다고 하였음을 참조할 일이다.

금형인의 특성에 있어서 『황제내경·영추』의 설명은 다음과 같다.

> 금형의 사람은 상상(上商)에 비(比)하고 백제(白帝)와 사(似)하니, 그 사람됨이 네모진 얼굴에 백색이고 머리가 작으며, 견배(肩背)가 작고 복(腹)이 작으며 수족이 작고, 골(骨)이 종외(踵外)로 발한 듯하고 골이 가벼우며, 몸이 청렴하며, 마음이 급하여 정한(靜悍)하며, 리(吏)를 잘하며, 추동은 견디고 춘하는 견디지 못하여 춘하에 감(感)하면 병이 생하며…[83]

금형인은 네모진 얼굴에 색이 백색이고 머리가 작다고 하였다. 만약 기색까지 희고 윤기가 있으면 문장으로 이름을 날리거나 나라를 움직이는 왕후나 아니면 거부가 된다. 기색이 검고 윤이 나면 무관으로 귀하게 되는데 특히 난세에 이름을 날린다. 그리고 금형인의 성향은

---

81) 오현리 편, 앞의 책, pp.136-137.
82) "斂更於庚 悉辛於辛.", 『漢書』「律曆志」
83) "金形之人 比於上商 似於白帝 其爲人 方面 白色 小頭 小肩背 小腹 小手足 如骨發踵外 骨輕 身淸廉 急心 靜悍 善爲吏 能秋冬不能春夏 春夏感而病生….", 『黃帝內經·靈樞』

대다수가 자신과 남에게 엄격하고 정력이 넘치며 수양을 게을리하지 않는다. 재능이 있는 자가 많이 고생하는, 귀하면서도 고생스러운 인물형에 속한다.

금형인은 코가 뾰족하고 끝이 붉은 것과 해골처럼 하얀 기색을 가지면 평생 가난을 면치 못한다. 코와 귀가 작으면 좋지 않아 작은 성취라도 고생스럽게 얻는다. 날카로운 목소리는 성질이 급하고 형벌을 면하기 어렵다. 불그스레한 기색 역시 관직에 오르지 못하고 몰락한다. 금형인은 대부분 외롭고 용감하며, 기꺼이 타인을 돕고 일처리를 확실하게 하며, 신뢰성이 있다. 직업으로는 공직이나 자유업에 종사하는 것이 좋다. 여성이 금형인 경우 지혜롭고 총명하며 유능하고, 재주가 남성에게 뒤지지 않는다.

(2) 금형목국(金形木局)

금형목국은 긴 네모꼴의 두상을 지니며, 다소 얄팍하고 홀쭉한 역삼각형의 체상이 결합한 형상이다. 금형으로 목을 겸한 사람은 상극하면서 서로 화합하는 형국으로, 물형론으로 보면 철봉같이 긴 쇠나 조상의 선산에 서 있는 망주 같다.[84] 금형으로 갑목을 겸하면 동량의 제목이다. 드러나는 상은 얼굴이 방정하며, 신체가 크고 길다. 코가 똑바르고 입과 귀가 모두 바르며 눈이 수려하고 생기가 넘친다. 눈

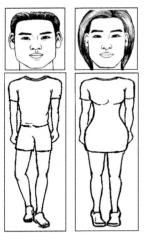

〈그림 37〉 금국목체상

---

84) 정상기, 앞의 책, p.248.

썹이 맑고 수염이 수려하다. 기색은 희면서 약간 푸른기가 있다. 성격은 슬기롭고 약간은 오만하며, 큰 뜻을 품고 기이함을 능히 드러내며, 모험에서 승리한다. 대개 무관으로 귀하게 되는데 문관을 겸하기도 한다. 초년 운세는 순조롭지 않아서 중년 이후에 성공한다. 몸이 작고 살이 없어 뼈가 드러난 사람이면 금형에 을목을 겸한 것으로 성취에도 제약이 따른다. 금극목형으로서 두 귀의 모양이 서로 다른 짝귀라면 부모의 운이 나빠서 어렸을 때부터 고생이 많고, 꾀하는 일이 잘 안되어 재산을 모으지 못해 어려움을 당한다.

금극목형의 장점은 배타적 권위나 독재제도 구습타파에 도전하는 혁명적 정신이나 진보적 개척정신이 강하다. 이론보다 실무적 행정력이 뛰어나서 재빠른 판단력으로 속전속결의 단기적 사업에 성공하는 특별한 재능이 있다. 어려운 일이나 공익적 업무에 희생 봉사하는 헌신적 의협심과 정의감이 강하다.

그러나 안하무인으로 교만하여 약자에 군림하고 강자에 아부하는 교활한 성질이 있다. 약은꾀를 자주 쓰고 보이지 않는 데서 상대방을 중상 모략하는 음험성(陰險性)이 있을 수 있다. 참다운 용기나 조심성이 부족한 외강내유(外剛內柔) 형에 가까우니 은인자중하는 인내심과 멀리 크게 바라보는 거시적 인생 안목이 필요하다.

건강으로는 허약체질, 식욕부진, 빈혈증에 유의해야 한다. 교통사고나 불의의 재난이나 위험이 갑자기 닥칠 운수가 많고 타인과의 다툼이나 소송분쟁으로 인한 사고유발, 그리고 신체의 장애가 일어날 가망성이 있다. 기술직이나 현장 인부 노동직에서 손발이나 신체의 부상이나 사고를 미연에 대비해야 한다.

(3) 금형화국(金形火局)

금형화국은 긴 네모꼴의 두상과 날렵해 보이는 정삼각형의 체상이다. 화극금(火克金)의 관계에서 이해할 수 있다. 금형으로 불을 겸한 사람은 상극하면서 서로 화합하는 형국으로 고철을 모아놓은 모양같이 울퉁불퉁하게 생긴 바위 등이 해당된다.

얼굴이 네모지고 정수리와 귀가 뾰족하고[85] 낯빛이 선명하게 붉으며, 눈썹과 수염이 가볍고 맑으며, 두 눈에 생기가 있다. 아주 지혜롭고 노련하며 성격

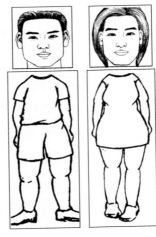

〈그림 38〉 금국화체상

이 급하면 약한 불이 금을 달구는 형국이다. 얼굴의 한 면이 뾰족한 네모 형이며, 코가 뾰족하고 살이 없고, 연수 곧 콧대에 마디가 솟고 눈에 화급한 기가 드러난다. 귀의 윤곽이 두드러지고 얼굴 한 곳에 붉은 기운이 막혀 있다. 화(火)를 너무 많이 가진 상으로 상극하면서 서로 화합하지 못하는 형국이다. 이것은 왕성한 불이 쇠를 녹이는 것이 되어 평생 동안 재난이 많고, 가난하지 않으면 요절한다.

화극금형의 장점은 남을 앞지르는 기술이나 실력을 갖고 있어 능력 위주의 대인처세를 잘 하여 사교술이 능하다. 융통성이 풍부해 폭 넓은 생활경험을 가지고 있어 임기응변의 실행력이 좋다. 생활에 개척의지가

---

85) 뾰족한 귀는 흔히 '마법사의 귀'라고 하며, 살이 얇은 경우가 많고 험난한 상이다. 나쁜 상이라고도 하며, 성격이 어두운 사람이 많다. 단, 뾰족해도 살이 두툼하면 그만큼 운세도 좋고 자제력도 있다. 石本有孚 저, 김영주 옮김, 앞의 책, p.125.

강하여 실패와 역경을 웃으면서 헤쳐 가는 낙천주의 기질이 다분하다.

그러나 권세나 세력을 믿고 약자를 깔아뭉개고 자기의 이익을 취하는 비정한 면이 있다. 호기심이 많고 지나치게 남의 일에 간섭하며 치근대어 타인의 빈축을 받는다. 목적을 위해 수단과 방법을 가리지 않고 탐욕에 어두워 남을 중상 모략하는 일이 있다. 물질이나 금전에 치우쳐 외모로 사람을 평가하고 명예심에 집착하여 대인관계에 적을 많이 만들기도 한다. 원만한 주변과의 화합을 위해서는 중용의 미덕을 함양하고 정신적 가치에 치중하는 가치관을 기르면 좋다.

건강으로는 이비인후과 계통의 감각기관과 관절염, 신경통, 손발이 붓거나 저리는 병에 유의해야 한다. 대비책으로는 팔 다리 등의 부상 골절 탈골을 예방하는 심신수련의 수행을 평소에 연마해야 한다. 성질이 다급하니 희로애락의 감정에 극단적으로 흐르는 것을 경계하고 몸과 마음에 조화를 이루는 처세를 중시해야 한다.

(4) 금형토국(金形土局)

금형토국은 근골질(筋骨質) 성격의 긴네모꼴 두상에다 부육질(浮肉質) 성격의 마름모꼴 체상의 결합체로서 기지와 배짱, 체력 3박자를 갖추고 있으며 일거수일투족에 무게감이 있다.[86] 이는 토생금(土生金)의 관계에서 이해할 수 있다. 금형으로 토를 겸하면 상

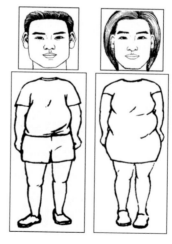

〈그림 39〉 금국토체상

---

86) 최형규, 앞의 책, p.50.

생하면서 서로 화합하는 형국으로 결국 중에 가장 얻기 힘든 상이다.

물형론으로 보면 네모꼴의 금이나 쇠 또는 묘 앞에 있는 돌상석의 형상과 같다고 볼 수 있다. 얼굴이 네모지고 등이 두터우며, 어깨가 벌어지고 걸음은 느리며, 몸이 육중하고 장대하다. 오관이 단정하고 활력이 있으면서 기가 맑다. 낯빛이 누렇고 윤기가 흐르며, 성격이 충직하고 신중하다. 만약 경금(庚金)으로 토를 겸한다면 장수하게 되지만 난세에는 복이 감소된다.

신금(辛金)으로 토를 겸했다면 작은 부귀를 누린다. 부정적 측면으로 보면 등이 높고 살이 쪘으며, 얼굴의 살이 옆으로 퍼지고 오관이 경박하다. 목소리가 낮게 갈라지며, 안색이 누렇고 검게 그을려서 막혀 있으면 토를 너무 많이 가진 것이다. 이는 토가 금을 두껍게 묻은 것이 되는데, 상생하면서 서로 화합하지 못하는 형국이다. 이 상을 가지면 지혜롭지 못하며 역경에 자주 처하고 평생 운을 펼치기 어렵다.

금형토국형 중에서 손바닥이 얇고 손가락은 가늘며 기색이 어둡고 막혀 있으면, 행동과 생각이 일치하지 않는 사람이다. 일생 동안 운을 펼치기 어려우며, 성공하는 일이 별로 없고 실패하는 경우가 많다. 기색을 살피는 것은 그 상황이 어떠한지를 역설적으로 말해주는 것이다. 기색이 중요한 것은 병증 판단의 기초가 되기 때문이다.

특히 오행의 기색을 음미해 본다. "목(木)의 색은 푸른색, 화(火)의 색은 붉은색, 토(土)의 색은 누런 황색, 수(水)의 색은 검은색이므로 자연 그대로 본래의 색인 것이며, 금(金)은 백색을 띠어야 원래 색을 가진 것이다. 그러므로 다섯 종류의 얼굴색은 서로 같지 않다."[87]위

---

87) "木色靑兮 火色紅 土黃 水黑是眞容 只有金形原帶白 五般顏色不相同.",
『麻衣相法』, 「五行色」

문장에서 알 수 있는 것은 오행의 색은 각자의 고유한 색이 있으나 항상 상황에 따라서 기색이 변하게 됨을 지적한 것이라고 보면 된다.

『영추』에서는 "오색(五色)으로써 장기를 명(命)하니, 청색은 간장, 적색은 심장, 백색은 폐, 황색은 비장, 흑색은 신장이 된다."[88]라고 하였다. 기색을 통해 오장육부의 건강 유무를 판별할 수 있다는 점에서 중요성을 지닐 수밖에 없다. 따라서 기색을 잘 살핌으로써 건강에 신중을 기해야 하며, 인생의 역경을 잘 극복하는 지침서로 삼았으면 한다.

(5) 금형수국(金形水局)

금형수국은 근골질 성격을 지닌 긴 네모꼴 두상과 영양질의 둥근 체상의 결합체이다. 정의감과 투사적 정신이 강한 금국수체상이라 할 수 있다. 금형으로 물을 겸하면 상생하면서 서로 화합하는 형국으로 물형론으로 보면 흘러내리는 자갈이나 모래의 형상[89]이다.

금형수국은 얼굴이 네모지고 살이 많으며, 안색은 검거나 희면서 윤기가 흐르며, 외간이 위풍당당하다.

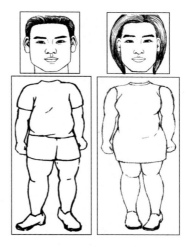

〈그림 40〉 금국수체상

일생 동안 복을 많이 받으며 단번에 높은 직위에 오르고, 무관으로

---

88) "以五色命藏 靑爲肝 赤爲心 白爲肺 黃爲脾 黑爲腎.", 『黃帝內經·靈樞』, 「五色篇」
89) 정상기, 앞의 책, p.248.

귀하게 될 수 있다. 난세에는 무예로써 귀하게 되어 군권(軍權)을 잡고, 성세에는 문관이 되어 정권을 움직일 수 있으니, 어떤 경우이든 기회를 잘 잡아 크게 발전한다.

만약 살이 없고 기가 허하며 살색이 어둠침침하면 수를 너무 많이 가진 상으로 상생하면서 서로 화합하지 못하는 형국이다. 이는 수가 많아서 금이 잠기는 것이므로 일생 박복하다. 항상 상생의 마음을 가져야 할 것이며, 준동하지 말고 난세와 성세에 적합하게 처신하는 자세가 필요하다.

(6) 금형잡국(金形雜局)

금형으로 잡국인 사람은 신체가 방정하다는 특징을 보이는 것 외에는 금형인들의 외부에 나타나는 특징과 성격이 모두 감춰져서 분명하지 않다. 오히려 목·화·토·수형인의 특징과 성격을 드러낸다. 특징이 나타나는 부위도 한두 곳에 그치지 않고, 주객이 확실치 않으며, 겸한

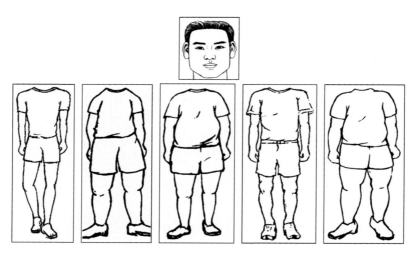

〈그림 41〉 금국잡체상 남자

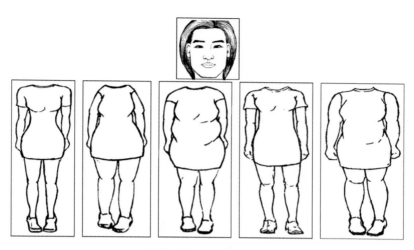

〈그림 42〉 금국잡체상 여자

국의 수도 불특정 수로 2국일 수도 있고 3국이나 4국일 수도 있다. 심지어 같은 것을 여러 번 겹쳐서 겸하는 것도 있는데, 예를 들면 금형 겸화화목목국(金形兼火火木局)과 같은 것이다.

〈그림 41, 42〉의 금형잡국인 사람은 오형의 요소가 부적당한 상태로 배합되어 순수하지 못하며 서로 억제하는 경향이 있다. 건강과 지혜·성격뿐만 아니라 사업과 운세에도 영향을 미쳐 얻는 것이 적고 명도 짧으므로 이를 참조하여 성정을 조절하는 것이 좋다.

위에서 전술한 바와 같이 금형에 대해서 살펴보았는데 금형은 견실하고 모가 나는 얼굴형이면 명성을 얻고 풍족한 생활을 한다. 소리는 작으며 건실하다. 예리한 지성, 조리 정연한 이론, 확고한 신념이 장점인 반면, 냉정하고 무미건조함이 단점이다. 금체형 체질의 사람은 '금체(金體)' 또는 갑류(甲類)이므로 거북이 같은 형이라 할 수 있으며, 영감과 예감이 뛰어나 상상력이 탁월하다. 또 '폐금'이라 하여 폐와 관련된 호흡기 계통에 병이 잘 온다.

금체형의 사람들은 평소에 도라지를 많이 먹으면 폐기를 원활하게 해주므로 아주 좋으며 호두, 복숭아, 우유, 기장쌀, 살구씨도 폐에 좋은 식품으로 알려져 있다.[90] 금형의 특징으로는 뼛골이 강하여 운동선수가 많으며 추구하는 목표가 뚜렷해서 추진능력이 좋고 무인기질이 있어 명예심이 높다[91]고 볼 수 있다.

5) 수형(水形)의 성정과 활용법

(1) 수형정국(水形正局)

수형정국은 두상과 체상이 다 같이 살이 쪄서 인상 전모가 둥글둥글하다. 수형인의 성정을 온전히 갖춘 격으로 물형론으로 보면 겨울밤의 차가운 물이나 넓은 바다의 물 또는 북쪽 바다[92]를 상징한다. 체상으로는 〈그림 43〉의 수국수체상(水局水體相)이다. 머리와 몸집이 다 같이 살이 쪄 포동포동하며 인상이 둥글다고들 말한다. 〈그림 43〉의 형상이다. 수국수체상과 합을 이루는 배우자는 금형상이나 목형상이다. 만약 토형상이나 화형상과 결합할 경우 생사별을 피하기 어렵다[93]고 본다.

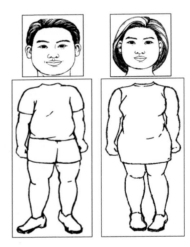

〈그림 43〉 수국수체상

90) 조성태 편, 앞의 책, pp.66-67.
91) 이정욱 편, 앞의 책, p.110.
92) 정상기, 앞의 책, p.249.

수형인은 얼굴이 검고 짧으며, 오부가 모두 둥글고 통통하며, 심지어 상하 눈꺼풀과 배·엉덩이까지 둥글고 통통하다. 목소리는 부드럽고 매끄러우며 성량이 풍부한 사람이 참 수형인이다. 입 모양이 네모지고 크며, 눈썹이 굵어서 강한 의지를 보여주며, 눈이 크고 허리가 둥글고 두껍게 처지면 성격이 관대하고 현실에 만족하며 생각이 깊다. 다른 사람과 심하게 다투고 경쟁하지 않으며 성격이 급하지도 느리지도 않고, 원만하고 슬기롭다. 이런 사람은 일생 동안 행복을 누리고 편안하게 성공을 거두며, 큰 부귀와 다복을 얻는다.

오부가 작고 말랐으며 약간 둥근 것은 계수정국(癸水正局)으로, 이 또한 작은 부귀를 누린다.[94] 『황제내경·영추』에서는 다음과 같이 설명하였다.

> 수형의 사람은 상우(上羽)에 비(比)하고 흑제(黑帝)와 사(似)하니, 그 사람됨이 흑색이고 얼굴이 평(平)하지 못하며, 머리가 크고 턱이 넓으며 어깨가 작고 복(腹)이 크며, 수족이 동하고 발행(發行)함에 몸을 흔들며, 하고(下尻)가 길고 배(背)가 연연(延延)하며, 경외(敬畏)하지 못하고 사람을 잘 속여 육사(戮死)하며, 추동은 견디고 춘하는 견디지 못하여 춘하에 감(感)하면 병이 생하며….[95]

수형인은 수(水)의 색처럼 얼굴이 흑색이고 평평하지 못하다. 머리

---

93) 水局水體相의 성격 특징, 학업운, 배우자운 등에 대해서는 최형규, 앞의 책, pp.38-40 참조.
94) 오현리 편, 앞의 책, p.141.
95) "水形之人 比於上羽 似於黑帝 其爲人 黑色 面不平 大頭 廉頤 小肩 大腹 動手足 發行搖身 下尻長 背延延然 不敬畏 善欺給人 戮死 能秋冬不能春夏 春夏感而病生….", 『黃帝內經·靈樞』

가 유독 크고 턱이 넓으며 어깨가 머리에 비해 작다. 얼굴이 탁한 황색이거나 목소리가 갈라지며 성격이 막히고 둔한 것을 꺼리는데, 일생 빈천하다. 코가 지나치게 솟았거나 결후(結喉)[96]가 심하게 도드라져 있으며, 귀에 결함이 있거나 눈이 흐리고 콧구멍이 보이며 입술이 치켜져 있으면[97] 평생 운이 나쁘고 재앙이 많다.

여성으로 수형인 사람은 얼굴이 주로 보름달 모양인데, 더하여 눈썹이 둥글고 수려하면 대부분 부자에게 시집간다. 성격이 원만하고 슬기로우며, 부를 굴리고 만들어내는 재주가 있으며, 두뇌회전 또한 빠르다. 이런 여성이 만약 금과 목 2종의 이성과 결합하면 남편을 흥하게 하고 집안을 일으킨다.

(2) 수형겸목국(水形兼木局)

수형겸목국의 상은 두상은 둥글고 체상은 정삼각형이다. 수생목(水生木)의 관계에서 접근하면 된다. 수형으로 나무를 겸한 사람은 상생하면서 서로 화합하는 형국으로 물형론으로 보면 가늘게 흐르는 시냇물이나 폭포의 형상이다.[98] 상으로 보면 몸이 작고 마르며, 얼굴에 살이 많지만 둥글지는 않으며, 눈썹과 수염은 짙지 않고 광택이 없다. 허리는 풍성하고 둥글

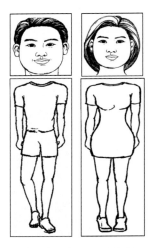

〈그림 44〉 수국목체상

---

96) 남자들의 목 가운데가 볼록 튀어나온 곳으로 울대뼈라고도 한다.
97) 이러한 형상을 '四水氾濫之格'이라고 한다.
98) 정상기, 앞의 책, p.248.

지 않으며, 둔부에 살이 없고 신체의 모든 부위에 기세가 없다. 성격이 급하면 일생 동안 큰 성공은 이루지 못하나 작은 부귀는 이룰 수 있다.

안색이 파리하고 막힌 사람은 목(木)을 너무 많이 가진 것으로, 상생 하면서 서로 화합하지 못하는 형국이다. 나무는 많고 물은 말라서 일생 동안 고비가 많다. 이 유형은 얼굴은 살찐 데 비하여 몸집이 약하기 때문에 체력이 약하다. 상하는 상생 관계이지만, 목국수체상(木局水體 相)과 크게 다르다.99) 이에 상생 화합을 주로 할 것이며, 성격을 급하게 해서는 안 되고, 인생의 어려운 고비를 잘 극복해야 한다.

(3) 수형겸화국(水形兼火局)

수형겸화국의 형상은 〈그림 45〉의 둥 근 두상의 얼굴에 체상은 정삼각형으로, 수극화(水克火)의 관계이다. 수형으로 불을 겸한 사람은 상극하면서 서로 화합 하는 형국으로 물형론으로 보면--- 비가 내린 후 땅이 여기 저기 패여 물이 고여 있는 형상이다.100) 상으로 보면 얼굴이 조금 둥글고 머리와 귀는 약간 뾰족하 며, 눈썹의 숱이 적고 수염이 없으며, 신 체가 견실하고 눈에 생기가 가득하다. 눈썹의 숱이 적으면 지도력이 부족하고

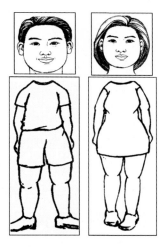

〈그림 45〉 수국화체상

역량도 안 되기 때문에 높은 위치에 오르지 못한다. 형제 등 가족과의

---

99) 최형규, 앞의 책, p.43.
100) 정상기, 앞의 책, p.249.

인연도 약하고 고독한 상이다.

수극화형으로서 턱이 뾰족하고 이마가 찌그러졌다면 성년이 되기 전에 가정환경이 어려워져 학업을 중단하는 불행을 겪으며 손해 보는 일이 많다. 불이 물을 끓이는 형국으로 총명하고 재주가 남다르며, 눈치가 빠르다. 명이 짧고 운이 어긋나서 평생을 곤궁하게 지내며, 단지 문장만 떨칠 뿐이다. 『마의상법』에서는 "수형인은 비만하고 … 위가 뾰족하고 아래가 넓은 것이 화형인이라고 하였다"[101]는 점을 참고할 일이다.

안색이 자홍색을 띠면 보통 수준의 부귀를 누리는데, 상학에서 말하는 "얼굴 빛깔이 자색이고 수염이 없으면 영화롭다."는 이치에 의한 것이다. 그러나 얼굴이 너무 붉으면 상극하면서 서로 화합하지 못하는 형국이 된다. 이런 사람은 어려서 육친과 떨어져 평생을 외롭게 지낸다. 안색이 막히고 어두우며 눈빛이 혼탁하면 몸에 고질적인 병이 있고 가난하지 않으면 요절한다. 또 말년에 곤궁해진다[102]는 것을 알아둘 필요가 있다.

전술한 것처럼 눈빛은 매우 중요한 요소이다. 마음의 내면적 사유가 외형으로 들어나는 것을 파악할 때 1차적으로 눈빛을 통해서 보고, 2차적으로 몸의 움직임을 통해서 본다. 이 과정을 이해함으로써 상대방의 감정에 의한 심리적 상태와 마음을 알 수 있다.

이승환은 이를 존재론적으로 한 사람의 내면성(감정과 의지)이 외면성(눈빛과 낯빛)에 우선한다고 할 수 있지만, 그 사람의 내면성에 대한 이해는 눈빛과 낯빛에서 출발한다고 했다.[103] 몸을 통하지 않고서는

---

101) "水主肥 (中略) 上尖下闊名爲火.", 『麻衣相法』, 「五行形」
102) 오현리 편, 앞의 책, p.142.

나를 드러낼 수 없으며, 몸을 통하지 않고서는 상대방의 마음을 이해할 수 없기 때문이라는 것이다. 여기에서 알 수 있는 것은 사람은 눈빛으로 무언의 메시지를 읽어 내면서 얼굴의 표정과 몸의 동작을 통해서 더욱 자세한 감정을 표현하고 있다는 뜻이다.

수극화형의 장점은 두뇌의 회전속도가 빠르며 자기가 맡은 일은 빈틈없이 잘 처리하는 데 있다. 상식과 일반적인 사무 처세의 지식이 풍부하며 위급한 일을 당할 때 해결책이나 수습방안을 잘 모색한다. 분쟁의 조정이나 협상에서 타결방안을 원만히 도출하는 해결사의 능력이 있고, 물질적인 방면에는 발달됐으나 정신적인 가치에 대한 식견과 가치관이 짧아서 사회계층의 상위직 진출에는 고충이 있으므로 대국적 견지에서 학문과 견문을 넓히면 좋다.

단점으로는 이타적 인간미가 부족하여 봉사 희생정신이 미흡하다는 점을 들 수 있다. 쓸데없는 투쟁심이나 자질구레한 일에 시기 질투심이 강하여 억지 주장을 펴거나 개인적 이익을 추구한다. 조급하게 서두르거나 앞뒤를 가리지 않고 저돌적으로 돌진하는 맹목적 기질이 있다. 마음을 수양하는 정신통일이나 종교적 미덕을 쌓는 신앙심이나 믿음을 가지면 단점을 개선하여 장점으로 발전시켜 나중에는 큰 업적을 남길 수가 있을 것이다.

건강으로는 폐장이나 심장계통에 유의하고 피부, 비뇨기과, 생식기 계통의 질병과 성병의 예방에 주의해야 한다. 종종 신경증, 정신불안, 노이로제, 불면증에 시달리는 수가 있기 때문에 마음 다스리기를 잘해야 한다.

---

103) 이승환, 『눈빛·낯빛·몸짓: 유가 전통에서 덕의 감성적 표현에 관하여: 감성의 철학』, 민음사, 1996, pp.130-138.

(4) 수형겸토국(水形兼土局)

수형겸토국은 둥근 얼굴의 두상과 비대한 마름모꼴의 형상이다. 토극수(土克水)의 관계에서 이해하면 된다. 수형으로 토를 겸한 사람은 상극하면서 서로 화합하는 형국으로 물형론으로 보면 들판에 네모꼴로 파놓은 물덤벙104)의 상이다. 성격으로 보면 행동이 다른 사람에 비해 느리다. 얼굴도 볼 아래쪽이 넓고 어깨는 벌어져 있으며, 등은 두텁고 몸이 비교적 둥근 편이다.

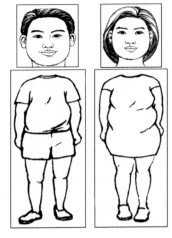

〈그림 46〉 수국토체상

좋은 상은 얼굴에 윤기가 흐르며 입술이 붉고 이가 희다. 이러한 형상의 사람은 충직한 성품을 지니고 천성적으로 복을 지니고 있는 사람이다. 또한 수명도 길고 평생 여유 있는 생활을 즐기는 사람이 많다. 여성이 수형이면서 토를 겸했다면 집안을 일으키는데 일조한다.

반면 수형이 토(土)를 지나치게 많이 가지게 되면 오관이 수려하지 않고 등이 높으며 허리에 군살이 찌게 된다. 또한 체형이 비대하고 눈썹과 수염이 가지런하지 않으면 서로 화합하지 못하는 형국이다. 안색까지 노랗거나 어두우면 어린 시절 육친에게 해를 입히고 조상과 고향을 등지거나 항상 역경에 처한다.

명리서에서는 수(水) 중에서도 임수(壬水)를 넓은 바다와 백천(百川)에 비유하는데, 이것은 천하에 넘쳐흐르므로 멈춤이 없다고 하였다.

---

104) 정상기, 앞의 책, p.249.

그러나 화토(火土)가 지나치면 본원이 손상된다고 하여[105] 지나친 화나 토를 경계하였다. 이는 큰물이 유유히 흘러야 하는데, 흙이 많으면 그 물을 막게 되어 물이 마르게 되거나 흙탕물이 되는 이치를 설명한 것이다.

토극수형의 사람에게는 숨은 실력자가 많이 발견된다. 특히 금전 관리의 능력이 뛰어나고 일 처리에 있어 빈틈이 없다. 생각이 깊고 사고력이 강하여 세태를 멀리 보는 안목이 있다. 심사숙고하여 결정한 후 소신껏 밀고 가는 개척정신과 진취성이 뛰어나다. 거기에 모험심이나 배짱이 더해져서 정의와 의리를 살려 남을 위해 사명감을 가지고 봉사 희생하는 아량이 있다.

그러나 자기 힘만 믿고 거만한 행동으로 실수나 사고를 치는 수가 있다. 여러 재능을 발휘하지만, 자신의 능력 범위를 넘어 중도에 하차하는 경우가 많다. 특히 자신을 내세우려 하는 기질과 약한 사람을 무시하는 등 자비심이 부족하다는 평을 듣기도 한다. 물론 이와 반대로 행동하는 사람도 있으나 이러한 장단점의 차이는 후천적 교양과 학식 수행의 정신력의 기품에 따라 다르다. 즉 얼마나 자신의 동물적 본성을 승화시켜 인간성의 고결함을 발휘하느냐에 따라 결정된다고 할 수 있다.

토극수형인은 대식가인 경우가 많다. 그렇다 보니 위장 소화 관계의 질병이 잦을 수밖에 없다. 게다가 혈압, 당뇨, 비만, 치질의 염려가 있다. 폭음이나 과식을 하는 경우가 잦으므로 음식의 절제와 음주 예방에 유의해야 한다.

---

[105] "壬水汪洋倂百川 漫流天下總無邊 (中略) 火土重逢淊本源.", 『淵海子平』「十干」

(5) 수형겸금국(水形兼金局)

수형겸금국의 형상은 둥그런 두상
과 체상이 긴 네모꼴이다. 금생수(金
生水)의 관계이다. 수형으로 금을 겸
한 사람은 상생하면서 서로 화합하는
형국으로 물모양의 둥근 형상이다. 이
는 체상으로는 수국금체상(水局金體
相)이라 할 수 있다.

손과 얼굴이 약간 각지고 색이 조금
희거나 검으며 통통하지만, 살이 팽팽
하며 생기가 넘친다. 오관이 우뚝 솟
아있고 단정하며, 눈썹과 수염이 적당

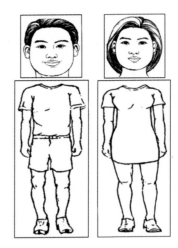

〈그림 47〉 수국금체상

하고 운치가 있으면 성격이 강인하다. 고생을 잘 참아내서 문관이나
무관 어느 쪽이든 크게 되고, 남자나 여자 모두 일찌감치 운이 트여
큰 부귀를 얻는다.106) 금생수형의 장점으로는 용모가 단정하고 재치가
있다. 이러한 체상은 여성에게 많다. 목소리가 뚜렷하고 동작이 민첩하
며 활동력이 탁월하여 일하는 솜씨가 재빠르다. 현실에 입각한 실천
행동력이 왕성하고 독립 개척심도 강하여 사리가 분명하다. 솔직담백
한 성격에 지식과 학문 등 정신 방면이 양호하다.

단점은 사람이 너무 약삭빠르고 실리적이며 타산적이다. 현실적으
로 경제적 금전적인 면에서 계산에 밝아 손해를 보지 않으려는 기질이
강하다. 자기 목적을 달성하기 위해 냉정하게 처신한다. 인격이 조야
(粗野)한 사람은 권모술수의 책략을 쓰고 간사하게 남을 이용하기도

---

106) 오현리 편, 앞의 책, p.143.

한다. 사소한 일에 신경질을 부리고 조급하며 애정의 폭이 좁다. 감정이 메마르고 성격이 전반적으로 까다롭다고 평가된다.

건강 계통으로는 소화기, 위장병, 신경성 등에 유의해야 한다. 허리, 신경통 및 생식기 질병의 위험이 있고, 음주나 약물 중독에 주의해야 한다. 예방책으로는 규칙적인 운동을 하거나 자신에 맞는 심신수련법으로 체력을 관리하는 것이 좋다.

(6) 수형잡국(水形雜局)

수형으로 잡국인 사람은 신체가 둥글고 비대하다는 특징을 보이는 것 외에는 수형인들의 오부에 나타나는 특징과 성격이 모두 감춰져서 분명하지 않다. 오히려 목·화·토·수형인의 특징과 성격을 드러낸다. 〈그림 48, 49〉에 나타난 바와 같이 특징적인 부위도 한두 곳에 그치지 않고, 주객이 확실치 않으며, 겸한 국의 수도 불특정하여 2국일 수도 있고 3국이나 4국일 수도 있다. 심지어 같은 것을 여러 번 겹쳐서 겸하

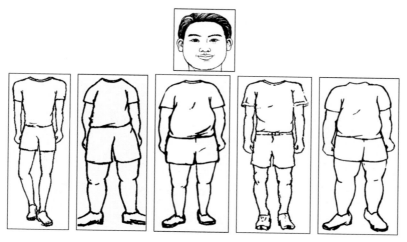

〈그림 48〉 수형잡체상 남자

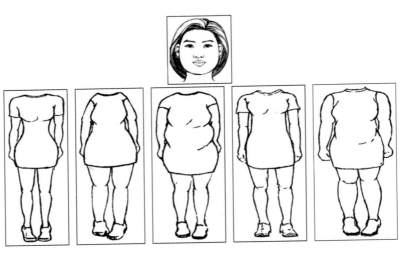

〈그림 49〉 수형잡체상 여자

는 것도 있는데, 예를 들어 수형겸화화토토국(水形兼火火土土局)이 그
것이다.

수형잡국인은 위 〈그림 48, 49〉처럼 오형의 요소인 두상과 체상 생김
새가 각각 부적당한 상태로 배합되어 순수하지 못하며 서로 억제하는
경향이 있다. 상을 보는 방법은 두상과 체상이 오행상생상극법상 상생
관계를 이루었다면, 두상은 본래의 가치보다 한층 높이 평가한다고
한다. 그러나 상하 양자가 상극관계의 만남이면 보조기관 체상은 주관
기관 두상을 도리어 해치는 결과가 되어 두상과 체상 개개가 갖고 있는
팔자보다 한층 낮게 평가한다.[107] 모든 오형잡체상의 상을 보는 방법
은 동일하다. 두상과 체상의 조화가 길흉을 판단하는 조건이 된다.

상을 정확하게 판단하기 위해서라도 오행의 상생과 상극을 확실하

---

107) 최형규, 앞의 책, p.41.

게 알아야 하는 이치가 여기에 있다. 만약 오형의 잡체상에 있어 두상과 체상 두 부위가 서로 조화를 이루지 못하면 건강과 지혜·성격뿐만 아니라 사업과 운세에도 영향을 미쳐 얻는 것이 적고, 건강에도 각별한 신경을 써야 한다는 것을 유념하고 미리 대응해야 한다.

이상으로 수체형에 대해서 서술해 보았다. 그 특징은 살이 찌고 넓으며 두툼하면서도 풍만하고 둥근 얼굴형이다. 얼굴의 색은 검은빛을 띤다. 성정은 지혜롭고 과감하며 총명하고 민첩하다. 영업직과도 관련이 깊고 문학에도 재능을 발휘한다. 『상리형진』에서 "물의 형체가 비대하고 검은 것을 만나게 되어 둥글 것 같으면 그 복과 수명은 배로 증가한다."[108] 라고 한 것처럼 수체형의 진국을 가지면 복록을 누리는 사람이 많은 편이다.

또한 수체형의 사람은 수체 또는 어류라고 한다. 그 생김새나 성질이 물고기와 많이 닮아 있기 때문이다. 수체형은 무척 영특하여 똑똑하다는 소리를 듣고, 일을 하기 시작하면 신속하게 움직이는 특징을 가지고 있다. 성격은 냉정하고 차갑다는 말을 듣는 편이지만, 일처리에 있어서는 완벽한 형에 속한다. 신장과 관련을 맺고 있으며 신장의 허실에 따라서 여러 가지 병으로 고생할 수가 있으니 각별한 신경을 써야 한다. 지나친 성생활과 피로를 요하는 일은 피하는 것이 좋으며 찬물에 목욕을 하지 않아야 한다. 좋은 음식으로는 오미자, 소의 콩팥, 밥, 검정콩, 산수유, 굴조개살[109]을 들 수가 있다.

지금까지 목체형, 화체형, 토체형, 금체형, 수체형의 특성과 오행의 성정을 응용한 활용법을 살펴보았다. 생긴 데로 병이 온다는 말이 있는

---

108) 진담야, 앞의 책, p.466.
109) 조성태 편, 앞의 책, pp.62-64.

것처럼 상학은 신비한 학문이 아니라 사람이 살아가면서 얼굴에 무형으로 된 미래의 정보가 나타나는 것이다.110) 관상의 가장 기본이 되는 『마의상법』을 저술한 마의선생에 의하면 우리가 일생을 살아가면서 겪는 슬픔, 기쁨, 아픔, 괴로움, 웃음, 화에 대한 표정은 무형의 마음이 유형의 상으로 나타나는 것이라고 하였다.

이 무형의 마음이란 그 기분에 따라 변하는 오장육부의 움직임이며 이 오장육부의 움직임은 얼굴 뼈에 영향을 미쳐 유형의 상으로 나타나게 되는 것이다.111) 유형의 상은 시간이 지나면서 오형의 형상을 갖추게 되고 꼴이 만들어진다. 형상은 우리들 자신이 만들어간다. 개개인의 살아온 형상의 꼴을 보고 우리는 그 얼굴을 읽는 것이다.

그러나 꼴은 영원한 것이 아니다. 인간은 생로병사를 피할 수는 없다. 살아가다 보면 어쩔 수 없이 몸에 병이 들 때 병원에 가서 치료를 하듯이, 우리의 형상도 개개인의 노력 여하에 따라서 바뀔 수 있다. "생긴 데로 산다."는 관상학의 논리가 아닌 "사는 데로 생겨진다."는 인상학의 의미를 오행의 활용 비교에 의해서 숙지하면 좋을 것이다.

4. 심상의 성정 분석

앞에서 오행인의 성정 분석을 통해 관상학적 활용법을 인격도야의 측면, 대인관계와 사회와의 조화의 측면, 그리고 오행의 성정을 응용한 측면에서 살펴보았다. 특히 오행의 상생과 상극은 상학이나 한의학에서 모두 유사하게 적용되고 있음을 알 수 있었다. 즉 상학의 안면의

---

110) 김효린, 『성공을 부르는 관상의 비밀』, 청비송, 2010, p.16.
111) 위의 책.

각 부분을 지칭하는 천중(天中)·천정(天庭)·사공(司空)·인당(印堂)·산근(山根)·인중(人中)·승장(承漿)·지각(地閣) 등의 전문용어는 상학과 한의학에서 공통적으로 사용하고 있다.

상학에서 질병의 유무나 예후를 관찰하는 부분, 그리고 수요(壽夭)를 예측하는 것은 한의학에서 난치증과 불치증을 진단하는 것과 유사한 부분이 많았고, 특히 기색을 살피는 것은 내용이 거의 일치한다. 『유장상법』에는 비수(肥瘦)112)에 관한 내용과 경락학설도 포함되어 있다. 이는 그만큼 관상학이 의학과 같은 과학적인 방면에 활용되고 있음을 증명하는 것이라 사료된다. 이는 상학이 결국 외형을 살펴 대응하고 나아가 인간 내면을 조절하는 '인간학'이라는 점을 증명하고 있는 셈이다.

지금까지 살펴본 인상학은 음양오행의 이론을 필두로 하여 상학의 오행인 분석이 용이해지고, 나아가 성정 활용능력의 실마리가 모색된 것이다. 여기에는 관상 고전으로서 『마의상법』이나 『유장상법』이 본 연구의 주요 자료로 활용되었다. 그리고 상학의 안면의 각 부분을 지칭하는 천중·천정·사공·인당·산근·인중·승장·지각 등의 전문용어는 상학과 한의학에서 공통적으로 사용하고 있다.

상학에서 질병의 유무나 예후를 관찰하는 부분, 그리고 수요(壽夭)를 예측하는 것은 한의학에서 난치증과 불치증을 진단하는 것과 유사한 부분이 많고, 특히 기색을 살피는 것은 내용이 거의 일치한다. 『유장상법』에는 비수(肥瘦)에 관한 내용과 경락학설도 포함되어 있다. 이는 그만큼 상학이 의학과 같은 과학적인 방면에 활용되고 있음을 증명하는 것이다.

---

112) 살침과 여윔을 비수라 한다.

무엇보다도 육신을 가진 이상 우리가 피할 수 없는 생사의 문제는 모든 인간이 영원히 풀어야할 과제이다. 어떤 시대든지 당대의 고유한 생사론이 갖춰져 있고, 동양에서는 이를 운명학(사주명리학, 풍수학, 관상학)의 관점에서 이해해 왔다. 물론 운명학의 저변에는 천지인 삼재론(三才論)이 자리하고 있어서 철학적 근거를 마련해준다. 이중에서도 상학은 '인론(人論)'이라는 영역에서 과거나 현재 그리고 미래에도 그 영역을 넓혀갈 것이다.

더군다나 과학적으로도 유전자의 연속된 흐름은 과거의 조상들이 현재에 드러난 것임을 의미한다고 할 때, 사회와 환경의 변화에 따라 인간의 용모가 약간은 바뀌어 간다고 할지라도 그 근본은 바뀌지 않는 것이라 본다. 이를테면 목형인, 화형인, 토형인, 금형인, 수형인이라는 오행인이 바로 그 증거이다.

사람마다 서로 얼굴이 다르듯이 오행의 형상으로 나타나게 되는 것은 얼굴의 특징, 음성특징, 성격의 특징이 서로 다르다. 이러한 이론이 상학보다는 한의학적 견지에서 더 발전해 왔음을 부정할 수 없으나 상학에서도 비상한 관심을 가져왔다는데 특별한 의미가 있다. 각각의 오행인은 서로 상생과 상극의 '관계'에 의해 사회 속에서 기능해 왔다. 이는 상학에 대한 조예가 깊지 않더라도 오행의 관계만 정확히 이해하는 사람이라면 누구라도 쉽게 이해할 수 있는 분야이다.

그러나 문제는 오행론에 대한 이해가 그리 쉽지만은 않다는 점이다. 만약 오행론이 쉬운 논리였다면 동양철학의 영역에서 계속 논의될 이유가 없다. 이는 피상적으로 쉬운 논리 같지만, 깊이를 더해갈수록 그 난해함은 학문의 천착과 그 필요성을 느끼게 한다.

따라서 동양학을 공부하기 위해서는 가장 기본이면서도 계속적으로 공부해야 할 분야가 바로 음양과 오행에 대한 학문인 것이다. 상학을 올바로 이해하기 위해서도 이 학문에 대한 이해가 우선되어야 함은 두말할 나위가 없다. 철학적으로 접근하기 어려운 오행인에 대한 인상학적 접근을 살펴보게 된 이유가 여기에 있다.

아직도 오행인과 인상학의 관계가 명확히 정리되었다고 할 수 없다. 60억이 넘는 지구상의 사람들이 한 사람도 똑같지 않기 때문이다. 나아가 인상이 비슷하다고 그 사람의 운명이 같을 수는 없듯이 아직도 풀어야할 과제는 산적해 있다. 이 문제에 대한 해답은 지속적으로 연구해야 할 것이지만 영원한 보류임을 인정해야 할 것이다. 인상학을 전문적으로 공부하지 않은 사람들도 타인의 인상을 가지고 인상이 좋고 나쁨의 평가를 하는 것을 쉽게 볼 수 있다.

'첫인상'의 이미지는 각인되어 쉽게 바뀌지 않는다고 한다. 이러한 첫인상을 긍정적으로 만들어가기 위해 '이미지 메이킹'이 보편화되고 있으며 심지어는 이미지 메이킹 학원까지 성행하고 있다. 그 목적은 경쟁사회에서 취업이나 기타 목적을 위해 자신의 인상을 긍정적으로 보이게 하여 상대에게 호감을 주기 위한 것이라고 할 수 있다. 따라서 인상학에 대한 그간의 오해와 편견을 일식시키기 위해서라도 이론적 바탕이 되는 철학 사유를 올바로 이해하는 것이 선행되어야 할 것이다. 그렇게 될 때 미래 세대의 발전과정을 예측하는데 상학이 좋은 도구가 될 것으로 기대된다.

또한 인상학이 과학적인 근거와 맥락을 같이한다는 근거로 우리는 얼굴이 하나의 뼈로 이루어진 것으로 잘못 알고 있지만 얼굴에는 총 15개의 뼈가 나뉘어져 있다. 다만 필요에 의해서 하나로 결합되어 있지만 특수한 약물에 담그면 얼굴뼈가 조각조각 분리된다[113)는 것이다.

---

113) 김효린, 『성공을 부르는 관상의 비밀』, 청비송, 2010, p.50.

따라서 인상학을 분석해 보면 얼굴에 있는 해부학적 구조와 밀접한 연관성을 지니고 있다는 것을 알 수가 있다.

이러한 연관성에서 볼 때 인상학은 단순히 얼굴을 보고 길흉화복을 점치는 것이 아니라 그 사람의 심상을 바로 잡을 수 있도록 배려한 학문이라고 여기면 된다.[114] 골상학과 인상학을 중요한 연관 관계로 보는 것은 오장육부의 기능 여부에 따라서 체형이 변화되고, 얼굴형의 변화까지 가져오는 것은 우리 외형의 형태에 나타나는 결과물이 된다는 것이다.

실례로 인상학에서 얼굴에서 높이 솟은 곳을 산에 비유하여 오악(五嶽)이라고 하는데 특히 중악인 코를 중심으로 좌우 광대뼈인 동악과 서악이 상응해야 좋은 인상으로 여긴다. 이것을 해부학적인 골상학으로 접근해보면 중악인 코의 형태를 만드는 것이 바로 광대뼈에 해당하는 위턱뼈[115]이기 때문이다.

골상학과 상학의 상호 밀접한 관계성에도 불구하고 이와 관련한 학문적 접근을 시도한 역사가 그리 오래 되지 않는다. 이 분야 연구자들의 적체에도 불구하고 비중 있는 연구물이 많이 제시되어 있지 않다. 이는 필자를 포함한 모든 상학자들의 성찰이 요구되는 것이기도 하다.

그렇다고 해서 무분별한 학문과의 통섭은 오랜 역사를 지닌 관상학의 권위를 부정하는 것이 될 우려도 있다. 따라서 의과학 및 생명학 등 인체를 다루는 모든 학문적 영역에서 상학이 기초학으로 적용될 수 있도록 노력해야 할 것이다. 본 연구에서는 이러한 문제의식에 조금이나마 다가서려고 노력하였지만, 선행연구 축적의 부족 등으로 인하

---

114) 김효린, 앞의 책, p.51.
115) 위의 책, p.196.

여 결과적으로 목적한 성과를 이루지 못하였음을 부인할 수 없다.

앞으로의 사회는 인적자원이 성공의 길로 나아가는 중요한 자산이 되리라 확신한다. 일상에서 만나는 사람들과의 관계는 인격 형성은 물론이고 관계 형성으로까지 나아가게 될 것이다. 또한, 현대사회에서는 경쟁에서 살아남을 수 있는 인재를 우수한 인재로 취급하는 경향이 있다.

사람들은 자신이 지닌 장점은 부각시키고, 단점은 최소화하려 한다. 특히 인상에 따른 단점을 최소화하기 위해서 가장 쉽게 접근하는 방법이 성형수술이다. 물론 성형수술을 부정하려는 것이 아니다. 현대사회는 외모도 자본이 되는 시대이기 때문이다. 그에 따라 사람들은 타인에게 자신이 지닌 장점을 부각시키고 단점을 감추려 한다. 단점을 최소화시키기 위해서 가장 쉽게 접근하는 방법이 바로 성형수술일 것이다.

사실 성형수술을 하는 이들은 용모의 변화를 통해 자신감의 회복과 더불어 타인에 대한 자신의 존재감을 높일 수 있다. 자신의 부족한 점을 알고 그것을 보완하려는 노력은 소중한 자아정체성의 회복 방법이기 때문에 가능한 범위 내에서의 성형은 필요하다고 본다.

특정인 누군가를 따라가는 완전히 다른 모습의 성형이 아니라 자신의 단점을 자신의 얼굴형에 맞게 보완하는 성형수술은 삶의 질을 긍정적인 방향으로 전환시킬 수 있는 또 하나의 방법이라고 보기 때문이다. 그러나 인상 파악에 대한 관상학적 활용 등을 포함하여 심성의 변화 없이 단순히 용모의 변화만으로는 운명이 크게 바뀌지 않는다고 판단되기 때문에 내면의 질을 높이는 마음성형이 우선되어야 한다.

인상(人相)의 중요성은 아무리 강조해도 지나치지 않는다고 본다. 인간의 상호작용에서 개인의 인상은 상대방에게 자기를 인식시키는 기본 수단이며 상대방을 평가하는 기준이 되기에 충분하다. "잘생긴 인상은 자신의 내면에 있는 잘생긴 마음과 건전한 정신 상태가 인체의 외부로 드러나는 모습이다. 그 인상이 사회적 관계에서 협동력과 공존력, 신뢰의 정도를 결정하는데 부정적 또는 긍정적 영향을 주게 되는 것이므로 인상 관리는 사회생활의 필수에 해당된다."116) 상은 정해져 있는 운명론이 아니라 나 자신이 주체가 되어 그 상을 만들어간다.

오행의 형상 중에서 우열을 논할 수는 없다. 나름대로의 형상이 가지고 있는 독특함이 내재되어 있을 따름이다. 우리들 스스로를 알기 위해서도 나 자신의 얼굴형상이 오행형상 중 어떤 체형에 해당하는 것인가는 중요하다고 본다. '지피지기면 백전백승'이라고 하였다. 나 자신이 나를 아는 것, 그리고 상대방을 꿰뚫어 볼 수 있는 안목의 통찰력을 기르는 차원에서도 오행인에 대한 인상학의 학문적 사유는 필요하다고 본다.

또한 오행별 특성에서도 거론했듯이 사람의 얼굴은 처음의 모습이 그대로 유지되는 것이 아니라 살아가면서 끊임없이 바뀐다. 우리가 어떤 생각을 가지고 어떻게 살아가느냐에 따라서 좋은 모습이 흉한 모습으로, 혹은 흉한 모습이 좋은 모습으로 변화된다. 이러한 사실에서 볼 때 정해진 형상의 상은 없다고 본다. 우리가 숨 쉬고 있다는 것은 살고 있다는 의미가 된다. 살고 있으므로 얼굴뼈와 머리뼈에 근막으로 연결되는 오장육부의 움직임이 지속된다.

이 오장육부의 문제점이 직접 얼굴로 나타나게 되는 요인이 되므로 각자의 마음으로부터 일어나는 감정들은 오장육부의 변화를 가져오고 이러한 변화는 점차 관상의 변화로 이어진다.117) 인생을 살아가면서

---

116) 주선희, 앞의 논문, pp.218-219.
117) 김효린, 앞의 책, p.30.

고결한 인품을 갖춘 사람이 얼굴에 광채가 나듯 빛나 보이는 것은 '마음 관리'를 잘 했다는 뜻일 것이다.

각자의 마음 관리에 따라서 인상(人相)은 변화한다고 본다. 자신의 모습은 오직 다른 누구도 아닌 나 자신이 만들어간다는 점을 간과해서는 안 된다. 결국, 타고난 관상보다는 각자의 기질이 가지고 있는 오행별 특성을 파악하여 마음 관리를 잘해 나가는 인상의 변화 곧 심상(心相)의 성형이 진정한 성형이고, 우리들 자신의 타고난 얼굴의 상을 긍정적인 방향으로 바꾸어 나가는 것이 성찰적 삶의 좌표라고 본다.

원광대학교 관상학 박사학위 논문목차

1. 유소 『인물지』의 인재론에 관한 상학적 연구

김연희(2009년 지도교수 양은용)

Ⅰ. 서론
 1. 연구 목적과 문제의 제기
 2. 연구 내용과 연구 자료 검토

Ⅱ. 인물지 성립의 시대적 배경
 1. 중국 고대에서의 인재론
  1) 선진 시대의 인재사상
  2) 한·위진 시대의 인재사상
  3) 고대의 인재 선발제도
 2. 유소의 생애와 인물지 판본
  1) 인물지의 저자 유소
  2) 인물지 판본
 3. 인물지 찬술의 정치·사회적 기반

VI. 결론

2. 조선시대 미인상의 인상학적 연구-채용신의 풍속화 미인도를 중심으로
박경숙(2015년 지도교수 김낙필)

I. 서론
1. 연구목적
2. 연구방법 및 범위

II. 조선시대 인상학의 기반
1. 미학과 동양적 인상학
   1) 미학과 인상학과의 관계
   2) 유교적 인성론과 미인의 요소
   3) 정기신론 인상학의 미적 적용
   4) 불교적 인상학과 32상
2. 한국적 미인상의 변천
   1) 원시 모권제의 미인상
   2) 삼국 통일신라의 미인상
   3) 고려시대의 미인상
3. 조선시대 인상학과 미의식
   1) 조선시대 미의식과 여인상
   2) 조선시대 인상학

III. 조선시대 미인상의 인상학적 특징
1. 조선시대 여인의 생활상과 미의식
   1) 사대부 여인의 생활과 미의식
   2) 일반여인의 생활과 미의식

4. 五行에 따른 인상 연구

오서연(2017년 지도교수 류성태)

Ⅲ. 오행의 원류와 의미

1. 오행의 원류
2. 오행의 의미
    1) 목의 의미
    2) 화의 의미
    3) 토의 의미
    4) 금의 의미
    5) 수의 의미

Ⅳ. 상학에서의 오행인

1. 오행인의 상호작용
    1) 오행인의 개념
    2) 오행인의 상호작용
2. 상학의 성정 파악과 오행인의 특징
    1) 상학의 성정 파악
    2) 오행인의 특징

Ⅴ. 오행인의 성정분석에 따른 상학적 활용방법

1. 인격도야를 통한 활용법
    1) 心相의 파악
    2) 행동을 통한 인격도야
2. 대인관계와 사회와의 조화
    1) 대인관계와 관상법
    2) 사회 속에서의 관상법
3. 오행의 성정을 응용한 활용법
    1) 목형의 성정과 활용법
    2) 화형의 성정과 활용법
    3) 토형의 성정과 활용법
    4) 금형의 성정과 활용법
    5) 수형의 성정과 활용법

VI. 결론

4. 상학의 도교수련적 접근

윤훈근(2017년 지도교수 이성전)

I. 서론
II. 상학과 도교 수련의 공통기반
   1. 상학과 도교 수련의 공통요소
     1) 天地人 상응론
     2) 음양론
     3) 오행론
     4) 심신의 일체
   2. 상학의 사상적 기초
     1) 균형과 조화
     2) 기세와 기운
     3) 심상과 相貌
     4) 자연의 道

III. 상학의 성립과 전개
   1. 상학의 성립
     1) 고대의 상법
     2) 유소의 『인물지』
   2. 상학 이론의 전개
     1) 달마의 상법과 心수련론
     2) 진단의 상법과 도교수련론
   3. 다른 술수학과의 차이

Ⅶ. 결론

5. 조선시대 어진과 상학적 분석

윤영채(2019년 지도교수 류성태)

Ⅰ. 서론
1. 연구 배경 및 목적
2. 선행연구 분석
3. 연구 방법 및 내용

Ⅱ. 조선시대 어진의 역사적 배경
1. 어진과 圖畫署
   1) 어진의 개념
   2) 도화서와 어진화사
2. 어진의 제작
   1) 제작목적
   2) 제작과정

Ⅲ. 조선시대 어진과 상학의 관계
1. 어진 현황
2. 제왕학과 상학
   1) 제왕의 의미
   2) 제왕과 상학의 관계성
   3) 제왕과 인재의 차이점
3. 어진과 상학의 연관성
   1) 사실성과 상학
   2) 회화성과 상학

Ⅳ. 조선시대 어진의 상학적 분석

　　1. 어진 분석을 위한 상학이론

　　　　1) 동양 상학의 이론적 기반

　　　　2) 어진 분석을 위한 상학의 세부이론

　　　　3) 帝王의 상학적 특징

　　2. 어진의 상학적 분석

　　　　1) 상학을 통한 어진 분석

　　　　2) 상학을 통한 성정 분석

　　　　3) 상학을 통한 제왕의 통치관과 업적 분석

Ⅴ. 조선시대 어진의 상학적 응용과 과제

　　1. 어진의 상학적 가치

　　2. 어진을 통한 지도자의 상학적 응용

　　　　1) 지도자의 내적 인격 관리

　　　　2) 지도자의 외적 풍모 관리

　　　　3) 지도자의 리더쉽 함양

　　3. 어진의 상학적 과제

　　　　1) 어진의 자료적 한계

　　　　2) 어진의 보관과 관리문제

　　　　3) 어진화사의 抽象的 性向

Ⅵ. 결론

6. 상학의 음양론에 관한 연구

이창임(2020년 지도교수 류성태)

Ⅰ. 서론

7. 조선중기 공신화상에 대한 상학적 연구

문정혜(2022년 지도교수 류성태)

8. 사회문화적 인식변화에 따른 한국인의 얼굴 분석
-관상학 이론과 관점을 바탕으로

신정해(2022년 지도교수 류성태)

9. 고전상학의 수명론 연구—동양의학과 관련하여—

양탁생(2023년 지도교수 류성태)

| 지은이 소개 |

오서연
원광대학교 한국문화학과 문학박사
(동양문화 관상학 전공)
현 원광대학교 대학원 한국문화학과 외래교수
오서연의 관상이야기 〈유튜브 크리에이터〉

연구논문
오행에 따른 인상연구(박사논문)
관상학의 성립과 심상에 관한 연구(대표논문)

대표저서
인상과 오행론
관상학 네비게이션
관상철학

관상학과 얼굴형상

초판 인쇄 2024년 11월   1일
초판 발행 2024년 11월 11일

지 은 이 | 오서연
펴 낸 이 | 하운근
펴 낸 곳 | 學古房

주   소 | 경기도 고양시 덕양구 통일로 140 삼송테크노밸리 A동 B224
전   화 | (02)353-9908 편집부(02)356-9903
팩   스 | (02)6959-8234
홈페이지 | http://hakgobang.co.kr/
전자우편 | hakgobang@naver.com
등록번호 | 제311-1994-000001호

ISBN 979-11-6995-531-7 93180

값 : 35,000원